U0939491

走向成功发展

——教师主导与学生主体的实践生成

范建华　陈凌钧　蒋辉炳　著

ZHEJIANG UNIVERSITY PRESS
浙江大学出版社

图书在版编目（CIP）数据

走向成功发展：教师主导与学生主体的实践生成／范建华，陈凌钧，蒋辉炳著．—杭州：浙江大学出版社，2014.1

ISBN 978-7-308-12622-9

Ⅰ.①走… Ⅱ.①范… ②陈… ③蒋… Ⅲ.①中学教育—研究 Ⅳ.①G63

中国版本图书馆 CIP 数据核字（2013）第 292336 号

走向成功发展

——教师主导与学生主体的实践生成

范建华　陈凌钧　蒋辉炳　著

责任编辑　李玲如(llr8798@zju.edu.cn)

封面设计　续设计

出版发行　浙江大学出版社

（杭州市天目山路 148 号　邮政编码 310007）

（网址：http://www.zjupress.com）

排　　版　杭州中大图文设计有限公司

印　　刷　浙江省良渚印刷厂

开　　本　710mm×1000mm　1/16

印　　张　19.25

字　　数　346 千

版 印 次　2014 年 1 月第 1 版　2014 年 1 月第 1 次印刷

书　　号　ISBN 978-7-308-12622-9

定　　价　56.00 元

序

我一直以为，教育的成功并不在于学生是否学到多少知识，也不在于学生考试考了多少分，而是在于学生是否通过我们的教育形成了对求知的兴趣，对学习的兴趣，提振了对自己的信心，对未来的信心。因此，兴趣与信心是教育的两个“基本点”，其意义和价值要远远超乎“知识点”。

温岭三中范建华校长曾在上海闸北八中挂职，悟得“成功教育”的真经，在其主政的温岭三中历时十数年矢志不渝地尝试着“让每一个学生成功发展”的理念，逐步形成了“教师为主导、学生为主体、成功发展为主线”的“三主成功”教学模式。《走向成功发展——教师主导与学生主体的实践生成》一书便是这一相对较长探索历程的“成果展示”。当学校教育开始努力摆脱单纯的知识传授桎梏，转而关注学生的成功发展，传统教学模式便必定会在机制层面上出现裂变，催生新的教学形态。以语文为例，这所学校的语文老师在该学科的多个侧面实施改革，大胆创新，提炼了“抛锚”式课堂教学、“自主点评”式阅读教学、“问题层进”式作文讲评课、“诊断·突破”式复习课以及语文课程资源的“自主建构”式教学。

事实上，温岭三中这些年来在“让每一个学生成功发展”理念的引领下，各学科老师基于“以人为本、成功发展”的新视角，重新认识教学过程，由此而来的教学改革风生水起。学校将教学一线的各种探索与创新进行梳理与取舍，归纳出“问题牵引”、“探究互动”、“情境体验”、“自主建构”四大类教学形态（在一定意义上也可称之为“教学模式”），涉及语文、数学、英语、科学、历史与社会、信息技术、综合实践活动等几乎所有的学科，洋洋洒洒凡 24 例，足见其深度与广度。对于一所学校来说，难能可贵，实属不易。

尤其值得一提的是，温岭三中用一种科学的态度不懈地对“三主成功”模式进行探索。早在2003年，该校的“‘成功发展’教育的研究与实践”就被列为省教育科学规划课题，经过认真的研究，改革的思路进一步明晰，初步形成了“三主成功”这一新的教学认知。其后，“‘三主成功’教学模式的建构与实践”又于2009年再度列入省教育科学规划课题。时隔四载，修成正果，作为课题研究成果的《走向成功发展——教师主导与学生主体的实践生成》一书面世。

诚然，本书的出版并不意味着研究与探索的中止，确切地说，应该是温岭三中改革和发展的一个新起点。科学无止境，相信对范建华团队来说，也同样如此。由衷地希望温岭三中在今后的日子里不断进取，不断改革，不断为我们带来别样的惊喜。

2013年国庆于杭州

目　录

绪　论 / 1

第一章　“三主成功”教学模式综述 / 3

第一节　成功发展，教育追求的终极目标 / 3

一、直面现实：一组调查数据引发的思考 / 3

二、以人为本：教育的出发点和归宿点 / 4

三、理想教育：让每一个学生成功发展 / 5

四、学习课堂：学生成功发展的主要场所 / 5

五、教学模式：理论与实践之间的桥梁 / 6

第二节　三主成功，主线引领主导与主体相融合 / 7

一、“三主成功”教学的初步界定 / 7

二、“三主成功”教学的核心理念 / 9

三、“三主成功”教学的基本特征 / 12

四、“三主成功”教学的理论探源 / 13

第三节　系统研究，构建起三主成功实施基本框架 / 15

一、行动研究：“三主成功”教学成功实施的基础 / 15

二、推进策略：“三主成功”教学成功实施的前提 / 18

三、系统改革：“三主成功”教学成功实施的保障 / 20

四、分类建模：“三主成功”教学成功实施的关键 / 29

第二章　问题牵引模式 / 32

第一节　数学新授课中的“认知冲突”式教学 / 33

一、“认知冲突”式新授课教学的理论依据 / 33

二、“认知冲突”式新授课教学及其教学目标 / 34

三、“认知冲突”式新授数学课教学实施流程 / 34

四、“认知冲突”式新授课教学的评价 / 41

五、“认知冲突”式新授课教学的意义及其实现条件 / 42

第二节　科学课堂中的“问题解决”式教学 / 43
一、“问题解决”式教学的提出及其意义 / 43
二、“问题解决”教学的内涵 / 45
三、“问题解决”教学的实施流程 / 47
四、“问题解决”教学的教学要求 / 53
第三节　语文复习课中的“诊断·突破”式教学 / 54
一、“诊断·突破”式教学的提出和意义 / 54
二、“诊断·突破”式教学的内涵解说 / 56
三、“诊断·突破”式教学的实施流程 / 57
四、“诊断·突破”式教学实施的原则 / 63
五、实施“诊断·突破”式教学应注意的问题 / 64
第四节　历史与社会课堂中的“问题解决”式教学 / 65
一、历史与社会课堂提问中存在的问题 / 66
二、问题解决教学法的实践意义 / 67
三、课堂有效提问的技巧和方法 / 68
四、问题解决导向与提问的技巧运用 / 72
第五节　作文讲评课中的“问题层进”式教学 / 75
一、作文讲评的问题现状及思考 / 75
二、“问题层进”式作文讲评课的内涵解说 / 76
三、“问题层进”式作文课讲评流程及要义 / 78
四、“问题层进”式作文讲评的原则及意义 / 83
第六节　数学复习课的“自考助学”式教学 / 86
一、“自考助学”式教学的作用意义 / 86
二、“自考助学”式教学的可行分析 / 87
三、“自考助学”式教学的思路举措 / 89
四、“自考助学”式教学的激励评价 / 93

第三章　探究互动模式 / 96
第一节　科学课堂中的“探究”式教学 / 97
一、探究式教学的要素目标 / 97
二、探究式教学的一般程序 / 99
三、探究式教学的实施过程 / 101
四、探究式教学的组织形式 / 105

第二节　数学习题课中的“诱思探究”式教学 / 108
一、“诱思探究”教学理念的确立 / 109
二、“诱思探究”习题课教学的原则与策略 / 110
三、“诱思探究”习题课教学的实施流程 / 112
四、“诱思探究”习题教学的要义 / 116
第三节　英语语言复习课中的“话题”式教学 / 120
一、“话题”式教学的内涵及话题来源 / 120
二、“话题”式教学的原则 / 122
三、“话题”式教学的流程 / 123
四、“话题”式教学实务分析 / 126
五、“话题”式教学的优势及反思 / 132
第四节　语文课堂中的“抛锚”式教学 / 132
一、“抛锚”式教学的含义及可行性分析 / 133
二、“抛锚”式语文课堂教学的实施流程及说明 / 135
三、“抛锚”式语文课堂教学的积极意义 / 141
第五节　基于策略渗透和探究的英语“阅读”式教学 / 142
一、英语阅读模式的多维实践探索 / 143
二、基于策略渗透和探究的阅读教学的构建及其理念 / 143
三、基于策略渗透和探究的阅读教学的流程解读 / 144
四、课例呈现及策略渗透教学评析 / 145
五、提高阅读策略渗透有效性的实践操作与建议 / 153
第六节　劳动与技术课中的“领扶放创”式教学 / 155
一、演示规范,“领”字诀 / 156
二、模仿指导,“扶”字诀 / 157
三、独立操作,“放”字诀 / 158
四、标新立异,“创”字诀 / 159

第四章　情境体验模式 / 162
第一节　《科学》课堂教学中的“体验·感悟”式教学 / 163
一、“体验·感悟”式教学的内涵辨析 / 163
二、“体验·感悟”式教学的流程解读 / 166
三、“体验·感悟”式教学的课堂建构 / 172
四、“体验·感悟”式教学的实践反思 / 173

第二节　综合实践活动中的“自主体验教育” / 174
一、自主体验教育模块的构建 / 174
二、自主体验教育模块的可行性分析 / 176
三、自主体验教育模块的实践过程 / 177
四、自主体验教育模块实践的体会 / 182
第三节　英语交际课堂中的“情景对话”式教学 / 183
一、情景对话式教学及其理念 / 183
二、情景对话式教学的实施流程及实践 / 184
三、情景对话式教学中的互动策略 / 194
四、情景对话式教学的原则 / 194
第四节　音乐与诗词相融合的“沉浸”式教学 / 196
一、“诗乐沉浸”式教学的内涵解读 / 196
二、“诗乐沉浸”式教学的实施策略 / 197
三、“诗乐沉浸”式教学的原则 / 204
第五节　英语课堂中的“活动相辅”式教学 / 205
一、英语课堂教学中利用“活动相辅”式教学的必要性 / 206
二、英语课堂教学中的“活动相辅”式教学的组织方式 / 208
三、英语课堂教学中“活动相辅”式教学应遵循的原则 / 214
第六节　信息技术课堂中的“体验生成”式教学 / 216
一、中小学信息技术课堂教学现状分析 / 216
二、生成性教学的涵义及提出 / 217
三、生成性教学在信息技术课堂教学中的实践诉求 / 218

第五章　自主建构模式 / 226
第一节　语文阅读课中的“自主评点”式教学 / 227
一、语文课“自主评点”式阅读教学的构建及其理念 / 227
二、语文课“自主评点”式阅读教学的实施流程 / 228
三、语文课“自主评点”式阅读教学的实施意义与条件 / 235
第二节　历史与社会课堂中的“自主性学习法”教学 / 237
一、自主性学习法教学的必要性与可行性 / 237
二、自主性学习法教学的实施策略 / 239
三、自主性学习法教学的意义 / 246
第三节　初中综合实践活动课程中的“1345”式教学 / 248

一、综合实践活动中"1345"式教学的构建 / 249
二、综合实践活动中"1345"式教学的实践过程 / 250
三、综合实践活动中"1345"式教学的成效与建议 / 254
第四节　思品课堂中的"五环节自学辅导"式教学 / 255
一、学生思想品德课学习动机与归因分析 / 255
二、"五环节自学辅导"式教学的基本理路 / 259
三、"五环节自学辅导"式教学的体会与反思 / 263
第五节　大语文观视野下语文课程资源的"自主建构"式教学 / 266
一、语文课程资源自主建构的理论及实施必要性 / 266
二、语文课程资源自主建构的实施流程 / 268
三、语文课程资源自主建构的实施意义 / 275
第六节　科学课堂中的"自主·尝试"式教学 / 276
一、科学"自主·尝试"式教学模式内涵辨析 / 276
二、科学"自主·尝试"式教学模式流程解读 / 279
三、科学"自主·尝试"式教学模式实践反思 / 286

结　语 / 288

参考文献 / 293

后　记 / 295

绪　论

浙江省温岭市第三中学“以人为本,成功发展”的教育思想雏形始于本世纪初。2001 年上半年范建华校长在上海闸北八中进行为期半年的校长挂职锻炼。闸北八中以“成功教育”思想而享誉全国。范校长“取经”回校,逐步定位“让每一个学生成功发展”作为学校的办学理念,形成“以人为本,成功发展”的教育思想。

2002 年,温岭三中成为温岭市初中首个自主发展性学校,在制订自主发展性规划时,提出“以人为本,成功发展”的教育思想,并制订《温岭三中“以人为本,成功发展”自主发展性规划(2003—2005 学年)》。2003 年 11 月,学校《“成功发展”教育的研究与实践》被立项为浙江省 2004 年度教育科学规划课题,明确提出“以人为本,成功发展”的教育思想,并进行了一系列的教改实践与研究,同时对课堂教学进行了初步的探究。2009 年浙江省规划课题《“三主成功”教学模式的建构与实践》是原有研究和教育改革的继续与深化,更加注重构架起理论与实践的桥梁,更加关注课堂,将实践与理论融为一体。学校期望通过“三主成功”教学模式的建构,让“以人为本,成功发展”的教育思想和“让每一个学生成功发展”的办学理念渗透在教学实践的每一个环节里,落实到每一个教学行为中。

十几年来,学校一直将“以人为本,成功发展”作为学校教育的出发点和落脚点,紧紧抓住“教师为主导”和“学生为主体”两大准绳,致力于实现教育目标和教育内容、教育者和教育对象的协调统一,初步探索出了一种让学生主体得到成功发展的综合性教学模式。学校把这一模式概括为:“教师为主导,学生为主体,成功发展为主线”,简称“三主成功”教学模式。

温岭三中践行“成功发展”是基于三个坚信:坚信每个学生都有成功的愿望,坚信每个学生都有成功的潜能,坚信每个学生都有成功的发展。在践行过程中,学生明确的目标、教师积极的期望以及学生自己不懈的努力是成功教育的三大法宝。这么多年来学校一直奉行:“理想的教育是让每一个学生成功发展”。为每一个学生的成功发展奠定共同基础,为每一个学生的成功发展提供无限可能是学校的教育价值追求。

多年来，温岭三中一直专注教改实践，脚踏实地潜心探索“三主成功”教学。学校在深入构建“三主成功”课堂教学模式的同时，又不断深化、延伸和拓展，逐渐探索出“超市式”学习——“无淘汰”发展——“俱乐部”活动路径。“超市式”学习，注重课堂上“自主学习，分层教学”；“无淘汰”发展，侧重作业与评价，内涵是“有选择，无淘汰”，让每一位学生都有成功发展的机会与体验；“俱乐部”活动，主要是校本课程的开发，让学生在活动中“张扬个性”、“激发潜能”、“体验情感”。这样，学校架构起由课堂教学拓展到课外活动、课堂学习延伸到课外作业的“三主成功”教学体系。

本书所著的是“三主成功”课堂教学模式部分。在多年的研究与实践中，学校遵循从已有较为成熟教学经验归纳提炼以及运用“三主成功”教学理论演绎两条途径建构几十个“三主成功”教学模式，并在教学实践中检验修改，不断筛选与精炼，然后按照这些教学模式的构成要素和特征将它们分成“问题牵引”、“探究互动”、“情境体验”和“自主建构”等四类教学模式。我们在编入本书时又进行了取舍，形成了“问题牵引”等四类教学模式的二十四种子模式，它涵盖了初中的绝大多数课程。

“问题”、“探究”、“体验”和“自主”构成了“三主成功”教学的四大要素。它们的相互作用、相互联系、相互融合，在“成功发展”主线指引下，融合了“教”与“学”、“主导”与“主体”，实现了教师主导与学生主体的实践生成。

十几年的实践表明：“三主成功”教学，突出了学生的主体地位，体现了素质教育的目标要求，践行了“以人为本”的教育思想。“三主成功”模式符合现代学校的办学追求，也日益成为温岭三中的一大教育品牌。

第一章　“三主成功”教学模式综述

教学既是一门科学，又是一门艺术。成熟或优秀的教师会不断摆脱只凭经验和感觉来传道授业，而追求形成有一定理论依据的、稳定独特的教学思路方法体系，自觉搭起教学理论与实践之间的一座桥梁，这大概就是我们通常所说的教学模式了。教学模式一般指在一定教学思想或教学理论指导下建立起来的较为稳定的教学活动结构和程序。教学模式一旦形成，便是实现了教学活动各要素的有机协同，从而使教学活动具有了指向性、操作性、整体性、稳定性等特点。

温岭三中多年来所致力于探索实践的“三主成功”教学模式，就是在“以人为本，成功发展”教育思想指导下，教学中重视“教师为主导”，突出“学生为主体”，凸显“成功发展为主线”，在成功发展目标指引下，实现教育目标、教育者和教育对象的协调一致，让教育主体得到成功发展的一种综合性教学模式。正是“主导、主体、主线、成功”四者的相互依存、相互作用并和谐平衡，构建起了有利于学生成功发展的生态和谐课堂。本书以四大模式提炼呈现的二十四种“三主成功”课堂教学实践样式，便是对“教学模式”的一次整体性探索与试航，尽管还很青涩稚嫩，但它们都是来自一线教师的亲力亲为，带着教学实践一线浓厚的泥土气息与芳香。

第一节　成功发展，教育追求的终极目标

一、直面现实：一组调查数据引发的思考

随着我校课改的深入，学生有关学习的问题尤其是学习力不足的问题日益浮出水面。我们在一次全校的问卷调查中不无遗憾地发现：仅38.1%的学生有自信心，32%的学生自信心不足，更有20.5%一点自信心也没有；30.9%的学生学习没有兴趣并有厌学情绪；25%的学生经常获得学习成功的体验，36.1%从来没有获得过成功体验，38.9%偶尔有成功体验；33.3%的学生能够经常从班主任那里获得肯定和鼓励，21.4%的学生难以得到这种肯定和鼓励。

应当承认，这一组数据预示着学生健康成长中存在不可忽视的危机！为什么学习没有兴趣？为什么失去自信？原因是多方面的，我们认为最主要的有二：一是我们在教育和教学中没有激发起学生的学习兴趣、产生认知需求、变“要我学”为“我要学”；二是学生在学习中没有或很少体验到成功给他带来的喜悦，使自己意识到“我能行！”，没有形成积极上进的内驱力。新生入学，他们都满怀希望踏进校门，但由于各种原因，有些学生一次次的努力都以一次次的“失败”而告终，自信和自尊一次次被击得粉碎。一旦再加上家长的责骂、老师的冷遇、同学的讽刺，则更抬不起头来、更失去信心，进入“不成功——没有自信——再不成功——更没有自信……”的恶性循环。

那么，我们为什么不改革课堂教学，让他们学得更主动更有兴趣？我们为什么不给学生创设成功的机会，让他们获得成功的体验？

二、以人为本：教育的出发点和归宿点

人与人是有个体差异的，我们在教育中必须承认差异、尊重差异，并把它作为实施教育和教学的依据。从某种意义上说，教育应该从人的差异出发，通过科学的途径，使每个人在原有的基础上得到发展与完善，从而培养出多层次、多规格的人才。我们倡导的“以人为本”，具体体现在教学中：尊重差异，关心每一个学生；调动学生学习的积极性和主动性，凸显学生的主体地位；挖掘学生的潜能，尊重学生的独立人格。这正是教学的出发点和归宿点。

在教学过程中，调动学生学习的积极性和主动性，凸显学生的主体地位，促进学生健康地发展。人本主义教学认为，自发的学习是最持久的，也是最深入的。苏霍姆林斯基说，“我十分坚信，能激发出自我教育的教育，才是真正的教育”①。因此，教师应把学生的头脑看作是一个加工厂，而不能视为储藏室。原国家教委副主任柳斌指出，让学生在整个教学过程中，处于主动发展的状态，是素质教学的主要标志之一。“要着力让孩子主动发展，因为没有主动，就没有生动活泼；没有主动，就没有发明创造。”

人具有一种与生俱来的内在潜能，我们认为，不仅要看到人是什么，还应看到人可以成为什么；不仅要看到人的表现和现状，还应看到潜能。教学的核心目标就是挖掘学生的潜能，促进每一个人内在潜能的发展。我们甚至可以认为，如何去发现学生的潜能，使每个人的学习更接近于他的特殊潜能，是未

---

① 苏霍姆林斯基. 苏霍姆林斯基选集·教育与自我教育(第5卷)[M]. 北京：教育科学出版社，2001：334.

来教育面临的最伟大的挑战。素质教育作为我国面向21世纪的教育改革，其实践主题最根本、最集中地也表现为对完美人格的培养和追求。它强调德、智、体等在每个学生身上的具体落实，重视智力因素与非智力因素全面和谐的发展。

三、理想教育：让每一个学生成功发展

尽管人尽皆知，自信对于成功有着决定性的意义，但处于父母、老师及成人世界“管教”对象的中小学生，往往看不到自己的潜能和优势强项，因而常常表现为缺乏自信。因此，优秀教师的一大特色就是善于培养学生的自信心。自信心不是凭空产生的，必须以实力为基础。对于学生来说，主要是发现或培养自己的实力，而对教师来说，则是为学生发现或培养自己的实力创造条件。

我们认为，所有“难教育”的学生，都是失去自信心和自尊心的学生；所有好教育的学生，都是具有强烈自信心和自尊心的学生。教育者就是要千方百计地保护学生最宝贵的东西——自信心和自尊心，这是切断后进生生源的重要手段。那么，怎么培养学生的自尊心呢？一个不可忽视和有效的途径就是给每个学生创造表现能力的机会，让他们都尝到成功者的喜悦。

教育尤其是基础教育除了有向国家输送各级各类人才这一功能之外，还有一个重要功能，那就是，提高全民族的科学文化、思想道德素质和身体、心理、精神、人文等等作为个体的人应该具备的基本素质。后者既是个人生存发展的需要，也是社会乃至全人类健康发展的需要，同时也为前者提供一个良好的环境和可持续发展的资源保障，因而，两者是互相制约、互相促进的辩证统一的关系。从绝对意义上讲，后者才是根本目的。

教育观念的核心是教育价值观，教育的最大价值就是让所有人学有所成、自由和谐地发展。教育要让每一位受教育者成功发展——不仅在学业上，而且在个性的发展上，在生命意义的发现上，在人生价值的实现上！这样的教育，才是成功的教育！

为什么说教育是太阳底下最光辉的事业？难道不是因为，经由教育，我们更加明白了人类生存的意义和价值，更加懂得尊重生命，热爱生命，在个人有限的一生中幸福自由地成长发展，充分实现和享受人生的价值吗？如果教育尤其是基础教育让那么多刚刚涉世的青少年不断饱尝挫折和失败，时时感到压抑、郁闷、痛苦无助甚至悲观绝望，那么，这样的教育本身就是失败的。

四、学习课堂：学生成功发展的主要场所

课堂是交往的场所，教学是师生互动的活动。课堂教学要充分发挥教师

的主导作用和体现学生的主体地位。我们认为：课堂不应是教师表演的舞台，应该成为师生互动、交往的场所，更应该成为学生智慧激发和展示的天地；课堂不应是学生屡遭失败的伤心之地，应该是扬起成功风帆的海洋；课堂不只是传授知识的场所，更应该成为知识批判性分析的场所。让学生学会用自己的眼光看世界，用分析、甄别、怀疑的态度去获得、探究、探求知识，走向成功。

目前，由于“教”与“学”的过分功利化，还一定程度存在着：课堂教学的价值取向是选择适合教学的学生，而不是创造适合学生的教学；教学中存在着“以教师为中心”、“重教轻学”的现象；课堂教学缺乏多样性、选择性、灵活性和民主性；教师只是注重学生知识的拥有量，而忽略其能力的发展；只注重教学的统一性、同步性，而忽略教学的独特性和差异性；使教学只是师生之间知识的授受过程，而不是一个师生合作，共同探索，实现情感交融、价值共享、共同创造、一起成长的过程。

所有的课程改革、教师观念更新以及教学方法和学习方法的改变等等，归根到底要发生在课堂上并在课堂上体现。我们认为，课堂是学生汲取知识、增长能力、获得积极情感体验，实现成功发展的主要场所，也是教师专业成长与发展的重要历程。

基于上述现象的反思，我们提出“教师为主导，学生为主体，成功发展为主线”的教学模式，简称为“三主成功”教学模式。它具有“三个三”特征，即“三自”(自己提出问题，自己分析问题，自己解决问题)，“三有”(有争论，有发现，有创新)，“三动”(引动，互动，自动)。我们希望通过建构并实施“三主成功”教学模式，改变那些尴尬和不尽如人意的课堂教学状况，让课堂教学回归教学本质。

五、教学模式：架起理论与实践的桥梁

我们进行教学建模实践研究，是想通过教学模式架起理论与实践之间的桥梁。我们知道，课改关键在教师，只有教师把“以人为本，成功发展”的教育思想和“三主成功”教学理念变为自觉的教学行为，渗透在教学实践中，以达到课改目标，让每一个同学得到成功发展。我们在调研时发现，新课程培训和教育理论学习，大多时候并没有有效地改善教师的教学行为，理论与实践往往成为两张互不相干的皮。当然存在这种现象的原因是多方面的，但理论与实践之间缺乏“中介”载体，是一个重要原因。我们认为教学模式既不等同于教学实践，也不等同于教学理论，它介于两者之间，是沟通教学理论与教学实践的中介桥梁。一方面，在教学理论指导下，抓住教学过程的主要特点，对教学过

程的组织方式作简要概括，在此基础上提出各种教学模式；教学模式经过实践验证，被普遍证实之后，上升为教学理论。另一方面，在教学实践中教师灵活地运用这些教学模式进行教学管理和组织教学，少走弯路，提高了教学效率，提升了教学质量；通过对教学实践的经验总结、概括和提炼，可构建出适合本校和教师本人实际的各种教学模式和教学管理等模式（见图 1.1），并在实践的检验中不断修正与完善。

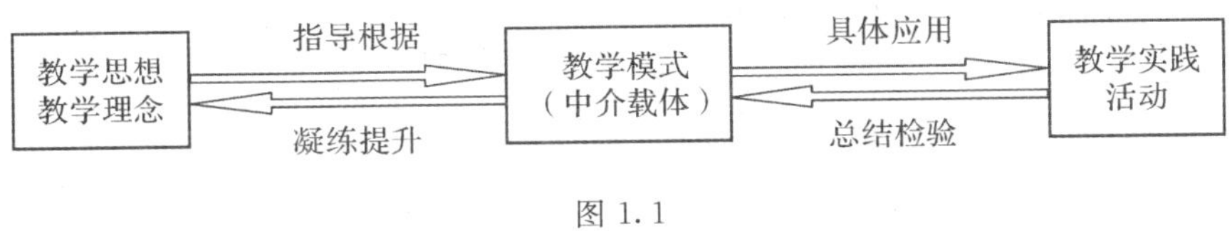

图 1.1

我们进行教学模式的建构与研究，主要是基于两方面考虑。一方面，希望打通理论与实践，使“以人为本，成功发展”的教学思想和“教师为主导，学生为主体，成功发展为主线”的“三主”教学理念通过教学模式更好地应用于教学实践，渗透在教学管理和教学行为中，深化我校教学改革，提高教学效率和质量，让学生获得成功发展的同时，也让教师和学校也同样得到发展。另一方面，我校师资基础好，教科研气氛浓，教师中不乏富有教学特色的人才。我们希望通过对学校原有的行之有效的教学实践经验进行总结整理，凝练形成各种教学模式，进而进一步概括上升为理论，为同行借鉴与推广，以彰显区域教学特色。

第二节　三主成功，主线引领主导与主体相融合

一、“三主成功”教学的初步界定

“三主”，是我们约定俗成的形象化简称，是指学校教育要坚持“教师为主导，学生为主体，成功发展为主线”。“三主成功”教学就是让学生的“主体”与教师的“主导”在实现“成功发展”的主线中实践生成。

“教师为主导”，强调教师在学生发展中的责任和不可替代的作用。教师不仅是知识的传授者，而且还应该成为学生成长和发展的引导者、指导者、帮助者、合作者、激励者和促进者等；“学生为主体”，强调了学生在其发展中的主体地位，发展是学生主体的发展；“成功发展为主线”，表明学校的教育过程和根本宗旨，即教育是为了促进学生（广义地说，还应该包括教师、学校）的发展，即让每一个学生都能够“充分而自由的发展（马克思语）”，在德、智、体、美诸方

面获得和谐的发展。

“三主”强调在教育活动中主导、主体与主线三者之间的关系，“主导”绝不是主宰，“主体”绝不是要抹杀教育者的作用。总之，我们必须以辩证的观点，科学认识这二者的关系。而主线则是主导与主体的目标指向，如同一条总线，将主导、主体与教育资源贯穿联系起来，在三者关系中体现了“以人为本”的教育思想。

成功，简而言之就是指“获得预期的结果”①。我们认为“成功”包括三个层面：学生德智体美等方面成功发展；教师专业水平与方法、师生关系等方面成功发展；学校融入社会、融入社区的成功发展。同时，我们还认为“成功”是教育过程中所追求的一种状态或境界，它既包括学生各方面素质的成功发展，也包括教师的专业化成功发展，进而学校也得到成功发展。只有在这种成功的状态或境界中，教育系统的各要素之间才能实现“整合”，获得最佳匹配，推动学校各项工作高效运转，实现教育效果的最大化，从而产生一种 1＋1＞2 的附加功能。

什么是模式，《辞海》给出的解释：“一般指可以作为范本，模本，变本的式样。在社会学中，是研究自然现象或社会现象的理论图式和解释方案，同时也是一种思想体系和思维方式。”②查有梁在《教育建模》一书中认为：“模式是一种重要的科学操作与科学思维的方法。它是为解决特定的问题，在一定的抽象、简化、假设条件下，再现原型客体的某种本质特性；它是作为中介，从而更好地认识和改造原型客体、建构新型客体的一种科学方法。”③我们认为，模式是一种“范式”，它标志了物件之间隐藏的规律关系，强调的是形式上的规律，而非实质上的规律。它既是从积累的经验中发现和抽象出的规律，也是对客观事物的内外部机制的直观而简洁的描述，它是理论的简化形式。

通常，教学模式是指某种教学的“范式”，是联系教学理论与教学实践的中介。按照系统论的观点，教学模式是教育系统中各要素（教育者、教育对象、教育内容、教育环境等）按照一定的逻辑关系所组成的一个相对稳定、并能发挥其相应功能的教育结构和活动程序。

由“教”与“学”构成的工作关系是一个以知识与价值为纽带的复杂系统。“教与学的改革绝不是零星的、局部的改革，而是以它为契机对教育进行整体改造，重新设计中国教育，构建立体开放的现代教育体系，将人从外在的被塑

---

① 中国社会科学院语言研究所. 现代汉语词典[M]. 北京：商务印书馆，1996：158.

② 辞海编辑委员会. 辞海[M]. 上海：上海辞书出版社，1989：3457.

③ 查有梁. 教育建模[M]. 南宁：广西教育出版社，1998：5.

造的机制体制下解放出来，使每一位想学习而又满足一定条件的人都能够在需要的时候获得自主学习和发展的机会。”①遵循现代教学理念，我们认为，“教学模式”可以理解为是在一定教学思想或教学理论指导下建立起来的较为稳定的教学活动结构框架和活动程序。作为结构框架，突出了教学模式从宏观上把握教学活动整体及各要素之间内部的关系和功能；作为活动程序则突出了教学模式的有序性和可操作性。

综上所述，“三主成功”教学模式，是指学校教学在“以人为本，成功发展”教育思想指导下，体现“教师为主导、学生为主体、成功发展为主线”，在成功发展目标指引下，实现教育目标、教育者和教育对象的协调一致，让所有教育主体都得到成功发展的教学模式。在“主导、主体、主线、成功”四者中，“主导”体现了教学的途径和方式，“主体”是教学（包括自我教育）的本体，“主线”是主体变化的过程和目标指向，“成功”则是指发展的一种理想目标和状态。四者相互依存，相互作用，组成了一个优化的教学系统，为学生（包括老师）的成功发展创造良好生态环境。

二、“三主成功”教学的核心理念

我校经十余年“三主成功”教学模式的建构与实践，进行较为全面的思考与梳理、归纳与总结，逐步形成了“三主成功”的教育思想与教学理念。

1.“三主成功”教育思想：“以人为本，成功发展”

“以人为本”，是我校教育行为的出发点和教育思想的基点。体现在教育教学中就是关心每一个同学，尊重同学的独立人格；调动同学学习的积极性和主动性，凸显同学的主体地位；尊重差异，挖掘同学的潜能。体现在学校管理中就是实现人性化管理，在后勤保障、教学设施、管理制度、教师培训等等一切围绕学生的成功发展，成为实现学校“以人为本，成功发展”教育思想的保障。

“成功发展”是教育的目标，指向教育归宿点。我们认为，教育观念的核心是教育价值观，教育的最大价值就是让所有人学有所成、自由和谐地发展；教育要让每一位受教育者成功发展——不仅在学业上，而且在个性的发展上，在生命意义的发现上，在人生价值的实现上！这样的教育，才是成功的教育！

这里的“成功发展”，不仅仅是学生的成功发展，它包括三个层面：一是指学生在德、智、体、美、劳、心理等各方面素质得到成功发展，学生的成功发展并

① 刘义国.“学生主体”抑或“教师主导”——关于教与学的在思考[J].教育理论与实践，2011(10):51.

不是指每个学生都考上重点高中，而是指每一位学生在原有基础上都有不同程度的发展和进步(初级)，每一位学生的潜能得到充分的发挥不断超越他人、超越自我(高级)；二是指教师的教育观、知识水平与教学技能等专业素养得到成功发展；三是指学生和教师得到成功发展的同时，推动学校的成功发展，最终是学校整体办学水平与质量的全面提升。成功，起于学生落脚于学生。

2.“三主成功”办学理念：让每一个学生成功发展

学校在“以人为本，成功发展”的教育思想指引下，把促进学生成长、成才、成功作为学校一切工作的出发点和落脚点，提出“让每一个学生成功发展”的学校办学理念，并在十几年里一直在努力践行。“理想的教育：让每一个学生成功发展”成为三中人的教育口号，并内化为学校的办学理念，弥漫在校园的文化内，落实在学校的教育管理里，渗透在教师的教育教学行为中。

首先，“让每一个学生成功发展”是教育的最大追求。我们提出的“成功发展”，是让不同的学生找到自己的位置，在原有的基础上不断提高，不断超越自己，并不是学生某一方面成功了就是成功发展，学校的“培优辅差”不能简单理解为是成功发展。“成功发展”正如前面所述，有着丰富的内涵，它并不局限学生学业成绩的提高，更包括德、智、体、美、劳、心理等诸方面素质的提高、学生的潜能得到发现与激发、学习的习惯与品质得以提高，教师专业水平的发展，进而推动学校办学品质的提升。

其次，成功发展是人发展的内在动力。我们践行“成功发展”是基于三个坚信：坚信每个学生都有成功的愿望；坚信每个学生都有成功的潜能；坚信每个学生都有成功的发展。在践行过程中，学生明确的目标，教师积极的期望，以及学生自己不懈的努力是成功教育的“三大法宝”。教师在教育教学中创设成功的机会让学生获得成功的体验，老师适当的引导、积极的评价、有效的激励，帮助学生进入“成功——有自信——再成功——更有自信……”的良性循环。我校十几年来的教改实践证明：成功才是成功之母！建立在成功基础上的成功，是永恒的动力、惯性，可以让成功变成习惯，成为生命的元素。

其三，教师的成功发展是学生成功发展的基础。我们认为，一切教改方案要靠老师来实践，所有的现代教育思想、教育理念要靠老师来践行。“三主成功”教学中，教师的主导作用至关重要。教师要帮助学生收集、整理、归纳信息；帮助学生发现问题，帮助学生自己解决问题；激励帮助学生树立自信，迎接挑战。为发挥教师的主导作用，教师应转变观念和教育教学方式，由“单一传授知识、应对考试”转变到“教会学生学会学习、学会思考、学会创新”中来；应拓宽知识视野，建立复合型的知识结构，突破自身的知识障碍；培养综合能力、创新能力和科研能力，突破思维障碍和能力障碍；加强师德修养，让教师做到用爱感化学生，会爱每一个学生；还应转变工作作风，学会创造民主和谐的教育氛围，去实现学生的最优发展和最大发展。

为了适应“三主成功”教学践行，这首先要求教师需要对“三主成功”教育思想的领会与内化，专业水平发展与提高，师德修养的提升。在“三主成功”教学研究与实践中，教师也随着学生的成功发展，自身也得到成功发展。这么多年来我们一直奉行：“理想的教育是让每一个学生成功发展，理想的学校应该为每一位教师的专业成长与发展提供广阔的平台。”

3.“三主成功”教学理念：“教师为主导，学生为主体，成功发展为主线”

目前在各级各类学校中采用的教学模式主要有两大类：一是以“教师”为中心的教学模式，二是以“学生”为中心的教学模式。

以教师为中心这种模式的优点是有利于教师主导作用的发挥，便于教师组织、监控整个教学活动进程，因而有利于系统知识的传授。但其弊病则是：完全由教师主宰课堂，忽视学生的认知主体作用，不利于具有创新思维和创新能力的创造型人才的成长。以“学生”为中心的教学模式，强调学生的“学”，往往忽视教师主导作用的发挥，忽视师生之间的情感交流和情感因素在学习过程中的重要作用；另外，由于忽视教师的主导作用，当学生自主学习的自由度过大时，还容易偏离教学目标的要求，这又是其不足之处。

我们提出的“三主成功”教学，是在两个模式中间寻找平衡点：既要发挥教师的主导作用又要充分体现学生的认知主体作用。在“以人为本，成功发展”教育思想指引下，以“教师为主导，学生为主体，成功发展为主线”。也就是说，在教学中着眼人的成功发展，在“成功发展”主线引领下，重视教师的主导作用，突出学生的主体地位，调动教与学两个方面的主动性、积极性。

“教”是为了“学”，教的出发点和归宿是“不复需教”，促进更好地学。“主体”与“主导”有机结合，充分调动师生的积极性，发挥二元互补作用，使学生在教师的指导下，学会读书，主动探索，获取知识，发展智力，提高能力，陶冶性情，提高思想道德品质，从而达到学生的全面和谐发展。“成功发展为主线”体现了素质教育思想，即按照党的教育方针，“立德树人”促进全体学生在德、智、体、美诸方面，主动的发展。就是以人为核心，促进每个个体在与社会发展目标和谐一致的条件下，主动开发个人潜能，以争取个性的最佳发展，努力为人类、为国家做出最大贡献，并幸福美满度过一生的教育。

“学生为主体”是学生素质得以全面发展的先决条件，直接关系到“三主成功”教学实践的成败。我们认为，“学生为主体”表现在：①能动性：学生能够形成自觉、主动、积极地认识客观世界的趋势,以致获得自身主体性的不断完善;②自主性(或称独立性):在教学活动中,处于学生最近发展区的问题,学生通过动手、动眼、动口、动脑能够独立完成;③创造性:学生在教学活动中具有探索研究新知、追求新的活动方式和新的活动成果的内在需求和意向;④自为性:学生作为一个能动的自我,具备自我发展和完善的内在需求,这是使自我的主体性不断实现的动力。

三、"三主成功"教学的基本特征

课堂是教学的主渠道,"三主成功"课堂教学模式的建构是在"以人为本,成功发展"的教学思想指导下,以"教师为主导、学生为主体、成功发展为主线"为教学理念。让课堂成为学生思考的天地,思维的王国,确保了学生的主动参与和教师的双向互动,有利于"教学相长"和学生潜能的发挥。

"三主成功"课堂教学模式目标:在民主和谐教学生态环境下,凸显学生学习的主体性,调动学生学习的积极性,引导学生学会学习,使学生在知识、能力、情感、态度、价值观等方面尽可能多地得到发展。

在课堂教学中教师是教学主体,学生是学习主体,教与学辩证统一,学生主动获得知识。强调知识与能力统一,通过知识培养能力;注重教师既研究教法,又研究学法,强调教与学的统一;注重组织形式多样化,强调增加学生主体学习参与机会;注重课堂教学与课下指导统一,强调教师对预习、复习的指导作用;主张师生群言堂,学生参与课堂教学全过程。

"三主成功"教学的基本特征,即"三自":自己提出问题、自己分析问题、自己解决问题,"三有":有争论、有发现、有创新,"三动":引动、互动、自动,具有"三个三"的特征。在我校,以人为本成为我们教学的出发点和归宿点,具体在教学表现在尊重差异,关心每一个同学;调动同学学习的积极性和主动性,凸显同学的主体地位;挖掘同学的潜能,尊重同学的独立人格。

在教学中要体现"三主"理念,就必须鲜明地确立"三主关系"的处理原则:①突破旧"三中心"(以教师为中心、以课本为中心、以教室为中心),建立新"三中心"(以学生为中心、以学生的素质和能力提高为中心、以成功发展为中心)。②在中学教学各环节中要做到"三活"(学活、导活、用活)、"两注重"(注重教学面向全体学生和因材施教,注重课内和课外相融合)、"三结合"(社会、家庭和学校教育相结合)。

除"三主关系"基本原则外,在教学中我们还强调要用五个原则来处理五对关系:一用尊重和施爱的原则(教师尊重学生人格、尊重学生潜能、尊重学生个别差异、爱每一位学生）来处理师生关系；二用合作的原则（开展学生与学生的合作学习探究创新）来处理学生与学生的关系；三用成功原则（创设条件，让学生通过努力取得成功）来处理学生与自我的关系；四用兴趣原则（找准每位学生的兴趣点，激发学生的学习兴趣）来处理学生与知识的关系；五用创造原则（让学生大胆质疑、探究、创造）来处理学生与学习的关系。

四、“三主成功”教学的理论探源

从哲学的观点看，教学是内因和外因的关系，外因是变化的条件，是前提，内因是变化的根据，是决定因素。“教”这一外因最终要通过“学”这一内因起作用，内因起最终决定作用。什么是“主体”？马克思主义认为：认识论讲的主体，是具有认识世界和改造世界能力的认识者和实践者。“教学过程是一个特殊的认识过程，学生通过对教材的阅读和理解，达到认识教材和教材所反映的客观事物的目的。”在这个过程，教师要引导学生通过自己的理解来实现，学生要处在认识主体的地位，在教师指导下经过自己的认识活动获得结论，他们不仅获得了结论，同时得到锻炼和发展。

建构主义学习理论认为，学习不是由教师向学生传递知识的过程，而是学生自己建构的过程。古宁汉（D. J. Cunningham）认为，“学习时建构内在的心理表征的过程，学习者并不是把知识从外界搬到记忆中，而是以已有的经验为基础，通过对外界的相互作用来建构新的理解”。① 学习是学习者主动地建构内部心理表征的过程，它不仅包括结构性的知识，而且包括在具体情境中形成的大量的非结构性的经验背景。学习者在一定情境中借助他人帮助，利用必要的学习资料，通过意义建构来获取知识，掌握解决问题的程序和方法，优化完善认知结构，获得自身发展。建构主义学习理论把情境、协作、交流和意义建构作为理想学习环境所必需的四大要素。强调学生是认知的主体，而不忽视教师的指导作用。教师要为学生创设良好的学习情境，提供多样化的信息来源，教师是意义建构的帮助者、促进者、支持者、引路人、评价者。

获得成功，有成就感，就能有效地激发和提高人的成就动机，产生学习和工作的内驱力。美国教育心理学家奥苏伯尔（D. P. Ausubel）认为，人的成就动机应包括三方面的内驱力成分，即认知内驱力（cognitive drive）、自我提高内驱力（ego-enhancement drive）和附属内驱力（afflictive drive）。在这三种成分中认知内驱力最为重要，也最稳固，因为它把获得知识本身作为一种目的，

① 靳玉乐. 探究式学习论[M]. 重庆：西南师范大学出版社，2001：44.

而不需要奖励或赞许等任何外在的因素,成功的学习本身便是对自己的奖励[①]。我国著名心理学家邵瑞珍指出:“再没有比失败和挫折所引起的精神负担更能减弱动机作用的东西了。”[②]马斯洛(Abraham Harod Masiow)的需要层次理论指出:人类的需要是由低到高分层次的。它们分别是:生理的需要、安全的需要、社交的需要(也叫归属与爱的需要)、尊重的需要、自我实现的需要。[③] 人类超越了生存满足之后,就会产生发自内心的渴求发展和实现自身潜能的需要。满足了这种需要个体才能进入心理的自由状态,体现人的本质和价值,产生深刻的幸福感,马斯洛称之为“顶峰体验”。马斯洛认为人类共有真、善、美、正义、欢乐等内在本性,具有共同的价值观和道德标准,达到人的自我实现关键在于改善人的“自知”或自我意识,使人认识到自我的内在潜能或价值,人本主义心理学就是促进人的自我实现。自我实现的需要是最高等级的需要,满足这种需要就要求完成与自己能力相称的学习,充分发挥自己的潜在能力。罗杰斯(Carl Ranson Rogers)自我论和马斯洛的自我实现论在基本观点上是一致的,都认为人有追求自我价值实现的共同趋向。但他更强调人的自我指导能力,相信经过引导人能认识自我实现的正确方向。[④]

建模理论认为,模式是处于实践和理论之间的中介方法。模式既不等同于实践,也不等同于理论,但与实践、理论均有紧密联系。从实践上升为理论,或用理论指导实践。模型起着由下而上和由上而下的桥梁作用,这一过程是双向的(见图 1.2)。即一方面,可以在实践基础上,经概括、归纳、综合而提出模式。模式是一种假设,在未经证实之前,它还不是理论;模式只有经过实践验证,被普遍证实之后,才可能上升为理论。另一方面,可以在理论指导下,经类比、演绎、分析而提出多种模式,进而到实践中加以应用,以解决不同的问题。在这一过程中,要用到概括、假设、演绎等多种科学方法。[⑤]

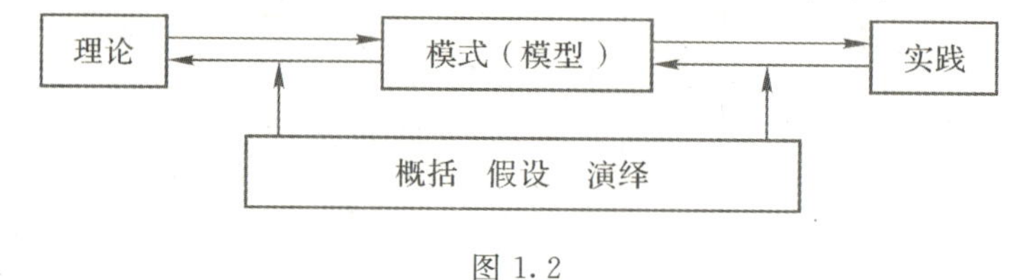

图 1.2

① 杨鑫辉.西方心理学名著提要[M].南昌:江西人民出版社,1998:551.

② 邵瑞珍.教育心理学[M].上海:上海人民教育出版社,1983:230.

③ 郭卜乐.今日心理.http://www.cptoday.net

④ 郭卜乐.今日心理.http://www.cptoday.net

⑤ 查有梁.教育建模[M].南宁:广西教育出版社,1998:7.

教学模式既不等同于教学实践，也不等同于教学理论，它介于两者之间，是沟通教学理论与教学实践之间的中介桥梁。一方面是在教学理论指导下，抓住教学过程的主要特点，对教学过程的组织方式作简要概括提出各种教学模式，以向教育工作者提供教学实践上的选择，进而在教学实践中运用这些教学模式进行教学管理和组织教学。另一方面，对教学实践的经验作全面概括，则可得到个别的教学模式，以丰富教育理论。同时，教学模式经过实践验证，被普遍证实之后，可能上升为教学理论。前者由上而下，主要应用推理性的演绎法；后者由下而上，主要应用探索性的归纳法。

第三节 系统研究，构建起三主成功实施基本框架

一、行动研究："三主成功"教学成功实施的基础

1.教师层面的自发研究

一切课程改革归根到底都要发生在课堂，课堂不仅是学生成功发展的主渠道，也是教师专业成长的主场所。我们一直在努力探索课堂“革命”，通过探求新的课堂教学模式，以改变学生学习方式，促使学生成功发展，提高教学质量。我校师资雄厚、教科研氛围浓厚，研究课堂教学起步较早，并取得了一定的研究成果。尽管这些研究不是学校层面的教学改革，但这些以课题组为单位的研究团队，可以带动本学科的一批骨干教师，并为日后的学校层面的教育教学研究与教学改革积累丰富经验、打下扎实基础。自从学校系统从事教育科学研究的十几年以来，我校立项的省、地、市三级规划课题有百余项，其中绝大多数的课题都与研究教学有关。在这些课题研究与实践中，它们都有显著的共性特点：都着眼于教师的教学方法与学生的学习方法改变，凸显学生学习的主体性，激发学生学习的主动性，培养学生学习的自主性，同时体现教师的主导性。

如蒋辉炳老师主持的台州市教育科学规划课题《课题式学习的研究与实践》(2000-1 —2001-12)获台州基础教育成果二等奖，浙江省优秀成果三等奖；丁一仁老师主持的台州规划课题《构建初中数学活动课模式的实践与研究》(2000-1—2001-12)获台州市优秀成果一等奖，台州基础教育成果二等奖；蒋辉炳老师主持的浙江省教育科学规划课题《探究式学习的研究与实践(2002-1—2002-12)》获台州市优秀成果一等奖，浙江省优秀成果三等奖；陈凌钧老师主持的台州市教育科学规划课题《语感教学实践研究》(2002-1—2002-12)获台州市优秀成果三等奖；叶德夫老师主持的台州市教育科学规划课题《综合实践活

动课程中项目设计教学模式的研究》(2006-1—2007-12)获台州市优秀成果二等奖;颜伟云老师主持的浙江省教研课题《初中〈科学〉课堂活动教学的再实践研究》(2008-1—2009-12)获台州市教研成果二等奖;叶富军副校长主持的浙江省教育科学规划课题《初中科学超市式教学》(2011-1—2012-12)获台州市优秀成果一等奖;等等。

2. 学校层面的系统研究

我校"以人为本,成功发展"的教育思想雏形的形成始于新千年。2001年上半年范建华校长受市教育局委派,在上海闸北八中进行为期半年的校长挂职锻炼。闸北八中以刘京海校长的"成功教育"思想而享誉全国。闸北八中以"成功教育"思想为基本办学理念,以"自信、自主、大气、勤奋"为校训,注重面向全体学生,追求学生多方面的成功,重视学生的人文精神、科学素质和文化底蕴的培养,特别是人品、人格的高水平发展,坚持"知识、能力、人格"和谐发展,成为颇具特色的品牌学校。

范建华校长在闸北八中挂职锻炼的半年,"泡"在学校里、"沉"在师生中,与行政团队一起策划、一同管理,与教师一起听课、一同教研,与同学一起活动、一同交流。范校长亲力亲为,深刻感悟闸北八中的"成功教育"思想及学校管理的真谛。他山之石,可以攻玉。"取经"回校代之实践,逐渐形成符合我校实际的"以人为本,成功发展"教育思想。十几年来,我们一直在践行并不断完善丰富,成为学校的教育品牌。

2002年,我校成为温岭市初中首个自主发展性学校,在制订自主发展性规划时,提出"以人为本,成功发展"的教育思想,并制订《温岭三中"以人为本,成功发展"自主发展性规划(2003—2005学年)》。2003年11月,学校《"成功发展"教育的研究与实践》被立项为浙江省2004年度教育科学规划课题(主持人范建华校长,2005年结题),明确提出"以人为本,成功发展"的教育思想,并进行了课堂教学模式的初步探究。2009年立项的浙江省教育科学规划课题《"三主成功"教学模式的建构与实践》(主持人范建华校长,2010年结题),是原有研究和教育改革的继续与深化,这次研究更加注重构架起理论与实践的桥梁,更加关注课堂,将实践与理论融为一体。我们期望通过"三主成功"教学模式的建构,让"以人为本,成功发展"的教育思想渗透在教学实践的每一个环节里,落实到每一个教学行为中。

温岭市第三中学作为温岭市初级中学首个自主性发展学校,始终坚持"以人为本 、成功发展"的教育思想,积极探索高品质的"成功发展"课堂教学。这几年,我们"摸着石头过河",成功探索了"三主成功"教学"三步曲":"超市式"

学习——“无淘汰”发展——“俱乐部”活动。这是一种从宏观到微观、从课内到课外，适合本校学生发展实际、体现“轻负担高质量”教改追求、促使学生“成功发展”的智慧教学模式（见图 1.3）。这也是学校自主性发展九年的历程。[①]

图 1.3

在第一个三年规划中提出“三主成功”教学（由于“三主成功”教学有“三个三”的特征，故又称为“三三三教学”），让学生的“主体”与教师的“主导”在实现“成功发展”的主线中实践生成，让课堂成为学生思考的天地、思维的王国，确保学生的主动参与和教师的双向互动，有利于“教学相长”和学生潜能的发挥。

在“三主成功”教学模式的引领下，各科教师通过几年的教学实践活动，为了更加突出学生获得成功的积极情感体验，于是我们开始选择新的适合学生个性发展的学习模式，使师生在实践中不断超越，尤其使学生能够获得更多的快乐和更健康的成长——成功发展。于是，学校在自主性发展的第二个三年规划中，提出课堂教学实施“无淘汰发展”的模式。

根据多元智能理论，无淘汰发展的基本前提是“有选择”。“有选择”一是指学生平时可以根据自己的认知水平，自主选择不同层次的练习内容（A、B、C 三档，A 为必做且要对，B 为挑选着做，C 为讨论着做），教师要根据学生学习差异和接受能力，选择不同的教学内容和方法，进行因材施教。二是有不同的科目或项目等提供给学生选择，下午第三节课允许部分学生挑选技能类进行训练，如：绘画、唱歌、乐器、体能训练等。“无淘汰发展”的模式突出了“三主成功”教学中的“学生主体的差异性”，凸显了学生在其发展中的主体地位，强调了成功体验的重要性。

在第三个三年规划中，为了更加凸显学生学习的主体性，突出学习的自主性，强调学习的选择性。我们希望把时间与空间还给学生，提出“超市式”学习，“超市式”学习的基本内涵是：把时间和空间还给学生，给他们足够的自由度，让他们以自己的方式，选择他们自己最需要、最容易而又觉得当下最有用的知识学习。即“知识可以挑着学、问题可以挑着答、实验可以挑着做，学生可以挑学生回答、学生可以挑学生求助、学生可以挑学生评价等”，从而激发学生

① 注：关于“九年历程”的部分叙述引用了 2011 年 5 月底浙江省“轻负高质”现场会上，我校作为经验介绍的发言材料。

的内在动力。这样，学习的过程就好比在超市挑东西，我们由此启发命名为“超市式”学习。“超市式”学习的本质，是以满足学生的个体差异，实现学习任务的“分层消费”；是在“以人为本，成功发展”教育思想指导下，对“三主成功”教学、“无淘汰”发展的延续和细化；是“成功发展”的重要保障。

“俱乐部”活动，作为课堂教学的延伸，在促进学生成功发展中，有着不可代替的作用。我校积极开发校本课程，整合过去的课外活动，拓展活动课程，开设俱乐部活动课程，有计划推出知识拓展活动课、兴趣爱好活动课、生活技能活动课、社会实践活动课、教育科技活动课、体育文化艺术活动课、志愿者活动课。通过俱乐部形式，让学生在活动中“张扬个性”、“激发潜能”、“体验情感”，培养学生特长，将素质教育活动真正落到实处。

“无淘汰”发展——“超市式”学习——“俱乐部活动”，这种循序渐进、“融汇式”的智慧教学模式的构建，让学生能在自主、合作、快乐学习中成长（见图1.4），使学生的主体地位得以凸现，个体差异得以尊重，成长需求得以满足（见图1.5），教师的主导作用得以体现，真正践行了“以人为本，成功发展”的教育思想，落实了教育“让每一个学生成功发展”的最大追求。

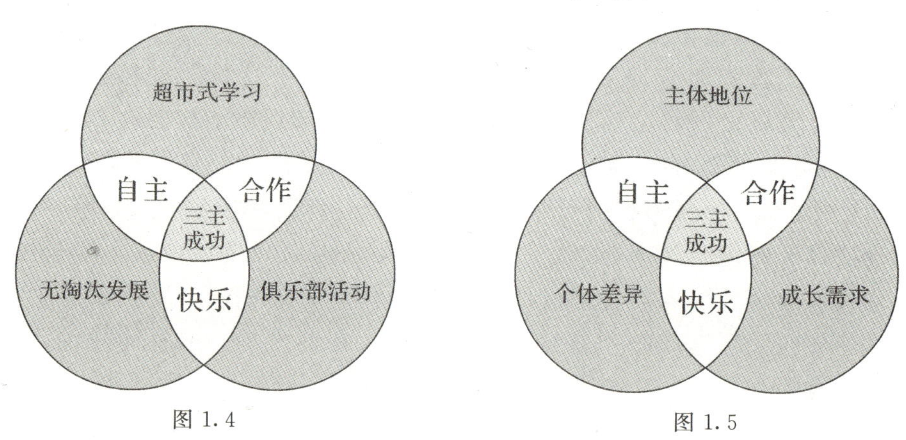

图 1.4　　　　图 1.5

二、推进策略：“三主成功”教学成功实施的前提

部署实施一项教改实验，需要制定周密可行的推进策略。我们在实践中深刻体会到，只有周密合理的实施规划，才能高效地实施“三主成功”教学，少走弯路。我校在推进实施“三主成功”教学前，制定了切实可行的“一二三四”推进策略，为“三主成功”教学的成功践行提供了前提条件。

1. 围绕一个抓手：以省级课题《“三主成功”教学模式的建构与实践》的研究为抓手，推进课堂教学研究，架起教学理论与教学实践之间的中介桥梁，实现教研训一体化，推进教学改革，提高教学品质，提升教师专业水平。

2.采用两条途径：进行“三主成功”教学模式的建构将采用两条途径。一方面自上而下，即在“三主成功”教学理论指导下，抓住教学过程的主要特点，对教学过程的组织方式作简要概括提出各种教学模式。在教学实践中教师灵活地运用这些教学模式进行教学管理和组织教学。另一方面自下而上，即通过对教学实践的经验总结、概括和提炼，可构建出适合本校和教师本人实际的各种教学模式，并在实践的检验中不断修正与完善。教学模式经过实践验证，被普遍证实之后，方有可能上升为教学理论（见图 1.6）。

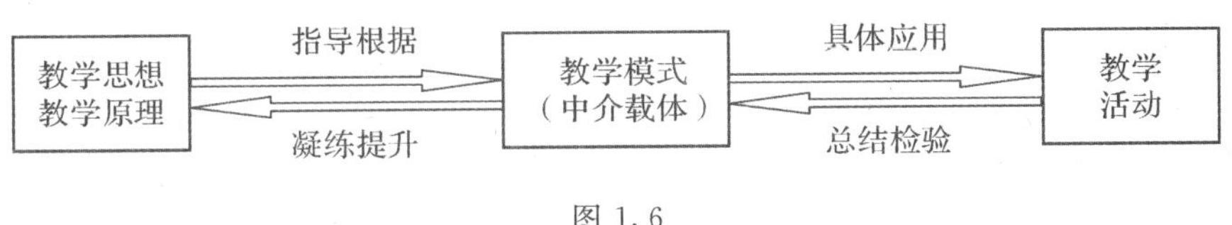

图 1.6

3.实行三层推进：以课题研究为载体，进行项目研究，我们将实行三个层面推进的策略。省级课题作为研究总项目（一级层面）；我们分学科分别从各组申报的课题中筛选确定一项重点课题，推荐并被立为台州市教育科学规划课题，作为学科研究分项目（二级层面）；教师个人小微课题进行研究（三级层面）。省级课题与台州市级课题的研究成员成为项目研究的主要成员（见图 1.7）。

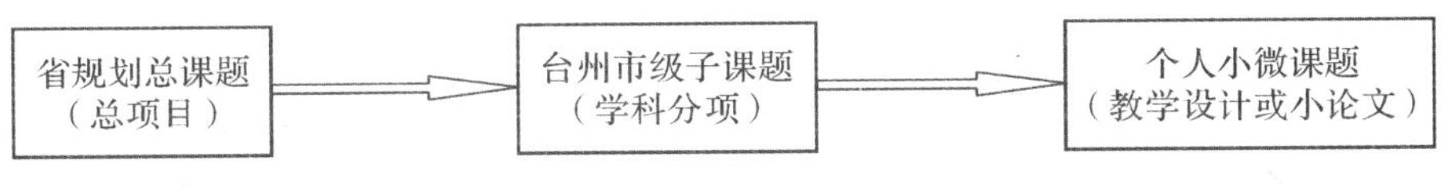

图 1.7

4.实施四级研讨：我们在初步建构的教学模式基础上，实施四级研讨交流，从课题组至市内外以点带面逐步展示、研讨与辐射，四级研讨的扩散路径是：一是课题组、二是校内、三是教研区（包括结对子学校）、四是市内外。我们希望以台州市级子课题研究成员的示范课、研究课带动学校教师对教学模式的研究与运用；同时，对教研区乃至市内外起到辐射作用，将我校的“三主成功”教学理念与教学模式推广到全市及其他地区（见图 1.8）。

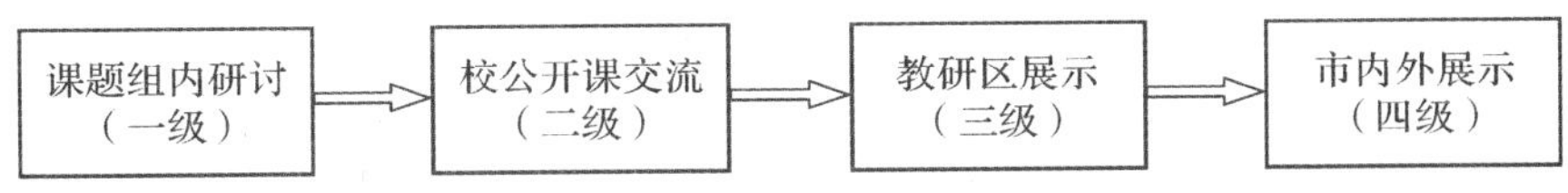

图 1.8

三、系统改革:"三主成功"教学成功实施的保障

教改是一个触一发而动全身的系统工程,"三主成功"教学的实施是学校层面的综合教改实践。"三主成功"教学开展不仅需要良好的推进策略,还需要学生教育与管理方式的改变,更需要学校管理层面的跟进与支持。否则,教学改革一旦离开学校环境的系统平台,是难以独善其身,注定要失败的。"三主成功"教学放在学校大背景下,是"三主成功"教育的一个部分。学校涉及学生教育、教师管理、师资研训等方面的系统改革,是"三主成功"教学成功实施的基础保障(见图 1.9 和图 1.10)。

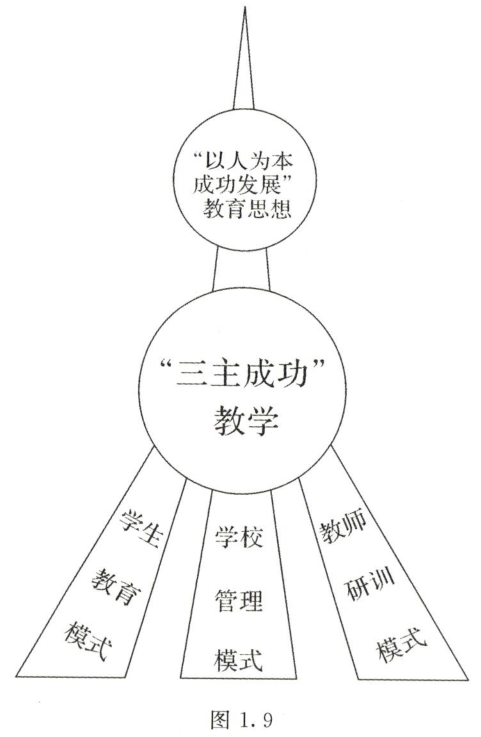

图 1.9

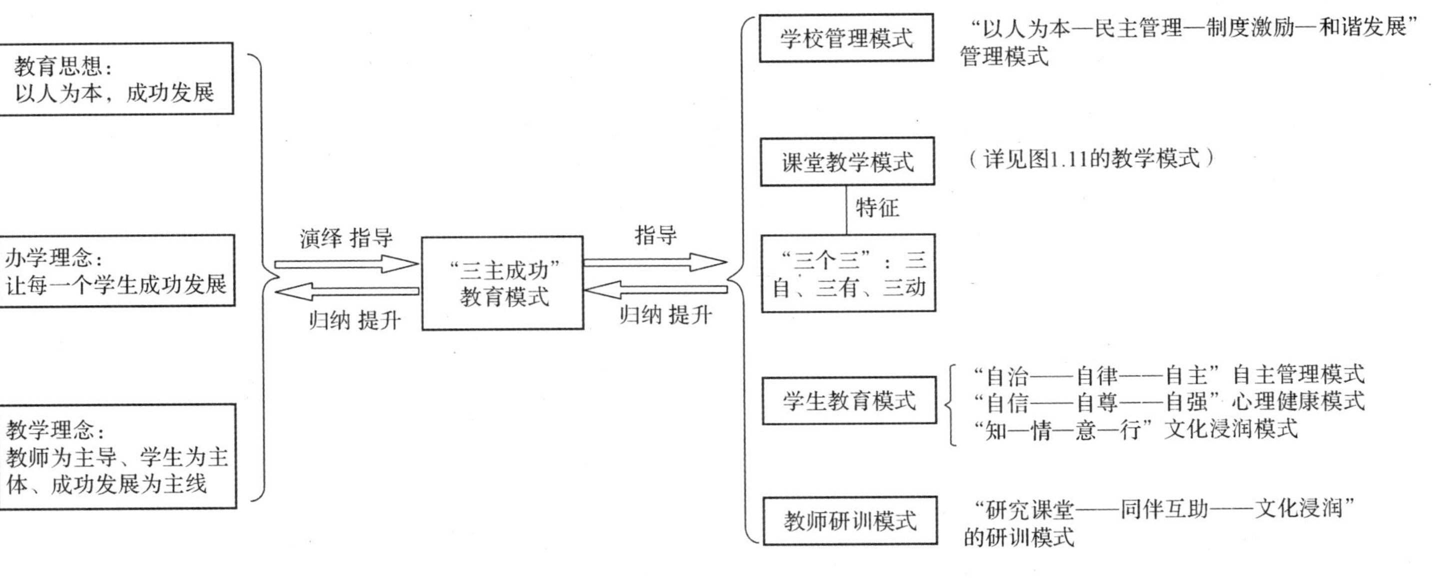

图 1.10 “三主成功”教育模式框架图

1. 学生教育模式

“三主成功”教育是在“以人为本，成功发展”的教育思想指导下，以“教师为主导、学生为主体、成功发展为主线”的教育。我们认为：“理想的教育是让每一个学生成功发展”，并作为学校办学理念；学生是学校的主体，是有个体差异的，但学生内心深处都有积极向上的一面，都有渴望得到别人尊重、肯定以及自我实现的心理需求。我们在教育中尊重差异，与学生平等沟通，尊重学生的独立人格，小心呵护学生的自尊心，不断肯定鼓励。基于上述认识，在学生的管理上，我们坚信：只要教师引导得当，在良好的校风影响下和合适的制度约束下，学生能够实现自我教育、自我约束、自主管理、和谐相处、成功发展，并以此理念建构“学生教育模式”。

由于在学生管理上切入点与途径不同，我们将“学生教育模式”分为三个子模式，即以学生自我管理教育为目标的“自治——自律——自主”自主管理模式，以扬起成功风帆为切入点的“自信——自尊——自强”心理健康模式，以《弟子规》诵读为抓手的“知—情—意—行”文化浸润模式。在三个子模式中，“自治——自律——自主”自主管理模式是基本模式，是学校德育的基石；“自信——自尊——自强”心理健康模式为自主管理模式的顺利实施提供有力支撑；“知—情—意—行”文化浸润模式是学校德育的提升。

(1)“自治——自律——自主”自主管理模式

其一，建立学生自主管理目标。我校从学生的年龄特征、知识水平、理解能力等方面出发，建立了以“五育”为核心的学生自主教育管理目标体系。即“四会五自”的做人教育(会做健康人，会做文明人，会做现代人，会做世界人；自强，自学，自律，自护，自理)，“五心”的社会观教育(忠心献给祖国，爱心献给社会，孝心献给父母，关心献给他人，信心献给自己)，“三讲五不”的道德规范教育(讲文明，讲卫生，讲礼貌；不说脏话，不损坏花草、树木，不乱扔，不吃零食，不乱花钱)，“四自两健”的心理健康教育(自尊，自爱，自立，自强，健康生活情趣，健全人格)和成才理想教育。

其二，健全学生自主管理机构。我校已形成了“两条线”的学生自主教育管理机构。第一条线是“校长助理、校学生会(设有学生艺术团、学习互助委员会、纪律仲裁委员会、校园环保委员会、体育运动委员会、自治委员会、公寓食堂管理委员会)→主任助理、年级学生会→班主任助理、班委会”。第二条线是“团委会→团支部”。

其三，规范学生自主管理机制。我校注重管理面向全体学生的全面发展，注重尊重学生的差异性，因材施教，使不同个性不同基础的学生的管理潜能和自治能力得到激发和培养。采用公开竞争的方式在学生中聘请校长助理、主任助理、班主任助理(现已聘请校长助理12人,主任助理20余人,班主任助理250余人);学生自己组建学生会、团委会、班委会,学生自己制定校规、班规,学生自己成立纪律仲裁委员会,学生自主主持全校学生会、召开班委会和家长会,让学生自主参与学校和班级的管理;学生自主组建和管理“三社”(书画社、文学社、新闻社)、“三中心”(计算机中心、英语培训中心、科技制作中心)、“三队”(管乐队、舞蹈队、电声乐队)、“三部”(足球俱乐部、武术俱乐部、健身俱乐部),后来整合为各种俱乐部,学生自主创建电视台和编播电视节目和校园广播电台,学生自主创办《中学生时代报》、《中学生英语报》、《中学生数学报》,让学生自主参与学习、生活和课外活动的管理。全方位建立了学生自主教育管理机制。

其四,开展自我教育能力的培养。中学生的特点之一是自己管不住自己,于是我们的教育往往片面地用外压式的强制教育强化管理,看上去似乎被管住了,一旦没人这样“管”,他们又故态复萌。这样做的结果,扼杀了学生自我教育能力的形成,最终也阻碍了学生的长远发展。我们觉得在加强正面教育和管理的同时,必须要立足于学生自我教育能力的形成,一旦这种素质形成,学生就获得一种不断自我增值的能力。我们强化“主体性”,创造条件让学生自己教育自己,自己管理自己,在学习与活动中增强自我调控能力:初一年级以“学、知、查、行、纠、评、结”为工作序列,着重培养学生良好的日常行为习惯;初二年级以青春期教育、法制教育为重点,做好后进生的结对帮扶工作;初三年级以理想、信念、人生观为着眼点,做好心理疏导。

(2)“自信——自尊——自强”心理健康模式

如何培养同学自尊、自信和完善的人格?教育同学如何面对失败和挫折?怎样培养成功心理,获得成功体验?如何疏导同学的不良情绪?等等,这些都是我们亟须研究和解决的问题。

我们根据同学的心理特点和影响同学学习生活、班级生活和社会生活的障碍,制定了各年级的教育重点:初一年级注重培养积极的情感和自信心,在心理上尽快适应初中的学习与生活;初二年级注重培养意志力,关注学生的心理起伏变化,呵护学生的自尊心,帮助学生度过学习上的分化期和心理上的转折期;初三年级注重培养成就动机,及时做好学生的心理疏导,使学生正确面对成功与挫折,培养坚忍不拔与自强不息的精神。

我们要求每一位老师重视“心育”,改善同学心态,适时有效开展心理健康教育。一是深入了解同学,调查、收集、分析信息,教师做到有的放矢、因材施教；二是敞开心灵沟通渠道，如师生谈话，课后作业批语，师生 QQ 聊天，学校开设“青春信箱”、开通“心理咨询”热线，等等；三是设立“心理咨询室”，通过举办心理保健讲座，进行集体性的心理健康辅导、个体化的心理咨询等多种形式对学生进行心理健康教育；四是不断对学生提出积极期望、鼓励与要求，实施鼓励性评价和目标引导。

创设良好氛围，让学生感受到成功的快乐，激励学生，扬起成功的风帆。设计了《学生成长备忘录》，进行对学生全面素质考评为主要内容的学生学业成绩评定办法，着力培养学生自我教育的能力，激励学生进步。我校通过四块阵地和个人展览来展示学生风采，激励学生成功，让学生体验成功：一是大厅和走廊都挂有学生的书画和摄影作品，并定期更换；二是学校的橱窗大多是张贴三好学生、学习优秀者、特长生的照片和简介以及学生的书画作品；三是学校的电视台和广播室都由学生主持，并经常播放学生的好人好事、成功事迹、交流成功经验和方法；四是大小集会上表扬获得成功或进步的学生，让同学自己介绍经验和感想。学校不定期举办学生个人书画展和发明创造展示。学校开展“扬起成功风帆”系列活动：以“成功”为话题的演讲比赛；“扬起成功的风帆”主题班会，畅谈成功的秘诀，感受成功的快乐；“感受成功的快乐”书画比赛和摄影作品展览，让部分获奖同学感受到成功的快乐；“成功在我心中”典型事例展示；等等。

(3)“知——情——意——行”文化浸润模式

知、情、意、行是构成思想品德的四个基本要素，这四者既相对独立又相互联系。学校以《弟子规》诵读为抓手，进行传统文化浸润，让校园弥漫书香，提高道德认识、陶冶品德情感、锻炼品德意志和培养品德行为习惯。我校开展《弟子规》诵读活动，编制《弟子规》以及《“弟子规”读本》，利用中午的“课前读”(10 分钟时间)进行诵读。每天四句十二个字，由小先生(班级指定同学，经培训)执教，进行领诵、齐诵、解说(校统一配送 PPT)，每周一升国旗时(包括集会)集体齐诵，每周一次解读。学校通过《弟子规》诵读活动，实践“知、情、意、行”，让学生感知儒家文化，懂得如何处事为人；体验道德情感，明辨是非曲直；感悟人格魅力，坚定道德意志；践行道德理想，提升人格内涵。

知，即道德认识，使人们对道德规范及其意义的理解和掌握；对是非、善恶、美丑的认识、判断和评价，以及在此基础上形成的道德识辨能力，也是人们确定对客观事物的主观态度和行为准则的内在依据。学校通过诵读《弟子规》，组织读书活动，举办“知《弟子规》、学《弟子规》”知识竞赛等活动，让学生走近儒家，增强道德认识，懂得如何处事为人。

情，即道德情感，使人们对社会道德思想和人们行为的爱憎、好恶等情绪态度，是进行道德判断时引发的一种内心体验。在学《弟子规》基础上，通过读后感、出刊编报、召开主题班会、讲故事及演讲比赛等形式，使之上升到“明理”、“动情”阶段。

意，即道德意志，是为实现道德行为所作的自觉努力，使人们通过理智权衡，解决思想道德生活中的内心矛盾与支配行为的力量。随着《弟子规》诵读的深入，开展激励教育，引导学生自我磨炼，形成良好的道德意志品质。

行，即道德行为，使人们在行动上对他人、社会和自然所做出的行为反应，是人的内在的道德认识和情感的外部行为外部表现，是衡量人们品德的重要标志。在《弟子规》诵读活动中，不断汲取伟大的人格力量，把《弟子规》理想人格内化到自身的精神世界中去，最后外显为“为中华之崛起”的实际行动。我校学生自觉开展“扶贫济因送温暖、敬老助残献爱心”活动，积极争做奉献标兵、创新能手和百名优秀学子。同学之间，团结友爱，“比、学、赶、帮”，蔚然成风。

2.学校管理模式

落实“三主成功”，学校管理模式，随之进行适当转型与创新变通，总体上的思路是：“以人为本—民主管理—制度激励—和谐发展”。

这一管理模式的特点重在体现与落实：管理人性化、决策民主化、考评制度化、人际和谐化的学校管理之道。

“三主成功”教育模式体现在学校管理上，其核心就是要“以人为本”。学校创设良好的文化氛围和教育环境，让教师在民主、和谐、宽松和催人奋进的氛围和环境中，充分发挥教师的主体性、主动性、创造性，实现了学校整体工作与学校局部工作和谐有序、教师与教师团结协作、教师与学生互动融洽。使学校教育系统的各要素之间获得最佳匹配，学校各项工作高效运转，实现教育效果的最大化。

(1)创设和谐的教育管理环境。我校在积极倡导以“两求”(追求和谐，力求发展)、“三同”(知心同德，知难同进，知足同乐)、“四讲”(讲三德，讲三爱，讲三心，讲三业)为核心的“三中精神”的前提下，从管理者与被管理者要“相知、相爱、相敬”方面入手，创设和谐的教育管理环境。

(2)建立教职工自主管理的激励机制。我校从办学目标激励(近期目标激励、长远目标激励)、领导形象激励(领导自身形象激励和领导层的集体形象激励)、情感激励(对教职工的日常工作体现情，关心他们的困难和疾苦，为他们分忧解难；对教职工的物质奖励注入情，精神奖励蕴含情)、榜样激励(从不同层次、不同岗位、不同形式树立领导、教师和职工的榜样)、信任激励(管理者对被管理者的信任)、参与激励(让下属和广大教师参与决策、管理和监督,支持他们的建议、主意和办法)、信仰激励(崇高信仰激励和三中精神激励)等方面,建立了我校教师自主管理的激励机制。

(3)构建科学化和人性化的管理制度。我校在健全各项管理制度的前提下,不夸大制度管理的作用,将制度管理与其他管理方法结合;注重制定制度的科学性,制度制订都要经过"认真学习——深入思考——广泛讨论——科学论证"程序;注重在执行中做到监控有力、记录翔实,使表扬批评、奖励惩罚有事实依据;注重在制度执行中做到"有情领导,无情管理",刚柔相济,实现了制度管理的科学化和人性化。

(4)完善民主管理和评价体系。我校从"决策的民主化,行事规范化,评价层面完备化,评价制度化"着眼,通过强化教代会的权力,让教代会认真履行"对学校改革与发展的重大问题"的建议权、"有关教职工切身利益的事项"的决定权、"学校内部出台的有关教职工权益的重要规章制度"的通过权、"学校领导的德、能、勤、绩"的评议权,完善民主管理和评价体系,充分发挥教师在学校管理中主体地位和主体作用。

3. 教师研训模式

我校的"成功发展"不仅指学生学业的成功发展,同样包括教师的专业成长与发展。提出"理想的学校应该促进每一位教师的专业成长与发展"。教师是实施"三主成功"教育创设者和实践者,只有培养出一大批具有先进理念和教育思想的教师,才能有效实施"三主成功"教育。实践中,学校把校本教研和校本培训作为教师专业成长与发展的着力点,在课堂教学研究、教研组建设和学习文化营造等方面取得瞩目的成绩,建构了"研究课堂——同伴互助——文化浸润"的教师研训模式,逐步形成"立足课堂、亦教亦研"融教研训一体化的校本研训特色。概括来讲,"三主成功"教育蓝图之下的教师研训模式是"研究课堂——同伴互助——文化浸润"。

(1)研究课堂,教学即研究实践

课堂是教师发展的基础和生命,教师专业发展是在学校真实的教学情境这个现实土壤中成长的。教师专业化发展实际上就是要把教育问题的学术研究回置于鲜活的现实之中,使理论研究返回思想的故里。我们认为课堂即研究实践,是校本研训的立足点和主阵地。其一,课堂是实施素质教育和推进课程改革的主渠道,一切的教育改革最终要发生在(或回归到)课堂上;其二,课堂是教师专业成长与发展的重要历程,我国众多优秀教师的成长无一例外地表明，在"课堂砥砺"中"学会教学"。

学校注重课堂教学研究，将课堂作为研究实践，让教师在课堂中历练和打拼，学会教学。我们采用以类似医院"临床指导"和"会诊"的方式，"解剖"和评价教师上的课以及课堂发生的事，提升教师课堂教学的科学性、艺术性与有效性。评课时，大家畅所欲言，所提问题尖锐、爱"挑刺"。这种平等民主坦诚气氛下的真知灼见，不仅让执教者豁然开朗，参评者也深受启迪。有的研究课，上了改，改了又上，需要反反复复好几次。每一次的"重复"，都有质的飞跃。"台上十分钟，台下十年功"，教师在这种反复的磨课中不断感悟、提高与成长。许多成为名师的老师在谈及个人专业成长经历时都感触道："正是这种'草根'式的上课与评课，良好的研究氛围，使我受益匪浅不断成长。"

学校注重课堂教学研究的同时，重视教学经验与教学智慧的凝练与提升。在各学科已取得的科研成果的基础上，从学校、教师、学生发展需要出发，根据"学校自主性发展规划"，将学科已有的成果进行整合，进行教学模式的构建研究，申报《"三主成功"教学模式的建构与实践》并立项为2009年浙江省教育科学规划课题。该课题研究，力图构架起理论与实践的桥梁，将实践与理论融为一体。通过建构并实施"三主成功"课堂教学模式，改变教与学的方式，促使教师专业成长与发展。让课堂教学回归教育本质：课堂是师生交流互动的空间，是智慧碰撞的平台，是成功发展的场所。

(2)同伴互助，教研组即研究中心

教师的成长离不开经验借鉴，同伴互助和资源共享。我校的教研组(备课组)在校本研训方面对促进教师成长发挥了重要的作用，成为教师教学的研究中心，逐渐形成了富有特色的"三级、四课、五环、五轮"校本研训。

"三级"是指建立学校、教研组、备课组三级管理网络，每学年确定教研计划，并将活动时间大致予以确定(每周一次)，开展校本研训活动。学校通过三级管理，促进四课研究，做好五环教研，实行五轮备课，实现享教育资源，集集体智慧，扬个人特长。

"四课"是我们从教师专业发展阶段和课的研究功能分类的，这"四课"是："汇报课"、"研究课"、"观摩课"、"公开课"。"汇报课"是刚入门几年的新手或新调入学校的年轻教师所开的课，在导师帮助下(我们学校有比较规范的"师徒制")，从适应到胜任，站稳讲台，对新教师来说是带有汇报性质，对学校来说带有验收和鉴定之意。"研究课"又称"调研课"和"会诊课"，这是我们学校对某一类型课题的教法或尝试新的教学方法或针对某些难点，而进行的专题研究。这种课的执教者，大多是业务素质高，富有进取精神又大胆创新的名师或骨干教师。“观摩课”又叫“示范课”和“学习课”，它起传帮带的作用。一般是由带有“学徒”的名师执教，听课对象是其“徒弟”或其他年轻教师，或某些名师或骨干教师对组内年轻教师的示范课。如果说以上的三种课是学校内部的教研活动的话，那么“公开课”则向校内外开放的课，故又名“展示课”和“开放课”，是向外展示我校比较成熟的课，它往往能较好体现学校特色和教研水平。这五种类型的课中，“研究课”是校本研训的重点，它属于探究和创新性质。

“五环”是指各教研组、备课组或研究小组在每一次教研活动过程中的五个基本环节：“备（备课）——教（上课）——说（说课）——评（评课）——思（反思）”，这五环组成一个循环，并呈螺旋上升。也就是说，由“备”到“思”的五环，并不意味着这次校本研训活动的结束，一个循环的结束，往往正是新一环的开始。即执教教师在上课以后，根据同行的评析和自我反思，进行新一轮的“五环”即重新修改教案（学案），调整课的思路，再重新执教……这在“研究课”中是常常遇到的。这不是简单的重复，恰恰正是这种“重复”，才使我们对这一类型的课有深刻的反思和深入的研究，才使执教者（包括参与者）无论是教学水平和专业素质有了质的飞跃。在这五环中，“评”和“思”是我们进行校本研训的重点，它无论是对执教者或参与者的专业水平的提高，都有重要的作用。

“五轮”备课，在寒暑假，各备课组就根据学校教学规划、教研组要求将教材按单元分配给教师进行第一轮备课；开学初，备课组老师就自己所备的课进行说明阐述，并对带有普遍性的问题展开探讨，这是第二轮备课；备课的老师，根据讨论意见，集大家的智慧进行修改，这是第三轮备课；这样的教案、课件各备课组老师是不能直接进行课堂教学，我们规定各教师必须对集体备课的教案和课件根据自己教学特长、对教材的感悟和学生实际进行再深加工，形成教师的教学风格，这是第四轮备课；备课组在个人课后反思的基础上，进行交流和主题研讨，这是第五轮备课。

(3)文化浸润，学校即学习型组织

教师专业成长与发展到一定时候往往会出现高原期，如何突破高原？只有不断地学习，才能实现理论与实践之间的对话，才能实现理论与实践关系的重建；只有在学习研究的文化浸润下，才能使教师的研究深入持久，才能使教师的研究成为自觉的行为。“学习正全面改变着人类的生活”，“学习是工作和研究的前提”，是从教书匠通往教育家的必经之路。

我们把建立学习型组织作为学校发展的目标和校本研训的前提，大力开展有深度的个人学习和团队学习。学校建立了教师学习制度，将教师的教育理论学习纳入“教职工发展性考核评价细则”，学校不惜花资金，大量购置并推荐教育专著书目，订有《教育研究》等教育教学科研类刊物80余种，建立电子阅览室。对教师指定必读书目，对读书笔记、学习进度都有定时、定量的要求，用这种有计划的引导式的学习，帮助教师培养起读书的习惯，品尝读书的乐趣。老师们的体会是：书读的多了，理论根基扎实了，文化底蕴厚实了，对话交流才能言之有物，言之有理，校本研训才能有"根"。由于我们采取了典型带动，逐步推开的策略，先从骨干教师做起，率先示范，率先成长，激励引导广大教师形成了内在的"学习—发展"需求，从而使自我学习、个性化学习在全校蔚成风气。

浓厚的学习气氛，加上学校多年来逐渐形成的人本、平等、民主、宽容、和谐风气，使研究与学习的学术气氛弥漫于群体与组织中，悄然无息地孕育"三中文化"。在办公室、操场上、食堂里、路上等场合，会经常看到三中教师在探讨学生管理、教学得失、学习体会……这成了三中独特的一道风景线。在三中还有许多类似学术的沙龙，大家爱好相近、情趣相投，在轻松聊天过程中看似漫不经心，实则智慧碰撞。许多老师认为：自己的一些灵感往往来自三五个哥儿们的"胡侃"，教师的成长得益于沙龙式的漫谈。

四、分类建模："三主成功"教学成功实施的关键

如何在构建"三主成功"教学模式时，确保体现"三主成功"教育思想与教学理念？我们在实施时分两步走：首先考虑到学科特点与内容差异，我们按学科组，以子课题研究（8项子课题被台州市列为规划课题）的形式分学科建构"三主"教学模式，使得建构的教学模式既体现"以人为本，成功发展"教育思想、"教师为主导，学生为主体，成功发展为主线"教学理念，又切合学科特点和不同的教学内容；第二步，在这几年研究与实践中，我们采用从已有较为成熟教学经验归纳提炼以及运用三主成功教学理论演绎两条途径建构几十个"三主成功"教学模式，并在教学实践中检验修改，不断筛选与精炼，然后按照这些教学模式的构成要素和实质将它们分成"问题牵引"、"探究互动"、"情境体验"和"自主建构"等四类教学模式。我们在编入本书时又进行了取舍，形成了"问题牵引"等四类教学模式的二十四种子模式。"三主成功"教学模式研究框架见图1.11。我们先对四种模式作一个概要式"亮相"。

1."问题牵引"：亚里士多德曾经说过，思维是从疑问和惊奇开始的。在学习中，学生的思维既不是自发的，也不是靠老师的指令就能激发的。问题才是思维的动力，只有恰当的问题才能引起学生的思考与好奇。问题使学生从心里感到迷茫与困惑，产生认知上的冲突，促进学生积极思考。问题牵引产生学

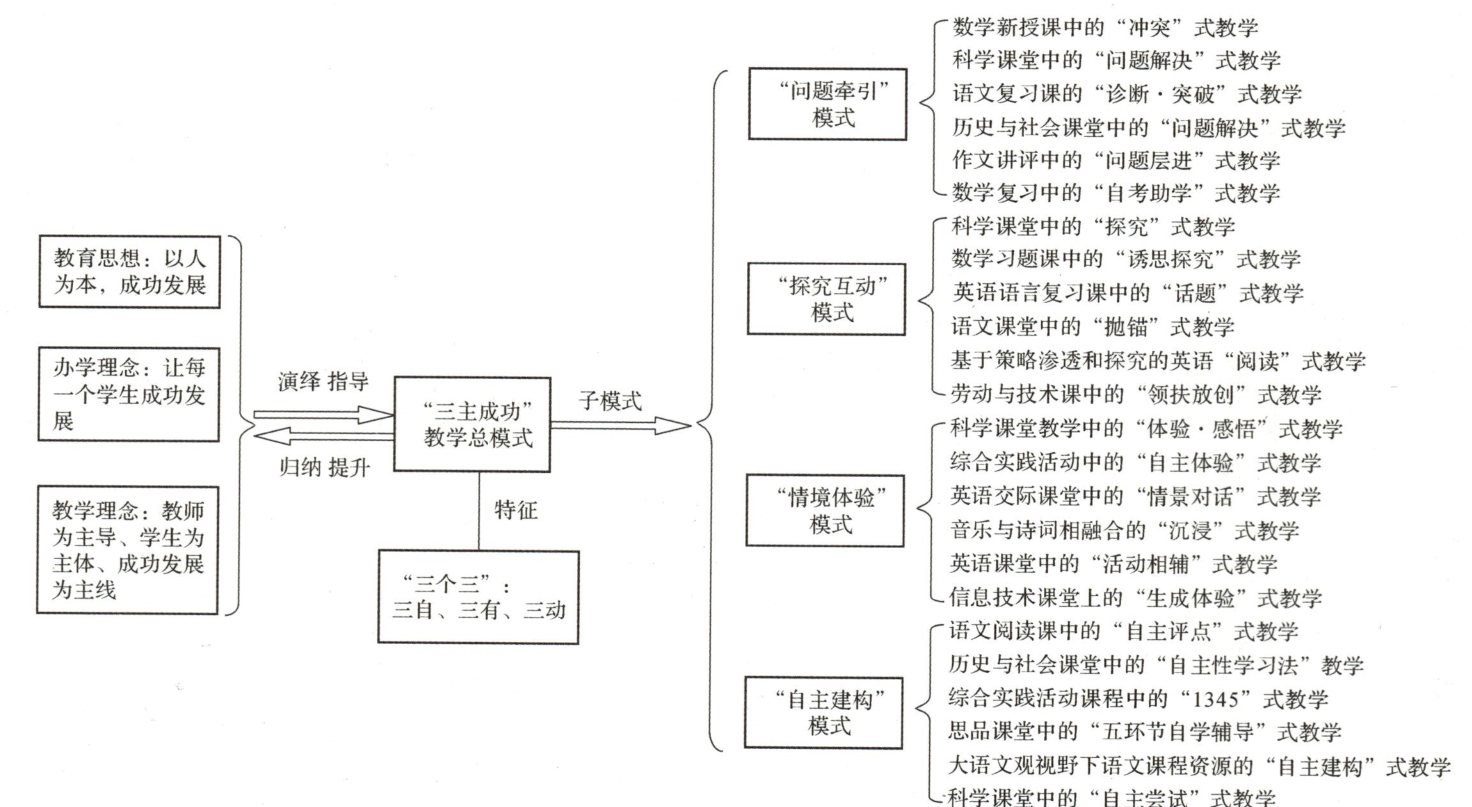

图1.11 "三主成功"教学模式研究框架图

习的动力,使学生能够自觉、自主地学习研究。

2.“探究互动”:探究,《现代汉语词典》解释为“探索研究,探寻追究”。[①]我们认为泛指一切独立解决问题的活动,它既指科学家的专门研究,也指一般人的解决问题的活动;既包括成人那种深思熟虑式的“思想实验”,又包括儿童那种尝试错误性的摸索或探索;既可能是新颖独创的,又可能是模仿的。互动是共存的主体之间的相互作用、相互交流、相互沟通、相互理解。互动强调师生之间、学生之间的信息交流,通过信息交流实现师生互动、生生互动,从而产生互助,达到互惠,使整个课堂教学达成共识、共享、共进的氛围,这也是教学相长的真谛。

3.“情境体验”:在这种教学过程中,教师有目的地引入或创设具有一定情绪色彩、以形象为主体的生动具体的场景,以引起学生一定的态度体验,从而帮助学生理解教材,并使学生的心理机能能得到发展的教学方法。情境体验式教学的核心在于激发学生的情感,把知识与感悟深深地烙进学生的情感世界。在学中感悟道理,体验生活,激发自主建构,获得成功发展。

4.“自主建构”:是指在教师的正确引导下,充分发挥学生的主体作用,通过自学、质疑、讨论等学习方式,进行自我导向、自我激励、自我监控地学习。它的核心是突出自主、凸显主体,启迪学生的思维,从而达到主动、创造性地学习。自主建构,重在学生参与过程,逐渐对所学知识发生兴趣,感到自己正在做有意义的事情,在学习过程中不断投入情感,产生内在的任务驱动力,从学习中获得积极愉悦的情感体验,有效地促进各方面的成功发展。

“问题牵引”、“探究互动”、“情境体验”和“自主建构”构成了“三主成功”教学的四大要素。它们相互作用、相互联系、相互融合,在“成功发展”主线指引下,融合了“教”与“学”、“主导”与“主体”,实现了教师主导与学生主体的实践生成(见图 1.12)。

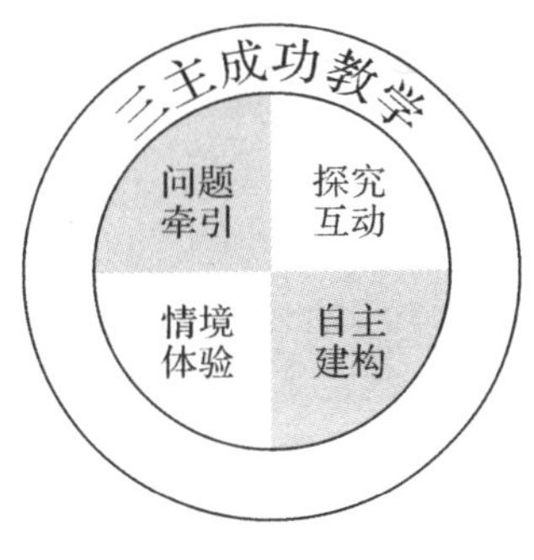

图 1.12

十几年的实践表明,“三主成功”教学的实施,凸显了学生学习的自主性,突出了学生角色的主体性,体现了教师作用的主导性;“三主成功”教学的实施,践行了“以人为本,成功发展”的教育思想,充分体现了“让每一个学生成功发展”的办学理念,生动诠释了“以教师为主导、学生为主体、成功发展为主线”的“三主成功”教学理念。

---

① 中国社会科学院语言研究所.现代汉语词典[M].北京:商务印书馆,1996:1225.

第二章　问题牵引模式

亚里士多德曾经说过：思维是从疑问和惊奇开始的。问题，能使学生从内心深处感到迷茫与困惑，产生认知冲突，促进积极思考，产生学习动力。所谓"不愤不启，不悱不发"，就是当学生处于"心愤求通、口悱难达"急需得到启示开导的时候，教师适时而教，如时雨化之、春风拂之。

我们提出的"问题牵引"，就是以提出问题、分析问题、解决问题为线索，并把这一线索始终贯穿整个教学过程。以问题为纽带来组织教学过程的各个环节，把问题贯穿于教学过程的始终，这样就使学生的学习过程成为"感受、理解知识产生和发展的过程"，把学习知识的过程，变成了学生自主探究的"再发现"、"再创造"的过程，进而培养学生的问题意识、科学精神和创新素质。以问题牵引教学，就是使学生在设问和释问的过程中萌生自主学习的动机和欲望，进而逐渐养成自主学习的习惯，并在实践中不断优化自主学习的方法，提高自主学习能力的一种教学方法。"问题牵引"充分体现学生的主体地位，能有效地激发学生自主学习的主动性和积极性。

"问题牵引"教学，是以培养学生自主意识和主动性行为为特征的，这是完全符合马克思主义关于人的主体性的观点。马克思说过：人是主体，自然是客体，主观性便是从客观世界的角度揭示人由受动变为主动、能动的特征。"问题牵引"教学，注重引导学生主动参与、亲身实践、独立思考、合作探究，培养学生学会提出问题、分析问题、解决问题的能力以及交流与合作的能力。"问题牵引"教学，改变了教师"以讲为主，以讲居先"的格局，调动了学生学习的积极性和主动性，强化了学生自学能力和积极探索精神的培养和锻炼，提高了学生运用知识的能力和水平。

综观本章的六节中，读者就会发现：无论"问题解决"、"问题递进"还是"认知冲突"、"自考助学"，尽管学科不同、表达形式各异，本质上，它们都是以问题解决为目标，问题牵引着教学过程。

第一节 数学新授课中的"认知冲突"式教学

新授课是数学学习的最重要课型之一，新授课的目的、任务主要是通过教学使学生能够获得新的知识和新的技能。认知冲突是一个人已建立的认知结构(知识、经验等)与当前的学习情境之间暂时的矛盾与冲突，是已有的知识和经验与新知识之间存在某种差距而导致的心理失衡。如何在新授课中让认知冲突成为积极因素呢？现代心理学研究表明，在教学中设置认知冲突，可以为学生提供真实的学习背景，模拟解决实际问题的过程。因为在真实的学习背景或解决实际问题的过程中一定存在矛盾与冲突，一般不能"伸手就摘到果子"而是要"跳一跳摘到桃子"，如果教师过多地为学生铺设台阶，使学习道路过于平缓，学生对所学知识就不会有深刻的体验，也缺乏成就感，所学知识容易遗忘，更难形成学习能力。

如何让学生"跳一跳再摘到果子"呢？针对初中学生有比较强烈的自我和自我发展意识，对和自己直观经验相冲突的现象、对有挑战性的任务很感兴趣的特点，"认知冲突"式新授课就是要让学生不断地实现"跳着摘果子"。

一、"认知冲突"式新授课教学的理论依据

在认知建构主义学习理论中，斯皮罗等人的认知灵活性理论认为，教学过程不应该预先确定准备教给学习者的知识，也就是说不应该向学生提供知识的成品，而应着眼于发展结构不良领域所需的特殊的认知技能，向学习者提供一个探索环境，帮助学习者进行心理表征，从而促进他们领悟学习内容和有用的结构、关系。[①] 由于概念意义的多样性和对情境的依赖性，预先确定性具有明显的局限性。这样，斯皮罗等人采取了一个中间立场，既不同于严格的预先确定论(严格地预先确定结构和知识应用，学习者被动接受)，同时也反对让学习者投入一个非结构的环境中而无视概念在理解中的作用。他们提倡学习者积极参与学习，随着学习的进行，对学习的控制逐渐从教师移向学习者。他们强调知识获得、解决问题和学会学习三者是一体化的，它们遵循同样的建构性加工过程，同样需要认知灵活性。

认知冲突划分为两类，即个人的认知冲突、个人和个人之间的认知冲突。个人的冲突，表现为当一个人面临两种互不相容的结论时，所体验到的一种左

---

① 冯忠良等.教育心理学[M].北京：人民教育出版社.2010.7.

右为难的认知水平。个人与个人之间的冲突，是指群体内两人或两人以上由于意见不一致时发生的分歧状态。① 皮亚杰认知发展理论认为调节是解决认知冲突的一种有效方法，即个体遇到新的情境条件下，原有认知结构不能适应现实环境要求时，他只能改变已有的认知结构以符合现实环境的要求。否则，只有同化，没有顺应或调节，人就无法保持他与现实环境之间的平衡。只有通过调节不断解决认知冲突，同化与顺应的交替发生处于一种均势时，才能保证主体与客体的相互作用达到某种相对稳定或平衡的状态，促使人的认知活动不断丰富和深化。所以及时地协调个人、群体之间的相互关系，充分调动和发挥人们的积极性、能动性和创造性等，具有重要的意义。

二、"认知冲突"式新授课教学及其教学目标

认知冲突能很好地激发学生探求知识的欲望，而数学学习就是不断解决认知冲突的过程，尤其是在新授课中要想使学生"入局"，教师的"布局"是关键。我们研究在三个阶段如何诱发认知冲突进行高效率的课堂教学形成一种常态的数学课型：一是在情景引入阶段，着重"从学生的生活实际出发，在情景中引发认知冲突"和"从学生已学知识出发，在知识矛盾中引发认知冲突"；二是在探究新知阶段，着重"设置新旧知识'结合点'，在困惑中激发认知冲突"和"设置有争议的实践操作，在讨论中激发认知冲突"；三是在应用知识阶段，着重"利用学生对新知理解的偏差，从'尝误'中促发认知冲突"、"让学生经历思维挫折，从发散思维中促发认知冲突"和"通过及时评价，从师生互动式的'点评'中促发认知冲突"。

新课标的核心理念就是关注、促进每个学生的成功发展。这一理念体现在教学目标上，就是要按照课程标准的学习目标要求进行教学，完成知识、技能等基础目标，同时注意学生发展性目标的形成；体现在教学过程中，就是教师要研究教学策略，激发学生的求知欲，充分体现学生的主体地位，鼓励他们进行自主、合作、探究式学习，达到学习目标。我们注重的是学生主体与教师主导的课堂生成，让学生学会自主学习，从而实现"走向成功教育"核心目标。

三、"认知冲突"式新授数学课教学实施流程

我们探索的"认知冲突"式新授课教学实施流程如图 2.1 所示。

---

① 李晓东．中小学生心理学[M]．北京：人民教育出版社．2005：12

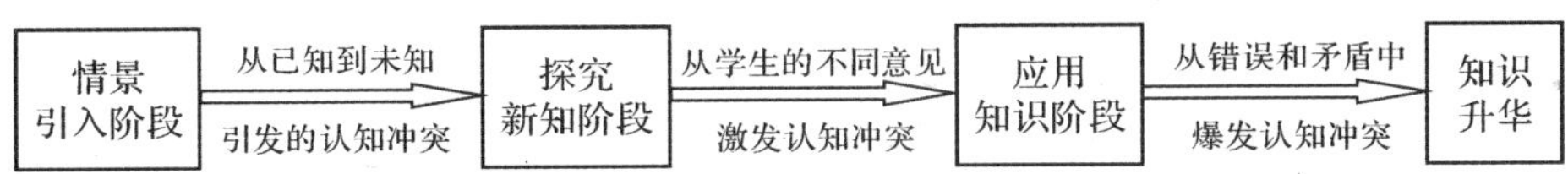

图 2.1　"认知冲突"式新授课教学实施流程

1. 情景引入阶段：针对学生已有的知识和生活经验，从已知到未知引发认知冲突

知识是具有情境性的，知识是活动、背景和文化产品的一部分，知识正是在活动中、在其丰富的情境中和在文化中不断被运用和发展着的。知识、思考和情境相互之间是紧密联系的，知识是处在情境中并在行为中得到进步与发展的。新课程强调课程要贴近学生生活实际，强调"从学生已经会了什么"开始进行教学。结合学生已有的知识和生活实际来引发学生的认知冲突有如下两种策略：

(1)从学生的生活实际出发，在新情景中引发认知冲突

"让学生在生动具体的情境中学习数学"是新课程标准的一个重要特点。正如布兰斯福特为代表的"抛锚式教学"的主张，把学生引入模拟的故事情境中，以解决故事中的问题的方式进行学习。

教师提出学生日常生活中发现的感兴趣的真实问题，引导学生建立问题与新学内容的"链接"，也可以制定一个领域(与学习内容密切相关的领域)，让学生提出自己平时发现的问题，还可以营造一个与学习内容密切相关、学生感兴趣的问题情境，引导学生进入这样问题情境，引发用已学知识无法解决问题的冲突，激发学习新知的欲望。比如，我们在教学《中位数与众数》一课时，是这样创设情境的：

李小姐有一个小工厂，管理人员有李小姐、6 个亲戚；工作人员有 5 个领工、10 个工人和 1 名学徒。现在需要增加一个新工人。

小张应征而来，与李小姐交谈。李小姐说："我们这里的报酬不错，平均工资是每周 600 元。"小张工作几天后，找到李小姐说："你欺骗了我，我已经问过其他工人，没有一个工人的工资超过每周 200 元，平均工资怎么可能是一周 600 元呢?"李小姐说："小张，平均工资是 600 元，不信，你看这张工资表。"

人口	李小姐	亲戚	领工	工人	学徒	合计
工资 a(元)	4400	500	440	400	200	—
人数 b(人)	1	6	5	10	1	23
总数 ab(元)	4400	3000	2200	4000	200	13800

问题：请大家仔细观察表中的数据，讨论回答下面的问题。

(1)李小姐说每周平均工资 600 元是否欺骗了小张?

(2)平均工资 600 元能否客观地反映工人的平均收入?

上述问题一呈现，同学们兴奋异常，思维活跃，算的算、议的议，所有人都参加了讨论。新课的引入，力求创设一种教学情境、提出一个真实问题。因为疑问是建构教学的起点，它可以提示学生认知上的矛盾，对学生的心理智力产生刺激。在问题的情境中发现兴趣点，有利于建立新的认知结构。

(2)从学生已学知识出发，在新旧知识矛盾中引发认知冲突

充分利用已学知识的局限性挖掘教材中的矛盾因素和学生的思维误区，以富有挑战性、探索性且处于学生认知结构最近发展区的问题素材，把学生置于矛盾氛围中，让他们感到已有知识的匮乏，使学生产生解决矛盾的迫切心理需求，从而激起认知冲突，唤起学生的求知欲，把学生带入一种与问题有关的情境中去，进行有效地学习。

比如在七年级第一节课引入“负数”时，先介绍回顾自然数、分数的由来，再举生活中的几个与负数有关的例子，让学生自己感受仅仅小学已学的正数已不够用了。

再比如在教学《七年级上 3.3 解一元一次方程(二)——去分母》时，出示情景问题“今年小明的姐姐 26 岁，小明的年龄正好是他与姐姐年龄和的$\frac{1}{3}$，你知道小明今年几岁?”列方程可得 $x=\frac{1}{3}(x+26)$，学生一般先去括号去解方程，这时老师再请学生先两边乘以 3 再解方程，比较两种方法哪种方法简便?从而引出去分母解一元一次方程，接下来探究如何去分母。

这种新旧知识间的矛盾可以是结论的矛盾、方法上的矛盾、用旧知识不能解决新问题产生的矛盾，也可以是类比新旧知识之间的联系和区别产生的矛盾等。

2.探究新知阶段:在进行小组或全班交流研讨时，从学生的不同意见激发认知冲突

学生经过独立学习、小组学习，进行小组或全班交流讨论时，往往会出现一些不同意见。即使是老师认可的定论，也会有学生表达出不同的看法，这时，教师要从这些不同看法中及时捕捉认知上的冲突。对认知冲突的解决，是课堂教学气氛活跃的因素。

(1)设置新旧知识“结合点”，在困惑中激发认知冲突

研究表明:在“新旧知识结合点”上产生的问题，最能激发学生的认知冲

突。① 教师通过分析学生已有的知识结构、经验和教材内容，发掘“结合点”，有针对地通过创设情境、设计问题，利用新旧知识的差异及其之间的关联性，使学生处于心欲求而不得、口欲言而不能开的“愤”、“悱”状态，激起学生的认识冲突。新概念的出现往往是“新旧知识的结合点”。

比如布置学生完成需要新旧知识才能完成的、感兴趣的学习任务，让学生产生“不会、有困难、费时间、结果出现分歧”等困惑。这样的冲突营造，教师需创设一个学生喜欢、感兴趣、跃跃欲试要完成，但马上就产生困难的情景。

如在七年级教学《1.4.1 有理数的乘法(一)》时，教师先让学生通过竞赛的形式，计算熟悉的“$3\times4=$____，$3\times3=$____，$3\times2=$____，$3\times1=$____，$3\times0=$____，”的算题。待学生都感觉到太简单的情况下，老师给出几个有负因数的题目“$3\times(-1)=$____，$(-3)\times(-1)=$____，”，这时，学生出了问题：有的得$+3$和-3，有的得-3和$+3$，有的得-2和-4……到底是什么？

再比如，教学《七年级上 3.3 解一元一次方程(二)——去分母》，在探究如何去分母时，给出问题“如何将方程$\frac{3y-1}{2}=\frac{7+y}{3}$去分母？”学生会回答用对角相乘，进一步追问“如何将方程$\frac{3x+1}{2}-2=\frac{3x-2}{10}-\frac{2x+3}{5}$去分母？”学生带着这样的冲突来学习，点燃了急于探究结果的激情，会满心鼓舞，跃跃欲试地投入学习。

(2)设置有争议的实践操作，在讨论中激发认知冲突

有些时候，学生通过实践操作来解决问题完成任务时，因为操作方法、知识运用、观察角度等方面的原因，本来可以通过实践来完成的问题，却得不出需要的结论，不能对某些结论进行验证，找不到需要解决的方法，甚至与想象相去甚远。或者，同样的任务、同样的问题，由于解决的方式方法不同，所得出的结论也可能出现差异。这时，学生出现了意见分歧，甚至感到了困惑，出现认知的冲突。但学生自己往往不能马上解决其中的问题，这就需要教师对学生解决问题的过程给予密切的关注，从而引导学生发现冲突及症结所在，从而有针对性地加以改进。

比如在教学“立方体表面展开图”时，教师组织学生把立方体用剪刀沿着棱剪开铺平，从实验过程中学生发现剪法不同立方体的表面展开图也可能不同。教师抓住这种现象，给学生提出来，或让小组的同学相互观察，使学生自

---

① 李国艳.创设认知冲突型的问题情景，引导猜想式探究学习[J].中学数学教学参考.2009(2).

己发现问题。

再比如：见图 2.2，已知在等边△ABC中，如果P是△ABC所在平面上的一点，且△PAB、△PBC、△PCA都是等腰三角形，那么这样的点P的位置共有几个？试一一画出。

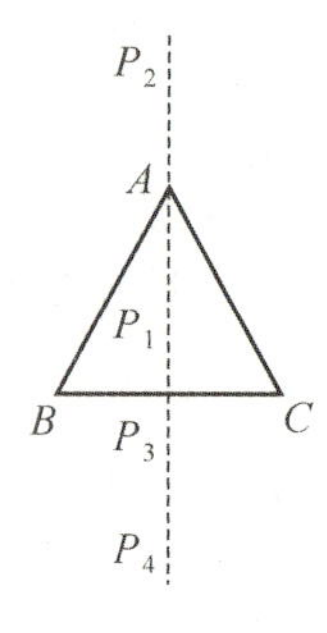

图 2.2

教师先让学生自己画图说明，一部分学生只画了△ABC内部的一个点，一部分学生画了外部的点，但往往遗漏，这时应让学生小组讨论交流，学生之间不同的方法就会产生“冲突”，从而促使完整的考虑问题。

这个冲突的利用，就不再仅仅激发了学生继续探究的欲望，也引出了“分类讨论”的数学思想。

3. 应用知识阶段：在应用知识解决问题时，从错误和矛盾中促发认知冲突

学生学习理解新知识进行问题解决的过程中，总会有许多新的问题出现。一般情况下，教师可以从如下几个方面去引导，使学生产生并感受认知冲突；清楚地表征强化认知冲突，从而化解认知冲突。

(1)利用学生对新知理解的偏差，从“尝误”中促发认知冲突

教师可利用数学知识结构中的模糊点、易错点或盲点，设置相应的“知识陷阱”，引诱学生落入其中，再将学生从中“救起”或引导学生进行“自救”。此举对“纠错”或“究错”十分有效，包括思维策略技巧问题、思维角度问题、资料分析处理技巧问题、情感态度倾向问题、理解过程问题、现象观察的认识等等。教师要善于发现学生的学习行为表现，及时发现学生学习中遇到的困难，引导其对学习困难进行描述，使之清晰地成为学生的认知冲突。

教师针对学生的学习实际，通过恰当的引导，引发学生成新的问题，产生有价值的新的认知冲突。

如在教学《5.2.2 平行线的判定》中，“在同一平面内，如果两条直线都垂直于同一条直线，那么这两条直线平行吗？为什么？”在证明完毕后有学生提出(若没有学生提出，则教师要加以引导)：“为什么条件要‘在同一平面内’，不要这个条件可以吗？”。冲突一提出，进一步探究、讨论的热情一下子被激发起来了。

再比如，利用隐含条件是形成学生认知冲突的有效策略，会让学生产生“山重水复疑无路”的迷茫，激发学生探究和发现问题的迫切愿望。然后，教师引导学生再次审题，反思解题过程，给学生指点迷津，让学生找到解题的突破口，使学生产生“柳暗花明又一村”的畅快。如在“二次根式”的教学中，教师为了让学生更深入地理解二次根性的性质，可举下例：

化简 $\sqrt{x^2-4x+4}-(\sqrt{2x-3})^2$。

若学生没有发现 $2x-3\geqslant 0$ 的隐含条件，那么必错无疑。

教师让学生用 $x=0$ 代入原式尝试，会出现如何结果？

此时，也许会“一语惊醒梦中人”。

这样能优化学生的解题思路，帮助学生掌握严谨的思维方式，养成良好的审题习惯，培养学生的洞察力。

(2)让学生经历思维挫折，从发散思维中促发认知冲突

“数学是思维的体操”。在数学课堂教学中，教师应注重对学生思维方式的引导，使学生形成多向、灵活善变的思维，避免学生用固定思维方式去思考问题，尤其是不要轻易地将方法和结论施加给学生，而应鼓励学生放开思路，从不同的角度思考问题，寻找解决问题的捷径，这才有利于提高学生的思维水平。在学习易错、易混处设疑引导学生对比分析，让学生先感受困难，产生认知上的冲突，思维碰撞后更能加深对知识的理解。

比如，通过有意拉大思维的跨度，或提出与常规看法相悖的问题，设计开放性的问题和用常规方法无法解决的问题，巧妙地设置思维障碍，让学生经历思维上的挫折，引发认知冲突，促使学生把注意力集中到知识的重点和关键上，积极探索解决问题的方法。如在函数的应用教学中，设计下题让学生解答：

方程 $2x-x^2=\dfrac{2}{x}$ 的正根有几个？

学生首先会采用方程思想求解，但由于去分母后得到方程 $x^3-2x^2+2=0$，对于初中学生来说无法求解，在思维上形成障碍，学生的心理产生改变解题策略的欲望。这时，教师启发学生利用函数图像法求近似解，学生会感受到学习的乐趣。

再比如，变式训练是培养学生发散性思维的有效方法。在数学习题教学中，不能把思路局限于一个问题中或问题的一种状态下，应善于将题目中的已知条件、设问角度、求解的目标或图形的形状作适当改变，加强变式训练，强化认知冲突，揭发学生探究问题的兴趣和热情。在几何教学中，经常利用图形的动态变换实行变式训练。通过图形的动态变换，引发图形的形状、数量关系和位置关系的变化，而这种变换往往是从简单到复杂、从特殊到一般的过程。

在“三角形中位线”一节课教学时，教师先让学生借助于度量和推平行线的方法猜想得出三角形中位线定理，然后让学生沿中位线剪开后拼成一个平行四边形，并合作探究证明方法（如图 2.3 所示），学生很容易得到如图 2.3a

的平行四边形和相应的证法。在此基础上教师让学生继续合作探究：

能否将上述两个图形继续分割并“拼图”，得到其他形状的平行四边形或矩形吗？你能得出新的证明方法吗？学生会得到如图 2.3b 和图 2.3c 这两种较特殊的图形和相应的证法。教师追问：如将△ADE 从 A 点沿任意一条直线剪开(如图 2.3d 行吗？你还能发现其他方法吗？学生会发现如图 2.3e 的拼法。

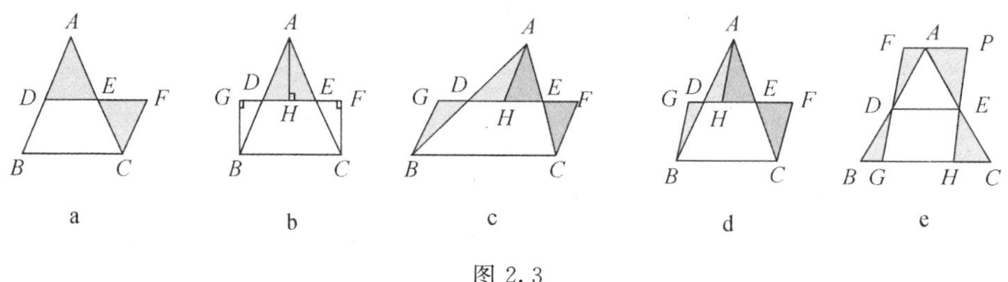

图 2.3

学生通过经历上述的操作、探究、尝试、讨论和推理等过程，促进了学生的主动建构。这就要求教师在教学过程中，经常让学生探索各种动态变换的规律，并展开想象的翅膀，作大胆而合理的猜想和推理，力求在培养学生创新意识和探索精神上能获得新的突破，有效地训练和发展学生的开放性思维和创新思维。

(3)通过及时点评，从师生互动式的“点评”中促发认知冲突

在数学教学过程中，通过对知识价值的评价、解题错因的分析、一题多解的评析和实践操作方案的优化等均可引起学习的认知冲突。教师要引导学生去发现这种“冲突”，让学生自己去发现、解决自己解题中的不合理的部分。苏联教育家马里延科说过：“心灵相容使得教师的思想言行更深刻地在学生心灵上发生潜移默化的影响。”这种影响的实现就需通过师生间的沟通实现。在生生互动式、师生互动式点评中可能产生分歧，从而爆发出激烈的“冲突”。

比如，在学生学习了八年级上册三种统计图知识后，教师追问：你觉这三种统计图各有什么特点？分别在什么情景下用各种不同统计图？学生通过分析、思辨、评价等过程，引发认知冲突，从而促进了学生对知识的主动建构。培养学生的分析和思辨能力，使学生更加全面深刻地理解和掌握知识，提高教育价值。

再比如，在教学“几何证明的书写过程”中，学生在不断地尝试和不断地调整中才能慢慢地规范书写形式，所以通过个别学生板演、全体师生“点评”，从中呈现出不同意见，强化认知冲突，最后统一意见化解冲突。这种互动式“点

评”形式的教学非常适合于这种容易产生意见“分歧”的习题教学。

四、“认知冲突”式新授课教学的评价

评价“认知冲突”式教学是否成功，关键是看：学习者能否在课堂教学中进行积极有效地学习，并不断地从产生认知冲突到解决冲突过程中提高自己的认知水平，让每个学生在过程中都能成功发展。这种模式不再去简单地评价教师的讲授水平，也不一味追求什么教学模式，因为这些都仅仅是让学生有效学习的形成条件，而非对学生发展起决定作用的条件。我们所创导的是“以学论教”，就是以学生的有效学习为基本标准来关注学生在课堂学习中所呈现的情绪状态、交往状态、思维状态和目标达成状态，并以此来评价教师课堂教学的优劣①。具体说有如下三点。

1. 明确评价目标：以人为本，成功发展

课程教学评价的核心就是关注、促进学生的成功发展，这也是教学评价的基本目标。它意味着：第一，关注每一位学生；第二，关注学生的学习情绪和情感体验；第三，关注学生的道德和人格养成。课堂不仅是学科知识传递的殿堂，更是人性养育的圣殿。一堂成功的“认知冲突”式数学课就应该是既培养学生优秀的思维品质，又陶冶学生克服困难的意志品质，同时也提高学生的合作意识。教学评价同样强调要促进教师成长。教学评价的重点不再是鉴定教学成果，而是诊断教学中的问题，帮助教师制定个人发展目标，满足教师个人成长的需求。

2. 丰富评价内容：学生主体，拓宽延伸

“以学论教”的评价思想，就是强调以学生在学习中呈现出的状态为参照来评价教学质量。有人把这些状态归纳为六个方面：情绪、注意、参与、交往、思维、生成。制造“冲突”就是为了让学生具有浓厚的兴趣并能较长时间保持这种兴趣；让学生始终关注学习讨论的主要问题，神情专注；全员参与学习活动，主动积极地投入思考、讨论、发言；学生在学习过程中主动与他人交流合作、共同解决问题，学习气氛民主、和谐、活跃；学生能围绕讨论的“冲突”，积极思考，敢于质疑，善于用自己的语言表述自己的观点，有自己的思考或创意；学生掌握了应学的知识，全面完成了学习目标，有成功和喜悦等积极的心理体验，对未来的学习信心百倍。“认知冲突”式的教学体现了学生主体观，也遵从

① 张春丽. 新课程课堂教学评价构想[J]. 中小学数学，2010(1,2).

了"知识与能力、过程与方法、情感态度与价值观"的多维评价思维和发展性课程评价理念是互相吻合的。

3. 拓宽评价渠道：关注过程，面向未来

当课程由"专制"走向民主、由封闭走向开放、由专家研制走向教师开发、由学科内容走向学生经验的时候，课程就不只是"文本课程"(教学计划、教学大纲、教科书等文件)，更是"体验课程"(被教师与学生实实在在地体验到、感受到、领悟到、思考到的课程)。学生的学习过程不仅是一个接受知识的过程，而且也是一个发现问题、分析问题、解决问题的过程。这个过程一方面是暴露学生产生各种疑问、困难、障碍和矛盾的过程，另一方面也是展示学生发展聪明才智、形成独特个性与创新成果的过程。所以，一堂"认知冲突"式数学课的成功与否不仅仅看学生有没有掌握知识，更注重知识的发展过程和学生认知水平的不断提升。教师要为学生提供更多"冲突"的机会，让学生在实际的操作、整理、分析和探究中学习，并倡导学生进行合作交流、讨论、启发，让学生在"冲突"的过程中学习、体验知识的生成过程，培养学生的合作精神和创新能力。

五、"认知冲突"式新授课教学的意义及其实现条件

教师在教学过程中应该遵循学生的学习规律、诊断学生的认知风格，更好地帮助学生将新知识、新信息结构化，以促使学生认知结构保持学习和迁移功能的较好实现。"认知冲突"式新授课教学符合了我们强调的"以学论教"，突出学生的课堂主体性，但并不意味着弱化教师的课堂主导性，我们仍然突出"教师主导，学生主体"的双主理念。如果课堂教学中没有认知冲突就像一潭没有涟漪的静水，气氛平淡，没有教学高潮，学生的思维松弛，认知兴趣不能得以维持，教学效果可想而知。在教学中设置认知冲突，一方面可以唤起学生的思维注意，活跃课堂气氛；另一方面也能激发学生的情绪注意，使学生从情感上参与课堂教学。认知冲突的设置还可以调节教学节奏，使课堂教学有张有弛、有起有伏，始终让学生在"冲突"中快乐地探究。这样的学习过程，激活了学生的思维，激发了学生的情绪注意，使学生从情感上主动参与课堂教学，极大地调动了学生学习的积极性，让学生感觉到学习是一种其乐无穷的体验，使学生真正成为学习的主人。

教师如何针对学生的学习实际来营造、捕捉课堂中的认知冲突，引导用自主、合作、探究的形式解决这些"冲突"？这给了教师一个启示，告诉我们教师在教学过程中，要尽量创设平等、和谐、民主的学习环境，要善于激发学生的学

习生机，要根据学生的知识结构、智力水平和教学内容，采用不同的教学策略，激发学生的认知冲突，培养学生自主学习的主动性和创造性，提高新授课的教学效率。这样的教学，教师才算是真正地以学生为主体了，教学的动态生成性也加强了，但这也给教师的备课带来了更大的难度，对教师的教学能力、水平提出了更高的要求。所以，教师在教学过程中需要不断地总结和完善这方面的经验。同时，这种创造“冲突”的教学不仅在新授课中能起到很好的效果，而且也可以借鉴到习题课和复习课的某些环节中进行。

第二节 科学课堂中的“问题解决”式教学

《科学》(7—9 年级)课程的总目标是提高每一个初中学生的科学素养，其核心是科学探究。科学探究是科学的本质特征，具有重要的教育价值。体现科学探究的精神，是科学教育面向未来的必然要求。它不仅可以使学生更深刻地理解科学知识、更好地掌握科学方法，而且使学生得以亲身体会科学精神的实质，培养科学的情感、态度和价值观，从而更有效地提高科学素养。

一、“问题解决”式教学的提出及其意义

1.“问题解决”式教学

(1)顺应课程改革的要求

课程改革，要求改变人才的培养模式，实现学生学习方式方法的根本转变，即变被动的知识灌输为学生自主学习，让学生通过讨论和探索去发现问题、解决问题，从而培养学生的综合能力，提高学生素质。在科学课堂教学中，以问题统领整个教学过程，引导学生自主学习，发现问题、提出问题，然后大家合作探究、解决问题，进而在巩固迁移、拓展延伸中再生问题，即把“问题”当作一堂课的起点和终点，培养学生的自主学习能力和团结协作精神。

(2)达成科学课程的最终目标

让学生在学习科学知识的同时经历科学探究的过程，如通过观察与思考提出问题，通过动手、动脑、合作交流等途径解决问题，这不仅符合学生的认知特点，而且对他们的长远发展有重要意义。科学探究实质上就是从提出问题到解决问题的一个过程。每个人掌握知识的目的在于解决他所面临的问题，

解决问题是高级形式的学习活动。①

(3)符合心理学特点

教学中,我们常常会思考这样的问题:如何才能使学生对我们所任教的学科感兴趣?如何将学生的积极性与主动性调动起来,使他们乐于学习?是天赋、灵感抑或其他?我们都切身地感受过好奇心在学习中的重要作用。由于我们对周围事物、现象等的迷惑不解而产生好奇,由好奇产生疑问,由疑问产生学习动机,通过学习得到合理的解释答案而产生解决问题的方法、过程以及成就感等内心体验,从而产生积极的学习态度。

2.“问题解决”式教学的意义与价值

问题教学法就是把科学知识运用于解决各种实际问题的能力,是一种以问题为核心的有效科学的教学模式,它能够使师生在紧张而热烈的螺旋式递进氛围中进行交流和学习,其积极意义主要体现在以下几方面:

(1)体现了教学中教师的主导作用和学生的主体地位

教师的主导作用体现在问题系列的设计和用问题系列引导学生学习上;学生的主体作用体现在观察、联想、发现、解决等思维活动中以及作出学习总结上。在问题情境中,当学生的思维遇到障碍,新知识与他原有的认知结构、思维方式和逻辑发生冲突而“百思不得其解”时,便会与周围的同学热烈地讨论交流,甚至争得面红耳赤,这时教师也可作为讨论中的一员,给学生一个宽松的氛围,适时诱导他们表现出真实的思维过程和内心体验。

“问题解决”教学模式与传统教学模式的区别之一就在于学生有更多思考问题、分析问题的空间,对科学知识、实验现象分析得出自己的结论,使学生真正成为课堂的主人,能更积极热情地参与到课堂中来。

(2)提高了学生学习科学的趣味性和主动性

思维活动产生于问题。在一个充满疑问与悬念的课堂教学气氛中,每个学生为了获得对问题的合理解释都会引起思维的积极反应。在问题解决过程中,学生不断体验解决问题的成功与快乐,并通过科学问题的解决,特别是具有实践意义的科学问题的解决,充分认识科学的意义,变被动学习为主动学习。

这样的教学比传统的教学更能使学生对科学知识形成深刻的、结构化的理解,形成自己的问题解决策略,而且对科学形成更浓厚的兴趣和更坚定的

---

① 中华人民共和国教育部. 义务教育课程标准. 初中科学课程标准(2011 版). [M]. 北京:人民教育出版社,2011.

信念。

(3)培养了学生的思维水平和探究能力

解决问题的教学能使学习者的思维具有明确的目的性,使其在已知知识和未知知识、旧知识和新知识之间作出联系,从而建立自己的知识系统。在问题解决的过程中,学生不仅掌握了科学结论,更重要的是学生通过亲身探究和实践,参与了知识的发生、形成和发展过程,“像科学家一样探究”地学习,培养了创新精神和创造能力。

整个教学过程中,学生始终都处于一种能动的积极状态中,他们善于思考并深入探究,学会了采用多种方法去探讨问题,作出决策,锻炼思维,提高创造力。学生提出问题、分析问题和解决问题的能力大大提高。

(4)促进了教师的专业发展

教学过程中包含诸多矛盾,其中教与学是基本矛盾,二者相互影响、相互作用。我国古人很早就意识到“教学相长”这一道理,“教学相长”在使用时有两个维度:一是作为教师个体教与学相互促进、自我发展的规律;二是作为教师与学生两个主体间的相互砥砺。在问题解决式教学中,一方面教师在备课过程中有一个对知识梳理、自我升华的过程;另一方面学生在运用自己的经验、知识技能、思维方式等综合素质解决面临的问题时,往往会由问题派生出问题,将问题细微化,有时甚至会超出教师的意料,也使教师不断地反思,为解决学生的问题而促使自己不断地进步,提高教育教学的技能,促进教师的专业化成长,教师在质疑、批判、教学创新中不断超越自我。

二、“问题解决”式教学的内涵

1. 问题

问题是一种情景,在这种情景中个体知道想做某件事,但不能马上知道做这件事所需采取的行动。因此问题解决就是由一定情景引起的,按照一定的目标,应用各种认知活动、技能等,经过一系列思维操作,使问题得以解决的过程。

一个“好问题”应具有以下一个或几个特征:

有与它有关的简单的、学生能够理解和解决的问题;

在学生已有的知识和能力范围内有多种解决途径;

学生能据此导出其他类似的问题;

包含的数据或资料能组合、分类、制表或分析;

能借助于观察或实验解决;

学生有直接的兴趣或有一个有趣的答案；

能用学生已有的知识和方法或通过探索可达到的知识和方法进行推广。

2.问题解决

问题解决是心理活动，指的是“人们在日常生活和社会实践中，面临新情境、新课题，发现它与主客观需要的矛盾，而自己却没有现成对策时所引起的寻求处理问题解决办法的一种心理活动”。这一心理活动过程具体又可从以下几个方面加以阐述：

问题解决是过程。问题解决是把前面学到的知识运用到新的情境中的过程。

问题解决是教学类型。“问题解决”的活动形式可以看作是教或学的类型。

问题解决是目的。学习科学的主要目的在于问题解决。

问题解决是能力。把科学知识用于各种情况的能力，叫做问题解决。

上述各种解释，在形式上似乎并不一致，但是我们应看到它们所强调的共同的东西，即“问题解决”不应仅仅理解为一种具体的技能，它贯穿在整个科学教育中，是科学教育所体现的一条主线。

3.“问题解决”教学模式

(1)问题解决教学模式的含义

“问题解决”教学模式强调把学习设置到复杂的、有意义的问题情境中，通过让学习者合作解决真正的问题来学习隐含于问题背后的科学知识，形成解决问题的思路，并逐渐养成自主学习的能力。其中，教师创设问题情境是教学设计的中心环节，即将提出的问题转化为问题解决者内部的心理特征，确定问题解决过程中进行的操作(或运算)步骤，在一定指导下完成步骤、解决问题、实现目标的一整套较为稳固的教学程序。

(2)问题解决的模式①

现代认知心理学家和一些教育研究者主要根据问题解决的过程观和信息加工观对问题解决进行了较深入的研究，提出了各种各样的模式。

杜威将“问题解决”过程分为五个阶段：感觉问题的存在、确定问题的性质、提出各种可能的解决办法、考虑各种办法的可能结果、选择一种解答的方法；

① 参见张大均.教学心理学[M].重庆：西南师范大学出版社，1997:368－371.

波利亚(Polya)则将其分为四个步骤;理解问题、拟订计划、实行计划、回顾解答;

瓦拉斯(G. Wallas)提出问题解决四阶段:准备、沉思、灵感、验证;布朗斯福特和斯特恩(Bransford & Stein)开发了五步问题解决模式:问题识别、问题表征、策略选择、策略应用、结果评价。

上述这些问题解决模式的实质是个体(或学生)在解决问题时所采用的全部可能步骤、阶段或过程,是依据个体(或学生)解决问题时的心理认知程序进行划分的。

(3)问题解决的教学模式

"问题解决"教学模式就是依据上述"问题解决"模式在教学中的具体应用。

如杜威的"问题解决"教学模式:

疑难的情境—确定问题—提出假设—推理—验证。

当代美国的"问题解决"教学模式:

选择问题—明确问题—寻找线索—解决问题。

巴班斯基的"问题解决"教学模式:

创设问题情境—组织集体讨论—证实结论—提出问题作业。

总结各教学模式,根据教学实际情况提出以下"问题解决"教学模式:

问题解决教学模式的结构程序如图 2.4 所示。

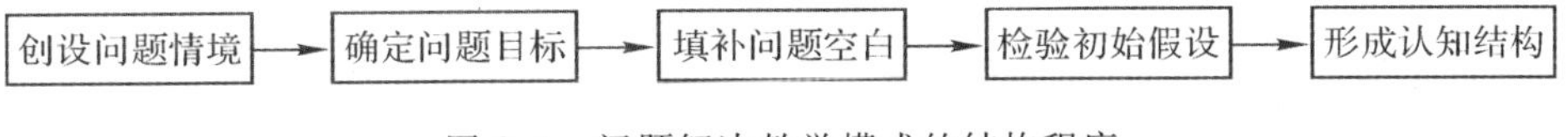

图 2.4　问题解决教学模式的结构程序

三、"问题解决"教学的实施流程

1. 创设问题情境

爱因斯坦曾说过:"提出问题比解决问题更为重要。"有人认为,培养学生的问题意识,只要多问几个"为什么"就能达到目的,于是在短暂的时间里给学生提出很多问题,而这些所谓的"问题",多数不具备问题的价值。教师在教学过程中,不能把"问题"强加学生,而是要通过启发式教学,精心设置问题情境,让学生在具体情境中学会解决问题,这有助于学生构建知识的构建联系,培养了学生的问题意识,让学生主动提出问题。

在实施"问题解决"教学模式的过程中,教学设计的中心环节是"问题情境"的创设。因此,"问题情境"创设是教师准备和实施"问题解决"教学模式的着力点。问题情境是指教师向学生呈现作为刺激材料的包含问题的情境命题,使学生感到困惑、意识到困难的状态。创设问题情境,尽量从学生身边的食物和现象中选取素材,以激发学生更浓厚的学习兴趣。从本质上来看,创设问题情境是提出需要解决的问题,创设一种使学生原有的知识与需要掌握的新知识发生强烈的冲突、使学生意识中的矛盾激化的情境,从而激发学生探索的兴趣和进一步学习的动力。这个"问题"可以通过各种方式呈现出来。

【案例 2.1】

在浙教版科学八年级(上)册第四章《电路图》的教学中①,如图 2.5 展示温岭夜景,感受电给我们生活带来的好处,激发学生学习电的兴趣。

如图 2.6,如何使一小灯发光?

图 2.5

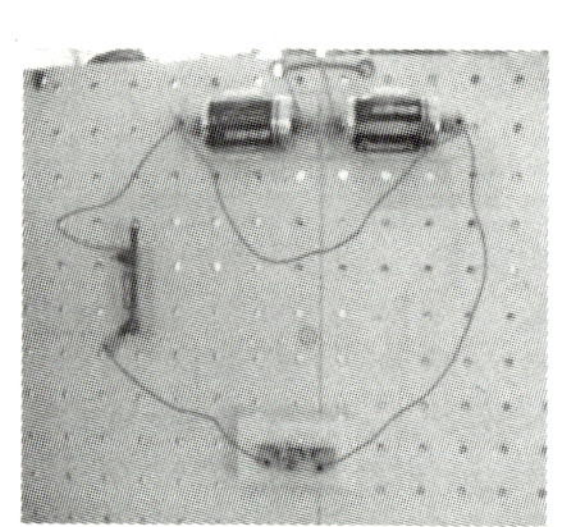

图 2.6

图 2.7 中虽然这三种连接情况都能使电灯发光,但当把这三种连接情况呈现在同学们面前进行评价时,很多同学都想发表自己的看法,他们认为,"连接一"不安全,"连接二"会很费电,对"连接三"纷纷表示比较满意。在解决过程中,学生无形地把学生的情感价值观融入其中。

连接一:

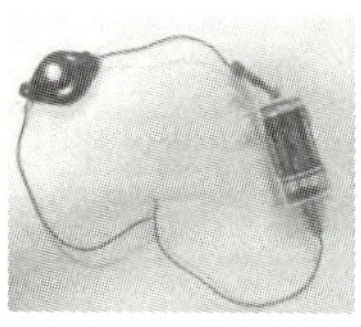

连接二:

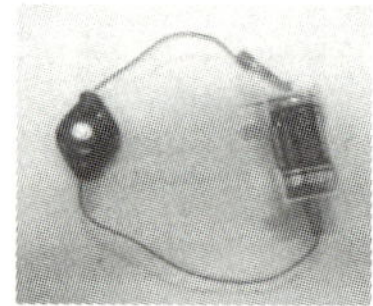

连接三:

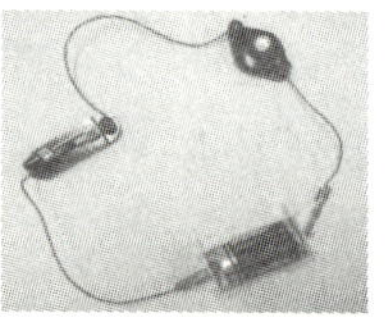

图 2.7

① 朱清时. 义务教育课程标准实验教科书. 科学[M]. 杭州:浙江教育出版社,2004:6.

图 2.8 中:如何使路灯更节能?

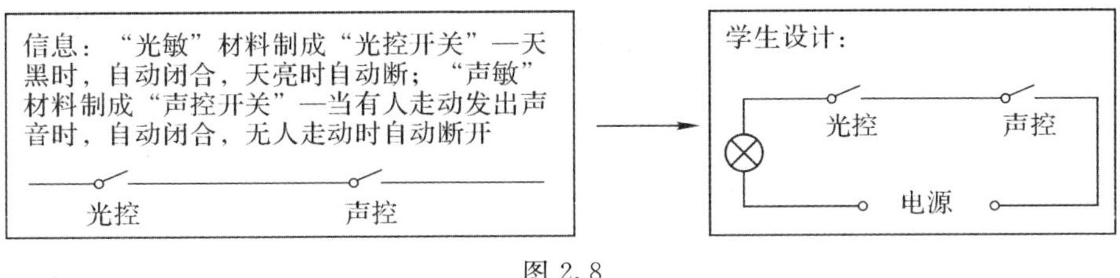

图 2.8

2. 确定问题目标

在问题情境的刺激下,激发学生回忆有关的背景问题,并把这两种命题相联系,针对困惑提出问题,理解问题的条件和明确要达到的目标。

【案例 2.2】

牛顿第一定律是较抽象的科学规律。教师可边演示边提出两个相互矛盾的观念:把小车轮子朝上放在桌面上,用手推小车使其运动,停止用力时,小车就静止。按照人们的生活经验得出“力是使物体运动的原因”。把小车翻过来,轮子朝下,向前一推,手离开了小车,小车还能继续向前运动。又得出“物体运动不需要力维持”,“力不是使物体运动的原因”。至此,引起了学生认知的矛盾冲突,明确了问题的方向,以高度集中的注意力去探究上面提出的问题。

【案例 2.3】

在“物质密度”教学中,学生借助旧知识已知:水和酒精可由气味鉴别,铜块和铝块可由颜色鉴别;而对水和盐水、涂了白漆的铜块和铝块的鉴别方法,教师可先引导学生进行猜想,通过有针对性的指导,使学生获得解决问题的策略。如有的学生提出用质量来鉴别涂了白漆的铜块和铝块,理由是铜的质量比铝的大。这时教师让学生测量桌上铜块和铝块的质量,结果否定了上述猜想。问题出在什么地方?学生经过思考,很快发现:应该规定物体的体积。物体质量不仅与它的组成有关,而且还与物体的体积有关,在此基础上,再引导学生假设:(1)同种物质的物体质量与体积有关:体积大的质量大,体积小的质量小;(2)同体积的不同物质的物体质量一般不相等。

3. 填补问题空白

设计解决思路使问题情境中的命题与认识结构联系起来，以激活有关的背景知识和先前所获得的解决问题的方法，从而探索解决问题的新途径，即使问题由初始状态向目标状态移动。这是问题解决教学模式中的一个重要组成部分。这个部分教师可根据实际需要，采取不同的教学方法。例如，指导学生寻找、收集资料；让学生实验探究；组织学生讨论猜想、主题探究活动等，让学生满怀激情，寻找解决问题的途径和方法。

【案例 2.4】

讨论模式：在教学《电热器》一节时，我让学生课前分组去收集有关电热器的资料(内部结构、铭牌、说明书、发热功率)。为了扩大学生的知识面，又请同学分组去索取其他能转化为热能的设备(如燃气灶、太阳灶等)的相关资料。各小组成员分工明确——谁去上网，谁去商店，谁最后汇总，等等，各司其职。收集的结果拿到课堂上向大家展示，并以小组辩论的形式，进行组与组之间的交流。我要求大家以计算和数据为理论依据，比较电热器和其他发热设备的优劣，学生课堂气氛活跃，发言踊跃，整节课情绪始终处于高涨状态，这样的课堂扩大了师生的知识视野，在愉快的合作中，学生轻松地掌握了电热器的知识和其他相关知识。学生对知识外延应用能力得到提高，并提高了理论联系实际的水平。

【案例 2.5】

实验模式：在“物质密度”教学中，针对学生的两种假设：(1)同种物质的物体质量与体积有关：体积大的质量大，体积小的质量小；(2)同体积的不同物质的物体质量一般不相等。将学生按座位分成四人一组进行讨论，引导学生设计实验，分别探究两个假设：为了研究上述猜想，你需要测量哪些物理量？需要什么器材和材料？如何利用它们测量需要的量？各组同学相互交流各自对问题的理解和认识，形成合作学习的群体，相互启发，合作设计解决问题的框架和思路，并把自己小组研究的情况介绍给其他小组，再接受其他小组同学的质疑和咨询，在各小组交换意见之后，教师再和学生一起共同设计实验步骤和记录表格，然后由学生进行实验操作，最后各小组汇报、交流自己的学习成果，教师适当进行点拨评价，并引导学生进行归纳，得出结论：(1)同种物质的物体，体积大的质量大；体积小的质量小。质量与体积之比是一个不变量(即质量与体积成正比)；(2)不同物质的物体，体积相同时，质量一般不相同，质量与体积之比一般不相等。综合(1)(2)可知：某物质单位体积的质量是一定的，它反映了物质的一种特性，我们用密度来表示物质的这种特性，进而得出密度的定义和密度的公式。①

【案例 2.6】

探究发现模式：在《电生磁》的教学中，在奥斯特实验的基础上，由学生自己或在教师启发下提出"是否能用磁产生电呢？"的问题，学生划分为正反两组，根据现有器材(灵敏电流计，空心线圈带铁心的原副线圈，铜棒，电源，滑动变阻器，开关，导线，条形磁铁、蹄形磁铁等)用小组合作形式，分别探求能产生电磁感应现象的各种可能的方法和不能产生电磁感应现象的各种可能的方法，并找出各种不同方法中所包含的共同特征。然后，组织学生交流，获得感应电流的各种实验方案(如相对运动，切割磁感线)，再由学生运用分析比较和归纳推理的方法，得出产生感应电流的条件。

4. 检验初始假设

通常，问题一旦得到解决便会出现一定形式的检验，以确定推理或探究是否有误，若有误则回到上个步骤，即重新提出假设，如果确定无误则被接受。

【案例 2.7】

在"饱和溶液和不饱和溶液"的教学中，教师可安排学生从家中自带小玻璃水杯、汤匙和适量蔗糖。上课开始时先让同学提出假设：蔗糖能否无限地溶解在水中？然后让学生自己动手沏一杯糖水，并引导学生注意观察一杯水中能否无限地溶解蔗糖，从而确定自己原先的假设。当学生发现加入过量蔗糖，杯底就会出现沉淀时，教师就

① 参见何伯权. 初中物理教学中如何解决好问题教学法的教学. 物理教学参考，2010，(8)

指出他们现在所得到的上清液就是蔗糖的饱和溶液，然后指导学生为饱和溶液下一个定义。大多数学生会认为，饱和溶液就是不能再继续溶解某种溶质的溶液，而往往想不到饱和溶液的定义需要两个条件：一定温度和一定量的溶剂。这时教师可提出问题：如何把所得的蔗糖饱和溶液变得不饱和？根据自己的生活经验和具体操作，学生会发现如果升高温度或增加溶剂，原来的饱和溶液就会变得不饱和，于是就意识到只有在温度和溶剂的量一定时，谈饱和溶液、不饱和溶液才有实际意义。

5.形成认知结构

“问题解决”模式强调原有知识结构在解决问题中的作用，因而通过一系列手段使问题得以解决之后，就会对命题进行重新改组，以形成新的认知结构。①

【案例 2.8】

神舟六号的成功发射是我国高科技发展的一个重要标志，也是全社会和新闻媒体关注的焦点。教师可搜集有关神舟六号发射方面的录像和图片资料，在初中科学复习课上进行展示，生动形象的资料必将对学生的感观产生强烈刺激。当学生心潮澎湃、兴奋不易时，教师可结合有关资料提出几个思考题：

1.神六发射时需要多种燃料做推动剂，若使用液氢做燃料，你认为有什么优点？若使用联氨（N_2H_4）做燃料，则需要用四氧化二氮做助燃剂，生成氮气和水，请写出化学方程式。

2.航天员的食品为什么被做成“一口酥”？

3.为了净化飞船中的空气，可使用氢氧化锂来吸收人体呼出的二氧化碳，请写出化学方程式。

这些题目把氢燃料的利用、空气中的粉尘污染、碱的通性、化学方程式的配平等诸多旧知识点在一个新鲜的情境中呈现在学生面前，大多数学生经过思考都能顺利完成。在这样生动活泼的情境中

① 许林贤.认知结构理论及其对自然科学教学设计的启示[J].中学化学教与学.2004(11).

进行复习，必然能使学生对旧知识产生新鲜感，激发他们主动学习的热情，提高学习效率。

四、“问题解决”教学的教学要求

1.营造一个和谐、平等、对话的教学氛围

“问题解决”教学是培养与发展学生创新思维能力的一种重要的教学方法。创造性思维的发展必须有一种民主和谐的课堂教学气氛。教育家陶行知说过：“真教育是心心相印的活动。唯独从心里发出来，才能打到心灵的深处。”前苏联教育家马里延科也说过：“心灵相容使得教师的思想言行更深刻地在学生心灵上发生潜移默化的影响。”由此可见，师生间的真诚沟通对教学过程有着极其重要的影响。因此，教师必须要有教学的民主观、现代意义的学生观和教学质量观。在教学活动中应充分尊重学生的问题意识，师生之间要保持民主、平等、和谐的人际关系，消除学生在学习中、课堂上的紧张感、压抑感和焦虑感，从而在轻松、愉快的气氛中展现个性。总之，“问题解决”教学中的课堂应是师生平等地面对问题，平等地设法处理问题和解决问题的教学组织形式。

2.设置贴近学生思维能力“最近发展区”的问题

苏联心理学家维果茨基说过：“教育该在学生的最近发展区采取行动，要在学生的正在成熟而尚未成熟的心理机能上下功夫”。因此，在实际教学中，要避免问题设置过于简单化和复杂化。不论问题由谁提出，对问题的广度、深度、难度，教师要有适当的宏观调控，使之适合学生的“最近发展区”。教师一定要控制问题使其保持“形散而神不散”：有“中心问题”和“子问题”，所有问题需要有一个连贯的、合乎逻辑的“问题系统”，要设置具体明确、有合理梯度的问题，使问题的科学性、探究性、解决的可行性有利于学生的创新精神、实践能力和人文素养的形成与发展。

3.准备知识与问题解决策略

授予学生各科的基本知识和基本方法，并通过不断地应用加以强化，注重知识间的相互区别与联系，形成良好的知识结构；同时加强思维策略的训练，选择典型的可以被学生接受的问题，进行相应的解决问题策略的训练。

4.掌握多种教学模式

问题解决教学模式虽有其优势，但并不能也不必让学生完全通过问题解决来学习一切内容，由于学生素质的不平衡、教师自身的特点、教学内容的复杂性及教学时限的限制，教师要掌握多种模式，在教学中取舍、融合，以争取最佳的教学效果。

5. 注重学生科学素养的培养

在科学教学中，不但应进行科学知识的教学，而且应对学生进行科学态度、情感、科学精神、科学意识的教育，科学本质和意义、科学与社会、技术、生活的关系的教育，学生对科学过程及方法的体验和认识，以及学科内部特别是学科之间的综合与联系的教育。

第三节　语文复习课中的“诊断·突破”式教学

语文复习课教学不是简单的知识重复与重现，而是认知的深化和能力的升华。复习的目的在于使学生获得的知识系统化，弥补知识的缺陷，加强对于知识的理解、巩固和提高，使基本技能进一步熟练，从而整体提高学生语文素质和能力。但由于种种条件的束缚，很多教师在实际复习教学中走入“以练代复”的误区，抑制甚至扼杀了学生创造的潜能。为了让学生在语文复习课中成为学习的主人，实现其学习的主体地位，我们提出“诊断·突破”式教学。

一、“诊断·突破”式教学的提出和意义

1. 语文复习课现状的研究

(1)教师教学手段单一，不敢放手

复习课是让学生对已学的知识进行梳理和整合，复习未掌握的，提高应该提高的。其作为一种重要课型长期存在于语文教学之中，但是在初中语文复习课中，由于受到统考、知识点繁多等众多因素的影响，许多老师在实际教学中，不敢也不愿放手让学生自主学习，自主复习。因而在复习中，潜心研究“考试要点”，然后像“押宝”一样挖空心思猜内容，估题目，针对考试“口径”，把复习课上成考试的演练课，大搞题海战，走入“重负担，低质量”的怪圈，课堂上学生主动参与、积极探究、动脑思考获取知识的多元思维经历的学习体验、学习过程被省略、被抑制。结果一轮复习下来，学生掌握了的早就掌握了，没有掌握的还是没有掌握，复习变得低效甚至无效。我们不是常听到有很多老师在复习之后“某道题目已经分析了 N 遍学生还是不会”的抱怨吗？为何会出现这样的问题，原因很简单，我们在复习过程中由于过多地注重考点的分析，却忽视了学生的学习情况分析及学生的个体差异，走入了“胡子眉毛一把抓”的

教学误区。

(2)学生学习兴趣缺失,不愿配合

俗话说:“兴趣是最好的老师。”兴趣在学生学习过程中有着不可或缺的作用。在语文学习过程中,学生的语文学习兴趣都不高,特别是复习课这种课型,枯燥乏味,更是缺失得厉害。原因主要有以下几点:首先,复习课不再是对知识的简单积累和感性认识,而是让学生对学过的知识进行回顾以减少遗忘,能够将各个知识点的联系建立起来,从而形成一个较完整的知识网络。这就决定了复习课知识的讲解会有一定的深度和难度,造成一部分语文基础不好又缺乏进取精神的学生对语文复习课失去兴趣。其次,教师课堂教学和考试制度的因素。初中面临中考,因此在复习教学中始终被考试这根指挥棒所左右,在教学中急功近利,考试接踵而至,使得学生疲于应付,这样的学习生活通常被他们称为“地狱般的生活”,毫无兴趣可言。

针对这种教学现状,如何运用有效的教学模式提高语文复习课的效率,变“授之以鱼”为“授之以渔”,实现从知识掌握到能力提升的飞跃呢?我校提出的“三主成功”教学思想,致力于学生知识素养的培育和提升,在此基础上,我们构建了一种优化语文复习课的教学模式——“诊断·突破”式教学。

2.“诊断·突破”式教学的意义

(1)充分体现了学生在课堂上的主体地位

“诊断·突破”式教学有针对性地浓缩课堂知识点,提炼知识要点、难点,充分体现“学生为主体”的理念,课堂上留给学生充分的自主思考、自主探讨、自主解决问题的时间,充分发挥学生的自主意识,把学生从以往复习课中知识的被动接受者变成学习的主人,在学习过程中主动发现问题,明确难点,消化难点。有利于学生创新精神和实践能力的培养,为学生的可持续发展奠定了基础。

(2)促进教师专业素养的提高

“诊断·突破”式教学,强调了学生的主体作用,学生是信息加工的主体,是主动建构者;但同时也不能忽略教师的主导作用,在这样的课堂模式中,教师是帮助者和促进者。在教学过程中,如何创造出一种有利于学生学习的情境,如何引导学生自主地探究学习,这些都需要教师对学生的学习情况有全面的了解,这样在教学中才能胸有成竹,在课堂上才能运筹帷幄。这样的角色决定了对语文老师的专业素养有了更高的要求。

“诊断·突破”式教学虽然在课堂上学生是诊断的主体,但教师“诊断”学生学情是“诊断·突破”式教学达到和完成任务的关键。教师要在课堂上引导学生对自己的学习进行诊断，突破知识点，那就必须在课外花大量的时间去分析诊断学生的知识掌握情况，并且能够灵活选取学生中的典型学习缺陷事例，有针对性地进行知识分析传授。只有在全面了解学生学习情况之下，才能在开放式的课堂上收放自如。反之就会在课堂上被某些学生牵着鼻子走，反而弄巧成拙。

(3)提升了复习课的课堂效率

语文教学枯燥、繁杂，传统的教学使得语文教学课堂一直拘泥于低效的现实。“诊断·突破”式教学改变了这一潭死水，让语文课堂重新泛起涟漪，从而提升复习课的课堂效率。

①教学内容针对性强。该复习课教学模式不再是面面俱到地进行“炒冷饭”式的教学，而是有针对性地选择学生学习中的知识缺陷进行分析突破，这在一定程度上激发了学生的学习兴趣。既达到了知识传授的目的，又培养了学生的综合语文素养和能力。

②教学形式的优化。“诊断·突破”式教学一改以往复习课沉闷枯燥的“满堂灌”的形式，把课堂的主动权交还给了学生，让他们在自由的空间内自主完成学习的目标，让他们享受到学习的成就感，进而促进他们学习的主动性，从而提高了语文课堂学习的效率。

二、“诊断·突破”式教学的内涵解说

语文复习是一个梳理、提升的过程，是发现、弥补教学缺陷的过程。孔子说的“学而时习之”、“温故知新”，精确地阐述了复习的意义和价值。可见，复习课教学决不能简单地把学生已学过的知识再现一遍，呆板、单调地呈现教学材料。在复习课的教学中应该让学生在已有的知识体系基础上，提升并探索新的知识层面，从而有效地提升语文素养，实现复习课的真正价值。

“诊断”是来源于医学上的一个术语，是指医生在检查病人的症状之后判定病人的病症，然后根据病症找出病因，给出处方或治疗方案从而达到治愈病人的目的。这里只是一个比喻，学生在知识能力结构上的缺陷，就是学生学习中的“病”。由于语文知识繁多，再加上初中学生逻辑思维和自我解决学习问题能力欠缺，对自己在学习上的困难往往很迷茫，就更不用说让他们准确地找出自己学习中的缺陷了。这时教师的责任就变得重大，首先对学生的知识缺陷进行把脉诊断、分析梳理、分类归纳，诊断其病症所在，并根据病灶，帮助学生制定相应的复习方案。

人本主义主张“以学生为中心”，教师只是作为学生学习的促进者，提供便

利条件的人。人本主义理论提倡学生自我激励，自我实现，充分挖掘人的潜能情感教育及合作学习。在上述过程中，教师只能作为帮助者出现，不能全权代理，而应把主动权还给学生，让他们自己发现，自我分析，最终达到学习成长的目的。"诊断·突破"式教学模式就是由教师指导学生在自主诊断、合作交流、积极探究的情境下分单元或分知识块的复习方法，也就是让学生在解决问题、排除障碍和合作探索过程中互相配合，集思广益，最终达到知识点突破的情感体验，让学生在自主、合作、探究、展示和突破等教学行为中，立体、交叉地获取和升华知识规律，随时能够享受成功的喜悦，切实贯彻以"教师为主导，学生为主体，发展为主线"的教学策略。

三、"诊断·突破"式教学的实施流程

"诊断·突破"式教学的实施流程如图 2.9 所示。

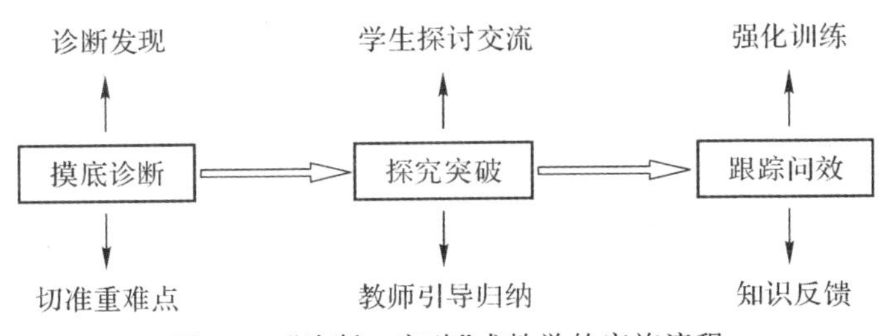

图 2.9　"诊断·突破"式教学的实施流程

1. 摸底诊断

上语文复习课比上新课更难。究其原因，是复习内容已为学生所感知，甚至是已掌握的知识，不像新课那样具有新奇感、神秘感，不易激发学生的兴趣和求知欲，再加上语文知识多而杂，因此，在复习教学中应注重知识梳理、组合，使知识点集中，体现系统性，并能时时给学生以新鲜感，让他们真正体会"温故而知新"的道理。然而复习课又不同于新授课，是在学生已经学过的知识上的回顾、总结、提高。因此，如何确定复习的知识点？摸底诊断无疑成了一种直接而有效的方法。它能让老师和学生更准确地了解语文知识和能力掌握的现状，为确定复习目标和复习重点提供有效信息。摸底诊断分成课前测试和诊断两个步骤进行。

(1)课前测试，收集病历

课前测试是指为推测学生掌握的知识程度和知识运用的能力等情况而设定的一系列练习或问题。这种方式能有效暴露学生在学习上的问题，可以直观地诊断学生知识的缺陷点。根据复习的需要，我们把测试分为专题测试(如

诗歌鉴赏测试题、文学作品测试题、说明文测试题等)和综合水平测试(如月考或复习模拟考试等)。

(2)初步自诊,确定目标

课前测试是诊断的前提,只有在测试的结果上进行分析反馈,诊断才能有的放矢。

例如:在九年级多次复习模拟考试中,诗歌鉴赏成为学生失分最多的一个知识点,于是在课堂上我们首先引导学生初步诊断。问:这几次测试中,你觉得最让你无从下手,造成失分的是哪一个知识点?在这一要求下,学生自然地有目的性地主动对几张测试卷进行检查分析,最后得出结论:是诗歌鉴赏,尤其是诗歌鉴赏中的重点字词句的赏析。于是通过初步诊断,师生达成共识,把赏析诗歌的重点字词句作为复习的目标,并使之成为课堂的焦点。

再如,在文言文复习中,有这样一道题目:

读懂下面一段文字,结合《陈涉世家》,谈谈你对陈胜的看法。

陈胜王凡六月。已为王,王陈。其故人尝与佣耕者闻之,之陈,扣宫门曰:"吾欲见涉。"宫门令欲缚之。自辩数,乃置,不肯为通。陈王出,遮道而呼涉。陈王闻之,乃召见,载与俱归。入宫,见殿屋帷帐,客曰:"伙颐!涉之为王沉沉者!"楚人谓"多"为"伙",故天下传之,伙涉为王,由陈涉始。客出入愈益发舒,言陈王故情。或说陈王曰:"客愚无知,颛妄言,轻威。"陈王斩之。诸陈王故人皆自引去,由是无亲陈王者。

很多学生都认为"陈王斩之"显示的是陈胜的铁面无私,对陈胜抱以欣赏的态度。那么多的学生出现的理解错误令我愕然,因为这道题目是课后的练习题,曾经做过详细的分析,可学生为什么会出现这样的错误?课堂上通过诊断分析,了解到学生认为"客出入愈益发舒,言陈王故情",是对陈王的不尊重,而忽略了与课文中"苟富贵,勿相忘"这样的话联系起来思考,因此出现了这样的错误,这反映了学生对课文内容把握能力的欠缺以及维能力的缺陷。于是,加强思维的周密性训练成为学生复习过程中的主攻目标。

(3)二次诊断,把脉病因

我国传统医学讲究望、问、闻、切。在教学中,对学生学习错误的诊断则必须从学生错答的字里行间,或每一个错误题项中去推理和分析,从中把脉病因,诊断病灶。

例如在“诗歌鉴赏”摸底测试之后，我出示几位同学在测试卷中的答题情况。

绝句两首(其二)

杜 甫

江碧鸟愈白，山青花欲燃。今春看又过，何日是归年？

问：“山青花欲燃”这句诗中“燃’有何妙处？试结合本句诗做出分析。

生1：“燃”代表了当时花的红艳，用比喻的手法把花描写得形象生动。

生2：写出了花的鲜艳，而且这个“燃”突出了大好的春光，衬托出诗人想念家乡的愁绪。

生3：写出了花开得很好，很红，而且诗中写的是春天时的景物，表达了诗人对春天的喜爱和恋恋不舍之情，而且“燃”还让我们感受到了春天的生机勃勃。

生4：生动地写出了万物的生机勃勃。

……

教师进一步提出要求：分析这些答案，你发现了什么问题？让他们迅速进入第二次诊断过程。

（生讨论分析归纳）

生5：对于赏词的方法不了解造成理解偏差甚至错误。

生6：语言的表述欠完整，条理不清晰。

……

建构主义认为学习是主动地构建内部心理表征的过程，学习者并不是简单地把知识从外界搬到记忆中，而是以已有的知识为基础，通过与外界的相互作用来建构新的理解，对原有知识进行改造和重组。以往语文复习课，复习内容由老师确定，不论学生已掌握或未掌握的知识，往往都“眉毛胡子一把抓”地进行教学，学生课堂上缺乏主动性，造成复习效率低下，而摸底诊断克服盲目性和随意性，让学生自己诊断，发现知识缺陷问题，自主确定复习内容，课堂上学生俨然成了一个个医生，对自己、对同学的测试进行认真把脉、诊断，这样的方法大大激发了学生学习探讨的兴趣和积极性，为后面的知识点突破提供了有利条件。

2.探究突破

复习的内容，从表面看，学生都已经学过，因此课堂上如果简单地重复，学生听之生厌，就无法达到复习的最佳效果。但在复习练习中，我们不难发现，不少学生对已学过的知识，往往是“台台熟，折折生”。从学生测试练习反馈的情况来看，答题时不懂得审题的有之，不懂得如何分析文本的有之，不知道从何处着手答题的有之，不知道知识点的具体内容的有之，等等。这些情况都说明了学生看似学过的知识，貌似懂了的知识，但由于没有经过系统地消化深入，只能停留于表面，还没真正转化为学生自身的语文素养和能力，更不用提运用知识。如何解决这一困扰？我们设计了“探究突破”这个环节。探究突破是“诊断·突破”式教学的核心环节，是实现知识能力转移的重要步骤，这个过程中教师充分发挥学生的主观能动性，引导学生在第一环节诊断的基础上合作深入探索，创造性地解决问题，并同时不断加以点拨归纳，引导学生对知识点进行深入分析，然后各个击破，使学生的课堂知识系统化，从而提高学生运用知识的能力。

仍以“诗歌鉴赏之赏析词句”之《绝句两首》为例：

师：刚才我们通过诊断，知道了答题时出现的错误，现在请同学们相互检查分析并联系平时我们学习的有关知识，看看赏析诗歌中的词句可以从哪些角度着手？

（几分钟后）

生1：可以从修辞的角度分析，“燃”运用了夸张的手法。

生2：可以从描写对象的特点分析着手，“燃”写出了山花开得灿烂。

生3：可以从诗歌的意境着手，“燃”表现了春天生机勃勃的特点。

……

师：同学们说得都很有道理，可刚才我们通过诊断知道，如果单方面地去答题，就会造成答题不完整的问题，那么如何才能使我们的答题完整起来呢？

（生摇头）

师：首先让我们看几道例题，我们一起去找找规律。

又如：

村　晚

雷　震

草满池塘水满陂，山衔落日浸寒漪。牧童归去横牛背，短笛无腔信口吹。

诗中的“衔”“横”两字富有表现力，请作简要分析。

参考答案：“衔”字运用拟人手法，写活了山，写出落日将沉未沉的情态。

“横”字说明牧童不是规矩地骑，而是随意横坐在牛背上，表现了牧童的调皮可爱、无拘无束。

例：

江　雪

（唐）柳宗元

千山鸟飞绝，万径人踪灭。孤舟蓑笠翁，独钓寒江雪。

前两句诗写雪景很有特点，请简要赏析。

答案示例：用夸张的手法，以鸟、人的不见踪影以及写环境的空旷、寂寥、清幽，从而衬托诗人的内心的孤寂、愁思和高洁。

（生讨论分析，发现规律）

生1：从“衔”的赏析中我发现答题时可以分析修辞和景物的意境。

生2：从“横”的赏析中我发现可以对字词的含义进行阐释，再点明被描写对象的特征。

生3：从《江雪》可以看出赏句不但可以从修辞角度分析，还可以抓关键景物或关键词来分析，点明诗歌的意境。

……

这一步骤让学生在有参照物的前提下进行探讨和研究，能很快地发现规律，只是这些知识规律对于他们来说还比较凌乱，此时老师就应及时归纳点拨，明确答题的角度和语句表达技巧。

规律：

赏词：释含义/修辞＋析效果（或点情境）

赏句：明手法/抓关键词＋析效果（或点情境）

由于有了第一环节的诊断，学生知道自己的知识缺陷在哪里，求知欲望便促使他们急切地想要解决自己的疑难问题。这时老师作为一个帮助者，巧妙的引导就会像一根导火线，能点燃学生智慧的火花，引发学生积极探究的热情，从而主动积极地去探究知识要点和一些知识规律等。探究突破这一环节充分调动了学生学习的主观积极性，激发了学生的学习兴趣，提高了解决问题的能力，避免了以往教学中学生死板地单方面接受知识的机械学习，让学生在探讨中主动释疑解惑，突破知识点，达到对语文知识的深入把握和语文综合能力的提高。

3.跟踪问效

有句话说得好："一语不能践，万卷成空虚。"学习的目的在于运用，如果脱离实践，那么所学的知识理论就成了一纸空文。"跟踪问效"这个环节主要是让学生从理论上升到实践的实际应用过程，这一过程分随堂检测和学生自评互评两个步骤来完成。

(1)随堂检测

不少老师认为课堂时间紧张，随堂检测会影响教学进度，所以总把相应的检测练习题放到课外让学生完成。对于这个问题，我认为关键是对随堂检测的理解和认识。随堂检测题量不太大，面不太广，而应立足本节课，抓住重点，并稍稍加以拓展、延伸，凸显其针对性。日常授课虽然配有训练题，但练习和检测，两者效果是不同的。练习由于学生有很多的时间，缺失紧迫感，导致练习的质量大打折扣，所学的知识不一定能全盘地运用。但随堂检测不一样，在学生这一方面，规定的时间内完成一页练习题，能使他们的思维更具紧凑感，会更好地反馈学生对知识的理解、运用能力、思维的灵活性、答题的准确性和规范性；在教师这一方面，可及时了解学生对知识的接受消化情况。

例如，为了检查学生对赏析词句的知识点的掌握情况，教师有针对性地设计了几道检测题，这里暂举两例。

过松源晨炊漆公店

(宋)杨万里

莫言下岭便无难，赚得行人空欢喜；
正入万山圈子里，一山放过一山拦。

问题：末句的"放过"和"拦"用得精彩，请作分析。

十一月四日风雨大作

（宋）陆　游

僵卧孤村不自哀，尚思为国戍轮台。
夜阑卧听风吹雨，铁马冰河入梦来。

问题：联系前两句诗，谈谈“尚”字的表达作用。

（生在规定的时间内完成。）

（2）学生自评互评

这一步骤学生在老师的指导帮助指导下，对自己的试卷答题和同学的答题进行自我评点、相互评点，打破了以往检测中由老师判定对错的模式，让学生自主发现问题并提升知识理念。例如：

针对上面两道检测题，学生在和同学的互评中发现：

生1：对于“放过”和“拦”的分析，我的答案是“运用了拟人的手法，写出了山多”。刚才和同桌的讨论中发现，我只注重了从修辞角度去分析，却忽略了从全诗的角度去揣摩诗句中包含的哲理深度，理解不够到位，今后应避免出现，思考更全面一些。

生2：评点“尚”的表达作用，我的答案是“尚是还的意思，表现了诗人强烈的报国之情”。我注重了对“尚”的含义的理解，以及这个字所表达的思想感情。这一点我觉得做得挺好的，但没有联系诗句展开具体的阐述，使得情感效果的表达有点突兀。

……

这一环节的安排，让学生对相关知识复习时所运用的方法、知识规律等化分散为集中，变零乱为整体，在课堂中学以致用，完成从理论到实践的提升，提高学生的举一反三能力。自评互评则还大大提高了学生思维的灵敏性，充分发挥学生的主体性，成为学习和发展的主体。

四、“诊断·突破”式教学实施的原则

1.以引导和促进学生的自诊为导向

所谓自诊，也可以叫自我诊断，即学生对自身所掌握的知识结构进行反省并作出理性诊断，发现问题，寻找合理的解决方法，从而调整自己的学习行为。古语说：“授之以鱼，三餐之需；授之以渔，终身之用。”语文教学的目标是有效地促进学生的发展,学生的发展包括知识的发展和能力的发展。其中培养学生学习语文的良好习惯,提高语文素养,提高学生的综合能力比传授特定的知识更为重要。我们之所以提出“诊断·突破”式教学,是因为:第一,学生只要具备了自诊的意愿和能力,就会持续不断地对自己乃至于其他同学的学习状况进行诊断,而且为了诊断就会主动从各种渠道汲取信息,并且充分利用各种资源。第二,一个具备了自诊能力的学生为了分析和解决问题,就会自发地根据自身的知识和能力,从多重角度诊断自己的状况,并且能够为了实现自己的目标而不断改进学习行为。

2.以“病理”为选择复习知识的依据

“病理”在医学上的解释就是疾病产生的原因和原理。“诊断·突破”式教学的基本思想是先病理,后学习。在整个初中知识体系中,内容繁多,知识面广,然而学生用来复习的时间却是有限的,因此在复习中学生需要的是综合性的知识而非单一性的知识,但如何在众多的知识模块中准确把握复习知识的重难点,选择复习的突破口呢?这时,学生学习上的“病理”可以作为我们选择知识的依据,只有找到了学生学习上的病症,我们才能在课堂上对症下药,有目的、有针对性地寻求知识。

3.以他诊辅助自诊为基本范式

所谓他诊,也叫他者诊断,顾名思义,就是非学生本人对学习情况进行诊断。诊断的人,可以是老师,可以是同学,可以是父母,甚至更多相关人员。学生在学习的成长过程中离不开他诊和自诊。俗话说:“当局者迷,旁观者清。”自诊有时难免会让学生“不识庐山真面目,只缘身在此山中”。而他诊具有客观性和准确性,正好可以弥补。因此,自诊为主,辅以他诊,是学生成长的最佳途径。

五、实施“诊断·突破”式教学应注意的问题

(1)应做到“万变不离其宗”。语文知识多且复杂,因此语文的复习以及考试时的选题总是千变万化的,我们把这称为“万变”,而“宗”则指的是学生的语文基本素养。语文复习应万变不离其宗,这是由语文和语文考试的特点决定的。在语文复习课上,我们应把重点放在培养语文基本素养上,提升学生学习语文的能力。

(2)引导学生丰富自身的知识积累。俗话说得好“巧妇难为无米之炊”,语文复习课目的主要是梳理知识,使分散的知识系统化,提高学生运用知识的能

力。但是能力的培养如果没有知识的积累会幻化成海市蜃楼，一切所谓的技巧、规律都成了空谈。因为没有语文基础知识的积累，运用就无从谈起，更不用说提升语文基本素养。

(3)精心选择课堂相应的检测习题。课堂检测是学生巩固和内化所学知识，提高能力必不可少的手段；是教师获取反馈信息，及时调整改进教学的重要一环。因此，习题的选择一定要讲究一个“精”字，选题要切合课堂重难点，量少但全面，并有所拓展延伸。

(4)关注学生差异，面对全体。学生的差异是客观存在的，课堂上我们应尊重差异，进行合理的分层次学习活动。根据学生的个体差异，遵循因材施教的教学原则，在课堂上提供相应的表现机会，让每个学生都能体验成功的喜悦。

(5)建立平等合作、民主互动的新型师生关系。罗杰斯认为教学的重点应放在良好的师生关系或教师态度上，他认为“促进意义学习的关键乃是教师和学生关系的某些态度品质”。为了促进学生个性的充分发展，教师必须具备四种态度品质：其一，充分信任学习能够发展自己的潜能；其二，以真诚的态度对待学生，教师应该表里如一；其三，尊重学生的个人经验，重视他们的感情和意见；其四，深入理解学生的内心世界，设身处地为学生着想。建立新型的师生关系对师生双方都是有利的，是互惠的关系。

第四节　历史与社会课堂中的“问题解决”式教学

问题的解决总是以问题的提出为前提的。有“20世纪最伟大的学术理论家”之称的匈牙利籍犹太科学家波普尔认为，科学知识不是始于观察而是始于问题，我们不是通过观察和联想来进行学习而是通过试图解决问题来学习。爱因斯坦说过，提出一个问题往往比解决一个问题更重要。18世纪法国教育家卢梭强调，教学中重要的不是教给学生真理，而是教给学生怎样去发现真理，即引导学生自己研究学问。学生学习知识、策略和技能的主要目的之一，在于对面临的新问题加以解决或者创造性地加以解决。问题解决和创造性是知识、策略和技能学习的自然延伸。[①] 运用自己的已有知识去成功地寻找达到目标的手段或途径的过程，就是问题解决，[②]这就是指广义的问题解决。基

① 伍新春.高等教育心理学[M].北京：高等教育出版社，2001：56.

② 张大均.教育心理学[M]北京：人民教育出版社，2004：83—184.

于问题解决的重要性，我们将“问题解决”教学法运用于《历史和社会》的教学实践中。“问题解决”教学法是狭义的问题解决。即在课堂教学上指导学生学会思考、探索和解决问题，以达到启发学生思维和培养学生解决问题能力的一种教学方法。

一、历史与社会课堂提问中存在的问题

课堂提问是探究式教学的一种重要途径，是启发学生智能，体现学生主体性和教师主导作用的主要方式。创设良好的问题情境能有效地激发并维持学生的学习兴趣和探究欲望，为课堂教学创设一种紧张、活跃、和谐、生动的理想气氛。但不恰当的提问却会扼杀学生个性，不利于学生创造性思维的发展。下面分析课堂提问中存在的一些问题，并探讨避免这些问题的方法。

1.课堂提问的表面化，问题偏而质量低

这个问题普遍存在，有些教师上课时习惯在课件上罗列很多问题，但没有层次性，有时还会脱离学情、学材。只是问学生这个问题“对不对”、“是不是”、“行不行”等，学生也是简单的回答“是”、“不是”、“对”、“不对”等，课堂气氛好像非常热闹，但其实提问和学生思维的质量比较低下，流于形式，学生也只能是简单地附和，并没机会提出自己的见解来解决一些未知的问题，教学实效不高。

我们并不反对这些提问的存在，但是应该尽量减少。这样的提问是一种引导式的，即在这之后老师要提出更多更深的问题，比如，“如果你觉得是，请列举你的理由；如果觉得不是，也请提出你的意见”。课堂提问好比剥莲蓬，要从外往里逐层剥才可能尝到里面的果实。

2.课堂提问“深挖洞”，难度过大

我们反对提问的表面化，主张深入提问，但这并不意味着提出艰涩的问题。我们都有这样的经历：如果课堂设问偏难或过易，都不会激发学生的思维火花，往往造成“启而不发”或“不屑一顾”局面。我们学校有位年轻的老师在讲《阿拉伯帝国与伊斯兰文明》第一课时，设置的问题是这样的：①伊斯兰教创立的社会背景？即七世纪时阿拉伯社会的阶级矛盾、社会情况？②叙述穆罕默德的主要活动？概括穆罕默德的主要思想？③说说伊斯兰教教义？④列举世界三大宗教，比较它们产生的背景、教义的异同点？⑤教师展示多媒体画面：8世纪阿拉伯帝国疆域图，讨论伊斯兰教在阿拉伯帝国扩张中的作用？⑥通过同学们的分析，我们从中能感受到宗教对政治、社会生活产生怎样的影响

力呢？我们发现设置的问题一个比一个难，学生刚开始回答气氛比较活跃，后来教室便陷入沉寂。这位老师可能认为问得越深、越细、越透，学生就理解得越好，事实上这样做效果并不好，相反，这样容易造成学生困惑乏力，不知所措，学生的认知能力还没达到这一程度，知识积累不够，这样就激发不了学生的积极性，不能实现师生互动，教学效率也不可能提高，这堂课总体上上得很闷，这与问题设置引导不尽合理有关，所以问题设计要有坡度。

3.把“满堂灌”变成了“满堂问”

课堂教学的核心是发展学生思维，设疑导学，就要求教师善于审时度势，问到“点”上，提问次数要适当，不要不分主次“满堂灌”。而“学生为主体，教师为主导”是最近二十年比较有影响的教学改革命题，许多教师也把这句话作为自己教育改革的指导思想。但是，在一些教师课堂教学实践中，“教师为主导”成为“教师为主套”，针对过去“满堂灌”、“填鸭式”教学的弊端，许多教师开始注重“启发式提问”教学。于是“满堂灌”便成了“满堂问”，以为这就是“主体”、“主导”的统一，这实在是一种可怕的误解和实践走样。

笔者认为，问是为了启发思考，教师在引导学生思考，学生讲出了思考的成果后，老师要进行新知识的传授。

4.提问只针对少数学生

教育心理学研究发现，绝大部分学生渴望被尊重，尤其是得到老师的肯定。课堂提问会被学生认为是被老师重视的一种体现。因此，教师的提问要面向全体学生，不能只局限于少数优秀生，要使好、中、差的学生都有回答的机会，如只向少数学生提问，会让没有回答问题机会的大多位数学生觉得老师偏心，这不利于建立良好的师生教学关系。教师在提问过程中要注意调动学生回答问题的积极性，对回答错误或不会回答的学生，要耐心引导和启发，不可严加批评和指责，对于积极回答的同学要给予鼓励，使教师提问和学生回答在融洽友好的气氛中进行，从而达到预期效果。另外还要注意对不同认知水平的学生要提出不同的问题，提问要和回答的对象要相互契合，起码学生有话可答。将太多的不会回答的问题强加在学生身上有可能会打击学生的自信心。

课堂提问要达到大力激发学生的求知欲，充分发挥其主体能动性作用，有效提高教学效果，教师就必须注意和克服上面存在的问题。

二、问题解决教学法的实践意义

(1)“问题解决”教学法在《历史与社会》学科中的运用有利于形成学生的

问题意识。问题解决模式就是把学习过程看成是一个不断发现问题、分析问题、解决问题的过程。这就如我们学校提出的“三、三、三”教学模式,让学生在学习过程中提出问题、分析问题、解决问题。问题意识会激发学生强烈的学习愿望,使其注意力高度集中,积极主动地投入到学习中。问题意识还可以激发学生勇于探索、创造和追求真理的科学精神,培养学生的科学探究能力和学习兴趣,促进思维的发展和知识的掌握,是学生可持续发展的一个重要条件。

(2)“问题解决”教学法在《历史与社会》学科中的运用有利于激发学生的创造性思维。现代著名的教育家陶行知曾说:“发明千千万,起点是一问。”问题是除旧布新的桥梁,是认识深化的阶梯,是创造发明的先导。[①] 在问题解决教学的过程中,教师要关注学生生活,走进学生生活,引导学生生活,满足学生需求。要向学生设疑、质疑,使之产生悬念、疑难,积极思考,促使学生思维发散。同时,教师要经常鼓励学生大胆质疑、发问,从不同的角度、用不同的方法观察、处理问题,在求解过程中激发学生的创造性思维。

其基本流程为:根据学情、学材、目标——创设情境、设计问题——文本对话、生生合作、师生互动——形成观点、感悟升华。但创设问题要符合:“新、情、实、活、效”五字法。

三、课堂有效提问的技巧和方法

在教学中,我们教师应从教材、学生的实际出发,切合时机地提出富有启发性的问题,让学生“有疑而入,无疑而出”,这是培养学生思维能力的有效途径。在教学中课堂提问应做到以下几个基本要点。

1. 设置问题应把握“入口”

一堂课老师要以设疑开讲,一开始就能扣人心弦,紧紧抓住学生,激发起学生求知的欲望。在讲八年级《历史与社会》“秦朝一统”的第二课时,教师提出这样的问题:有人说秦始皇是“千秋一帝”,有人说秦始皇是“暴君”,对这个问题你有什么看法?学生的思维立即活跃起来。有的说秦始皇建立了中央集权制度,统一了度量衡、文字、货币、车轨,修筑万里长城等,功绩巨大;有的则立即反驳,秦始皇干了那么多残暴的坏事,修长城劳民伤财,还焚书坑儒等,是历史的罪人……经过激烈的争辩,学生们逐渐达成了共识:秦始皇顺应历史的潮流、人民的愿望,完成了统一,开创了我国历史的新局面。中央集权制度的

---

① 中国当代教育理论文献.第四届中国教育家大会成果汇编(下)初中历史与社会教学“设疑”技巧探微[C].中国北京:2007:896.

建立以及秦始皇为巩固统一所采取的措施，对我国多民族国家的形成与发展具有进步意义，影响极其深远，所以秦始皇是我国历史上一位杰出的地主阶级政治家。但他又是统治残暴的封建皇帝，因他极其粗暴野蛮地焚书坑儒，给我国古代文化造成了莫大的损失，又广建宫殿陵墓，浪费了大量人力、物力、财力，影响了人民正常的生产和生活；他还制定残酷的刑法，使人民生活在水深火热之中。所以他既是一个对中国历史发展有巨大贡献的历史人物，同时也是一个残酷的暴君。最后他的统治被农民起义所推翻，这也恰恰说明了一点——暴政导致了秦朝的灭亡。因此，我们评价一个历史人物，要用一分为二的观点，辩证地分析。这时我们教师还应继续提问：我们知道对秦始皇的评价要“一分为二”地看待，那么我们又如何看待其他历史人物呢？如何评价身边的人？又如何看待自己？这样不仅把学生的学习兴趣调动起来了，而且使学生真正成为了学习的主体，实现了对秦建立的中央集权的措施以及秦始皇这个历史人物等知识的真正理解与掌握。

2.设问应目的明确

设计提问必须目的明确。一般来说，我们教师课堂提问有检查性提问、巩固性提问、总结性提问、提示性提问和暗示性提问等几种类型，所以我们教师应根据不同的目标来设计相应问题并安排好提问顺序。所提的问题应该为课堂教学内容服务，每一次提问都应有助于启发学生思维，有助于学生对新知识的理解和对旧知识的回顾，有利于实现课堂教学目标。那种漫无目的提问会让学生感到不着边际和无所适从，起不到应有的作用。在讲授八年级上册《盛唐气象》这一课时，教学目标是要求能简要叙述唐朝历史从唐太宗的“贞观之治”、武则天的“贞观遗风”、唐玄宗前期的“开元盛世”及后期的“安史之乱”的大致历史走向。所以设置如下问题：问学生唐朝建立于哪一年？你知道唐朝哪些著名的皇帝？你是怎么看武则天和唐玄宗的？同学们的历史知识很丰富，讨论也很热烈。唐朝建立于618年，灭亡于907年。著名皇帝有三个：唐太宗、武则天和唐玄宗。唐太宗以隋亡为戒，任用贤能，善于纳谏，调整统治政策；轻徭薄赋，发展农业生产，形成“贞观之治”的良好局面。可现实生活中因为受电影、电视塑造的艺术形象的影响，有些同学对武则天的正面作用产生了怀疑。这时我们教师要提示学生评价历史人物要侧重其对历史发展所起的作用。如武则天统治期间，继续推行唐太宗的政策，重视发展农业：根据农业生产情况奖惩州县官，兴修水利，减轻赋役。善于发现人才，破格用人，鼓励推荐和自荐。武则天统治时期，人口明显增加，社会经济不断发展，史称有“贞观遗风”。她是中国历史上300多个帝王中唯一的女皇帝，是一个著名的女政治家。唐玄宗也叫唐明皇，他统治前期，任用名相，整顿吏治，继承唐太宗和武则天的业绩，唐朝进入全盛时期，史称“开元盛世”。但是他后期任用李林甫、杨国忠等执政，官吏贪渎，政治腐败。又好声色，宠爱杨贵妃，奢侈荒淫。在军事上，北方各镇节度使掌握重兵，外重内轻，导致“安史之乱”。学生们从史实出发，就能把握人物。这样既完成了教学目标，又使学生把那些孤立的零碎的知识整理成系统的历史知识，构成了知识链，环环相扣，只要想起链环中的一项知识，其他知识就可以顺次地浮现于眼前。并在学习唐朝历史时，可以让学生深入思考“贞观之治”和“开元之治”带给我们的启示。我们教师在学生畅所欲言的基础上总结出：一个国家要强盛，必须重视人才队伍建设和制度建设，注意减轻人民负担，大力发展社会经济，重视文化教育事业。今天，我们的改革开放事业要推向前进，也需要处理好这几个方面的问题。这样一分析，学生就感到学历史很有用处，从而，就对学好这门课程有了积极的认识，学习的兴趣也就提高了。

3.提问要趣味性与富有创造性

孔子说过：“知之者不如好之者，好之者不如乐之者。”兴趣是最好的老师。信息化的当下，学生可以从很多的渠道尤其是互联网中获取大量的信息。如果课程无法满足学生强烈的求知欲望，他们对所学课程就提不起兴趣。趣味性、创造性的课堂提问可以引起学生的兴趣。学生一旦对问题产生了浓厚的兴趣，就会全身心地投入学习和思考。因此，课堂问题的设计必须新颖有趣，要挖掘学生喜闻乐见的事，这样有利于激发学生学习兴趣。每当学生为寻求答案努力研究而获得成功后，他们会为自己的成就感到振奋和愉悦。我们在上八年级上册综合探究一《保护我们身边的古老文明》时，设置的教学目标是：让学生明确文物保护的重要性，让学生能明白文物保护中最主要的矛盾，让学生明白探讨保护文物应从解决怎么样的矛盾做起、培养学生思考和探讨的能力、培养学生文物保护意识和环保意识等。这节课是以旅游的方式进行的，让学生分组进行角色扮演：第一组：文物保护局，第二组：旅游开发局，第三组：城市建设局，第四组：商业建设委员会。提示学生注意的：在旅游的时候为自己单位找项目，为自己单位的利益创收想办法，要考虑文物保护、长远建设等因素。学生有点好奇觉得很刺激，个个非常活跃，急于完成任务。当然，告诉学生我们要去旅游的主要是文化古迹，所以先给大家介绍一些旅游小常识，文物的概念和文物的重要性。通过看图片、讨论后，得出文物的重要性以及文物的概念。之后，引导学生思考：如果“用火烧过的兽骨”没有保存下来，我们能否知道北京人会使用火？我们以前把这块兽骨叫做什么资料？（实物资料或第一手资料)。最后,师生再次认识到第一手资料对于我们了解历史的重要价值,因而理解文物保护的重要作用以及文物的概念。

情景设置:假设从温岭出发,乘直升机在北京山顶洞降落。看到了北京山顶洞,以及在龙骨山上的俯视图景。(课件录像介绍周口店北京人遗址及看图片)下山到北京人遗址的时候,经过很多地点,地质学家介绍了很多目前的地质灾害,保护委员会接待我们并告知周口店北京人遗址已面临被列入“濒危遗产”名录的危机,再不采取行动,周口店遗址甚至会有被从世界文化遗产名录中除名的可能。

让学生讨论与思考:在旅游后,你们各单位对开发自己的项目有什么感想,在不考虑其他单位的情况下,你们又有什么感想?(在讨论前先对北京城市建设现状作介绍,对商业建设给予下岗工人的帮助,以及文物遗址开发对旅游的作用都作一定的引导,引导学生在遗址或者古城开发旅游、开发商业、建立新城区,当然,也要引导文物保护部门采取一些有效措施)各组纷纷发表自己看法并指出文物保护存在的问题,经讨论后先做简单总结:可能你们各局这样做符合你们的利益,那你们有没有想过,刚才你们那样做会不会对文物保护以及以后的长远发展都会有很大的阻碍?这就构成了局部利益与整体利益,短期利益和长远利益的矛盾。那我们怎么样去解决这些矛盾呢?利益协调中会遇到哪些主要问题呢?学生们又发表自己的意见 ,认为:文物保护与旅游开发之间的矛盾、文物保护与城市发展之间的矛盾、文物保护过程中传统文化与现代文化之间的矛盾。老师引导:如此多的利益矛盾中,我们如何抉择?这确实涉及很复杂的关系,但是作为学生我们可以为文物的保护做出自己的贡献。最后总结:我们应该从保护身边的文物做起,从小事做起。我们可以做的有很多,首先,我们应该知道我们这里有哪些是文物,调查本地的文物古迹,了解它们的珍贵之处及现状,提出可行的保护措施。只有这样,我们才会真正做到保护我们身边的古老文明。这次富有趣味性的活动,使课堂教学达到了事半功倍的效果。

所以,课堂提问的设计不仅要关注学生的情感、态度等方面的反应,更要关注学生的思维发展。常言道:“一石激起千层浪。”开放性的问题,答案不能唯一。问题要带有一定的假设性,给学生留下广阔的思维空间。老师要引导学生从不同的角度去分析、思考、研究,使其产生多向联想,提出自己独特的见解。

四、问题解决导向与提问的技巧运用

1. 问题要难易适中，启发学生思维

新课程标准要求培养学生的思考、质疑能力，因此教学中涉及的问题要有一定的思考价值，能调动学生的主动性，能集中他们的注意力，引导他们生动活泼地学习，使他们经过自己独立思考，对知识融会贯通，从而提高分析问题、解决问题的能力。这就要求我们教师在备课时要精心设计问题，力求能激发学生的积极思维。课堂提问必须符合学生的认知水平和接受能力，设计好问题的关键之处在于要把握好问题的难易程度，也就是说提出的问题要难易适中。教师提出的问题应该是学生力所能及的，要符合学生的认识水平和实际能力。问题要难易适中，太难的问题、与所学知识缺乏承接的问题，学生无从思考；太容易，就不具有挑战性，会影响学生的探究热情。同时，问题要提得明确，间域不能过大。问题过大，学生就不能明白如何回答才符合要求；问题过小，不易引起学生的注意，易导致钻牛角尖。在讲授唐朝晚期的历史时，让学生分析"开元之治，几于家给人足，而一杨贵妃足以败之"这句话是否正确？为什么？就是小切口深分析的题目，"思维含金量"相当高。通过这么一个问题的剖析，就能使学生深刻认识到唐朝灭亡的原因，并很好地锻炼了其历史思维能力。中学生正处于从形象思维向逻辑思维转化的时期，他们已经不满足于只是简单地、机械地记忆历史知识，而是渴求利用历史知识来分析问题和解决问题，从而提高自身的素质。因此，在课堂上多提出一些设计科学合理的问题也是激发学生学习兴趣的好方法。

2. 在循序渐进中层层设问，巧设问题坡度

巧设问题坡度，尊重每个学生的个性差异符合教学中坚持以人为本的要求。提问时可以在问题的难易程度上做文章，利用问题的系统性，由简到繁，由易到难，设计阶梯式的问题，不仅学习比较困难的学生当堂能积极思考，而且给他们指出攀登的途径，激励他们攀登的勇气和探究的欲望。在讲八年级上册《丝绸之路与大运河》这一课，围绕"隋朝开凿大运河"这一史实，提出以下四个方面的问题：①隋朝大运河是哪一年开凿的？南北起止点在哪里？②隋朝大运河可分为哪几河段？沟通了哪几大水系？（概括为一个中心两个端点，三百万民工，四段运河，五大水系，六年时间）③隋炀帝开凿运河的目的是什么？大运河开凿后发挥了哪些作用？④大运河至今还在造福人类，你还能举出其他一些还在发挥作用的古代工程吗？这样学生的思维将步步深入，问题、

难题也会逐渐解决。在这个过程中要就一些问题进行深入的讨论。事实上学生也欢迎这样的教学方法，一位学生表达了她对此种教学法的喜爱："大家一起讨论，老师让学生回答问题的时间也多，大家可以摆出自己的观点，老师再一层层推进，越到后面越深入。我们在不知不觉中，已经学进去了。"[①]尽管她表达的是对德育课的感受，但是这种方法运用到丰富多彩的《历史与社会》教学中效果一定不错。

在课堂提问环节中应该注意尊重学生回答，给予学生回答的积极肯定，同时能够有意识地加强引导。如果问题答案本身有问题的，可以采纳学生言之成理的回答。

3. 创设问题情景，让历史变活

历史是过去发生的事情，要想让课堂生动，学生爱听，教师就得联系现实，创设情景，让历史再现，学以致用。创设情境是历史与社会课教学中最常用也是最有效的教学方法，情境的引入改变了教学内容的呈现方式，使教学成为一种意义学习。在讲《帝国新政》一课中，让学生先看书，并提示他们要发挥自己的想象，谈谈"假如穿越时空，你是唐太宗李世民，你如何施政？"先展示几幅漫画，漫画一：皇帝面对两种大臣的态度：一种甜言蜜语；一种忠言。漫画二：老百姓背负赋税、徭役、兵役、乡捐等沉重的担子，更多的徭役和赋税还在等着他们。漫画三：少数民族对皇帝的态度。漫画四：政府职能部门"踢皮球"现象。我让一位学生上台模仿皇帝上朝施政，其他同学作为大臣参与皇帝的施政工作。课堂就变成了朝堂，大家各自发表意见，终于达成共同的治国方略：第一组完成任用贤能，广开言路的任务；第二组完成体察民情，爱惜民力的任务；第三组完成重视农业生产、轻徭薄赋的任务；第四组负责对三省六部制的完善；第五组立足于对科举制度的完善；第六组负责研究民族政策，处理民族关系。这样既提高了学生的兴趣、活跃了课堂，又掌握了知识。在这节课末，我又创设情景向学生提问：假如你现在是某企业集团的CEO，你如何管理你的公司，并让你的公司上市？通过提问学生就自然而然地转变了角色，积极动脑，踊跃发言，达到理论联系实际，学以致用的目的。

4. 小步子走路，让学生"落入圈套"

所谓的"落入圈套"指的是由浅入深，由简到难，环环相扣，一步套一步地

---

① 梁建伟."无痕德育"评价如何，孩子们最有发言权——这样的课，我打八九十分[N]. 钱江晚报，2012-11-23(A7)

设置问题。通过层层设问，引导学生的思维朝着教师指引的方向走。

七年级《历史与社会》上册有不少读图可以利用这种方法：如讲述我国冬季气温的分布规律及原因可以设置这样一组问题：结合我国山脉分布图，观察我国一月份平均气温图：①海口市与漠河镇分别位于我国陆上领土的南北端，两地气温各是多少？②两地年温差是多少？③分析小结，我国冬季南北气温的分布规律是什么？④零度等温线主要经过我国哪些主要山脉、河流？⑤观察冷空气箭头粗细的变化，想一想层层山脉，尤其是南北走向的山脉，会对北方冷空气起到什么作用？设计的思路是：海口和漠河是我国南北两个代表性的地方，二者冬季气温相差很大。导致温差大的原因何在？这里面有地形的影响。地形是如何影响气候的呢？层层推进，学生通过读图就能够得出正确答案。如此一来，解决问题的过程既是推理的过程，也是教授学生读图的过程。

5.在提问中设置悬念，加深学生理解

在教学中，根据教学内容的需要，有意识地设置一些必要的疑问。如果在从问题的反面发问，反其道而行之，以突出正面事物发展的规律，进而提示历史发展的本质规律。如讲八年级《历史与社会》下册《规模空前的战争浩劫》时，这样问学生：如果没有萨拉热窝事件，第一次世界大战会不会爆发？（没有萨拉热窝事件，一战还是会爆发的。帝国主义国家政治与经济发展的不平衡，后起的帝国主义国家要求重新瓜分殖民地是第一次世界大战爆发的根本原因。当时德国的统治者还宣称：德国在“古老欧洲的狭窄地带边界有很多任务要完成”，还有人坚持认为，德国的工业化和海外征服“就像自然法则那样不可抗拒”。英国和德国在激烈的竞争中，都在寻找自己的同盟，以壮大力量，压倒对方。于是，两大对立的帝国主义军事集团逐步形成了，战争一触即发。）那第二次世界大战爆发的原因是什么呢？会不会有第三次世界大战？这样不仅能强烈吸引学生的注意力，活跃课堂气氛，而且能引导学生多方位思考，多角度认识和理解有关历史问题，促进学生的求异思维的发展，从而培养学生思维的灵活性、创造性。逆向思维，设置疑问的教学法如果运用的得当还可以活跃课堂氛围，学生在不知不觉学到了知识，而这种知识是印象深刻的。①

总之，课堂提问是历史与社会教学中不可或缺的一个重要环节，是启发学生思维，传授基本知识，鼓励和实现学生探究式学习的一个重要手段，是教师

① 梁建伟.“无痕德育”到底啥样？一起现场来体会——一堂课，“热闹”到七嘴八舌 大道理，“传递”得不知不觉［N］.钱江晚报，2012-11-23(A6).

主导作用和学生主体作用的和谐统一。每位老师要适应新课程标准的改革，就得在课堂提问中转变观念，不断探索，优化提问方法和技巧，才能真正使学生学得轻松、愉快、高效，课堂效益才能得到真正的提高。

第五节　语文作文讲评课中的“问题层进”式教学

评讲是作文教学中不可缺少的一部分，它是作文批改的延伸和发展，也是提高学生写作能力的重要途径，是学生作文能力持续发展的一个新起点。作文讲评组织设计得好，可以调动学生写作的积极性，增强学生写作的欲望，激发学生再创作的热情。

一、作文讲评的问题现状及思考

长期以来，大多数教师在作文教学中比较重视学生写前指导和成文后的批改，而对作文的评讲重视不够。过去作文评讲中比较普遍的做法是：部分语文教师将学生作文批改得很细致，认为学生的作文水平因此能得到较快的提高。因此形成写“教—批—改—扔”的模式。即使写得再多，也很难长进。目前作文评讲已经有了较大的改进，但又走到了另一个极端：评讲内容琳琅满目，但收效甚微。原因何在？最根本的原因可能是我们提供的“美食”太多，学生没有办法消化。这也是我们教师常犯的错误，总认为教的多学生吸收也多，效果往往适得其反。

作文评讲突出存在的问题有两个：一是文体、话题变换频繁。前面写了一篇，进行了讲评，学生或许刚刚获得一点启发，形成了一种“于心有戚戚焉”的感受，但接下去的一次写作，不仅话题不同了，文体也变化了，造成了可贵的教学资源的浪费。当然，目前“两周一大作文”的写作周期，也是造成这种过程性资源浪费的一个主要原因。往往作文评讲之后，要隔一周甚至更长时间才进行下一次作文训练，前一次写作评讲的体验早已荡然无存。我们说要趁热打铁，练习了一个内容以后就要进行再练习，力求掌握此种文体和话题的写作要领。盲目地追求文体和话题的多样化或者抢教学进度对学生作文能力的提升有害无益。二是训练缺乏系统性。前后两篇文章的训练几乎没有任何联系，前一次的作文讲评，对后一次作文的服务微乎其微，所以评讲也就失去了意义。因此我们需要进一步思考：教师是否能在作文讲评的实效性方面做一个深化？为此，我们提出“问题层进”式作文讲评课的教学。

二、“问题层进”式作文讲评课的内涵解说

以“写”定“讲”的作文讲评课，其讲评的实效性最终要通过写作指导的实战性来达成。因此，基于写作改进式指导的作文讲评课，要抓住写作中“问题层进”这个基本的逻辑思考来评价，对讲评的作文确立“层进式”的评价梯度：①作文要围绕主旨多面写。作文要以文章的主旨为引领，组织不同类型的材料。叙述的详略，感情的升华，不同的人物视角等都要从不同的方面反映主体的内容。这样的多角度思索，其思路要从多面到一点，找到思维的最佳角度，最终要能反应主旨。当然角度不同，所提炼的主题（论点）也不同。但一般而言，“心中皆有，笔下皆无”的角度为最佳角度。[①] ②作文要紧扣中心具体写。具体写要求有丰富的材料，应灵活地根据文章主题、读者对象以及不同文体的特点来确定材料的详略处理。这些材料是血和肉，充实着文章的骨架。如记叙文中的细节，说明文中的数据，议论文中的论据等。详细的细节、数据和论据可以和中心思想相得益彰，共同融汇表达出文章的意蕴。③作文要讲究用词造句，突出具体内容，表现中心的力度。我们不追求华丽的辞藻，但要求用精恰的词句表达我们的想法。

这是众所周知的基本的逻辑思考过程，“问题层进”式作文讲评课要训练学生这个思考，学生在作文修改中要显示这个逻辑思考，这样的作文讲评课重基本思考而不故弄玄虚，学生的作文修改重基本思考而不畏惧，导、写、评、改几方良性互动起来，学生才能多出作品，出好作品。而要有效实施这种“问题层进”式的作文讲评，其前提是要先有便于实施这种模式的作文讲评的“导写”，在这个“导写”过程中，教师的“教”和学生的“写”要体现以下的要求：

1. 指导教师的“教”：化简求效，人人提高

(1)“层进”做法强化读写联系、语文知识之间的联系，简化了整个作文教程的复杂头绪，教师操作简便，学生容易消化。

砥砺思想：思想是文学创作的精髓。把握思想的过程就是思维历练的过程。在“层进”思路中，教师紧扣第一点分析范文，抓思维训练，要求先有思维的全、通、透，然后才有作文的全、通、透，先学透范文中多方面认识事物的思路和方法，然后才逐步开展作文训练。

习得语感：“一代词宗”夏承焘认为，好的词句可以精妙地表达感情，创造美好的意境。作文学习也要注重对词句的领悟。教师紧扣方案中的第二、三

---

① 李菀．文章写作与改评教学大纲[J]．四川教育学院学报，1999，(10－11)：112．

点品字词，引导学生体会“讲究用词造句”，突出具体内容表现中心之力的方法和效果，找好借鉴，以读带写。

(2)针对不同层次学生的情况“用药”，使不同层次的学生都能体会到成功的喜悦；三大点之间紧密相连，学生在由①至③的先构思后行文中能获得不断提高的乐趣。

从学习他人的语言语感(即听与读)到使用自己的语言语感(即说与写)，思维的形成发展是唯一交通线。作文教学中的问题，可以这样比喻：这条交通线的障碍不去除，后进生的文句混乱就像路面多堵塞；中等生编凑散就像路面不结实；优生提高慢就好比路面不美化。

2. 学生的写：简化头绪，易学易用

学写某一种文体，学生面临的往往是一株枝繁叶茂的方法树，而非一握在手的精致拐杖，看上去，花枝招展，目不暇接；拿来用，顾此失彼，并不在握。

那么，我们就按问题“层进”思路来理解方法提供者的基本思考——

据①“围绕主旨多面写”，学生能明白可用两件事或用三四件事表达中心，还可以从不同的侧面来表达中心；据②“紧扣中心具体写”，学生懂得了能表现中心的要详写，其他的略写或不写；据③“用词造句讲究写”，学生懂得了可以充分调用自己掌握的词语，或朴素或华丽，只要能突出细节表现中心的力度即可。然后“穿插议论抒情”，让情绪流动在细节之间，使文章感情充沛，感染力强；吸引读者，打动人心。

再对照范文或观察生活进行印证，进一步加深对“问题”层进的理解。如关心小区物业——水、电、气；卫生、安保、通信；医疗、交通等，认识和体会生活好在哪些方面，有哪些表现“好”的细节。好看的电影电视，往往情节曲折变化，画面火爆刺激。《哈利·波特》、《魔戒》之所以好看，都是因为“用细节表现中心”做得成功。以《哈利·波特》为例，正是因为与各种魔怪的较量才体现了改片“魔幻”的氛围和哈利的勇敢与机智。学生可体会：一是多方面之间是或广或深的关系，不可简单地重复。二是任一范文的任一大方面(段落或层次)都可细分后抓具体内容(细节)表现。

深入的学习和丰富的体验的成果要在作文创作中得到体现。学生更应动笔印证：构思时讲究思路全面深入，以“自控”代替天马行空；行文时讲究逐联运作，以“自觉”代替感觉“自发”；修改时讲究逆向分析，第三问运用词句对突出具体内容起作用，第二问突出具体内容对表达中心起作用，以“旁观”式的清醒代替“当局”自迷或孤芳自赏。

三、“问题层进”式作文课讲评流程及要义

接下来，我们重点介绍“层进式”作文讲评的实施流程(见图 2.10)

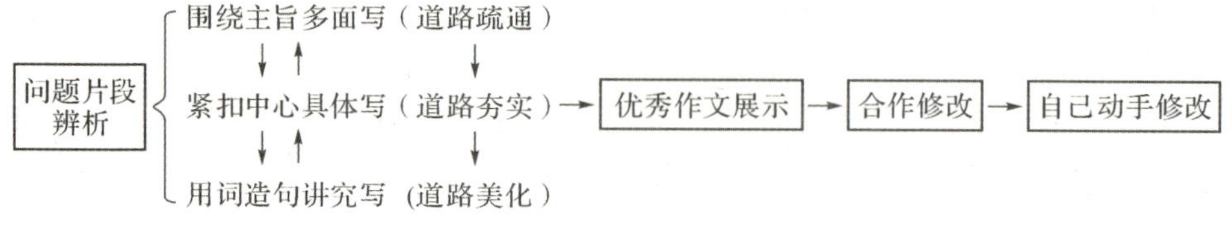

图 2.10 “问题层进”式作文讲评的实施流程

“围绕主旨多面写”即强调多方面之间的连贯，丰富的材料内容和思维因素，提供了多角度分析的客观基础。所以一般而言，同一则材料总可以从不同角度去推敲、剖析。这是先去除学生思想上的障碍，确立认识上或深或广两个方向的畅通。“紧扣中心具体写”即用有力的具体内容表现中心，强调选用最好的材料表达主题，夯实道路。最高的写作技巧是把所有的技巧都烂熟于心，而表达时不露痕迹。有些同学被知识和章法给迷住了，自束手脚，不敢下笔。其实，许多文章很感人，并不是作者写得好，而是人物或事情的本身就非常感人，无论是谁去写，都能写得感人。《舌尖上的中国》里有名的厨子都十分注意新鲜和上等食材的选取就是这个道理，他们认为上好的食材是做出一味美妙佳肴的重要条件。联系到写作就是要抓到好的素材，用最有效的手法，让人物和事情的本来面貌来说话。“用词造句讲究写”即修饰词语、修饰句子，修饰出具体内容表现中心的张力，使夯实的路面得到进一步的美化。每个人都有自己的思维优势和表达优势。一个班的同学，有的善于议论，有的善于叙事，有的善于表达感情，有的善于写想象作文，有的善于写游记……应该发挥“优势兵力”对作文题发动攻击。一旦写不出来，就要采取“避实就虚法”，不能正面描写，就侧面描写。要实写与虚写相结合:朦胧自有朦胧美。

教师可先选好例文进行正反对比，学生通过对比辨析，确定出评讲的主题(三大目标)。接下来以优秀作文来印证三个目标的实现。然后学生互相评定组内的文章，以“旁观”式的清醒代替“当局”自迷或孤芳自赏。教师可评定学生互评情况，进一步提出段落之间、句子之间须连贯的要求(目标 1)，概括地叙述与具体地描写相结合的写法(目标 2)，描写时怎样不断注入与强化个人感受的表达(目标 3)。最后学生修改作文并撰写修改心得。

1.“问题层进”式作文讲评，以目标意识确定作文讲评重点

中国近代史上著名的启蒙思想家家和文学家梁启超文笔锋利，执当年传

媒界之牛耳,曾掀起思想界之飓风。在作文上他反对盲目多练,与其一味多练,不如少做几篇,抓细抓实,让学生做一篇有一篇的收获。不仅引导学生严格遵循"规矩",更是培养他们认真负责的写作态度,在作前"预备"和作后"修改"上多下工夫,从而使他们对作文的甘苦、功能和规律有所体悟。① 怎么样达成作文的实效性目标并且操作起来方便可行呢?从梁先生的论述来看,反对盲目多练和重视作后修改是其主要的观点和措施。与其盲目多练,不如有针对性地精评;与其走马观花式的"遍尝百味",不如静心尝其一味。所以我们的讲评应做到步步跟踪、篇篇讲透,让学生对这一类的作文题型了然于心。为此,我们提出了"层进式"作文评讲。目的就是要把这一题目写精写细,改变学生随意写作、应付了事的写作态度,在细节上提高学生写作能力。

杨再隋等编著的《〈全日制义务教育语文课程标准〉学习与辅导》一书列出了八个方面的评价要素:①文章思想有意义,感情真切;②文章中心明确,全文要有中心;③文章内容要具体,记叙很形象;④文章结构要清楚,段与层有条理;⑤文章语句要通顺,很少有病句;⑥文章书写要工整,文字很清晰;⑦文章用字要推敲,正确使用标点符号;⑧文章修改要自觉,学会自改和互改。②

①至③条是思想内容方面的评价要素,④至⑦条是形式方面的评价要素,第⑧条是对文章修改提出态度和方法上的评价要求。

我们综合以上要素,制定出如下"层进式"评价内容:(1)围绕主旨多面写(实现①②④评价要素);(2)紧扣中心具体写(实现③评价要素);(3)用词造句讲究写(实现⑤⑦评价要素)。三大点之间紧密联系。其中第一点强调以认识全面为作文基础,第二、三点具体展开"全面"认识。

如在批改记叙文《我的母亲是____》时,设定好以上三大目标,批改完后,马上对此进行分类,设计了问题片段辨析、优秀作文展示、合作修改、自己动手改作文几个板块进行教学,取得了一定的效果。需要强调的是,在这一环节中,教师需牢牢抓住目标,抓住与之相关的问题进行批改,发现的问题越有代表性,一旦解决,受益的学生也就会越多,班级作文水平越能得到整体提升。

2."问题层进"式作文讲评,以认同意识激发学生评改习作

苏霍姆林斯基说:"人的内心有一种根深蒂固的需要——总感到自己是发现者、研究者、探索者。"作文讲评,最终的目的就是让学生从自己或其他同学

① 梁启超.作文入门[M].北京:教育科学出版社,2007:25.

② 杨再隋.义务教育语文课程标准[M].北京:语文出版社,2001:56.

的作文上发现问题，然后探寻解决问题的方法，从而提高自己的写作水平。只有让学生积极参与问题的发现和分析活动，这样才能碰撞出智慧的火花，才能让学生真正成为课堂的主体，才能科学有效地实施“自主——合作——探究”教学理念。所以我们以为，充分调动学生作文评改的积极性和主动性，让学生参与作文评改，甚至让学生成为评改的主体，这就是有效的，甚至是高效的。但是反观平时教师的作文讲评，要么完全由学生“自主”，把批好的作文一发，学生自己看看就完了；要么给出几篇范文，学生比读比读就完事。很少重视前后作文的内在的联系，再加上有些教师指导上的泛化和训练上的无的放矢，使得评讲只停留在热热闹闹的形式上，到头来，学生的写作依旧停滞不前。

清代梁章钜《退庵随笔·学文》云：“百工治器，必几经转换，而后器成；我辈作文，亦必几经删润，而后文成。”问鼎中国古典文学巅峰的《红楼梦》，不是经过曹雪芹“批阅十载、增删五次”的艰辛漫长的创作和修改之路才成就了一部“词句警人，余香满口”的旷世之作吗？我国文学巨匠，民族精神的脊梁鲁迅留下了许多脍炙人口的文章，这些文章都是经过仔细的修改而来的。他认为文章要精炼，不可废话。以上事实充分证明了多次且连贯的作文评改对于写作的意义是巨大的。

接下来就要解决如何真正激发学生修改习作的兴趣和热情，使他们学有所得。前提条件是学生必须充分认识到自己的作文存在哪些方面的问题。辨析和对比就成了发现问题、认同问题的重要环节。建立认同感的意义在于，它能够激发人内心深处的力量，触及到认同感的价值源泉。此种认同感表现为两个层面：一是教师对学生群体的认同；一是学生对自己及群体的认同。学生在写作《我的母亲——》时表现出的最显著的问题就是不能抓住题目中的喻体的特点来与母亲的形象相呼应。如《我的母亲是爱的魔术师》原稿：

> 小时候，还没有学会走路的我总喜欢让妈妈抱着，那种感觉十分温暖让我久久不能忘怀。而妈妈也经常抱着我散步。妈妈，你知道吗？在那些日子每当我被你小心翼翼地抱着，我就会有一种无比的自豪与快乐。透过别的小朋友的目光，我知道他们也正羡慕着我有这样一个妈妈。于是，妈妈的手臂就成了我在当时第二个摇篮。
>
> 上中学时，记得有一段时间我经常看电视，结果我的数学只考了72分，天哪！这可是我前所未有的。走在回家的路上，我心里像有十五个吊桶——七上八下的。回到家，看着妈妈为我张罗的满桌的饭菜，我不禁鼻子一酸，眼泪就像断了线的珠子一样掉了下来：妈妈

为了我那么辛苦，我却……我含着泪，木然地走进房间，妈妈看到了，亲切地问："茵，怎么愁眉苦脸的？"我低下头，忐忑不安，用蚊子哼哼似的声音说："数学……考试考砸了。"妈妈有点着急了："别怕，拿给我看看。"我只好从书包里抽出试卷，哆哆嗦嗦地递给了妈妈。妈妈看了试卷后，脸色变得严肃起来，眉头皱成了疙瘩，我想妈妈一定会狠狠地批评我一顿，谁知，过了一会儿，妈妈摸着我的头，语重心长地说："茵，你不是一向成绩都很好的吗？怎么这次考得那么差呢？你必须反思你这一段时间都在干什么。你要明白，学习是马虎不得的，虚心使人进步，骄傲使人落后。但不要灰心，失败是成功之母，我相信你一定行！"后来，妈妈又耐心地给我讲解了试卷上一些我不懂的地方，还给我找了一些辅导书和有关方面的题给我看。

教师评点：本文选取两件事体现母亲对成长中孩子的关爱，第一则略写，第二则详写。详写的这一则较为具体生动。但总觉得不太舒服，原因就在于所选材料不能与主题相契合，显得文不对题。

要求：从选材和点题的角度对第二段进行修改，可多角度使中心更突出、深刻。

修改稿：

上小学后，我不能再让妈妈抱着我了，而妈妈也再也抱不动我了。妈妈就开始和我手拉着手进出。此时的母亲，更像一位知心朋友。只不过她将她对我的爱意表达在了她那经历过沧桑的手上。放学时，妈妈总是拉起我的手，轻轻摇着问我当天在学校里的表现。调皮的我也就狠劲地甩着你的手，用恶作剧似的语调向妈妈"报告"着自己的表现。一天又一天，一年又一年，这成了我和妈妈在小学期间最大的默契。

又上了一个台阶——初中后。我再也没有这样的闲情逸致来与妈妈拉手了，每次见到妈妈只是匆匆地向妈妈摇摇手。妈妈也不强求我这么做，她又改变了自己表达爱的方式。每当夜深人静，而我又正在做那似乎永远也做不完的作业时，妈妈总是轻轻地走进书房。或是为我带来一杯香醇的牛奶；或是为我带来一个甜甜的苹果；或是为我递上一杯浓浓的咖啡……让我在那繁忙的学业中也能深深地体会到妈妈给予我的母爱。

通过讲评,学生明白了本文可用两三件事写母亲,材料的选择不是随心所欲的,最关键的就是是否切合了题目中喻体的特点(文章的主旨)。同时进一步地体会到:多方面之间是或深或广的联系,不可简单地重复。

一旦学生发现,教师组织的作文讲评课时充分站在学生自己的习作上展开的,学生便有了通向成功的动力。一方面教师表现出了对学生作文成功点的认同,一方面学生又能认同自己作文中存在的问题。"层进式"作文评改恰恰符合这种要求,最终使作文评改达到教师不改、学生自改的目的。但是有一点必须注意,作文的自改必须是建立在事实上的创作,绝不可以脱离现实,虚情假意,那样的效果只能适得其反。

3."问题层进"式作文讲评,以成功意识引导学生进行评改

学生明确了自己作文的问题,但真要动手改,往往又会变得无从下手。一则没有信心,二则缺乏成功感。因此,学生优秀作品展示这一环节必不可少。优秀作品展示不但能起到示范作用,同时也以同龄人的身份带给他们自信。教师在这一环节中也可做点"下水"示范。教师要让学生认识到他们的作文能改好,经修改果然能"脱胎换骨"。因此,在第一个目标达成的情况下,我又提出了第二个目标(紧扣中心具体写)并做了如下示范:

《我的母亲是盏灯》(原稿)

有过幸福,有过争吵。快乐的时候是在妈妈柔弱的肩上舞蹈,伤心的时候是在妈妈温暖的怀抱里哭泣。是你陪我一路前行,珍藏起数不尽的欢歌笑语。这灯光或明或暗却始终不曾熄灭,仍在不远的前方指引我前行。

教师示范:

冬日的夜晚总是早早垂下帘幕,月亮也没了踪影。回家的那条小巷黑暗、冷清,路灯光忽明忽暗。夜自习结束了,我急急走着,恨不能一步就跨过长长的小巷。远远的灯下有一个瘦瘦的影子,抬头翘望。我知道,那一定是妈妈。整整一个漫漫冬季,无论飘飘大雪,无论猎猎寒风,妈妈总是在这个时间出现在我孤独的视野中。妈妈啊,你是一盏明亮的灯,迎接我怯怯的目光。妈妈,有你在,我不害怕。

通过以上修改,学生懂得了能表现中心的要详写,其他的略写或不写。文

章的任一大方面(段落或层次)都可细分后抓具体内容(细节)表现。不过，我留下一个结尾让学生改，要求语言更抒情些，个性化的表达更强烈些，为的是向第三个目标更好地冲刺。学生此时的信心增强了，纷纷动手修改，出现了较好的局面：

《我的母亲是绿洲》原稿结尾：

是啊，我的母亲就是沙漠中的绿洲。

修改后：

在这里，妈妈的辛勤付出换来了奶奶的快乐生活。这浓浓亲情所带来的温暖，是一种奇妙无比的力量，可以在生命的汪洋中积蓄活力；这也是一个永不褪色的话题，可以在荒寂的沙漠中带来绿洲的滋润。

第三个目标的达成，让学生懂得了可以充分调用自己掌握的词语，或朴素或华丽，只要能突出细节表现中心的力度即可。然后“穿插议论抒情”，突出段落结尾部分，在主旨的深度挖掘方面更胜一筹，让情绪流动在细节之间，使文章感情充沛，感染力强，吸引读者，打动人心。

四、“问题层进”式作文讲评的原则及意义

1. 选择的文章要有代表性和针对性

文章评改的前提是精心选择评改的对象。要根据教学的目的和学生作文实际选择相应的文章。修改难度超出学生水平太多，则学生力所不及；错误过于浅显则会使学生失去研讨的兴趣。评改学生的作文，选文的错误应具有代表性，这样才会使评改活动具有普遍的指导意义。而评改的要求，应明确、集中，一般一次解决一两个问题为宜，不可面面俱到，以免分散注意，冲淡教学目的。也可循序渐进地从低层次到深层次的、全方位的评改。让学生学会批改，就是教给他们批改作文基本的态度和方法，了解作文评改的步骤等。这是引导学生进行作文自主评改的关键。

2. 充分发挥合作教学的优势。

作文教学应有别于其他教学，更要启发学生创造性思维，培养良好的创作

个性，给学生以更多的自由学习、自我发挥的空间，而不应跟在老师的后面亦步亦趋。

因此，在学生自主评改作文时，应充分相信学生、充分放手，当同学们遇到意见不一致时，可要求学生相互讨论去取得共识，最后才说出指导者的想法。例如在“用词造句讲究写”这一环节，有一个学生写了这样一个句子：“观察事物一定要周密，绝不可粗心大意。”一个同学认为“周密”一词用得不好，应该改为“细密”，还有的认为用“精密”。这时我并没有妄加评论，先让学生说出各自的看法，然后再引导学生去分析各个词的意思，比较哪个词用得准确一些，这样一来，学生的思维就得到很好的训练。也许开始的时候学生会不太适应，但是做任何事总有一个过程，不能一看学生不太适应就马上自己评说，这样永远不会尝到成功的滋味的。

3.评改的方式应灵活多样，不拘一格

文章评改应是多种形式的：既可以评改他人的文章，也可以评改自己的文章；可以是单篇，也可以同一题材不同写法的相互对照的鉴赏；可以是大范围的“会诊”，也可以是同学之间、同座之间的互评及自评。在充分评议的基础上，教师也可以做出评改示范。但示范的时机要恰当，以免束缚了学生的思维。在平时的教学中，可运用小组合作评改，让学生在小组中一起讨论评改。让学生自己唱主角，让他们说精彩和不足之处，提建议谈设想。在合作评改的过程中，学生能取人之长，补己之短，达到共同提高的目的。小组合作批改确实能使学生互相发现作文中存在的问题，取长补短，共同提高。同时激起学生的兴趣，增强修改的意愿。在相互评改的过程中也可以发现以前自己作文中的错误，而且印象深刻。

4.要将评、改、写三者结合起来

只说不练，无异于纸上谈兵，难有提高。评改的落脚点仍在“写”上。或者说，评改的目的是为了写得更好。因此，要将评、改、写结合起来。写与评改的结合也可以是多种多样的：可以先写后评；也可以先评后写；还可以写过之后评，评过之后再写。总之，学会了“评”，也就懂得了“改”，也就明白了文章应该如何去做。作文的评、改、写周期长，必须提高效率，否则使学生熟悉掌握技法的想法便不可能实现，这里最要紧的是有所选择，比如记叙文的评改，“一篇记叙文的评改，无需对每一个方面都作出肯定或否定的判断，而应该抓住学生一、二个尚需巩固和进一步完善的优点，以及有可能改进的缺点，评讲深入、透彻,给人留下深刻的印象。评改切忌泛泛谈优缺点。"[①]改和写也应该有所侧重。

5."问题层进"式作文讲评的实践意义

新课标指出:"写作是运用语言文字进行表达和交流的重要方式,是认识世界、认识自我、进行创造性表述的过程。写作能力是语文素养的综合体现。写作教学应贴近学生实际,让学生易于动笔,乐于表达,应引导学生关注现实,热爱生活,表达真情实感。"[②]"问题层进"式思路的作文讲评课,与以往的作文讲评大为不同。它有如下几点好处:

其一,它体现的是写作的内在规律,即中学生写作训练中带有规律性的东西,并且能将一类文章做通。"问题层进"式作文讲评遵循学生的认知规律和基本的逻辑思考过程,层层递进。正确做到学通一种写作方法后再进行下一个话题或者问题的训练。

其二,它符合学生写作训练的客观实际,能体现作文教学的过程思想。学生写作是一个从模仿到创新的过程,我们正是抓住这一点,在熟练技法和提高质量上下工夫。把学生的习作和现实结合起来,从现实中加深对技法的理解,再将技法运用于写作。

其三,它符合学生身心发展的规律,符合学生对作文的认知心理结构。作文作为一种文艺创作,源于生活高于生活。乏味的说教不能走近学生的内心,真正的理解必须是在对理论的较好把握和深入生活的实践中进行的。作文的修改其实是将一次评价转变为二次评价,在此过程中教师的鼓励会给学生带来巨大的学习动力。

其四,它操作性强,深受学生欢迎,能激发学生强烈的写作欲望,并把写作视为自己生命意义的体现。"问题层进"式作文讲评给学生描写生活、抒发感情提供了平台,这是自我感情的流露。长久如此,同学们会把写作当成抒发自己感情的方式,而不再是一种任务或者负担了。

但是有一点必须明确,好的文学作品的产生必须是以作者对生活的深切体会为基础的。我们强调和引导学生去感悟生活、体验生活,将他们点滴感悟记下来,哪怕是一两句话。逐步积累的感悟将成为我们思绪喷涌的源泉。另外,"问题层进"式作文评讲对词句十分重视,这除了老师引导学生去体会范文

---

① 李菀.文章写作与改评教学大纲[J].四川教育学院学报,1999(10,11):122.

② 中华人民共和国教育部.义务课程标准.科学课程标准(7—9年级)(实验)[M].北京:人民教育出版社,2003:11.

的遣词造句之妙外，更重要的是学生大量的课外阅读。实践证明，阅读量大的孩子语文表达能力一般不存在问题，大多可以写出优美的文章。

作为教师，我们要有讲评课的系统意识和科学的操作流程，要在每一堂习作课上都能让学生学得透彻明白。毕竟，我们要面对的关键问题是能让最大多数的学生会写规范的习作，至于那些能写出满分作文的学生毕竟是“可遇而不可得”，不应是我们要去达成的教学目标。

第六节　数学复习课的“自考助学”式教学

在复习课教学或考试阶段，教师针对易错题，采取让学生自己收集错题，自行归因分析，自主尝试出题，相互交换答题或老师选用作为例题或考试练习题。我们称之为“自考助学”式教学。这几年的实践表明，在复习题中采用“自考助学”式教学，不但能活跃课堂气氛，提高学生学习的兴趣和积极性，而且对学生巩固所学的知识，培养他们的多种思维能力、合作学习能力和交流能力等诸多方面都会有意想不到的效果。因为这种教学过程是一个生动活泼、主动和富有个性的学习过程。学生出题的过程就是对知识的梳理和重建，解答过程又是对知识的再巩固和发展，而且动手实践、自主探索与合作交流等多种学习方式在此都能得到良好的运用。各种层次的学生可以根据自身的知识基础出相应的题目，通过互换可以接触到更多相应层次的题目。这也体现了“不同的人在数学上得到不同的发展”教育愿景与定位。

一、“自考助学”式教学的作用意义

学生的发展在很大程度上取决于自主参与意识的形成和主体参与能力的培养。因此，教师一定要真心诚意地把学生当作学习的主人，恰当地发挥主导作用，并努力提高“导”的水平，改变过去教师出题、学生做题的模式。教师要激发学生的自主参与意识，学生出题既能让学生熟悉所学的知识，又能激发学生的积极性，充分发挥学生的主体作用。课堂教学最大的魅力就在于促进学生的发展，让学生经历由不知到知、由不懂到懂、由不能到能的过程，让学生感到经过努力我也行，这才是对学生最大的鼓励。兴趣是最好的老师，只有学生对所学知识产生兴趣，并从中感知到自我满足、自我实现，教学才能成功、才能更有意义。

学生出题的过程就是他们综合运用所学知识温故而知新的过程，学生在此过程中都要经过不同程度的思考选择、设计，对消化、巩固和灵活运用知识

又有比较明显的作用,同学们在谈到出题体会时谈到:“通过自己出题,对相关知识的理解、记忆更深了,对各类型的题辨别得更清楚了,也提高了自己的解题能力、学习能力。”由此可见,在教学中灵活地运用让学生自己出题的方法,一定会收到良好的教学效果。

此外,通过学生出题还有利于教学相长。要把学生带进出题的领域,教师就应当先对教材作更加全面、深入的研究和挖掘,不仅要熟练掌握初中数学教材的全部内容,能根据教学大纲的要求和教学进度,紧紧围绕学生必须掌握的知识点,选择合适的角度与题型,按照科学的程序实施教学,而且要认真研究初中教材的编写原则与要求,具体掌握每章每节题目的类型、深度、出题要领及注意事项,还要不断研究初中生接受知识的特点,恰当解决学生出题过程中可能遇到的问题,学生出题水平的高低既能检验学生对所学知识的掌握程度,又能检验教师的教学水平。

新一轮课程改革带来了许多崭新的教学观念,“要充分的尊重和信任学生”这一理念深入人心,教师正努力构建民主、平等、和谐的师生关系。尊重学生的个性差异和心理需求,正体现了以学生为本的教学思想,其目的是让学生在出题中学会灵活重组所学数学知识、培养创造性思维,在回答同学所编的题目中加强巩固和应用数学知识的能力。我们在教学中确实是尝到了学生出题带来的甜头,也明显收到了良好的教学效果,希望通过此教学方法与其他教学方法的综合运用,在实际教学中能收到更好的效果。

二、“自考助学”式教学的可行分析

在传统教学观念中,老师讲、学生听,老师出题、学生做题似乎成了特定的教学模式,本应是课堂主体的学生只能围着教师的指挥棒转,深受传统教学思想的束缚,广大教师在长期的教学过程中渐渐地形成一种条件反射:教师绞尽脑汁出题,学生费尽心思做题;教师出题越出越多,学生做题越做越快;教师出题越出越难,学生做题越做越累;久而久之,教师成了出题的圣人,学生变为做题的机器;教师越教越厌,学生越学越烦。陶行知曾说过:“教育中要防止两种不同的倾向:一种是将教与学的界限完全泯除,否定了教师主导作用的错误倾向;另一种是只管教,不问学生兴趣,不注重学生所提出问题的错误倾向。前一种倾向必然是无计划,随着生活打滚;后一种倾向必然把学生灌输成烧鸭。”因此,教师在教学过程中要把握好“度”,既不能过度管,又不能不管。虽然做题可以使学生形成较强的解题能力,但围绕“题型”进行“题海”战术会使学生的作业负担沉重,不仅对学生的身心健康成长十分不利,而且学生的创新意

识、实践能力、情感态度等方面的发展也会相对滞后。

学生参与出题打破了数学教学中由书本和老师一统天下的局面，学生成了学习的主人，从而让学生更大限度地弥补自己学习中存在的不足，更好地体现了学生在学习过程中的积极性。学生自主出题时，或按照老师的要求，或模仿例题，或独立思考，程度不一地付出自己的心血。这些习题或自编自答，或自编他答，或小组互答，或通过课堂集体评判，或编入试卷由老师评判。

让学生出题，实际上是为学生创造了一个平等竞争的机会，基础好的学生可以在出题过程中尽情地“自我表现”，使思维的创造性、独特性、发散性和流畅性得到进一步发展；基础差的学生也能“照葫芦画瓢”，出几道习题让同学们板演，从模仿到独创渐进，从而增加了学习的自信心。

建构主义学习理论认为知识的学习是一个建构过程，必须突出学习者的主体作用。教师的讲解并不能直接将知识传输给学生，只能以组织者、合作者和引导者的身份，使学生主动参与到整个学习过程中去。因此，课堂上师生的交互活动显得至关重要，“学习共同体”的形成以及对课堂社会环境和情境的营建成为获得数学学习成效的重要途径。

在概念教学中，教师讲解新概念、新公式后，先引导学生观察概念、公式的结构和特点，再引导学生出题，比如，在讲解“同底数幂的乘法”时，先让学生认识到在公式“$a^m \cdot a^n = a^{m+n}$”中，同底即底数“a”必须相同，再引导学生分别以一个相同的数、一个相同的字母或一个相同的多项式为底数进行出题，然后运用公式计算。从而使学生很快认识到公式中的 a 既可以是单项式，也可以是多项式的规律，比较熟练地掌握了此公式的特点和运用条件。在课堂上出现了学生出题的片段，其教学形式新颖，互动交流积极，课堂气氛活跃，教学效果明显。根据调查发现在语文、数学、英语等学科中都有一些在教学中采用学生出题教学的例子，都收到了良好的效果。在初中数学中将学生出题的形式巧妙地运用于教学过程中或学生的复习考试中，开创一种新的教学模式，会使数学教学锦上添花。

在国内把学生出题的方法运用于教学中的教学模式已屡见不鲜，尤其是在语文课的教学中。现在很多语文教师在教授作文课时，都只提供习作范围，由学生出题或选题。如教材中的“写一件自己做过的或看到的事，把感受最深的部分写具体”，就可让学生依事定题，教师也可以从不同侧面拟出一组题目由学生选择，如《我______了一件事》、《______的一件事》、《一件______事》、《××表扬了我》，等等。通过学生出题，使其变被动学习为主动参与；变独立的思考为合作和交流；变单纯的重视考试结果为激励学生主动学习的过程。

三、"自考助学"式教学的思路举措

1. 错题的选取方法与整理过程

在数学课堂教学中，主要是通过提取学生数学作业、练习或测验中出现的错误，从学生学习习惯、学习心理、认知结构等方面入手进行诊断及提出相应的解决策略，并在此基础上进行有针对性的尝试出题训练，从而及时清除其学习上的障碍，使其后续的学习得以较顺利地开展。

(1)错题的选取方法：错题大部分来自所研究对象的同一知识点的不同错误，小部分来自教学过程中所发现的学生的典型错误。有的老师尝试通过研究对象的错题本(含错题、更正及错因的自我分析)收集错题；有的老师则通过每天学生的作业进行及时扫描。

(2)错题的整理与分类

对于如何进行错题的整理这一问题，我们进行了不断的摸索与反思。从按章到按知识点进行错题分类，或是设一些专题。

具体大致可分为：

因概念不清或概念模糊所引起的错误。

因计算时粗心所引起的错误。

因审题不仔细所引起的错误(对题后的特殊要求没有看到或没有看清楚，没能抓住题目叙述中的关键词，等等)。

因学生解题"漏解"所引起的错误(有的数学题有多个解，初中学生在解题过程中，常常容易漏掉其中的一个或几个，产生"漏解")，如：

在⊙O 中，半径为 4，弧 AB 等于圆周长的四分之三，求弦 AB 所截下的弓形的高是多少？学生往往只画劣弧弓形求高，漏掉优弧弓形的高。

"分类整理"及时让学生看清了自己的问题所在，培养了学生发现问题的能力，同时学生能有的放矢地进行改正，避免了毫无目的的相同题型的大量训练，体现了"减负增效"的原则。

(3)易错题的收集和整理具体操作流程如图 2.11。

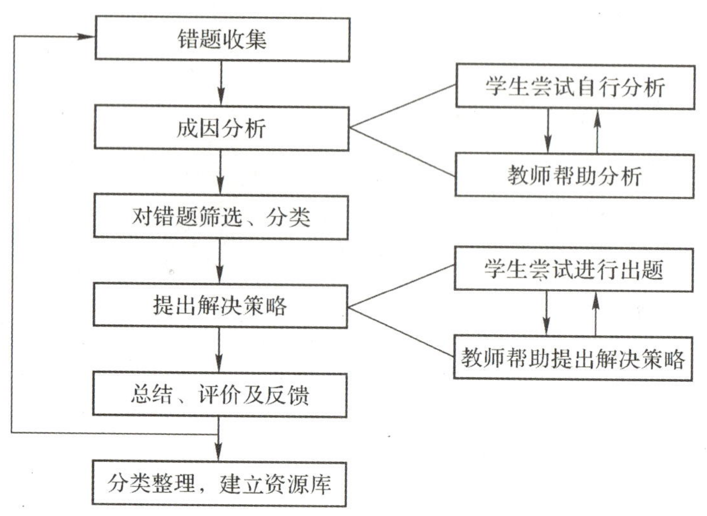

图 2.11　错题的收集和整理

(4)“错题整理”教学法的意义

①激发了学生学习的积极性，实现了“减负增效”。运用“错题整理”大大地缩短了学生学习数学的时间，真正地让学生体会到了事半功倍，激发了学生学习数学的兴趣，也使学生在不断的整理、分析、反思、改进的过程中不断成长。

②增强了学生的主体意识，培养了学生的责任感。著名教育家波利亚曾说：“学习任何知识的最佳途径是自己去发现的，因为这种发现，理解最深，也最易掌握其中的内在规律、性质和联系”。“错题整理”使学生通过积极的自我意识成为自身发展的主体，增强了学生的主体意识，也培养了学生的责任感。许多学生不但数学成绩提高了，同时也变得独立、有自信心了。

2. 出题教学法在复习课中的实施流程

如图 2.12 所示。

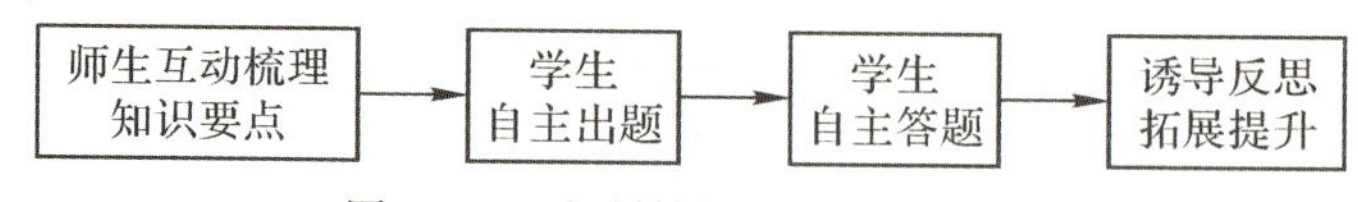

图 2.12　出题教学法的实施流程

为了试验在巩固练习阶段运用学生出题对教学能收到多大的效果，我们在两个平行班进行了对比试验。这两个班级的学生成绩差不多，试验后乙班明显落后于甲班，优秀率也明显比甲班低。如在讲授《勾股定理》这一节课时，计划在乙班还是按照平时的教学模式进行教学，在甲班讲授完新课进入巩固练习阶段时运用学生自己出题的方式进行练习巩固。以勾股定理这一章的复习课为例：

师：我们学习了勾股定理后，你知道这一章有哪两个重要的定理？

生：勾股定理和它的逆定理。

师：你能否用数学语言来描述勾股定理和逆定理？

生：如果$\angle C=90°$则 $a^2+b^2=c^2$；反过来就是它的逆定理。

师：现在请你们出几道运用勾股定理的题目叫其他同学计算。

学生听了非常高兴，因为这个时候不是叫他们做题目，而是叫他们出题目，这可是从来没有过的，他们内心都非常高兴，纷纷举手表示要求设计题目，

第一位同学就出了直角三角形有两边为 3 和 4，求第三边长为______。

很多同学轻而易举地回答出了结果为 5 的答案，出题的同学就问其余同学对吗？课堂气氛顿时活跃起来。通过学生的激励讨论，搞清楚了勾股定理的条件和结论的关系；

紧接着，第二位同学提出请大家求第三边上的高为多少？经过大家自主讨论，归纳出应该用面积来求。

第三位同学出的题为：从前有一个傻子，拿着竹竿进城，到城门时，横着拿拿不进去，一量多 4 尺，竖着拿也拿不进去，一量多 2 尺，这时有人提醒他，你为什么不斜着拿进去，听了他的话后，傻子拿着竹竿斜着刚好能进城门，请问傻子拿的竹竿有多长？怎么办呢？通过激励的讨论，有同学说：先画图，再用方程的方法去解决，很快这个问题解决了。

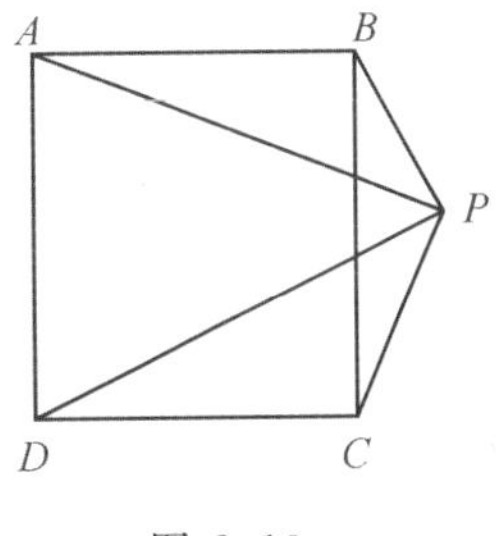

图 2.13

第四位同学出的题为：如图 2.13，正方形 $ABCD$ 外有一点 P，P 在 BC 外侧，并且夹在平行线 AB、CD 之间，已知

$PA=\sqrt{17}$，$PB=\sqrt{2}$，$PC=\sqrt{5}$，求 PD 的长。

一开始大家觉得无法下手，老师启发：能否构造直角三角形，利用勾股定理来解。这时就有学生发言说：过 P 点作 AB 的垂线段 PE，反向延长 PE 交 DC 延长线于点 F，求 PD 的长怎么求呢？又被

卡住了，老师再次启发：能否把未知的线段用字母来表示？这时又有一个学生说：设正方形 $ABCD$ 的边长为 a，$PE=b$，$BE=c$，则 $PF=a-b$，利用勾股定理可得：

$$\begin{cases} b^2+c^2=(\sqrt{2})^2 \\ b^2+(a+c)^2=(\sqrt{17})^2 \\ c^2+(a-c)^2=(\sqrt{5})^2 \end{cases}$$

从而 $PD^2=(a+c)^2+(b-a)^2=20$，则 $PD=2\sqrt{5}$。通过老师的启发诱导，促进学生反思，提升学生的思维能力。

在这个时候，我补充了一句“出题人可以指定某位同学回答”又引发了一个小高潮，一些似乎还有点不懂的同学连忙轻声请教别人，害怕被出题人叫到回答错误而出丑，在问与答进行之中，有的同学出了偏题和怪题，我连忙又加了一个条件“出题人自己必须要知道答案，并且对回答的同学进行评价”这就相当于对问与答的人都进行了一次练习，还让出题人当了一回小老师，心理上得到了一些满足。随着课堂气氛的升温，竟有同学提问“可不可以设计一个题目叫老师回答?”我立即答应，并且故意回答错误，立刻受到很多同学的指正，课堂气氛达到了高潮。在临近下课前五分钟，与乙班一样，我发下了事先准备好的课堂测验纸，一共是 10 个运用勾股定理进行计算的题目，下课时回收批改。根据批改结果统计如表 2.1 所示。

表 2.1　出题教学法与传统教学法的教学效果对比表

做对个数	10	9	8	7	6	6 个以下	合计
甲班	37	9	7	1	0	0	54
乙班	28	6	5	4	4	3	50

10 个全部做对的甲班有 37 个，占了全班的 69.1%，乙班全对的有 28 个，占了全班的 56%，显然让学生出题的方式对于巩固学生知识能收到非常好的效果。

3. 让学生自主出题在单元检测中的尝试

在单元复习后组织学生出题，培养学生系统梳理知识的能力，通过复习出题，有利于学生对已学知识融会贯通。单元复习时，老师先列出单元知识的提纲，要求学生根据提纲出题，使学生对所学的知识进一步系统化，达到温故而知新的目的。比如在复习因式分解时，列出提纲：

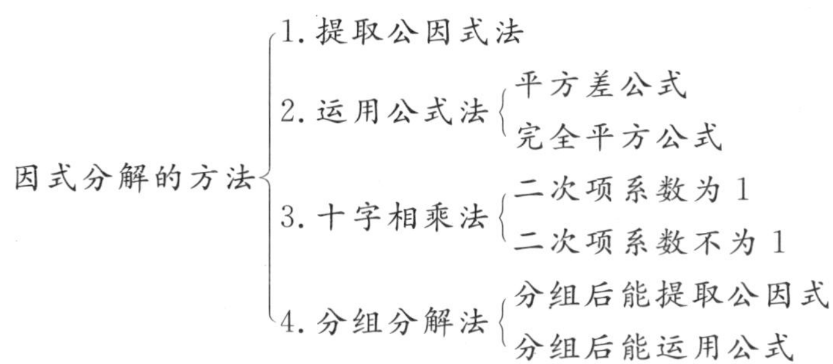

要求学生根据上述提纲，每人至少出 10 道类型不同的题，多数学生出了有一定质量的习题，老师从中选出一些题，并注明出题学生的姓名，汇编成试卷供学生单元测试，既调动了学生的学习积极性，又使学生比较系统地掌握因式分解的知识。

(1)规定内容。每个同学按课本各章节的知识点出题，大的章节可以一章出一份试卷，小的章节可以两三章合起来出一份试卷，意在复习巩固基础知识。

(2)模拟出卷。每个学生按照老师给定的模式，如确定各个章节的分数、题型、难易度的比例或是直接给学生一份样卷让其模仿出题，意在把握知识的系统性和综合性。

(3)合作出题。将学生分成若干小组，让合作小组中的各个不同层次的成员进行合理的分工，如根据成绩的好差来分别负责容易题、稍难题和较难题等，意在各尽所能，培养合作精神。

(4)总结反思。无论以哪种形式出的题，每个人自己出的题(包括小组出的)必须自己会做，也要给其他相应层次的同学做，并且要作出批改，有错误的要及时更正，有不同意见的要一起交流协商解决，并对所涉及的知识点进行总结。此举意在物尽其用，充分把掌握知识，培养将知识落到实处的能力。

四、“自考助学”式教学的激励评价

1. 就学生出题行为来说，本身就带有极大的激励作用

苏霍姆林斯基认为：“自尊心是学生前进的潜在力量，是前进的动力，是向上的源泉，它是高尚的品质。”心理学的研究表明：学生的学习主要有认知内驱力、自我提高内驱力、附属内驱力等内在因素促使学生把自己的行为指向学

习，其中自我提高内驱力是一种因自己的能力或成就赢得相应地位的需要而引起的内驱力。这种内驱力对学习有重大的促进作用，学生为了赢得在学校中的一定地位、使自己有一个相应的学习成绩或能力特长而努力学习。自我提高内驱力是自尊心的需要，自尊心是自我提高内驱力的基础。学生的出题行为对学生自我提高内驱力的激发有以下几点作用：首先，学生的出题过程是一个积极思考的学习过程，也是自我提高的过程；其次，学生出题行为在教师的指导帮助下完成，学生可以走上讲台，对内容或习题进行讲解，这对学生是一个极大的挑战和鼓舞，对学生积极性是一个有力的驱动。

2.结合多种方法、制度来激励、强化学生的出题行为

(1)在课堂教学中注意为学生创设更多的获得成功的机会；

(2)多采用鼓励性的评价方式，尽量肯定学生在参与学习中所获得的成功，哪怕仅仅是局部的成功；

(3)注意对学生进行良好学习习惯、学习方法的指导与培养，这是一项从根本上帮助学生取得学习成功的有效措施；

(4)融洽师生关系，强调提高课堂教学的民主、和谐气氛，注重提高学生的自尊心、自信心，激发学生的学习兴趣。

学生出题行为可以很自然地融合到这些激励措施中。学生题出得好，给他肯定；学生小组合作出题有创意，可以给学生学习小组以奖励；甚至当学生出了一个比较有创新的题目时，可在单元测试中予以采纳，并在试卷中注明命题人等。这些措施无疑又更好地激励学生投入到学习、巩固、出题、练习、再巩固这一良性循环中去。

通过实施激励评价，让学生反思探索过程，使学生获得积极的情感体验、掌握探究学习的方法和策略，帮助学生建构知识，激励学生勇于探索、勇于创新的精神，将学生的学习态度、情感以及克服困难的精神内化成主动发展的动力，提高学习主动发展的能力。

3.评价学生出题的几个注意点

(1)要及时进行表扬和鼓励，培养学生在学习中有出题动机的好习惯。学习习惯的养成是一个反复的过程，教师通过学习辅导，让学生体会到出题行为在数学学习中的可行性，从而把教师辅导的行为进行内化。

(2)要关心爱护学生，容忍学生在出题过程中所犯的各种错误。由于学生知识或能力的局限性，学生可能会出一些错题；由于动机的原因，也许会出一些难题来考考老师，考验老师的能力水平或以此来证明自己学习的认真，在这

点上，教师必须具体事情具体分析，无论学生题目出得好坏，我们都应先给予肯定，即使学生有错误，我们也应在肯定的基础上再指出其错误所在，而不能打击他们的积极性。

(3)教学应充分发挥学生的主体能动性。教师必须尊重学生的主体地位和主动精神，把学生的学习过程看作是主体满足内在需求的主动探索过程。学生的学习是一个动态的过程，整个过程应该是由参与欲望、参与过程、体验结果组成。在复习课教学中，切忌教师"一言堂"、"满堂灌"的习惯，应创设更多让学生动脑、动口、动手的机会，留给学生一定的思维空间，让他们在主动探索和合作讨论中达到问题的解决。

(4)引导学生参与出题，关键在于"引导"，引导得正确、得法，才能收到事半功倍的效果。

要抓住一个前提。引导学生参与出题的目的是促使学生更好地掌握、运用所学的基础知识。因此，要在讲清基本概念、性质的基础上和紧扣法则、公式的前提下，引导学生出题。

要把握一个"度"。一是课堂上出题的时间要控制，一般以 5～10 分钟为宜；二是题量要适当，一般在 5～10 题左右；三是难度要适中，一般以例题的深度为准；四是覆盖面要广，力求每个学生至少编 3 道题。

要恰当评析。及时恰当的评析既能调动学生大胆出题的积极性，又能帮助学生克服学习中存在的问题。对学生出题进行综合评析、结果评析、专题评析、择优示范等多种方法，始终把注意力放在考查学生对知识点的掌握程度上，针对存在问题，找到症结，采取相应的对策。

在课堂教学中，要不失时机地引导学生参与出题，使学生掌握学习的主动权、树立竞争意识调动学生的学习积极性，逐渐地变"要我学"为"我要学"，从而提高学生的学习质量。

第三章　探究互动模式

好奇是儿童的天性，对问题的探究是人的本能使然。探究，泛指一切独立解决问题的活动，它既指科学家的专门研究，也指一般人的解决问题的活动。探究性学习作为一种教育理念，强调以学生为主体，突出以人为本、自由开放的教育哲学观；作为一种学习方式，它与接受式学习相对应，强调过程体验、主动探究、自主学习；作为一种学习活动，是基于问题的解决，要求学生在教师指导下，通过多种渠道主动地获取知识，突出解决问题的过程和方法；作为一种学习能力，是基于学习经验形成的提出问题、探究问题、解决问题的能力，是一种内潜的、相对稳定的个性特征。

探究教学的载体与核心是问题，学习活动是围绕问题展开的。它的出发点是设定需要解答的问题，这是进一步探究的起点。从教学的角度讲，教师需要根据教学目标和内容，精心考量，提出难度适度、逻辑合理的问题。在教师的指导下，以学生为主体，让学生自觉地、主动地探索，掌握认识和解决问题的方法和步骤，研究客观事物的属性，发现事物发展的起因和事物内部的联系，从中找出规律，形成自己的概念。

在富有开放性的问题情境中进行实验探究，这是教学的关键步骤。教师首先要帮助学生拟定合理的研究计划，选择恰当的方法。同时，要求教师提供一定的实验条件或必要的资料，由学生自己动手去实验或者查阅，来寻求问题的答案，提出某些假设。这时，教师起到一个组织者的角色，指导、规范学生的探索过程。探究过程，需要团队合作，学生与学生之间、学生与老师之间的互动就成为必然，大家共同探讨，相互交流、相互评价、成果共享。

在本章的各节阐述中，尽管涉及教学内容不同，其本质却是异曲同工：在教学活动中，在解决问题的目标指引下，有效地实现了教师的主导作用与学生的主体地位的实践生成。在探究活动中，教师是引导者、是主导，其基本任务是启发诱导、组织帮助；学生是探究者、是主体，其主要任务是通过自己的探究，发现新事物。因此，必须正处理教师的“引”和学生的“探”的关系，做到既不放任自流，让学生漫无边际去探究，也不能过多牵引，人为给予过多干涉干扰。

第一节　科学课堂中的“探究”式教学

科学的核心是探究，探究不仅是科学家用来探索自然规律的途径，也是学生学习的重要方法。我们提出探究式教学，是着眼于改变学生的学习方式，模拟科学家探究真理的过程，通过真知的“再现”来“还原”和展示知识的形成过程。让学生在类似科学研究的探究活动中，习得知识、培养探究能力、感悟科学方法、获得积极的情感体验，养成良好的科学素养。因此，在探究式教学中，我们强调突出学生的主体地位，体现教师的主导作用，凸显培养科学素养的主线。

如果我们把哺乳动物的受精卵在胚胎发育时，重演物种进化历程称为“生命重演律”，那么我们能否在课堂上“还原”科学家探索真理的过程，通过“再发现”，来展示由“未知到真知”的发现过程？回答是肯定的，探究学习就是这种学习方式。我们把这种学习方式姑且称为“学习重演律”(见图 3.1)。

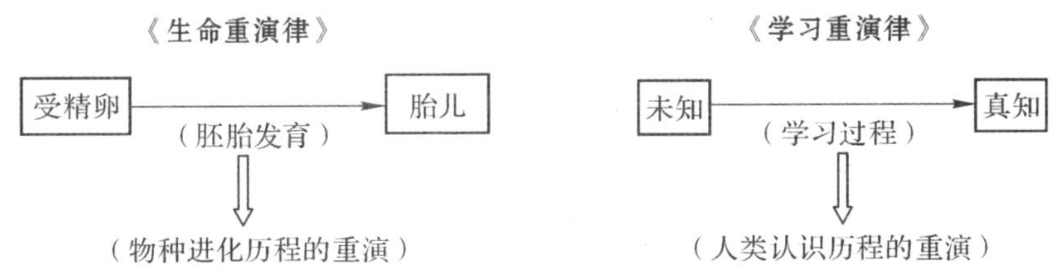

图 3.1

一、探究式教学的要素目标

我国新课程标准首次将科学作为一个整体的科学课程，并是一门以培养学生科学素养为宗旨的科学入门课程，它的基本理念是面向全体学生，立足学生发展，体现科学本质，突出探究，反映当代科学成果。

科学探究是一种过程，有一定的活动程序或阶段。无论是哪一门类或哪一领域的研究，从发现问题到解决问题，大体都要经过这样类似的活动或阶段：形成问题，建立假设，制定研究方案，检验假说，作出结论。正是上述这些活动过程构成了被称为“探究”的科学过程，进而也成为判断某种活动是否是科学探究活动的依据。

进行科学探究，其基本过程一般有六个要素。而其主要目标是使学生领悟科学探究的思想，培养学生进行科学探究所需要的能力，增进对科学探究方法与过程的理解，以养成良好的科学素养。制定目标是人们实践活动的一项重要环节，好的、明确的目标是对实践活动本质的正确认识，有了好的、明确的目标，人们的实践活动会更加具有指导性与目的性，人们的实践活动也才能更加具有效率。

表 3.1 是我国对学生完成 7—9 年级科学课程后，按科学探究过程的六个要素提出学习要求和达成目标。①

表 3.1　探究的基本要素与达成目标

探究过程要素	学习要求	达成目标
提出科学问题	在观察、调查、阅读等情境下发现问题，尝试提出可以通过科学探究来解决问题。	能对自然现象产生好奇心，提出可能通过科学探究解决的问题； 领会提出问题的途径和方法； 理解提出问题对科学探究的意义。
进行猜想和假设	收集相关信息，将已有的科学知识和问题相联系，尝试提出可检验的猜想和假设。	能针对所提出的问题，依据已有的科学知识、经验，通过思考做出猜想和假设； 了解猜想与假设在科学探究中的作用。
制订计划，设计实验	选择取得证据的途径和方法，决定搜集证据的范围和要求，以及所需要的相关材料、仪器、设备和技术等，并制定相应的计划。	能针对探究目的和条件，选择合适的方法（实验、调查、访问、资料查询等）； 考虑影响实验结果的主要因素，能确定需要测量的量，并采用适当的方法控制变量； 理解制订计划和设计实验对科学探究的意义。
观察与实验，获取事实与证据	使用相关设备和材料进行调查、检索、观察、测量和实验；安全地操作；记录观察和测量的结果。	能使用基本仪器进行安全操作； 能从多种信息源中选择有关信息； 会记录和处理观察、测量的结果； 理解实验对科学探究的作用。
检验与评价	分析、处理观察、测量和实验结果，与猜想和假设进行比较，做出解释； 收集更多的证据支持解释，检验解释及过程、方法上是否存在问题，必要时提出改进措施。	将证据与科学知识建立联系，得出基本符合证据的解释； 能注意与预想结果不一致的现象，并做出简单的解释； 能提出改进工作方法的具体建议； 了解科学探究需要运用科学原理、模型和理论。

① 中华人民共和国教育部. 科学（7—9 年级）课程标准[M]. 北京：北京师范大学出版社，2001.

续表

探究过程要素	学习要求	达成目标
表达与交流	书写探究报告，并以适当的形式进行交流。	能用语言、文字、图表、模型等方式表述探究的过程和结果； 能倾听和尊重他人提出的不同观点和批评，并交换意见； 认识表达和交流对科学探究的意义； 认识探究的成果可能对科学决策产生积极的影响。

这六要素是层层递进的，它们组成有机的整体。从它的学习要求和达成目标也可以看出师生之间、生生之间在沟通和讨论之中，通过亲身体验探究实验这一情境过程，努力达到目标使自身原有的经验和新知重新结合和建构，获得学习迁移，使学生能够获得新的认知体验，训练学生的思维，发展动手和思考的能力。

二、探究式教学的一般程序

科学课堂上进行探究式教学，其六个基本要素的一般程序如图 3.2 所示①。

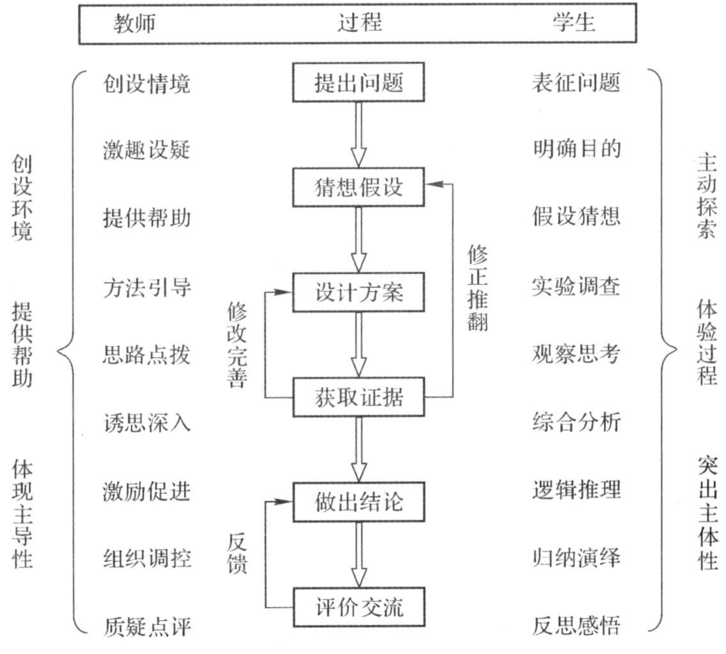

图 3.2　六个基本要素的一般程序图

① 蒋辉炳. 将科学探究引入课堂教学[J]. 化学教学，2002(9)：1.

这些要素是相互联系，相对独立的。它们往往可以单独一个或几个过程组成探究，它们的次序也可交叉反复。如果教学活动中全部包含这六个要素，我们把它称为完全探究，如果只有其中几个，则称之为不完全探究。以教学实践看，课堂上经常用的是不完全探究，它涉及的研究范围小，形式灵活多样，而完全探究则往往选择适合探究的科学定律、原理和概念，运动、发展和反应的规律，科学实验等内容。

这里以案例 3.1 来说明探究的一般程序。

【案例 3.1】　探究催化剂概念的形成

问题情景：先将氯酸钾和二氧化锰的混合物加热，并用带火星的木条试验，很快带火星的木条复燃，说明有氧气放出。这时我提出："实验室在用氯酸钾制氧气时，为什么要加二氧化锰？"

提出问题："加热氯酸钾和二氧化锰的混合物所放出的氧气到底是由什么物质产生的？"

建立假设：假设①，氧气可能是由加热的二氧化锰产生的；假设②，氧气可能是由加热的氯酸钾产生的；假设③，氧气可能是氯酸钾和二氧化锰（两种都是反应物）反应生成的。

设计方案：方案①，加热二氧化锰，并用带火星的木条试验；方案②，加热氯酸钾至熔化，并用带火星的木条试验；方案③，加热氯酸钾和二氧化锰的混合物，并再用带火星的木条试验。

获取证据：接下去同学们按照自己的方案进行分组实验（如果学生有不同的方案，也可以按自己的设计方案去实验）。实验的结果：①加热二氧化锰，没有放出氧气；②加热氯酸钾至熔化，有少量的氧气放出；③加热氯酸钾和二氧化锰的混合物，不需要很高的温度就有大量的氧气放出。

上述的实验验证，推翻了第一种假设，而第二种假设和第三种假设都有可能。面对上面的实验结果，许多学生迷茫了，他（她）们原以为只有第三种假设成立，而第一种假设和第二种假设是根本不成立的。

新问题："根据实验③的现象，就能证明假设③成立？"

再假设：假如二氧化锰参加了，反应后其质量会变少。

方案和实验：方案④，用天平称一定量的氯酸钾和一定量的二氧化锰混合加热，待充分反应后再称量，溶于水，过滤，干燥称量。其实验可作课外兴趣小组继续探究。

得出结论:通过上述实验,推翻前面的第三种假设,得出结论1:氧气是由加热的氯酸钾产生的。从而回到最初问题,二氧化锰到底起什么作用即为什么要加二氧化锰?综合上述实验提供的信息,得出结论2:在氯酸钾分解产生氧气的这个反应中,二氧化锰改变了氯酸钾的分解速度,但是在反应前后本身的质量和化学性质都没有改变。从而形成了催化剂的概念。

交流和评价:同学们相互交流自己的研究过程和所获得的结论,比较谁的方案最好,谁的方案存在怎样的问题,然后达成一致的结论。

从案例3.1中我们可以看出一次完整的科学探究大致需要经过"问题情境→提出问题→建立假设→设计方案→获取证据→新问题→再假设→方案和实验→得出结论→交流和评价"这几步程序。每一步程序之间联系紧密,环环相扣,一次科学探究只有把每一步程序都严格仔细地完成才能获得客观真实的结论。

三、探究式教学的实施过程

1.问题的设计

问题设计是教学的开端。一个好的问题往往能最大限度地调动学生的学习热情,也为后面的探究过程打下坚实的基础。我们认为,"重演"科学探究过程的基本形式是"问题解决",要解决问题首先在于提出问题。课堂上,在观察、实验、案例等特定的情境中,教师引导学生提出科学问题。学生提出问题按自主程度由低到高有三个层次:教师提出问题、教师诱导学生提出问题、在一定情境下学生自己产生问题。我们应该有计划并由低到高循序渐进地培养学生提出问题的能力。

问题是科学探究的起点,有了问题,才会为试图回答问题建立假说,进而才会去制订方案、收集有关证据去检验假说。从前面论述的基本过程中可以看出,学习过程有两条相互交织的线索:其一是分析问题、形成假设、检验假设和修正假设,是问题解决的过程;其二是为学习要点的形成及由此而引发的查询和探索活动,是围绕着问题的解决而进行更丰富的求知活动的过程。

当然,并不是所有的问题都适宜用来进行课内探究的,适宜用来进行课内探究的问题应该是:①问题必须能引出与所学领域相关的概念原理,所以在设计问题时,要从学生需要获得的基本概念和原理出发来设计要解决的问题;②

问题应该是实际的，能够在学生的经验世界中产生共鸣；③问题应该有适当的复杂性和难度，考虑学生原有的知识水平，把握“最近发展区”；④问题应该是学生内心需要的，能够激发学生的学习兴趣和动机、产生内驱力；⑤问题应该是具体而清晰的，让学生能明白自己要探究的是一个怎样的问题，并且知道需要用哪些自己已有的知识来探究。

在探究式教学程序框图中，提出问题居于探究过程的起始阶段。对此不能刻板地理解，不能将提出问题和解决问题这两部分决然割裂开来。根据问题解决理论，虽然提出问题是解决问题的基础，但解决问题实质上是一个不断提出一连串子问题的过程。在探究过程中学生会产生更多的问题，即使是在探究结束时，学生也往往会闯入新的问题情境，提出新的、更深刻的问题。

在实际教学中，我们努力创设问题情境，借助学习情境的帮助，让学生产生一种迫切探究的认知心理，实现学习者对知识的主动建构。这样学生就能够主动获得知识，这样的知识给学生的印象也更加深刻。

【案例 3.2】　探究盐溶液与金属反应规律的情境创设

在进行“盐溶液与金属反应”教学时，按教材内容学完后，提出：“将金属钠投入硫酸铜溶液里，如何反应”？大多数学生想当然认为“$2Na+CuSO_4 \longrightarrow Na_2SO_4+Cu$”，但也有同学持怀疑态度。于是教师因势利导，在一只烧杯里倒入适量的硫酸铜溶液，再投入一小粒金属钠。这时，大多数同学没想到的情况发生了：钠在液面上快速地转动，反应非常激烈，同时产生蓝色（夹有少量黑色）沉淀，并没有出现同学所期待的红色铜。在这种特定的情境下，学生就产生了“钠与硫酸铜溶液反应是如何反应？是不是钠置换出硫酸铜溶液中的铜?”的研究问题。这时，学生原有认知与事实现象产生冲突，处于“心求迫而未得”、“口欲言而不能”的急需状态，产生了“愤”、“悱”的心理佳境。这样的心理情境更能激发学生的学习热情。

2. 内容的选择

基于问题解决的课堂探究所选择的内容，以时间长短来说，它可围绕某一研究活动进行整个单元内容的教学，也可用于整个教学过程的某一环节；可以是从问题到结论的全过程的研究，也可以是局部的研究。按方式来说，可以是课内，也可以是课内与课外相互延伸。如学习“鱼类”时，教师提出了“鱼鳍有什么作用”这一课题，就是整个“鱼类”教学过程中的一个环节。“CO 化学性质”的探究，是整个研究活动即一堂课的教学内容。“铁生锈的条件”的研究，则是课内讨论、课外（家庭实验）实施，再在课堂上讨论得出结论的方式。“植物的光合作用、呼吸作用和蒸腾作用”，我们把它作为一个专题，花了几周时间进行探究，这时课内与课外相互延伸，融为一体。

基于问题解决的课堂探究所选择的内容，从适用范围来说，不是学科的所有内容可以用于探究，但是初中科学内容适合于科学探究的较多，如规律、概念、理论、知识、实验等。在教学中，教师必须根据学生实际和认知规律，充分挖掘教材中探究“元素”，精心设计，并在实施过程中，适当调控、点拨和引导。

我们认为探究内容来自三个方面：①显性内容，初中科学许多内容可直接或稍加设计就可以用作探究，这样既完成了教学内容又培养了学生的探究能力；②隐性内容，这些内容在教材中或为次要地位或没有出现（如案例 3.1），这要靠我们去挖掘；③“无关”内容，虽然这些知识与教学无直接相关，但却是探究的好材料，我们也适量进行组织探究。

【案例 3.3】　　探究加碘盐是否含碘

我们在学习分子内容时，为了说明碘分子是保持碘使淀粉变蓝色这种化学性质的微粒，在实验时用固态碘、碘蒸气和碘的水溶液跟馒头（含淀粉）接触，馒头变成了蓝色。在完成分子教学任务，快要下课时，我提出了一个小问题：同学们家里都用的是加碘盐，怎样检验是否含有碘？学生都认为用馒头来检验。我就势布置了一个家庭小实验：检验家里的加碘盐是否含碘。

第二天，一个学生沮丧地汇报馒头没有变蓝，说家里的盐里没有碘。结果同学们像遇到知音似的，无一例外都说自己家里的情况也一样。这时我让学生提出“盐里没有碘”的猜想（假设）：碘在食盐中含量太低无法检验到、伪劣产品、可能是检验的方法有问题等等，其中一位学生提出加碘食盐中含有的碘可能不是碘分子形式的碘，而是其他的碘……

3. 建立猜想

猜想和科学假说虽然都是对未知之事件的描述，但科学假说更加理性。任何人都可以提出猜想，但要证明假设成立则必须经过验证。实证是区别猜想和假设的试金石。科学假说是在证据不太充分的情况下，对事物现象的因果性或规律性所作的假定性的解释。假说作为一种科学方法，首先，它是以一定的科学事实和科学理论为依据；第二，它具有一定的猜测性。因为假说具有不可靠性，有人认为假说没有什么价值，这其实是一种误解。人们对自然的认识，总是先经过“假说”，再由其转化为理论，并随着科学的发展不断接受检验，得到完善、修正、甚至推翻。科学假说是在不断建立、检验与修正中进行的，并推动真理的发现。初中科学里就有许多科学史，向同学们展示人类探究真理的历程。以原子结构模型的建立为例，如图 3.3 所示。

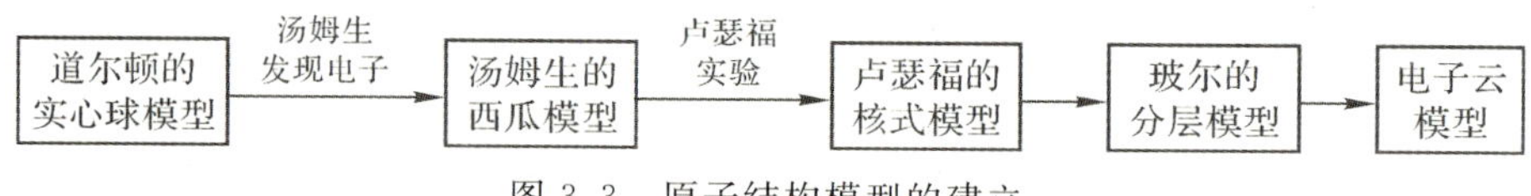

图 3.3　原子结构模型的建立

虽然学生很难建立理论上的假说，但在探究中，我们可以进行问题假设能力的培养。假设可以作为假说的低级形式，不仅可培养学生的探究能力，而且还可以培养学生的发散性和创造性思维。学生可以通过收集相关信息，将已有的科学知识和问题相联系，尝试提出各种可检验的猜想和假设。

【案例 3.4】　铁生锈与哪些因素有关的假设

对于“铁为什么会生锈”这一问题，学生根据回忆日常生活中对铁生锈的观察，会提出铁生锈可能与空气中的氧气、二氧化碳等有关，可能与水有关，可能与温度有关……在这个过程中，我们引导、鼓励学生能针对提出的问题，依据已有的科学知识、经验，通过认真思考作出大胆的猜想和假设。

4.设计方案与实验

此环节是整个科学探究中重要的一环。只有设计出正确、合理的方案科学实验才能获得成功，获得的结论才能正确有效。此环节需要选择取得证据的途径和方法，决定搜集证据的范围和要求，以及所需要的相关材料、仪器、设备和技术等，并制定相应的计划，设计研究方案。在这个过程中，引导学生能针对探究目的和条件，选择合适的方法如实验、调查、访问、资料查询等，在课堂教学中最常用应是科学实验。明白科学和周密地制订计划和设计实验对整个科学探究的意义，考虑影响实验结果的主要因素，能确定需要测量的量，并严格控制变量，同时在必要时要设立对照组。

【案例 3.5】　　光合作用必须有光的实验方案设计

要想证实“光合作用必须有光”的假设，设计实验方案：两盆生长状况差不多的同一种植物（对照实验），先进行黑暗处理 24 小时以消耗和运走叶片中的淀粉，以避免对实验的干扰。除一盆的叶片用不透光的黑纸遮除外，其余的温度、水分、放置时间等因素一样，并要放在太阳充足的地方 2 小时。通过检验有无淀粉生成来证明是否发生光合作用。为了避免叶绿素对蓝色现象的干扰，对实验后的叶片采用酒精脱色。

5. 交流与评价

交流是通过人际交往传递意见的途径，它也是科学探究的重要环节。在科学探究中，由于学生的经验知识和认识事物的方式具有某种局限性，他们对事物的认识难免存在片面性，或存在种种偏差，这就需要通过交流，完善他们的认识。交流还可以使学生认识到科学成果往往是许多科学家智慧的结晶。

在程序框图中，交流和评价虽然出现在探究的最后环节，但在实际教学中却是十分灵活的。其实，在小组学习过程中，组内几个学生一直在进行着交流和评价。即使是在组际之间，交流和评价也并不一定出现在最后阶段。无论是提出问题、对检验方案的设计，还是建立假说、对获得信息的解读，都可以组织学生进行交流和评价。

四、探究式教学的组织形式

由于探究式教学具有自主性、开放性等特征，因此探究教学的组织比起传统课堂的教学组织要更为复杂。在传统的教学中，教学程序是提前设计好的，问题也是提前准备过的，但在探究中，教学过程的发展是随着学生探究活动的发展而进行，是随着同学的思路而随时改变，学生的问题和遇到的困难都难以预见。也正是由于这样，才真正体现出学生的主体性。

从师生参与水平维度，探究教学的组织形式一般分成两种：

一种是引导型（指导探究）：在整个探究过程中，自始至终，都是学生的想法、学生的探索和学生的参与，教师只是加以引导和调控。或组织学生讨论、选择解决问题方案；或顺着学生的思路，通过“试误法”来否定原来的假设；或教师不断发问、层层推进，指向真理。如案例 3.1 提到的“钠与硫酸铜溶液”的反应，创设问题情境→假设“钠置换出铜”→讨论设计“证明沉淀里有没有铜”

的研究方案→实验验证→ 推翻假设→回忆、查阅资料(或提供信息)“钠与水反应”→得出“钠与硫酸铜溶液反应的机理”→引申总结出“金属与盐溶液”的置换反应规律。

另一种是开放型(自主探究):是一种比引导型更开放的组织形式。这种形式更加强调问题场域的开放性、思维与视角的发散性以及探究过程的自主灵活性。与此同时,老师的作用更加体现为合作者、促进者,将时空和自主权充分交给学生,凸显学生的主体地位和学习的自创性,如案例 3.6 所示。

【案例 3.6】　　探究鱼鳍的作用

在提出“鱼鳍的作用”的课题后,同学提了许多“可能有……”的假设。究竟有什么作用?分小组合作,设计方案,然后各组按自己的方案进行实验。此时课堂内同学们剪鳍、观察、记录分工合作,并伴随着讨论,学生全身心投入神圣的科学研究之中,最后根据观察与思考得出鱼鳍的作用。在整个过程中,同学们完全是自己设计方案、自己按照方案实施,自己得出结论。老师只是提供协助。

以上两种类型属于理论上的划分,实际的情况远没有这样简单。在实际教学中,为了更好地实现由指导探究向自主探究过渡,我们建议最初多给学生一些指导,等学生有了一定基础后再逐渐给学生更多的自主空间,直到学生学会独立的探究式教学。在探究活动中教师的指导作用越来越少,学生的参与水平越来越高,探究的难度越来越大。美国国家研究理事会 2000 年组织编写出版的《探究与国家科学教育标准》,不仅对科学探究活动进行了概括,而且对每一类活动中学生自主探究的程度分别进行了如表 3.2 所示的划分和描述。①

表 3.2　学生自主探究程度的划分和描述

基本特征	变式			
1. 学习者探究科学性问题	学习者自己提出一个问题	学习者从所提供的问题中选择,据此提出新的问题	学习者探究的问题来自教师、学习材料或其他途径,但问题不那么直接,需要有所改变或自己体会其含义	学习者探究直接来自教师、学习材料或其他途径的问题

① 靳玉乐. 探究教学论[M]. 重庆:西南师范大学出版社,2001:324.

续表

基本特征	变式			
2. 学习者针对问题收集事实证据	学习者自己确定什么可作为证据并进行收集	学习者在他人的指导下获得某些数据	数据直接给出，学习者进行分析	数据和分析方法都给了学习者
3. 学习者从证据出发形成解释	学习者总结事实证据之后做出解释	学习者在得到指导的情况下搜集证据形成解释	使用证据形成解释的可能途径已知	证据已知
4. 学习者使解释与科学知识相联系	学习者独立地考察其他事实来源，建立事实与已有解释的联系	学习者被引导到科学知识的领域和来源	可能的联系被给出	
5. 学习者阐述和论证自己的解释	学习者用合理的、合乎逻辑的论据表达自己的解释	学习者阐述自己解释的过程得到他人指导	学习者阐述自己解释的过程得到了广泛的指导	表达的步骤和程序都被给出

多←——学习者自主探究的程度——→少
少←——教师和学习材料指导的程度——→多

根据这样的划分，教师在活动中起组织作用的程度和学生自主设计进行探究的程度可以各有不同。例如，每一个探究中都会有学生对科学性问题的研究，但是，在一些探究中问题直接来源于学生，另一些探究中问题可能是学生从可选问题中选择其一或是对给出的问题提炼的结果；还有一些探究中，则是学生根据所提供的问题展开研究。即使在问题由教师、学习材料或其他途径完全给出的情况下，只要学生学习的过程是围绕科学性的并能激发学生思维的问题展开，学生的学习过程仍然可以组织成具有高度探究性的活动。

在组织教学中，对耗时长的探究，我们往往采取课内外相结合的方法。如在探究“铁生锈的条件”中，课内提出问题、形成假设、设计实验方案，课外进行实验，再在课内汇报与交流。有些有内在联系的教学内容，可作为一个单元的大型探究活动，课内外要反复多次，如我们把光合作用、水的运输、呼吸作用等整合在一个单元里，打破教材次序，按学生的认知层层展开，整个教学过程历时一周。

探究式教学与传统的课堂教学是两种不同的教学方式，探究式教学是以体验式学习为主的教学方式，传统的课堂教学则是以接受式学习为主的教学方式。我们提倡探究式教学，并不是全盘否定接受式学习，而是要研究教与学的规律，充分开发学生的认知潜能，让学生能够更主动地参与到学习中来，并获得知识。当然探究式教学虽然是一种理想的学习方式，但也不是唯一的。一般地说，当我们侧重于关注知识的量时，接受式学习具有较高的效率。而当我们侧重于关注知识的质时，探究式教学更为有效。对于那些学生难以自主建构的知识，通常采用接受式学习的方式。

探究性教学是一种费时的教学，但如果我们的目标是通过学习，培养探究能力、感悟科学方法、获得积极的情感体验，养成良好的科学素养，那么，这种探究式教学是我们的首选方法。而且探究式教学培养学生独立思考的能力，通过自身的思考，在体验过程中获得对经验和新知的“悟”，这将使学生在今后的学习生活中受益匪浅，终生受用，是一种隐性的财富。探究让学习回归科学的本性，回归教育的本质。

第二节　数学习题课中的“诱思探究”式教学

习题课是数学教学的一种重要课型，也是课堂教学的重要环节。习题课是学习新知课之后，教师有目的、有计划地指导学生运用已学过的知识进行一系列基本训练的教学活动。其目的是加深学生对基本概念的理解，从而使概念完整化、具体化，牢固掌握所学知识系统，逐步形成合理的认知结构。它能培养学生的观察、归纳、类比、直觉、抽象以及寻找论证方法的能力，准确、简要地表达以及判断、决策等一系列技能和能力，给学生以施展才华、发展智慧的机会。该课型应体现学生的学习活动是在进行“解决问题学习”，也就是把已经掌握的基本概念、基本公式、法则、定理，迁移到不同情境下加以应用，找出解决当前问题的方法，并加以比较、择优。

此外，学生解答习题的过程也是一种独立的创造性思维活动过程，习题所提供的问题情境，需要探索思维和整体思维，也需要发散思维和收敛思维。然而，很多老师将习题课变成了由大量习题堆积成的课堂，认为，将这么多练习讲完，一节课的任务也就完成了。这样的课堂教学，学生缺乏主动性、积极性，有违新课标提出的倡导自主学习、探究学习和合作学习等新的学习方式，有违学生是学习的主人，有违教师是学习的组织者、引导者与合作者。

基于以上现象的反思，以及为了改变这种现象，避免低水平的重复，拓宽学生的学习领域，我们要求在教学中有目的、有计划地精心编制习题，使每个学生都在原有的基础上得到发展，让学生获得成功的体验，以及学好数学的信心，我们提出了“诱思探究”的习题课教学模式，实践表明，教学效果良好。

一、"诱思探究"教学理念的确立

教学改革最根本的是教学思想的变革,其中最关键的就是处理好教与学之间的关系。教师要充分发挥引导作用,核心特征是启发性,归纳为"循循善诱";学生要真正实现主体地位,核心特征是独立性,特别是思维的独立性,归纳为"独立思考"。"引而不发,因人善喻,不言之教,和易以思",这是教与学的辩证统一,也是为师之道的根本。"食贵自化,学贵自得,深思熟虑,积水成渊",这就是为学之道的灵魂。"善诱则通,善思则得,诱思交融,众志成城",这就是教学辩证法的真谛。"教贵善诱,学贵善思,以诱达思,启智悟道",这就是启发教学的精髓。简言之,就是要实现教师导向性信息诱导下学生独立地完成学习任务。

建构主义学习理论认为:教学是激发学生建构知识的过程。既然知识是学习者自我建构的结果,那么教学就不是传授、灌输知识的活动,而是一个激发学生建构知识的过程。教学就是要创设或者利用各种情境,帮助学生利用先前的知识与已有的经验在当前情境中进行学习和认知。学习应是一个交流合作的互动过程,学生掌握能解决问题的程序任务比掌握知识内容更重要。因此,教学中必须要充分调动学生的积极性,教师应该指导学生完成学习任务,达成学生目标,形成知识系统。

前苏联著名心理学家鲁宾斯坦的"问题思维理论"指出,思维的核心是创新,思维起始问题,是由问题情境产生的,而且总是以解决问题为目的。

因此,"诱思探究"着意于构建学生的主体地位,根据认知规律,循循善诱,不断调动学生的求知欲,激发学生被压抑的潜能,遵循以"四为主"为教学思想(即"学生为主体,教师为主导,训练为主线,思维为主攻"),从而"变教为诱,变学为思,以诱达思,促进发展"。

素质教育对教学的基本要求之一,就是教学生学会学习。诱思探究教学满足了素质教育的这一要求,它要求教师充分发挥"信息源"的作用,更要变教为诱,变教为导,对学生进行启发、诱导,成为学生学习的"引路人"。诱思探究教学不仅强调学生的"思",还注重学生的"练"。若把"练"的规律和方法作了科学的、合理的安排,可大大提高了"练"的效能。

诱思探究教学的核心在于学生的"思","思"的前提是教师的"诱","思"的结果则是学生的"探究"。因此,从提高学生素质着眼,在教学思想上突出教师的"诱",充分认识到教师的主导作用在于"循循善诱",以引路、诱导的方式进行教学,改变过去把现成的知识灌输给学生的做法。基于这种认识,诱思探究教学法的教学模式和方法主要体现在"探究"上，学生通过教师的启发，自主思考，大胆探究，发现规律，得出结论。

综上所述，"诱思探究"教学模式反映了初中数学新课程的教学基本理念：数学教学活动应帮助学生构建发展认识结构，教学活动是师生的互动过程，有效的教学是引导学生的学习，激发学生自己学习，帮助学生通过自己的思考建立起自己对教学的理解力。

二、"诱思探究"习题课教学的原则与策略

一节在精心准备好课后，课堂教学是关键。我们知道课堂的主人是学生，现代教育观评价认为，一节课的效果好坏不光是看教师教得怎么样，更关注学生学会了什么，会学了什么。因此教学更应该以学生为本，注重以下的四个原则。

1. 主体性原则

"诱思探究"习题课教学过程要充分体现学生为主体、教师为主导的思想。

一是教师要精讲。"精讲"不等于讲得越少越好，教师的讲要讲到点子上，要充分展现解题的思路、方法和规律，要解惑、释疑，疏导学生在思考、解决问题中碰到的疑难，要讲清解题的规范要求。这就要求教师在备课前及时了解学生学习中遇到的难点及疑点内容，有时还需要主动发现问题，这样才能在上课时有的放矢，讲解更能击中要点。学生会的就不进行讲解，尽量让学生自行讲解。学生在进行讲解的过程，实质上就是解答题目的整个逻辑思路过程。学生若讲解得让人明白，那么便证明学生已经掌握了该题型，相差的就是最后一步写在答题纸上的过程。

二是学生要精练。有诀窍说"听一遍不如看一遍，看一遍不如做一遍，做一遍不如讲一遍，讲一遍不如辩一辩"的。学生除了听老师讲，看老师解题以外，更重要的是要多做习题，而且要把自己的体会主动、大胆地讲给大家听，暴露思维受阻的原因，遇到问题要和同学、老师辩一辩，坚持真理，改正错误。这样就使学生在不断克服困难中学会解题以培养学生自主学习的能力。

2. 启发性原则

贯彻这一原则要做到以下三点。

(1)提出具有启发性的问题。提出与学生认识上产生矛盾的问题，形成一条由问题(或问题组)构成的教学主线，使学生进入有意义自主学习的心理过程。提出与学生认识上产生矛盾的问题，促使学生出现认知的需要，即产生浓

厚的兴趣。这时学生注意力集中，情绪饱满，想象横生，我们可以把这种状态称为“教学的最佳心理状态”或“智慧发展的最佳状态”。教学中促进发展的最佳水平，就是在“教学的最佳心理状态”里实现的。见案例 3.7。

【案例 3.7】　　概念强化习题课——四边形习题课

教师通过作业等反馈信息了解到学生对四边形这一章繁多的概念发生了混淆，没有形成知识体系。因此，在习题课上，针对这些问题回顾概念形成的过程，通过变式设问来加深对概念的理解。

针对学生概念模糊预先设计如下“问题链”：

1. 顺次连结任意四边形各边中点所得的四边形是什么图形？

用来巩固三角形中位线的定义、定理以及平行四边形的判定等知识。

2. 如果把“顺次连结任意四边形各边中点所得四边形”定义为这个四边形的“中点四边形”，试分别说出平行四边形、矩形、菱形、正方形、梯形、等腰梯形的中点四边形是什么图形。

3. 分别说出对角线互相垂直、对角线相等的四边形的中点四边形是什么图形。

学生比较容易得到上述问题的结论，然后引导学生进行逆向提问：

4. 如果中点四边形分别是矩形、菱形、正方形，那么原四边形的对角线有什么特征？

用来巩固所学各种四边形的定义、性质和判定。

通过上述多角度的提问，学生获得了多角度的理解。在弄清“中点四边形”概念内涵和外延的基础上，真正掌握了概念的本质属性，提高了综合概括的能力，培养了思维的准确性。

(2)启发学生立疑释疑。立疑是通过学生主动学习与独立思考，教师适当的引导，使学生找出疑难、发现问题。加深学生的感性体验。这是一个引导学生发现问题的过程。

释疑是当学生在学习中发现问题，要给学生留有机会进行一个深入思考和探索，自己动脑、动手以及在相互交流的过程中尝试解决问题。在教师启发下，使学生经过自己的独立思考、融会贯通地掌握知识，提高分析问题、解决问题的能力。

(3)发扬教学民主。这是启发的重要条件,它包括建立平等民主的师生关系,创造民主和谐的教学气氛,鼓励学生发表不同见解,允许学生向教师提问质疑等。在确定解题策略时,学生可能产生各种想法和思路,要让他们有机会讲出来,创设思维的良好环境,引导学生进行解题反思,使学生在选择解题方案上有所突破。

3.规范性原则

解答一定要合乎逻辑顺序、层次分明、严谨规范,简洁明了。在教学过程中不能只是说一说就过去了,必须要有适当的板书进行解题示范,这个板书可以是教师亲自示范,也可以是学生板演、点评后的板书,总之要使学生学会规范地书写。教师做到将数学语言、符号准确地运用,说理清楚,书写规范有序。

4.系统性原则

思维程序突出审题探索和反思的过程,要通过归纳、总结帮助学生形成系统的知识结构,培养思维的独创性和批判性。同时,当学生知识水平和能力水平不能达到教学要求时,应及时进行调控,调控方式如图 3.4 所示。

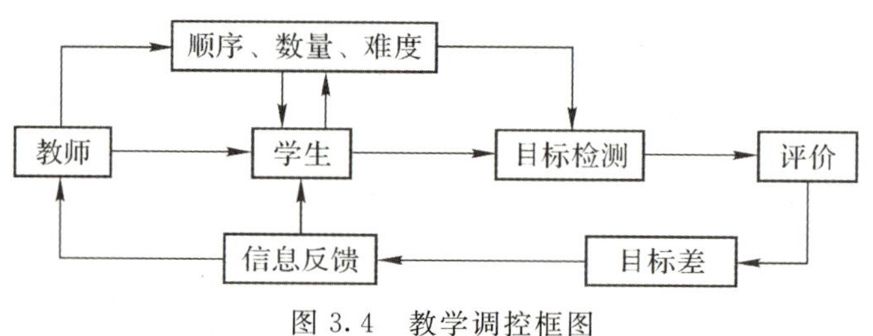

图 3.4　教学调控框图

三、"诱思探究"习题课教学的实施流程

为了先有一个框架性的感性认识,我们先将"诱思探究"习题课教学实施流程概述如图 3.5 所示。

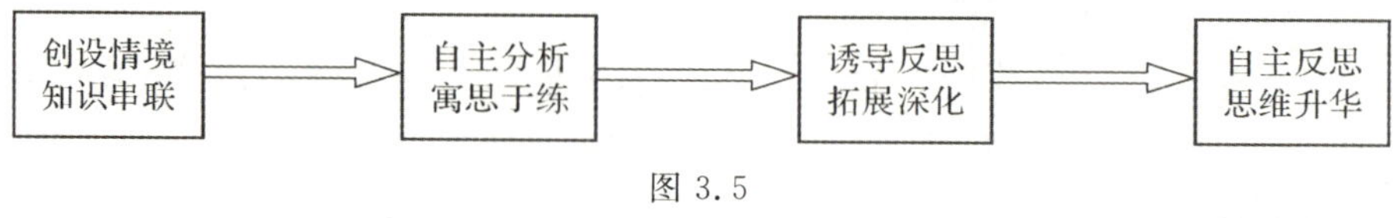

图 3.5

1.创设问题情境,知识串联

"思起于疑",疑问是学生思维的触发点,没有问题就没有真正的思考。教师根据近期所学内容或初中数学全部内容,了解新旧知识之间的内在联系,将知识串联在教师的一系列提问中,并且充分了解学生已有的认知状态,使新的

学习内容与学生已有的认知水平形成一个适当的跨度。这一步的实施，要求对教材理解非常到位，能够很熟练地将所学知识在相关习题中进行巩固。

根据教材的特点、教学的方法和学生的具体学情营造富有情境的课堂氛围，并在这样的氛围中学生有机地投入到数学知识的练习之中。这一步的实施，要求教师与学生之间有机而融洽地配合，教师在课堂上能够随机应变，随时观察学生的学习动态，将课堂上的偶发事件很到位地处理好。以下，以案例3.8为例予以进一步说明。

【案例3.8】　　《等腰三角形》习题课(一)

师：今天我们复习等腰三角形的性质与判定，主要可以归纳为十个字。哪十个字？

生：性质“等边对等角”，判定“等角对等边”。

师：等腰三角形有几类特殊的三角形，你知道的有哪些？

生：等腰直角三角形，等边三角形。

生：黄金三角形。

生：30°的等腰三角形。

生：30°为底角的等腰三角形。

师：细心！大家说得比较特殊。现在小组共同熟悉一下这几类特殊的等腰三角形的特殊性质、特殊结论。

(小组活动，教师巡回指导补充。)

师：(出示黄金三角形)如图3.6黄金三角形内部有一条非常重要的一条线段，它可以使边、角的关系更有趣，你知道是哪一条吗？

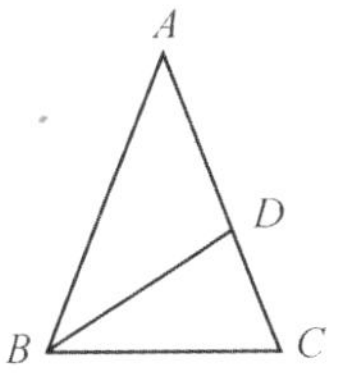

生：(若有所思)底角的平分线。

(出示例题1)(1)已知$\triangle ABC$中，$AB=AC$，D为AC上一点，且$AD=BD=BC$，指出图中所有的等腰三角形。

(2)线段AD，CD，AC有什么关系？请加以证明。

图3.6

以上教学程序，通过以串问题的形式，引导学生讨论，互补共进，从一般到特殊，完善等腰三角形中分类——概念——判定——性质的有关知识，达到串联知识的目的。

2. 自主分析，寓思于练

学生在主动参与、主动探索、主动思考、主动实践的“练”中，有了自己解决问题的方式方法，自然地产生积极展示发言的欲望。此时，教师只要适当地组织引导，把学生的主动权交给学生，让学生自主地活动，并和学生一起分享数学发现的快乐，一起为解决某些数学问题而思考、猜测和尝试。这一步的实施，教师一定不要代替学生，只需穿针引线，调控好课堂。

心理学研究表明，人在认知失调的情况下，总是要寻求认知的新平衡，从而产生探索、研究的欲望。教师只要在课前精心设计教学过程，从学生的学习兴趣出发，使学生在教师创设好的问题情境下，带有激励性和挑战性地自主学习，必然会达到认知过程和情感过程的统一，达到夯实基础、学会方法、训练能力、培养素质的目的。如案例 3.9。

【案例 3.9】　　《等腰三角形》习题课(二)

1. 出示题组练习

(1)等腰三角形有一个角为 30°，那么其他两个角分别是__________。

(2)一个等腰三角形的两边为 3cm、4cm，那么这个三角形的周长是________。

(3)等腰三角形一腰上的高等于这一腰的一半，那么等腰三角形的顶角是________度。

2. 观察联想，渗透数学思想。

(1)等腰三角形的顶角为 x 度，底角为 y 度，写出 y 与 x 的函数关系式，并写出自变量 x 的取值范围。

(2)等腰三角形的腰长为 x，底边为 y，写出 y 与 x 的函数关系式，并写出自变量 x 的取值范围。

(3)等腰三角形的底边长为 x，腰长为 y，写出 y 与 x 的函数关系式，并写出自变量 x 的取值范围。

以上通过题组的方式，促使学生思考这类题目的解决方法，组织学生讨论交流，感悟数学分类思想和几何与函数之间的联系。

3. 诱导反思，拓展深化

学生将题目中的条件和结论能够与所学过的知识点挂钩，通过自我反思，深化知识结构,有了逻辑的思维能力。这一步的实施,教师应起到画龙点睛的作用,让学生悟其理、得其法,确实感受所学知识的用途。

在教师组织下,引导启发学生进行思维过程的重新整理总结,达到认识深化与认知结构的完善,在反思中发现的新问题又可以深化进行探究和延伸。通过实施激励评价,让学生反思探索过程,使学生获得积极的情感体验与掌握探究学习的方法和策略,帮助学生建构知识,激励学生勇于探索、勇于创新的精神,将学生的学习态度、情感以及克服困难的精神内化成主动发展的动力,从而提高学习主动发展的能力。见案例 3.10。

【案例 3.10】　　《等腰三角形》习题课(三)

例:如图 3.7,在 $\triangle ABC$ 中,$\angle A=90^\circ$,且 $AB=AC$,BE 平分 $\angle ABC$ 交 AC 于 F,过 C 作 BE 的垂线交 BE 于 E,求证:$BF=2CE$。

(教师诱导分析:题中的条件看似没有连贯性,这些条件起什么作用?学起于疑,疑起于思。BE 集角平分线与高于一身,这样我们会联想到什么知识?学生顿悟,问题迎刃而解。)

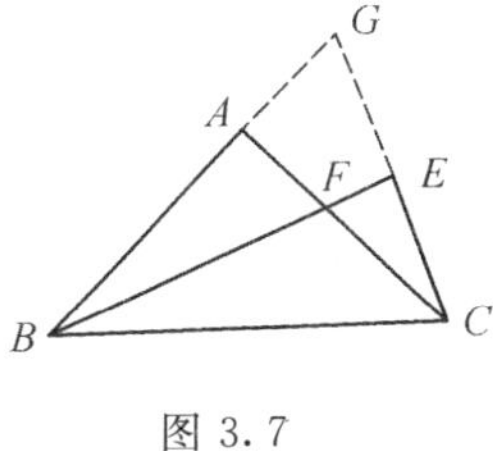

图 3.7

例:已知,如图 3.8,O 是正方形 $ABCD$ 的中心,DE 平分 $\angle BDC$ 交 BC 于 H,延长 DC 到 F,使 $CF=CH$,连接 BF,交 DH 的延长线于 E,连接 OE。

(1)求证:$BE=EF$;

(2)若正方形 $ABCD$ 的边长为 1,求 BF^2 的值。

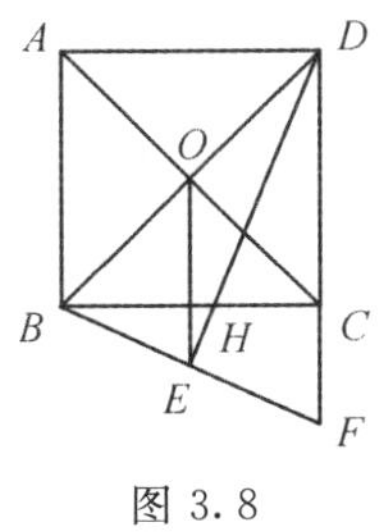

图 3.8

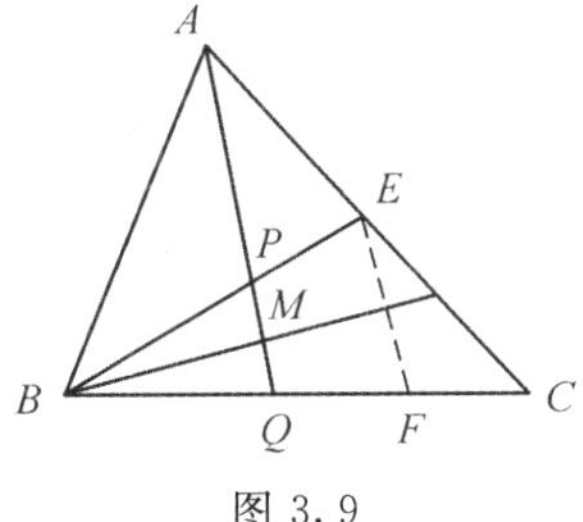

图 3.9

例:如图 3.9,BE 是 $\triangle ABC$ 的中线,从 A 点引 $\angle EBC$ 的平分线的垂线 AM,垂足为 M,这条垂线与 BE,BC 分别交于 P,Q 两点。求证:$QC=2PE$。

数学教学的核心是“再创造”。根据这一思想，设置一个图形模型，激发学生探究欲，使难度较大的题转化为容易的题，同时让学生体会到模型在几何中的重要性。

以上三个题目，通过模型迁移法，设疑诱导，使学生思维进一步深化和拓展。

4. 自主反思，思维升华

学生在经过一系列的课堂活动后，能够对知识贯穿理解，数学思维达到升华，解决问题有一定的方法，并且能够表达清楚。这一步的实施，对不同水平的学生要求不同，生与生的交流合作，为学生提供一个获得成功并展示成果的平台。

数学的理解要靠学生自己的领悟才能获得，而领悟又靠对思维过程的不断反思才能达到。若没有这一理性的反思，以上的方式就会流于表面化。因此，教师要引导学生自我反思使学生进行自我总结、自我评价，促使认识上一个台阶，逐步完善认知结构，并进一步开拓探究的空间，让他们对自身活动进行回顾、总结以及具有批判性的再思考。这又能求得新的、深入的认识或提出疑问作为新的教学起点，从而使学生的思维得到碰撞，认识得到升华，体验得到丰富，“元认知”能力得到培养。

四、“诱思探究”习题教学的要义

1. 习题选择要有针对性

习题课不同于新授课，它是以训练为课堂教学的主要类型，故要达到高效的训练目标。因此，教师在选择习题时，要针对教学目标、针对重点和难点、针对学生的实际学习状况，按照循序渐进原则和因材施教原则确定练习的内容。

【案例 3.11】　　《正方形习题课》(一)

学生在学习《正方形》后，要设计一节《正方形习题课》，为达到高效的课堂效率，有针对性地进行练习，特设计以书本的练习为母题，进行合理的变化。

如图 3.10，已知正方形 $ABCD$，对角线 AC，BD 相交于点 O。那么 $AO=CO$，你能证明吗？

若我们将点 O 从对角线的交点中剥离，改为点 P，即如图 3.11，正方形 $ABCD$ 中，点 P 是对角线 BD 上的点，PA 与 PC 有怎样的数量关系？你有几种不同的证明方法？

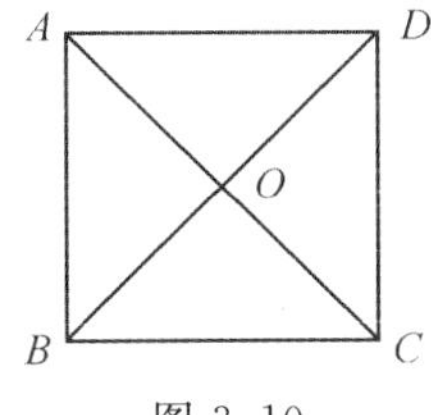

图 3.10

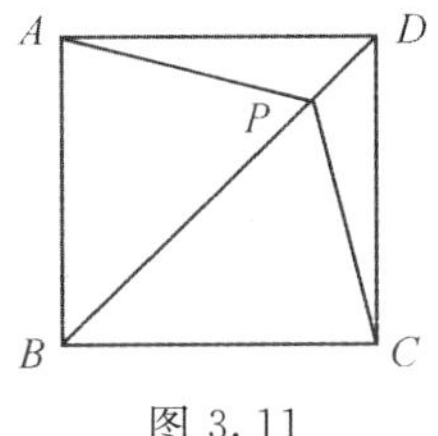

图 3.11

本题的证明，充分运用了正方形的有关性质，也可用全等三角形、垂直平分线或对称等多种方法解决。

再接上以下的练习，针对性就更强。

练习 1　如图 3.12，点 P 是正方形 $ABCD$ 对角线上的动点，M 是 BC 的中点，若正方形的边长为 4，则 $PC+PM$ 的最小值是________。

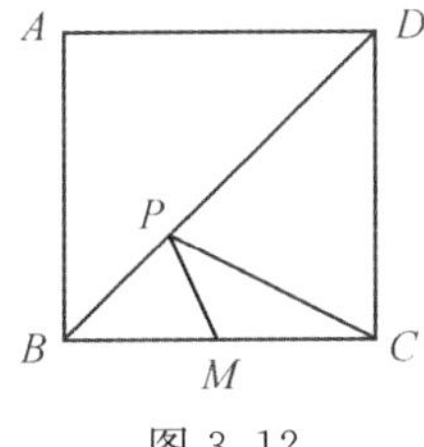

图 3.12

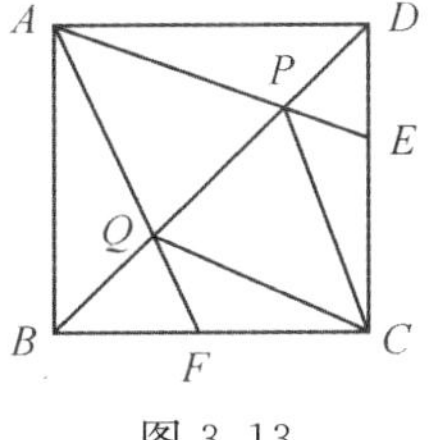

图 3.13

练习 2　如图 3.13，正方形 $ABCD$ 中，点 E，F 是 CD，BC 上的点，连接 AE，AF 与 BD 相交于点 P，Q，连接 PC，QC，若 $\angle EAF=50°$。求 $\angle EPC+\angle FQC$ 的度数。

2. 习题选择要有典型性

数学习题的练习要克服贪多、贪全的毛病，有时看题目哪个也不错，都想让学生做，结果题量大了。这既增加了学生的学习负担，又降低了学习的效率。所以习题的选择一定要典型，不但要注意知识的覆盖面，新旧知识之间的纵横联系，还要让学生能通过训练掌握一定的规律，以达到触类旁通的教学目的。

【案例 3.12】　　**《正方形习题课》(二)**

在如图 3.14 中的正方形 $ABCD$ 中，将点 B、C 从正方形的顶点中剥离出来，改为点 E，F，即已知正方形 $ABCD$，对角线 AC，BD 相交于点 O。若 $OE\perp OF$，探求 OE 与 OF 的数量关系。

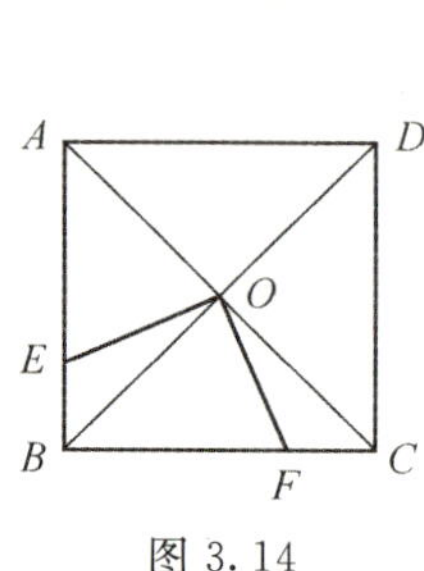

图 3.14

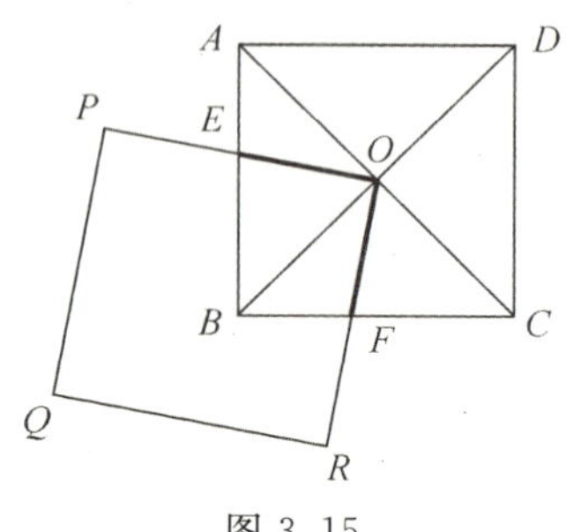

图 3.15

练习 1　当点 E，F 分别在 AB，BC 上运动时，OE 和 OF 的数量关系是否发生变化。

练习 2　如图 3.15，以 OE，OF 所在的直线为边作正方形 $PQRO$，当正方形 $PQRO$ 绕点 O 旋转时，你能发现什么结论？

教师通过几何画板的演示，更加明确所发现的结论，并指导学生加以证明。

练习 3　如图 3.16，将 n 个边长都为 1cm 的正方形按如图所示摆放，点 A_1，A_2，…，A_n 分别是正方形的中心，则 n 个这样的正方形重叠部分的面积和为　　（　　）

A. $\frac{1}{4}\text{cm}^2$　　B. $\frac{n}{4}\text{cm}^2$

C. $\frac{n-1}{4}\text{cm}^2$　　D. $\left(\frac{1}{4}\right)^n\text{cm}^2$

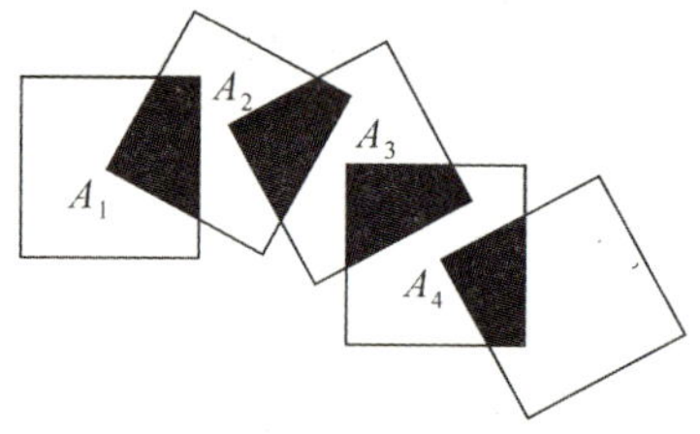

图 3.16

练习 4　你有几种不同的方法，画两条直线，将正方形分成面积相等的四个形状相同图形。

以上的例题和练习的设计，体现了选题的典型性和发展性，通过从正方形 $ABCD$ 中的线段变化，思考 OE 和 OF 的关系，引起了学生的好奇心，激起学生的欲望，使学生的思维活动得到了充分的激发。教师将图形进行旋转变化，诱导学生进行思考探究，通过练习的设计，使得问题二的结论得以放大、拓展、深化。

3. 习题的设计要有一定的梯度

习题的配备要有阶梯性。习题类型一般有基础知识型、基本方法型、综合提高型、创新应用型等，在难度上要有低、中、高三级题型，这三级之间还应插入级与级之间的“缓冲”习题，形成“小坡度、密台阶”习题，这样安排有利于学生在“发现区”内解题，便于学生“步步登高”，更能帮助学生树立解题的必胜信心。当然适当安排综合提高型和创新应用型习题，有利于程度较好的学生的学习和提高。需要注意的是，习题课中不仅要求学生得到正确的计算结果，更要重视计算过程，注重思维训练，让学生有所“悟”。

每个学生的基础知识、智力水平和学习方法等都存在差异，所以在习题课的教学中，对于习题的设计要针对学生的实际进行分层处理，既要创设舞台让优秀生有表演的机会，又不能“冷落”后进生，既要让优秀生的个性得到发展，又要给后进生提供参与获得成功体验的机会，使全体学生都能得到不同程度的提高。整个教学过程应充分体现学生经历、体验、探究和感悟，本着“能飞则飞，能跑则跑，能走则走，不能走的拉一把”的原则，体现“分层教学，因材施教”要求，使每一个学生能在原有基础上学有所得。

4. 习题的设计要有利于学生的“思”

“探究诱思”的核心在于“思”，“思”的前提是教师的“诱”，“思”的结果是学生的“探究”，因此，在教学上突出教师的“诱”，教师的主导作用在于“循循善诱”，以引路、诱导的方式教学。因而，教学的设计要求思想上是启发式，过程上是探究式，目标上是发展式。

5. 教学方式要多样化

习题课教学方式的预设要多样化。习题课教学知识密度大、题型多，学生容易疲劳。如果教学组织形式单一，学生容易感到枯燥、乏味。这样容易使学生丧失学习的积极性。为克服这种现象，在课堂上一定要体现出教与学的双边、双向活动，将讲、练、思三者有机地结合起来，创造条件让学生多动手、多动口、多动脑，激发学生参与问题整个教学过程体现学生经历、体验、探究和感悟，提高课堂教学质量。

6. 教学要充分发挥主体的能动性

教师必须尊重学生的主体地位和学生的主动精神，把学生的学习过程看作是主体满足内在需求的主动探索过程。学生的学习是一个动态的过程，整个学习过程应该是有参与欲望、参与过程、体验成功组成。同时要树立“重导轻讲、重质轻量”的教学观。教师要充分发挥“信息源”的作用，变教为诱，变教为导，对学生进行启发、诱导，成为学生的“引路人”。在教师的诱导下，变学为思，变学为悟，这样，学生不仅得到了他们应该掌握的知识，同时也掌握了学习方法、策略，并逐渐形成自主学习、乐于探究的品质。

初中数学习题课应是以问题为核心、以效率为目的的课堂。在教学思想上突出教师的“诱”，核心在于学生的“思”，结果则是学生的“探究”。只有让学生从题海战术中解脱出来，让学生学得灵活，学得扎实，切实优化学习过程，提高效率，我们数学教学质量才能更上一层楼。

第三节　英语语言复习课中的“话题”式教学

《英语课程标准》中任务型语言教学途径指出，要制定真实的情境，让学生在这一情境中进行真实的语言交际实践活动。现行的初中英语教学大纲，每个单元均以话题为基础，并对各课的教学内容进行科学的安排。这是一种以学生为本，培养人全面发展的教学方式，也是新课程的核心理念。复习课是一种必不可少的课堂教学模式，能帮助学生对所学基础知识、基本技能进行梳理和沟通，理出良好的认知结构，从而加深理解、增强记忆，并培养学生思维的整体性，使不同层次的学生各有收益。在英语复习课中，如果只是单纯的语言知识的复习，势必达不到这样的效果。实践表明，“话题”式复习模式是一个行之有效的复习方法。在复习过程中，整合教材，将教学内容按照话题进行分类，这样整个初中英语教学内容都以话题的形式串联起来，更好地让学生理解知识的整个脉络，同时应用这样清晰明朗的知识划分体系，复习相关的单词、短语、句型、语法以及与话题相关的知识。以“话题”式的复习方法更能够激发学生对学习的兴趣，这无疑是枯燥的单元复习课和中考复习中的一抹阳光。

一、“话题”式教学的内涵及话题来源

1.“话题”式复习模式

所谓“话题”式复习模式，就是选择一个合适的话题，采用任务式的语言教学模式，将本单元或几个单元要复习的语法内容有机地融入其中，在进行听说读写各项语言技能和训练交际能力的同时，强化语言知识结构的学习。在课堂教学中，话题词汇和句型贯穿整个课堂，并且以技能训练为主，适量进行有关的语法项目的归纳和点拨，再配合少而精的训练题，取得良好的复习效果。采用“话题”式复习法打破了传统的教学方式。传统的复习课以复习语法知识为主线，以讲授——操练——反馈为主要的教学模式，再加上大量的练习。教

师大量地阐述和分析语法知识，这种方法能让学生在头脑里有一个清晰的语法知识结构，取得较好的学习成绩。但是它忽略了学生自主学习和合作学习能力的培养，也不利于学生真正得到语言的运用。题海战术更使学生们感到枯燥单调，毫无学习的兴趣和热情。“话题”式复习模式既遵守英语教学应有的教学规律，又能够将思想教育和语言教学融合在一起，更注重语言教学和文化教育的关系。它的内容设计都围绕着相同的话题，并且以此为中心，通过语言结构、语法知识、功能项目等为主线开展，由安排式的教学转变为任务型的语言教学方式。这也就是“话题”式复习课更适应新课标环境下的英语课堂的原因。

2.话题的来源

(1)源自教科书

弗莱雷大力提倡“对话式教学”，并以此来批判传统的“讲授式教学”。他认为，教育具有对话性，教学应是对话式的，对话是一种创造活动，师生间的双向交流是一种平行、平等、民主、真实、积极的交流。师生双方都是主体，是一种合作。对话式教学是一种以学生为本，培养学生全面发展的教学方式，与新课程理念是一致的。在新课程改革教学实践中，众多教师愈来愈重视教学过程中的对话。而对话往往需要“话题”，初中英语教材都是一个单元设置一个话题，因此，在英语单元复习课中，围绕“话题”展开复习，日益成为提升学生英语综合能力的有效手段。在初中英语课本中有不少话题，如购物、旅游、运动、看病和天气，问路和指路等。在教学中教师应认真学习教材、钻研教材和课标。通过对话题和功能的分析与研究，有助于我们把握教学的重点和难点，提高教学的针对性。

(2)源自师生实际生活

“生活处处皆语言。”在复习课中，为了拓展学生的知识面，教师也可以选择学生所喜欢的东西，如歌曲、影视作品、运动、时事热点等；选择师生身边的人、事或物等；选择师生的日常生活。这些东西都和同学们的生活密切相关，也是他们所感兴趣的。在复习课前，教师可根据调查了解，确定复习话题，并提前告诉学生，让他们先查找资料，这样的复习课可让大家都有话可说，也愿意开口说。

(3)源自教师对复习课内容的锤炼

在复习课中，语法复习不是不重要，而是一味单纯地复习语法已经不适应新课程的要求了。教师在复习课上应该处理好语法和话题复习的关系。在复习课上教师不应该单纯地死板地复习语法，更不应该简单地从课本的角度，这样容易陷入“炒冷饭”的局面，更会局限学生的思维。这种以话题为主线进行的复习课，能帮助学生的能力真正提高一个层次。这就要求教师在复习之前，应该在备课过程中认真钻研，列出话题，并指导学生将这些话题所需要的词汇和句型都列举出来，最后在此基础上指导学生进行对话操练、写作拓展等，让学生把学到的语言点和现实生活相结合，做到学以致用，真正实现知识的活用。

二、“话题”式教学的原则

1. 真实性

初中英语教学中，每单元都有一个相关的话题，师生围绕话题进行语言技能训练，可避免语言学习的空洞和单调，同时也可充分体现语言的实用功能。《英语课程标准》中的“任务型”语言教学途径也提出，要创设真实的情境，让学生在这一情境中进行真实的语言交际实践活动。话题式复习式模式中所运用的话题源自现实生活，源自于学生实际的生活体验，所以学生在交际的时候不会言之无物。

2. 实用性

语言是交际的工具，我们学习语言的目的就是应用语言。话题式的复习模式让学生在交际中感知语言，在合作中应用语言，如在复习情态动词用法的时候，我们可以确定用“Rule”这一话题来复习，让学生就“traffic rules，school rules，house rules”这几个方面进行复习，进行实用性的语言操练。或让学生制定班规，创造性地用上这些情态动词。

3. 生成性

传统的复习方法是有预设的。学生的一切活动都掌握在老师的手中，如时间的把握、知识的归纳和训练题的设置，都是在老师的预设下一步一步地进行。这就扼制了学生的创造灵感，不利于师生情感交流。“话题”式模式也有一定的预设性，但更多的是生成性。如围绕话题进行“说”的训练时，学生所说的一些观点和表达方法是无法预知的，涉及“写”的训练时也是如此。

4. 针对性

话题的选择和确定，要与本节复习课所要涉及的语法知识紧密联系，具有很强的针对性。因此，在选择话题时一定要做到：既不能与所学课本上的话题重复，又要注重知识的横向联系。

三、"话题"式教学的流程

复习课应精选内容,策划思路,创设互动,指点学法。课堂环节的设计要以培养语言综合能力为出发点,也以培养语言综合能力为落脚点。既不能以练代基础,也不能单一的死记硬背。课堂的每个环节要用实战的机会来突出能力的形成和思维意识、思维习惯的形成。复习课中,教师要使学生在听和读的练习中提高理解能力,在说和写的练习中提高表达能力。要尽量通过听、说、读、写练习使学生加深理解和掌握已学语言的形式、意义和用法,调动学习的积极性,发展学生创造性思维,减轻复习疲劳感,提高综合运用语言的能力。

复习模式流程:引入——词汇——听力板块——口语交际——阅读板块——写作板块

1. 围绕话题创设问题情景,调动学生的情绪

所谓问题情境,指的是具有一定难度,需要学生努力克服,而又力所能及的学习情境。能否构成问题情境,关键看学习任务是否与学生已有的知识相匹配。事实证明,只有当学习任务在中等难度情况下,才能构成有效的问题情境。

复习课与新授课一样,一开始的 warming up 不可少,这一步的设计犹如一出戏的序幕,往往对学生的兴趣激发起到至关重要的作用。教师在复习课开始可以借助师生的实际生活话题创设情景,通过讨论一些问题,让学生运用所学知识与教师进行信息的交流,这有利于调动学生的情绪,并为本课的后续学习做好思维上的铺垫。例如:在复习"过去和现在的生活对比"。上课一开始通过让学生听优美而舒缓的"Yesterday once more"这首歌,引领学生的思维进入怀旧的欧美人生活的世界中,然后让学生观看两位女士关于平时生活喜好的录像,并结合 What TV programme are they talking about? Which two singers are mentioned? What topic are they talking about? 三个问题的讨论,自然而然调动起了学生的情绪,引导学生的思维很自然地进入了"生活"这一话题。

2. 围绕话题复习词汇,建立相关词汇关系网

词汇是语言的建筑材料,对学生来说,词汇掌握得如何,直接关系到学生英语的掌握程度如何。复习词汇,方法很多,头脑风暴、猜谜、语意图等均可使用。但如何使词汇复习有序自然地引出,需要话题作导引。如在以话题 Jobs and Dreams 复习课中,先让学生根据单词后缀-er,-or,-ist,-man,-ian 等复习所学词汇

-er：writer dancer singer player worker cleaner farmer teacher engineer reporter...

-or：doctor author actor inventor director editor...

-ist：artist dentist pianist violinist scientist...

-man：policeman businessman postman...

-ian：musician magician Canadian...

在复习与生活方面的话题有关的形容词时，可通过“life”这个话题作导引，设置了一个如图 3.17 所示的 word map。

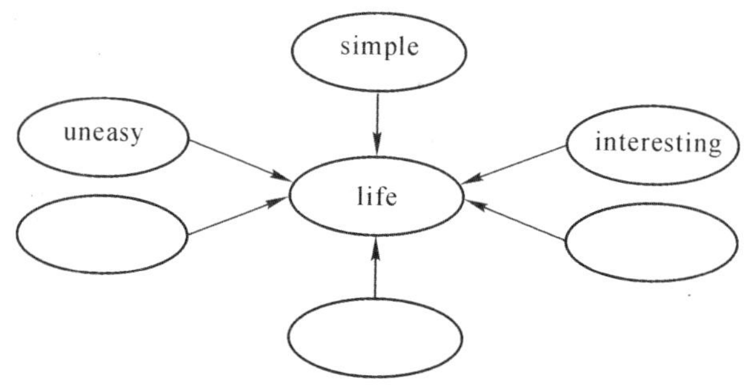

图 3.17 word map

通过 Word map 的形式引导学生快速说出脑中拥有的有关生活方面的形容词：interesting，simple，boring，good，busy ... 这里有单音节、双音节，也有多音节词，这些形式不同的词的出现既复习了“life”这个话题相关的形容词词汇，同时也为后面的语法复习做好了铺垫。

词汇复习有很多方法，根据图画记忆单词是一种非常有效的记忆单词的方法。这种方法有助于我们对单词进行分类和归纳，从而扩大词汇量。利用卡片记忆单词，在复习课前，要求学生根据复习话题自制卡片，学生把单词的词形、音标、词性、词义、例句写在卡片上，喜欢画画的同学还可以讲词义用图画的方式展现出来，这可以帮助学生有效提高记忆单词的效率。英语词汇中存在许多形似词，在词汇复习时通过比较形似单词可以提供记忆效率。比较形似词的词形有助于扩大词汇量。如果在复习词汇时能进一步分析形似词的意思和用法，还可以全面地掌握这些词。

3. 听力板块

听力在中考中占了 25 分，在复习课上，选择适合该话题相关的听力材料显得尤为重要。听力材料可选自和教材内容难度相当的阅读材料，加以改编后再利用，这样既起到复习的效果又能提高学生的听力理解能力；但不能简单停留在这一层面，在复习课中，教师可根据复习话题让学生展开 free-talk 或设计一些讨论话题，以此培养学生的口语表达能力，对其他同学来说，又是一次训练听力的好机会。

4. 阅读板块

阅读在中考中英语中占的比分最重，所以在复习课中一定要关注学生阅读技巧和能力的培养。在单元复习课或中考复习课中，选择一篇或两篇与复习话题有关的文章进行限时阅读，根据任务型教学法的模式设计题目，可设计快速阅读、猜词阅读、结构阅读、推断阅读、细节阅读等题目，这样既拓展了学生的知识面，又有利于发展学生的综合阅读能力。在复习课中，教师还应注意阅读技能的指导。例如：在做细节阅读题时，要教会学生抓住问题中的关键字眼，仔细阅读相关细节的内容。细节阅读题一般可以在文中直接找到答案或稍加归纳后找到答案。细节题答案与原文挂钩，但并非与原文中的语句一模一样，而是用不同的词语或句型表达相同的意思。

5. 活动或写作板块

在这一环节中可要求学生以小组为单位根据已有的知识和体验，用复习过的知识点、主要句型、语法等编对话进行表演或者写短文，让学生在运用中进一步拓展知识，将知识转化为技能，同时也给学生提供一个自主学习、创新学习的时间和空间，以展示自我、张扬个性，培养创新和实践能力。但是，很大一部分教师把写作教学看作是应付考试的一种应急手段，放在次要的位置，久而久之，便形成了一种学生心烦英语写作和写不好英语作文的现象。在复习课中，设计和本节复习课话题相关的写作内容，让学生在课堂上即写即改，这可以培养学生分析问题和解决问题的能力，让他们在作文训练和评改中受到启迪、思维得到锻炼，由被动接受知识转变为主动探究，从而提高作文教学的效率。对教师而言，英语写作教学是一件十分繁重而耗时的工作。教师应根据新课标的要求，树立积极的态度，以高度的责任感对学生进行写作教学引导，在教学过程中从实际情况出发，对学生进行低起点、小步子、容量适中、快速反馈的训练，帮助学生获得成功。

6. 分层作业

《英语课程标准》提出：教学活动不应仅限于课堂，而应延伸到课堂之外的学习和生活中。英语家庭作业就是将英语教学延伸到课外的重要途径之一，是学生课外学习英语的重要手段。

美国心理学家耶克斯（Yerks）和多德森（Dodson）发现最佳的动机激起水

平与作业难度密切相关:任务难度较容易,最佳动机激起水平较高;任务难度中等,最佳动机激起水平也适中;任务难度越高,最佳动机激起水平也就越低。这就是耶克斯—多德森定律(简称倒"U"曲线)。而分层作业的模式正好符合了倒"U"曲线的要求,根据不同水平的学生布置与之相适应的作业难度,这更有利于学生巩固已学得的知识,达到更好的学习效果。分层作业是指教师在设计、布置作业时,根据不同层次学生的各种情况,如课堂表现、掌握程度、已有水平等,设计出不同目标、不同的内容、不同要求并适合各类学生的作业,从而帮助、促使不同层次的学生都能有效完成英语作业,它可以使学生在原有水平上都能获得发展:优等生能在巩固基础知识的同时不断拓展,使自己的知识量和灵活性都有所提升;中等生可以在保证基础知识扎实的情况下有较大的进步,在灵活运用方面有所提高;而学困生则确保能掌握课标设定的教学底线。教师可根据学生间的差异性把班里的学生分成三层,学习程度较好的是A层,中等学生为B层,学习困难的学生为C层,A层和C层学生人数较少,B层为大多数,经过一段时间后可根据学生的现有情况随时调整。分层作业避免了传统的"一刀切、一锅煮"的现象,重视学生个体、个性的自主发展,因此在中学英语教学中对学生布置分层作业,是使全体学生共同进步的一个有效措施,也是使因材施教落到实处的一种有效方式。同时还培养了学生的观察、记忆、思维、想象、实践等多种能力和创新意识,巩固了学生的语言知识,提高了学生的语言技能,加强了学生的语言运用能力。

四、"话题"式教学实务分析

【案例3.13】 教材内容:新目标英语 Go for it! 八年级上 Unit 5

1. 教材分析

Unit 5 围绕 话题"Invitation"开展教学活动,学习情态动词 can 在交际场合中的用法,要求学生在学会提出邀请的同时,学会如何接受邀请以及如何拒绝邀请。

教学目标:(1)学会得体地邀请他人和接受邀请;(2)能有礼貌地拒绝邀请并且陈述原因;(3)了解邀请的礼仪和中西文化背景。

教学准备:(1)多媒体课件;(2)学生在本单元学习后存在的问题。

2. 教学过程

Step 1 Warming-up

Get Ss to listen to an English song "Happy birthday to you"

sang by Dj Bobo.

英语课的导入是一节课很重要的一个环节，选择与本课内容相联系的歌曲导入新课，既可激发学生学习英语的兴趣，还会带学生很快进入今天的课堂教学中，为下一环节的教学作了铺垫。

Step 2　Lead-in

T：It's October 22nd. Whose birthday is it today? Can you guess?

Ss：It's Jessie's birthday.

T：Would you like to say something to Jessie?

S1：Happy birthday，Jessie. Wish you happy and healthy every day.

S2：Good luck with you. I hope you can get better grades.

S3：I hope the friendship between us will last forever.

S4：I'd like to sing a song for you，Jessie. (Sing the song)

T：Ask Jessie to come to the blackboard. What do you feel now?

Jessie：I feel surprised，happy，excited and moved.

T：Do you want to celebrate your birthday?

Jessie：Not today. You know，my friends and I are all busy. We have a lot of homework to do. I will have a birthday dinner at home tomorrow evening. I will invite some friends home. My mother will cook some delicious food for us.

通过学生生日这一真实情境，学生给 Jessie 的生日祝福，很自然地导入本节复习课。

T：I have prepared a present for you，Jessie.

Jessie：Thank you very much.

T：Would you like to open the wrapped present now?

Jessie：Not now. Maybe after class.

Show Ss"Culture Index"

Chinese people think opening the presents in front of their friends is impolite and so they usually open them after the friends leave. But in American culture，they usually open the presents when they receive them and show their thanks to the friends.

Step 3 Practice

I. How to make invitations:(你能来参加我的聚会吗?)

____

Accept invitations(接受邀请):

____

Decline invitations(拒绝邀请):

____

II. Complete the dialogue:

A: Hi, Jessie!

B: Hi, Lily! ________ you ________ this Saturday?

A: Yes. What's up?

B: This Saturday is my ________. I'm going to ________ a birthday ________.

Would you like ________ come to my party?

A: Sure. I'd love ________. When ________ it start?

B: Half ________ six. Don't forget to ______ Lucy. I hope she ________ come, too.

A: OK. I am ________ she will come.

Step 4 Make an invitation card

Get Ss to make an invitation card for Jessie.

Read the dialogue and help Jessie make an invitation:

Jessie: Hi, Lily, can you come to my party at home?
Lily: When is it?
Jessie: It's on Friday, October 22nd at six thirty.
Lily: Great! I'd love to.

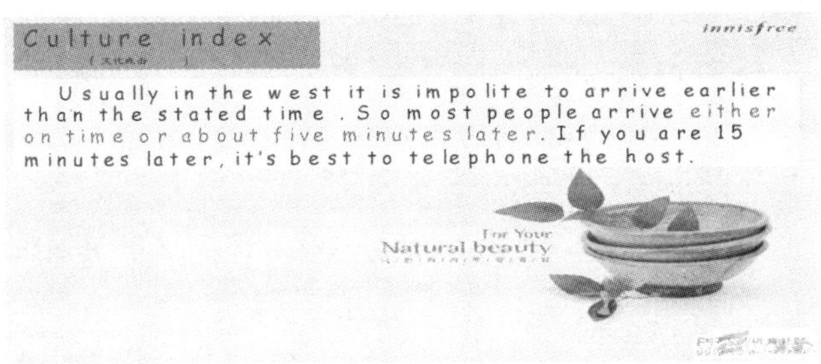

T: What will you do when you receive an invitation from your friends?

Ss:

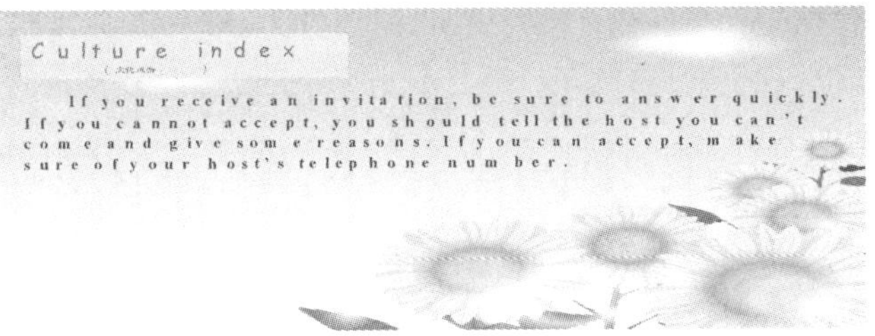

Step 5　Groupwork: Can you come to Jessie's party?

Name	Can / Can't	Reasons

Ask students to report theirs in their group.（以四人一组进行汇报可让每位同学在课堂上都有练习英语的机会，进一步培养学生灵活用英语进行交际的能力。）

Step 6　Listening Practice

1. Who is having a party?

A. Lisa　　B. Susan　　C. Tom

2. What is Lisa doing this Sunday?

A. She is having the guitar lesson.

B. She is having a party.

C. She is studying for a test.

3. Why can't Kate go to the party?

A. Because she has to babysit her sister.

B. Because she is ill.

C. Because she is busy with her work.

4. Can Tom go to the party?

A. Yes, he can. B. No, he can't. C. We don't know.

Step 7 Further reading

不同国籍的人庆贺生日的方式也各不相同。Paul, Alex, Dave 和 Kanda 分别来自不同的国家，他们又是如何庆祝生日的呢？

"We don't often do very much. I usually invite my friends to a bar for a drink after work. We have a cup of coffee or a drink, and then we go home." Paul, Spain.

"Children always have a party at home. Their friends bring presents and we play games and then we have something to eat and drink. Everyone always sings Happy Birthday." Alex, England.

"I don't often do anything special. I sometimes go to the theater with my wife or for a meal in a restaurant." Dave, the USA.

"For us, every twelfth year of life is special, and there's usually a party. The sixtieth birthday is always very special. We usually give presents of fruit, flowers and cakes." Kanda, Thailand.

根据短文，猜猜分别是谁在过生日。

This year's birthday was special, because he was 60 years old.

His name is ________ from ________.

On his birthday, he invited some friends to a bar to have coffee.

He is ________ and he's from ________.

When this year's birthday came, he went out to have a meal in a restaurant with his wife and then they went to the theatre.

He is ________ from ________.

(4) When his daughter's birthday came, ______ had a ______ at

home.

Read and answer:

1. Where does Paul usually go on his birthday? What do they do there?

2. How do children in England celebrate their birthday?

3. Who does Dave spend his birthday with? What do they sometimes do together?

4. How often do people in Thailand usually have a birthday party?

Step 8 Discussion

Step 9 Homework

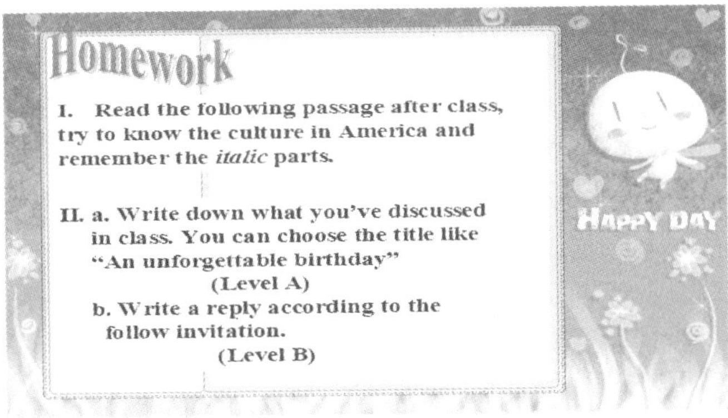

五、"话题"式教学的优势及反思

1. 优势

(1)有利于提高师生积极性。"话题"式英语复习课通过话题,创设问题情境,容易激发学生的积极性,更好地导入学习。学生的积极性一旦被激发,从而反作用于教师,提高教师的积极性,可谓起到双赢的作用。

(2)有利于培养学生的语言综合运用能力。"话题"式英语复习课通过学生与学生之间,学生与教师之间的交流和沟通的实际训练方式,这样更能达到培养学生语言综合运用的能力。

(3)有利于养成学生自主学习与合作学习的习惯。这种话题式的复习方式,需要学生课前的准备,然后通过交流的方式与其他同学进行合作。这也在无形当中培养了学生的自主学习与合作的能力。

2. 反思

(1)应避免华而不实。一定要把握重难点,把知识点、语言点真正落实下来。

(2)应避免加剧两极分化。设计话题时,要面向全体学生,兼顾两头,使所有的学生都有锻炼的机会,都能得到提高。

(3)应更注重课堂评价机制和激励措施

"教无定法",以上只为复习课型的一种操作模式。究竟复习课该如何去上,如何有吸引力,如何有实效,可根据复习课内容、自身经验、学生的学情来采取适合自己的方法及模式。英语是一门语言,它具有灵动性,与思维密不可分。一节课堂就是教师引导学生进行的一次旅行,在行程中随时我们可以发现意外的通道和美丽的图景。在英语复习课中意外的通道和美丽的风景就是学生能用所学的语言展现他们灵活的、开放的、生成的思维,并且将这种种的思维用英语优雅地表达出来。一节好课就像一串美丽的珍珠项链,课的每一环节都是一颗闪闪发亮的珍珠,课的灵魂就是那根能将珍珠串起来的线。

第四节　语文课堂中"抛锚"式教学

长期以来,中学语文教学一直徘徊在"高耗低效"的困境之中,语文课堂教学教师讲得辛苦、学生学得却并不一定饱满。薄薄的一本语文教科书被我们的语文教师视为"圣经",翻来覆去前后不知耕耘了多少遍,但学生的语文能力还是得不到有效提高。究其原因，主要是不重视学生思维能力的培养。

我们尝试在“三主成功”课堂教学思想指导下开展的抛锚式课堂教学，旨在提高语文课堂学生思维的参与度，训练学生的思维品质，从而逐步提高学生的语文素养。

一、“抛锚”式教学的含义及可行性分析

1. 抛锚式语文课堂教学的定义与理论背景

所谓“抛锚”式课堂教学是指在多样化的现实生活背景中（或在利用技术虚拟的情境中）运用情境化教学技术以促进学生反思，提高迁移能力和解决复杂问题能力的一种教学方式。即教师在教学时为学生创设富有真实性的学习情境，使教学建立在生动的真实性事件或问题情境的基础上，通过学生间的互动交流、合作探讨，使学生亲身体会从识别学习目标、提出学习目标到实现学习目标的一种教学过程。

抛锚式教学理念从本质上从属于建构主义教学理论。

建构主义理论强调，学习不是教师把知识简单地传递给学生的过程，而是由学生自己建构知识的过程。也就是说，学生不是简单地被动地接受信息，而是主动地建构知识的意义，这种建构是无法由他人来代替的。这一学习理论颠覆了以往认为知识是通过教师传授而得的传统理论，强调了学习者学习的主动性和主体性。

目前，抛锚式教学在英语课堂、数学课堂、信息技术课堂上使用较为广泛，但在语文课堂中，抛锚式教学的使用就不常见了。其实，语文课堂人文性更强，更关注学生思维能力、合作能力的培养。在语文课堂中，利用抛锚式教学，教师可以创设一种富有感染力的情境，引导学生自主选择出与当前学习主题密切相关的真实性事件或问题作为学习的中心内容，并向学生提供解决该问题的有关线索，通过学生自主学习和协作学习来实现教学目标的一种教学。确定这类情境或问题被形象称为“抛锚”，因为一旦这类事件或问题被确定了，整个教学内容和教学进程也就被确定了（就像轮船被锚固定一样）。

2. 抛锚式语文课堂教学的目的

抛锚式语文课堂教学的主要目的是使学生在一个完整的、真实的问题情境中，产生学习的需要，并通过镶嵌式教学以及学习共同体成员间的互动（合作学习），凭借自己的主动学习、生成学习，亲身体验识别、提出问题，达到目标的全过程。具体而言，语文课抛锚式教学有以下几方面的目的：

首先，使学生灵活掌握运用好知识。通过为教学提供真实的活动和真实的任务，学生沉浸在真实世界的情境中，有助于理解为什么要学习相关的知识技能，并且知道什么时候应用这些知识技能。

其次，促进学生迁移能力发展。抛锚式教学能帮助学生发展更科学、更丰富且具有索引功能的知识结构，从而使学习者能更自然地将知识应用到新情境中去。

再次，提高学生提出问题与解决问题的能力。抛锚式教学使学生注意到问题情境中一些关键性的特征，使学生感知变化，从新的视野看问题，进一步理解“锚”，从而促进学生提出和解决复杂问题的能力。

第四，激发学习动机。抛锚式教学能为学生提供自主解决情境化问题的机会，使学生独立思考和自主学习。

3.抛锚式语文课堂教学的可行性分析

(1)教材分析

语文教材的编排是以单篇课文为单位的，每篇课文都有清晰的文脉，根据各种不同的行文思路，教师可以引导学生参与教学的各个环节，充分调动学生学习的主动性、积极性。可以让学生自己提出问题，并整理发现的问题，确定主问题或确定问题呈现的顺序；可以让学生动手查找资料，并和同学一起共享，在自主、合作、探究性的学习中提高对文章的理解，从而提高课文解读能力；也可以让学生透视文章的写作轨迹，从而以这篇文章为例学习写作。这一系列的要求与抛锚式教学的理念是相吻合的。

(2)学情分析

随着信息科技水平的迅速发展，中学生获取信息和知识的途径越来越广泛多元，求知欲也逐步增强，他们开始不满足于书本中的简单概述与抽象描绘，不满足于已有的定论，而是更渴望自己来寻找答案。他们生活在信息爆炸的社会中，但是他们却渴求知识。抛锚式课堂教学的实施符合中学生的身心发展特点。

可能有部分缺乏学习能力、缺乏自信的学生会对抛锚式语文课堂教学不适应，但抛锚式语文课堂教学所强调的合作学习能有效地解决这个问题。在合作中，优秀生可以为困难生提供智力帮助，使困难生完成学习任务。在合作中，能充分体现集体的智慧，共享资源；并能学会相互交流的技巧，提升合作的能力。同时教师也应充分关心这部分学生，多施鼓励，常加指导。抛锚式语文教学绝对不是培优计划，而是在全体师生的努力之下，打开全新的思维之窗，增强语文教学的吸引力，提升学生的语文素养。

二、“抛锚”式语文课堂教学的实施流程及说明

抛锚式语文课堂教学的实施流程如图 3.18 所示。

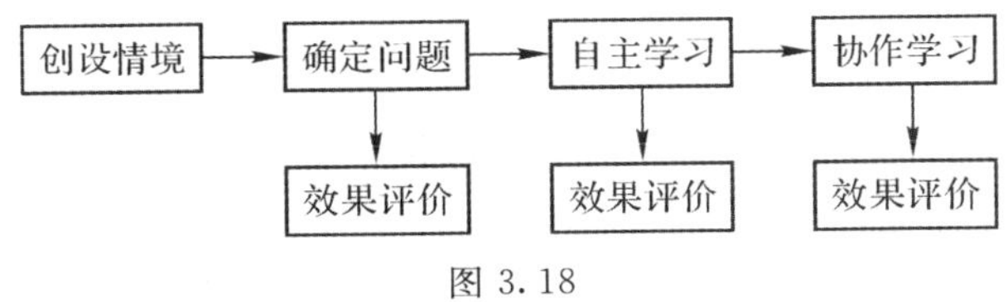

图 3.18

“抛锚”式课堂教学分为四个步骤：创设情境——确定问题——自主学习（协作学习）——效果评价。其中效果评价贯穿整个环节。

1. 创设情境

教学总是在某种情境中进行的，非情景教学往往事倍功半。

抛锚式教学与情境学习、情境认知理论有着极其密切的关系，倡导的是一种情境性的学习。使学习能在和现实情况基本一致或相类似的情境中进行，产生学习的愿望，达到非情景教学所不能达到的效果。

（1）利用游戏创设情境

游戏是孩子的天性。莎士比亚说：“游戏是孩子的‘工作’。”我国著名的幼儿教育家陈鹤琴认为游戏是儿童的生命，陈鹤琴先生就是用游戏的方法来教育培养孩子的。中学生刚刚结束灿烂天真的童年，心中还留存着对游戏的深深眷恋。游戏可以让课堂在极轻松的氛围中开始。比如《盲孩子和他的影子》一课，我们可以用一个课前小游戏来导入：

教师请每个同学在发下来的纸上画一个太阳，一个月亮，两个小孩，彼此手牵手，画一丛草，草上挂一颗露珠。画完之后，学生之间有一阵小小的躁动，他们把这构图简洁、意境优美的画得意地展示给周围同学看。教师稍等一会儿后请他们想象一下，如果失去眼睛，还能画得这么好看吗？学生一下子就安静下来了，开始体会到美好失去之后的疼痛。失去眼睛，画上的太阳一定错位了，月亮一定错位了，露珠与小草一定错位了，彼此牵着的手也一定错位了。错位的是不是还有心情呢——对于永远生活在黑暗里的盲孩子？

如此的情境创设，学生真切地感受到了盲孩子的孤独寂寞，很快进入角色。

（2）利用与课文内容相关故事创设情境

课前一个简短的故事，可以轻易地吸引学生的注意力。比如《观潮》一课。我们可以用一个故事导入：

传说忠心为国的伍子胥被诬叛国而被吴王夫差杀掉之后，心中的悲愤难以自遣，便于每月十五穿着素衣白袍，驾着白马，驰骋在钱塘江上，形成了钱江怒潮。有些人便在观潮之际指着钱江大潮对身边的朋友说："你看，那是伍子胥的悲愤！"那么，在学习了周密的《观潮》之后，当你也去观看钱江潮的时候，你会对你的朋友说，那潮水里有着周密怎样的情绪呢？

这样的情境创设，学生不仅在解读"浙江之潮，天下之伟观也"有一种奔腾汹涌的画面感，而且也会在一系列壮观的描写中寻找作者情绪流淌的暗流。

(3)利用学生的兴趣点创设情境

兴趣是最好的老师，要充分利用它。找准学生的兴趣点往往事半功倍。比如《小石潭记》一课，我们可以用这样的言语导入：

这节课让我们一起见证一场美丽的邂逅，在千里之外，千年之前。主人公是一个失意的文人和一个诗意的小潭。

学生的兴趣一下子被激发起来，起码在这一刻，文言文不再是令人头疼的学习内容了。他们的思绪也随着这有感染力的语言飘到了千年之前，再呈现课文就水到渠成了。

(4)利用学生对课文本身的阅读初体验创设情境

有些课文情感倾向非常明显，课文本身带给学生的冲击力就很强，这时，不妨"无招胜有招"，让学生谈谈阅读初体验，学生彼此之间的言语共振，便可营造浓烈的氛围，如《罗布泊，消逝的仙湖》等课文。

当然，还有更多的情境创设的方法，但所有方法的目的只有一个，就是让学生产生学习的愿望，以便在接下来的学习中充分发挥自己的能动性，成为学习和发展的主体。

2. 确定问题

明确的教学目标是教学成功的前提。任何教学都旨在完成一定的教学目标，在教学的结构中教学目标处于核心地位。在上述情境下，选择出与当前学习主题密切相关的真实性事件或问题作为学习的中心内容。选出的事件或问题就是"锚"，这一环节的作用就是"抛锚"。

(1)学生质疑

当学生在听课的过程中不断质疑时，就意味着学生真正成为了课堂的主人。比如学习《盲孩子和他的影子》一课，学生提出了许多的问题：

①男孩恢复光明了吗？怎么恢复光明的？

②盲孩子在获得光明后是什么心情？

③文中的"光明"指什么？内在的含义与表层意义是什么？

④光明中还包含了哪层意思?

⑤光明象征着什么?

⑥光明指的是一种希望吗?

⑦光明和盲孩子之间有什么隐秘的联系?

⑧影子为什么会变成真正的孩子?

⑨为什么说"我们都是光明的孩子"?

……

以上的问题,有的直白、浅显,没有张力,问题只涉及部分内容,无法辐射全文。在平时的课堂中可能是教师预设的追问问题,激起某一个局部教学的浪花。比如问题①和②。

有的问题直指课文主旨,绕开了情节和人物,在平时的课堂中需要师生对课文内容有充分的理解,并在课堂最后十分钟解决。比如问题③④⑤。

有的问题只是一种猜测,没有办法联系课文内容去解答。在平时的课堂中老师一般会舍弃这样的问题,因为游离于课文文字的问题不是语文课的教学内容。比如问题⑥和⑦。

有的问题只涉及文章的体裁,在课堂教学中以语文知识的形式呈现,在平时的课堂中老师一般会利用一节课集中解决,而不是分散在每篇课文中讲解,因为集中才更有效。比如问题⑧(只有在童话体裁中,影子才会变成真正的孩子)。

而问题⑨既涉及了情节内容,也涉及了主题思想,是需要学生细读文章才能解决的问题。

所以在学生自由提问的基础上,师生一起确定本课的核心问题,即前文所说的"锚,"这个"锚",就是问题⑨了!

在学生提问及师生一起筛选问题的过程中,学生的质疑能力得到了锻炼,思维品质得到了提升。同时,"锚"确定也使我们有的放矢,准确把握了后续教学的主要方向。

(2)教师设问

由学生提问固然很好,但在具体教学中比较费时、费力。可以和问题由老师提出交替进行。一方面,老师的提问经过了深思熟虑,质量较高;另一方面,教师的提问会根据课程的单元设置有侧重点地有序地进行,比较系统。同时,教师的问题设置还可以给学生以模仿的范本,让他们在以后的自主提问中有更多好的借鉴。

《小石潭记》一文,教师可"抛锚"为:文章前面写"心乐之",后面又写"悄怆幽邃”，一乐一忧似难相容，怎样理解文中的乐与忧？

《罗布泊，消逝的仙湖》一文，教师可“抛锚”为：作者在题目“消逝”一词中强烈地表达了他对于已经不复存在的罗布泊深深的痛，他在文章中如何向我们传达这一“疼痛”？

《行路难》，教师可“抛锚”为：你触摸到诗人那一刻情感的律动了吗？

3.自主学习

在确定问题后，学生要进行自主学习。抛锚式教学是一种启发式、支持生成式的教学，它的一个重要目标是帮助学生发展对自己体验的表征，以便为迁移创造条件。所以不是由教师直接告诉学生应当如何去解决面临的问题，而是由教师引导学生探寻解决该问题的有关线索，特别注意发展学生的“自主学习”能力。

(1)注重关键词

对关键词的关注体现了对语言这个教学内容的选择和重视。在关键词的选择和呈现次序的决定上，则体现了思维能力。比如《盲孩子和他的影子》一课，在确定了问题为“为什么说‘我们都是光明的孩子’”？之后，老师提供线索，找关键词“我们”和“光明”。其中“我们”为文中的“盲孩子”和“影子”(也有同学补充了“萤火虫”)，所以就设置了这样的“梯子”来帮助学生阅读：

从____中，我读到了一个______的盲孩子。

从____中，我读到了一个______的影子。

从____中，我读到了一个______的萤火虫。

其中“光明”可以为形容词，也可以为名词。做形容词，我们可以在上面的“梯子”中读出了“盲孩子”“影子”和“萤火虫”的种种光明的品质；做名词，则根据“我们都是光明的孩子”这一句读出了“光明”的母亲形象，读出了萦绕在文章中的世间的种种美好。因为这世上没有无缘无故的恨，也没有无缘无故的爱。盲孩子的纯净心灵、乐观来自哪里？影子的关爱又来自哪里？来自整个社会的美好氛围。

(2)利用写作手法

当我们把教学的目标设置由“作者写了什么”到“为什么这么写”再到“怎么写”时，我们无法避开作者在写作中使用的各种手法。比如《罗布泊，消逝的仙湖》一课，在确定了问题为“作者在题目‘消逝’一词中强烈地表达了他对于已经不复存在的罗布泊深深的痛，他在文章中如何向我们传达这一‘疼痛’?”之后，老师提供线索：

利用对比手法：消逝前的罗布泊愈美丽，我们愈痛心，现在的罗布泊愈荒凉，愈痛心。所以就设置了这样的“梯子”来帮助学生阅读：

①消逝前，罗布泊是个怎样的地方？请发挥你的想象，描绘一下这“仙湖”的景色。

②罗布泊现在又是什么样子？细读课文20—24节讨论后呈现“现在的罗布泊”的画面。

③罗布泊为什么会消逝呢？

④消逝的仅仅是罗布泊吗？

通过①②这样的渲染，课堂形成了“冰火二重天”的落差，真是过去愈美丽，愈痛心，现在愈荒凉，愈痛心。③把学生的思维由现象向现象背后的原因牵引，④则让学生学会由此及彼，层层递进的思维。这些都是阅读或书写报告文学乃至其他文本的基本思维。

(3)共用多种朗读法

“读书百遍，其义自现”，多种朗读法的使用，不光读懂了内容，也能使课堂变化多姿。比如《行路难》一课，在确定了问题为“你触摸到诗人那一刻情感的律动了吗?”之后，老师提供线索：

共用多种朗读法朗读《行路难》，所以就设置了这样的“梯子”来帮助学生阅读：

字正腔圆地读、富有节奏地读、利用四声读法读、把握基调读、贴近诗人心灵读。

(4)找准情感的转折点

古今的散文都是作者情感的流露。要真正读懂文章便要真切触摸其情感的起伏变化，尤其是一些触发处或转折处。比如《小石潭记》一课，在确定了问题为“文章前面写‘心乐之’，后面又写‘悄怆幽邃’，一乐一忧似难相容，怎样理解文中的乐与忧?”之后，老师提供线索:找准情感的转折点：

《小石潭记》情感的转折点在一个不起眼的“坐”字。从“闻水声”到“伐竹取道”到“见小潭”，柳宗元的心耳眼神一直忙碌，所以可以比较理性地告诉自己“乐些，更乐些”。“而一旦坐下来啊，四面竹树环合，凄凉的感觉从竹树的每一个枝丫，每一片叶尖升腾起来。那凄凉倾泻而出，如潮水般席卷而来。那阴阴的寒气啊，(凄神寒骨)侵入人的骨子里，渗入人的灵魂里，与内心深处深藏的那片忧伤的海遥相应和，两股凄凉之气弥漫开来，充塞于天地之间(悄怆幽邃)，天地虽大，却没有我柳宗元的立锥之地。是继续沉浸下去吗？不，我落荒而逃！不是不可，是不敢久居啊!”

此时课文的主题很自然地就能被学生理解、接纳。

"抛锚"之后的线索探寻还可以有其他的很多方式，因为有了"梯子"，学生的自主学习就更有成效了，语文学习的成就感更高了，主动参与意识更强了，形成了一个良好的循环。

4.协作学习

建构主义认为，协作学习环境以及学习者与周围环境的交互作用，对于学习内容的理解(即对知识意义的建构)起着关键性的作用。抛锚式教学提倡多向性地思考问题，课程的设计注重学习者对教学内容进行探索。在这种抛锚式或情境性教学中，任何一个问题都存在着多种可能的解决方案，多种解决问题的可能性往往产生于学生有趣而深入的讨论，并在无形中给予学生有更多的机会参与小组互动以支持生成性学习。

比如《盲孩子和他的影子》一课，在生生交流，师生交流后，有那么丰富的答案：

我读到了一个乐观、热爱生活、渴望友谊、追求梦想……的盲孩子。

我读到了一个关爱他人、尊重朋友、友善……的影子。

我读到了一个小小的、美丽、发光、不烫人、有群体的力量的萤火虫。

文中的盲孩子、影子和萤火虫具有光明的品质，"都是光明的孩子"，在现实生活中，"盲孩子"指代了遇到困难需要帮助的人，"影子"指代了关爱他人的人。谁还会是光明的孩子？在座的每一位。让我们点一粒善意的种子，绽放光明之花！

比如《罗布泊，消逝的仙湖》一课，在生生交流，师生交流后，曾经的罗布泊呈现了这样美丽的景象：

阳光的酒调得很淡，却很醇，浅浅地斟在每一个杯形的小野花里。

清风在细叶间穿梭，跟他一起穿梭的还有牧羊人的短笛。

到底是一位怎样的君王要举行野宴呢？每一个角落都布置得这样豪华雅致！

所以很自然就带出了"罗布泊为什么会消逝"这个疑惑，直指"这出悲剧的制造者又是人！"这个核心问题。

抛锚式教学抛出的问题具有发散思维，使学生易于参与小组学习，在这一环节，学生在小组学习中作出自己的贡献，从而赢得同伴的尊重，有利于学生语文学习的合作性能力的形成。

5.效果评价

效果评价是教学中不可缺少的一环。对教学效果的良好把握可以让教师掌控学生的学习情况，为下一步的教学提供依据。好的学习效果的取得可以激发学生更大的学习热情。学习效果不理想时教师的适时指导为进一步学习指明方向。由于抛锚式教学的学习过程就是解决问题的过程，由该过程可以直接反映出学生的学习效果。因此对这种教学效果的评价不需要进行独立于教学过程的专门测验，只需在学习过程中随时观察并记录学生的表现即可。比如在“抛锚”式语文教学中学生的发散式思维，学生思考语文问题时联想法、想象法、演绎法的使用，学生参与小组学习的程度等。

三、“抛锚”式语文课堂教学的积极意义

1. 有利于良好语文学习情境的创设

在某种情境中进行教学，能让学生产生学习的需要。

抛锚式教学能使我们课前充分挖掘语文课程资源，从日常的现实生活中去考虑教学流程的设计，创设成功教学的情境，把握好教学的切入点，充分运用各种信息载体实现语文知识的传播。

2. 有利于以“锚”为中心的定向性语文学习的开展

在抛锚式教学中，教师的教和学生的学都是围绕如何完成一个具体的任务进行的。这有利于转变我们在教学中随意择取教学内容的观念，强化定向性的目标教学，基于问题式开展教学工作，从而提高教学的效果。

抛锚模式的“锚”的问题定向性与初中语文教材的体系的设置契合，有利于以适当的“锚”来组织开展语文教学。初中语文教材的体系是以单元为单位的基于主题式的教学，各个单元都有中心主题。若利用好“锚”，能更有效地利用课程资源。

3. 有利于学生学习语文的自主探索精神的培养

抛锚式教学是一种启发式、支持生成式的教学，它的一个重要目标是帮助学生发展对自己体验的表征，以便为正迁移创造条件。模式的流程设计有利于把握学生的语文学习的心态，提高学生的主动参与意识。整个教学过程中教师起组织者、指导者、帮助者和促进者的作用，利用情境、协作、会话等学习环境要素充分发挥学生的主动性、积极性和首创精神，最终达到使学生构建当前所学知识的目的。

教师可以根据学生的不同特点，有针对性地加以指导，实现个性化教学、分层次教学和弹性教学。学生不仅学到了课本上的知识，还学会了获取有关信息与资料的能力，更重要的是培养了学生的自主探索精神。

4.有利于学生的语文思辨能力的提高

抛锚式教学提倡多向性思考问题，课程的设计注重学习者对教学内容进行探索。在这种抛锚式或情境性教学中，任何一个问题都存在着多种可能的解决方案，多种解决问题的可能性往往产生于学生有趣而深入的讨论中。在“抛锚”式语文教学中要注重培养学生的发散式思维，教会学生用联想法、想象法、演绎法去思考问题，提出问题，探索方案，解决问题，最后达到提高语文学习能力的目的。

5.有利于学生语文学习的合作性能力的形成

建构主义认为，营造良好的学习环境并使学习者与周围环境产生交互作用，对于学习内容的理解(即对知识意义的建构)起着关键性的作用。抛锚式教学的目的之一是创设能导致合作学习的环境，解决问题时为学生提供创建问题结构、探索问题解答的机会，并在无形中使学生有更多的机会参与小组互动以支持生成性学习。

抛锚式教学抛出的问题相对复杂，凭单个学生的力量是不可能完全解决的，为此，合作学习必不可少。优等生自然受益最大，同时对于学业不够理想的学生也是一个福音，因为，该课程有助于此类学生在小组学习中作出自己的贡献，从而赢得同伴的尊重。久而久之，就可形成合作性学习的能力。

总之，“抛锚”式教学过程中教师起组织者、指导者、帮助者和促进者的作用，利用情境、协作、会话等学习环境要素充分发挥学生的主动性、积极性和首创精神，最终达到使学生在多种机会和不同的情景下应用他们所学的知识，自然而然地进行意义建构，从而在获得新的知识与技能时获得一种成功的体验。“抛锚”式教学是一种适合中学语文课堂的教学模式。

第五节　基于策略渗透和探究的英语“阅读”式教学

阅读教学历来是英语教学的重点，也是国内外外语教育教学领域的一个研究热点。学生的英语阅读能力与其词汇量、文化背景知识和阅读策略等因素紧密联系。在英语阅读教学中，我们应重视对阅读方法的指导和训练，以培养学生的自学能力与方法探究能力。从一定程度上说，英语阅读教学的过程就是老师有意识地指导学生运用一系列阅读策略和方法的阅读学习探究过程。

以往我们阅读教学中只注重词汇、句型和语法，但中学生英语阅读能力的提高不仅要求学生掌握一定的词汇、习惯用语和语法知识，还需要学生养成良好的阅读习惯，积累一定的英语语言文化背景知识，形成有效的阅读策略和技巧。而好的阅读策略则需要在老师系统的、长期的训练下慢慢形成。新目标英语从八下开始每个单元增加了一篇泛读材料，并对阅读策略的渗透提出了具体的要求。即每单元重点教学一个阅读策略。在这种情况下，很多老师对如何加强策略渗透，提高学生的阅读能力进行了大量有益的实践和探索。针对如何提高初中学生的英语阅读能力这一课题，本文主要分析阐述了英语的几种阅读模式和基于策略渗透和探究的阅读教学的构建及其理念。在此基础上试图通过一节送教下乡的交流课的呈现和设计，同时结合具体实践来探讨如何实施基于策略渗透和探究的阅读教学，并提出一些建议，希望通过思维的碰撞，达到智慧的交流，焕发阅读教学的魅力。文章最后对如何提高阅读策略渗透的有效性提出了四点建议和具体实践操作。

一、英语阅读模式的多维实践探索

英语阅读模式主要有两种：[①]一种是“自下而上”的模式（bottom-up model）。在这种模式中，读者获取信息是从辨认最基本的语言符号开始，即从字母到单词、短语，然后从短语到句子、段落，最后从段落到篇章、再到对作者意图的把握。

另一种模式是“自上而下”的模式（top-down model），这种模式是古德曼（K. S. Goodman）于 20 世纪 70 年代初提出的阅读理论模式，即略读文章，猜测、跳跃性的读文章，从篇章的宏观阅读中领略文章主旨大意。

随着对阅读心理过程研究的不断深入，阅读的“相互模式”（interactive model）逐渐形成并趋于成熟。这种阅读模式认为，在实际阅读过程中，“自下而上”和“自上而下”这两种模式会交替或同时出现。它取决于文章的类型、读者已有的背景知识和语言能力等因素。

二、基于策略渗透和探究的阅读教学的构建及其理念

传统的阅读模式通常只重视词汇、句型以及语法的教授，而忽视对语篇意义及其结构等的教学。基于策略渗透和探究的阅读教学是针对传统的阅读教学而提出的，这种阅读教学尽管也有语言知识的教学，但课堂教学活动主要围

① 李春华．初中英语阅读策略与阅读微技能的研究．[J/OL]．http://www.hbyc5z.com/Artiele—Show.ap? ArticlelD=856.2007.

绕阅读策略的渗透而展开。基于策略渗透和探究的阅读教学，我们尝试采用了“PWP”的划分方式。即 Pre-reading，While-reading 和 Post-reading。

Pre-reading 阅读前阶段。在这一阶段创设适当的语境，带领学生复习与本单元话题有关的单词、短语、目标语言或语法知识，以旧带新，呈现话题，为新课做准备。根据主题进行阅读预测，也可以在游戏或故事中理解新词或语言，给学生阅读提示，排除障碍，降低阅读难度。通过阅读前的一些热身活动，可以较好地刺激学生的阅读欲望。

While-reading 阅读中阶段①。While-reading 至少要实现三个目标：一是充分获取信息（主旨大意和具体信息等），这是主要目标；二是理解文本中的语言知识（关注知识，准确理解语篇意义）；三是理解文本的篇章结构。侧重对学生阅读技巧和阅读策略的培养，以提高学生获取信息和处理信息的能力，在设置任务时要由易及难，引导学生进行由略到细的阅读。教师首先出示两三个与阅读内容有关的概括性问题，让学生带着问题快速阅读短文。通过快速阅读，使学生提纲挈领地了解文章基本内容和中心思想；其次，提出能让学生通过略读就能快速在语篇中找到明显答案的连贯的问题，帮助他们纵观全文，获取对语篇的完整印象，训练学生整体理解的技能；或者提出一些推断性问题，让学生通过精读领会语篇的细节；最后，提出一些延伸性问题来开拓学生的视野，培养创造性思维。

Post-reading 阅读输出环节。此部分需设置真实或尽量真实的任务活动，体现学以致用的原则。同时教师要注意学生在语言表达过程中的表现，并及时调控。要注意活动成果的展示，并对其进行及时的评价。充分发挥评价的激励作用。

三、基于策略渗透和探究的阅读教学的流程解读

基于策略渗透的阅读教学具体采用 O'Mally 和 Chamot（1990）的经典五部法②：解读指导策略——演示策略——训练策略——评估策略——应用策略，最终达到以读促读，提高阅读能力，实现有效教学。

（1）教师解读目标阅读策略，让学生理解该目标策略的含义。教师要通过“有声思维”的方法把策略运用的情况展示给学生听，让学生跟着老师的思路学习阅读技巧。

---

① 朱仕琼．初中英语阅读课教学初探[J]，中学生导报（教学研究）2011（17）．

② 周智忠．基于策略训练的初中英语阅读教学[J]．中小学外语教学（中学篇），2011（2）．

(2)选用教材中的内容或教材外素材进行策略使用演示，让学生在参与中体验策略的使用过程，体会使用该策略对自身的英语阅读能力提升的积极意义；

(3)结合教材中阅读文本进行策略训练，让学生实践并运用目标策略，获得直接经验。

(4)经过练习后，学生需(在教师的引导下)对自身的策略运用情况进行评估、反思和交流。教师可以借此了解学生策略使用情况，以决定下次课程的设置和改进。

(5)布置新的阅读任务，让学生体验运用新学的策略以利于巩固其应用。因此教师要适时提供机会并引导鼓励学生把所学的策略迁移到新的学习材料中去。如图 3.19 所示。

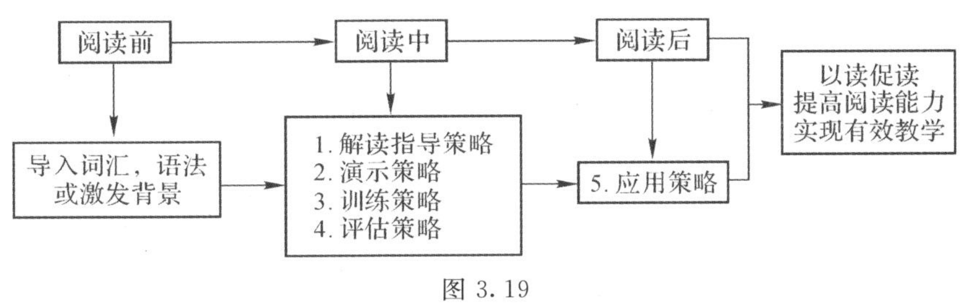

图 3.19

四、课例呈现及策略渗透教学评析

【案例 3.14】

1. 背景介绍

本课是本人一节送教下乡交流课。本课就如何进行有效的阅读教学、培养学生良好的阅读习惯和策略、提高阅读能力作了尝试，受到听课老师的好评。

2. 教学内容分析

本课例中的教学内容是新目标英语八年级下册第四单元的泛读材料。题目为“She said helping others changed her life”。本课以“志愿者支教”为主要内容，通过讲述志愿者杨蕾的事迹引出“助人为乐”这一中心话题，培养学生关注社会公益事业，养成助人为乐的优秀品质。此过程中要求教师关注的阅读主策略是略读课文、关注大意，先不注重细节，通过扫描迅速预测文章内容和把握文章的主旨大意，对文章的结构有个总体印象；次策略是通过语境猜测单词意思，并在读后练习中设计相关的策略运用内容，如写一篇 summary。

由于前面三个单元学生已经熟悉掌握了部分阅读策略，如预测、学会使用英英词典和特别关注每一段落的首句、主题句。因此，本课旨在结合教材突出略读主策略，并兼顾复习其他阅读策略。

3. 教学目标

(1)理解并学会直接引语和间接引语的表达结构和用法。

(2)结合教材尝试运用阅读策略总结段落大意并能概括文章的主要内容。

(3)通过拓展阅读与课文主题相关的其他素材，使学生能更灵活的运用已学阅读策略，并在此基础上培养学生乐于助人、乐于奉献的精神。

4. 教学过程

Step 1　Pre-reading(导入词汇，语法或激活背景)

(1)播放志愿者谭晶公益宣传片

(2)与学生谈论爱好

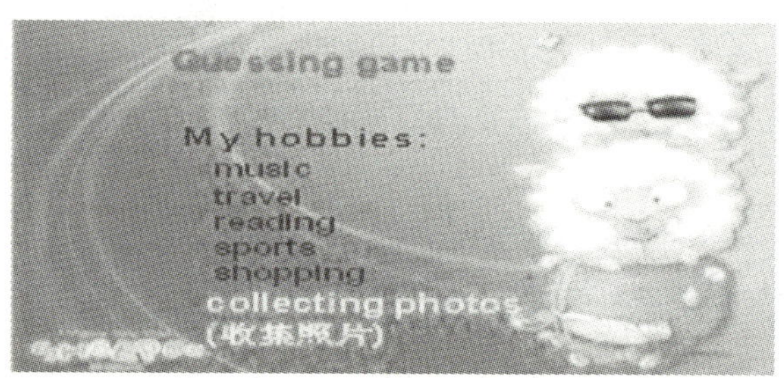

【设计说明】本环节属于热身阶段，通过播放与本课主题相关的歌曲给学生热身，导入文化背景从而引入文章主题，与学生讨论各自的爱好，拉近师生间距离，告诉学生自己喜欢收集图片，同时为下一步骤作铺垫。

(3)呈现词汇、语法

①呈现一张教师收集的图片，让学生猜测图片里为什么有那么多人在雨天排队以及他们在干什么(大学生在找工作)。

②呈现相关图片讨论大学生就业现状。

There are more and more graduates.

make a different decision
volunteer to do sth.

students in poor village schools in rural areas（乡下地区）

open up the poor children's eyes to the outside world and give them a good start in life.

教师提问以下问题(师生对话)：

T：There are more and more graduates. So it's hard for them to look for a job. Where will you look for a job if you are a graduate?

S1：I will look for a job in big cities.

S2：I will look for a job

…

T：Most of the graduates would like to look for a job in big cities. But still more and more graduates make a different decision. What decision is it?（引导学生理解 make a different decision and volunteer to do sth. ）

S1：They volunteer to work in West China.

S2：They volunteer to teach in rural areas.

…

Get the students guess why.

S1：They want to open up the children's eyes to the outside world.

S2：…

【设计说明】本环节属于导入阶段。利用学生好奇心理猜测图片中人物的活动，活跃课堂气氛；讨论大学生就业现状，有利于对学生进行思想教育，且可以顺利地引出本课的主题“志愿者支教”。在自由谈论的过程中适时介入课文中的生词的讲解，组织学生学习并运用，为下文的阅读扫清语言障碍。

Step 2 While-reading（解读指导策略——演示策略——训练策略——评估策略）

(1)预测 Prediction（复习应用本课次策略）

向学生呈现杨蕾的一张图片并引出文章主题“She said helping others changed her life”，并要求学生根据标题和图片预测：“Who is Yang Lei? What did she do? Why did she do that? How would it help?”并板书四个问题。

【设计说明】本环节属于复习八下第一单元预测策略阶段。直接在幻灯片上打出提示语，告诉学生根据以下两个线索进行预测：文章标题和文章插图。学生已在 Unit1 学习预测策略，让学生复习运用所学策略，鼓励学生展开想象，为开展阅读做好充分的准备。

(2)略读以寻找中心思想——关注大意，先不注重细节（教授本课主策略）

①解读策略。阅读前，引导学生采取以下三个步骤了解文章大意：a. 读文章的标题、首段、结尾段以及每段的第一句，了解文章的主旨大意。b. 学生快速阅读文章，然后将文章的标题与中心思想匹配。c. 找出段落主题句和信息词。

②演示策略。选择一篇教材外简短的文章向学生进行略读策略的使用演示。

③训练策略。学生略读教材文本，找出文章主题句，并归纳中心思想。

Reading strategy two: First read for meaning, not for detail

What's the main idea of the text?

A. The life in Yang Lei's school was very hard.

★ Yang Lei enjoyed teaching students as a mountain village and that changed her life.

C. Yang Lei's students liked her very much.

④评估策略。师生核对答案，并要求学生说明理由。

【设计说明】本环节属于教授本课主策略阶段。在学生阅读前，讲解略读策略的要领，并结合一篇教材外简短文章演示如何运用该策略，使学生直观了解策略使用的方法。在训练策略阅读中鼓励学生阅读标题首段、结尾段以及每段的第一句，了解文章的主旨大意，让学生实践并运用目标策略，获得直接经验。在核对答案过程中，要求学生说明原因，这样做可以让学生回忆和评估自己策略使用的过程。教师也可以确认学生对所学阅读技能的运用。

(3)要特别关注每一段落的首句：它一般是关键句，也就是主题句(复习迁移运用本课次策略)

学生阅读每一段落的首句，并完成 True or False

Fast reading

Reading strategy three(阅读策略三): Read the first sentence of each paragraph. It's often the topic sentence of each paragraph. The topic sentence(主题句) tells us the main idea(中心思想) of a paragraph

1. Teaching high school students in a poor mountain may sound fun for many people. F
2. Yang Lei always live in the mountains. F
3. Most pupils live at home. F
4. All the students can go to a higher school. F
6. Yang Lei loved her time as a volunteer. T

【设计说明】本环节属于复习八下第三单元阅读策略阶段。由于学生对课文内容已经比较熟悉和了解，让学生直接运用该策略，不做

具体指导或演示。新教材中每一单元都给出了一个核心策略，但这并不表示其他的阅读策略就不需要在课堂中进行渗透，教师应在进行策略训练时把握好主次之分。

(4)根据上下文联系理解单词意思，完成填空(教授本课主策略)

①解读演示策略：引导学生在具体语境中学习词汇。

②训练策略：学生根据课文内容完成单词填空。

③评估策略：师生校对答案，并要求学生说明填写答案的理由。

Reading strategy four(阅读策略四): You can understand the meaning of a word you don't know from the context.

(根据上下文联系理解单词意思。)

Put these words into the correct space as you read.

a) world	b) brothers	c) changed
d) agreed	e) mountains	f) different

1...However, it changed the life of Yang Lei from Beijing...

2...Life in the mountains was a new experience for Yang Lei...

3...Fortunately, Yang Lei's mother agreed with her daughter...

4...Young people today need to experience different things.

5...They say that we are like big brothers or sisters to them...

6...but I can open up my students' eyes to the outside world and give them a good start in life...

【设计说明】本环节属于教授本课主策略阶段。尽量按照策略教学的流程组织教学，组织学生学习和运用根据上下文获取信息、猜测词义的策略。

(5)寻读和选择(教授本课次策略)

①解读策略。

活动前做快速寻读的示范并讲解要领，寻读是另一种快速阅读的方式，其目的是从较长的文字资料中查询细节内容。不必查阅整篇找到信息，阅读中鼓励学生做好画线圈点等标记工作，然后逐一确认学生对所学阅读技能的运用。

②训练策略。

a. 阅读第一段并完成填空。

b. 阅读第二段并找出有关杨蕾生活的信息。

c. 阅读第三、四段并找出有关杨蕾学生生活的信息。

d. 再次阅读全文完成表格。

Reading strategy five(阅读策略五): Scan-read for the details you want. 在掌握大意前提下，要求学生寻读来获取细节信息。

1 Teaching high school students in a poor mountain village in Gansu Province may not sound like fun to you. However, it changed the life of Yang Lei from Beijing. The Peking University graduate first went there as a volunteer on a one-year program. The program was started by the Ministry of Education and the Chinese Young Pioneers. Every year they send 100 volunteers to teach in China's rural areas.

1. Every year, the Ministry of Education(教育部) and the Chinese Young Pioneers (中国少年先锋队) send many volunteers to teach in China's rural areas.

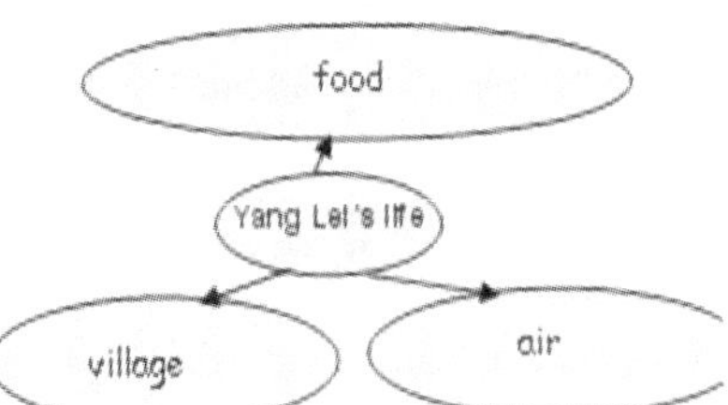

Read paragraphs 3-4 and find

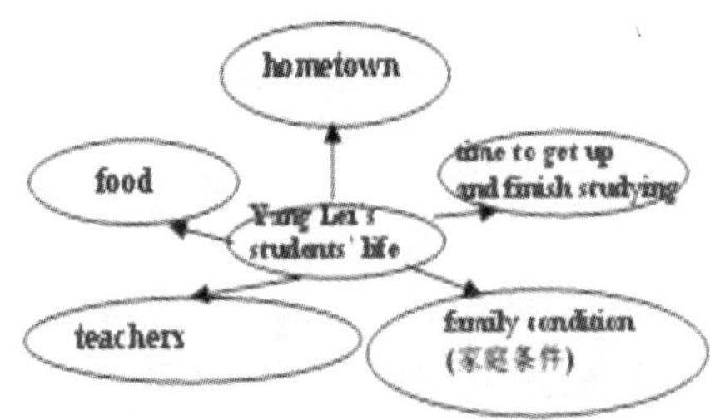

Read it again and fill in the chart

who	What did they say about Yang Lei's volunteer work?
her mother's word	Her mother said young people today needed to experience different things.
her students' word	Her students said they were like big brothers or sisters to them, and they felt lucky.
her own word	She said she could open up her students' eyes to the outside world and give them a good start in life.

③评估策略。

师生核对答案，学生说明填写答案的理由，教师根据学生阅读中策略的运用、答题的正确率等做出教学评估。

【设计说明】在本环节中，寻读虽然是八下第六单元的核心策略，但在以往的阅读教学中我也经常有意识地引导学生运用这一策略，因此在这一环节大部分学生都能凭借此策略较好地完成阅读任务。当我通过填空、填表格以及概念图(mind mapping)和回答问题等多种方式给学生自主学习、合作学习的空间时，学生就能充分发挥他们的主动性，很好地掌握本环节的重点和难点。

Step 3 After-reading(应用策略)

(1)学写摘要，概述全文(本课最高层次的策略)

学生回答 Who，What，Where，When，Why，How 等问题来学会写概要。

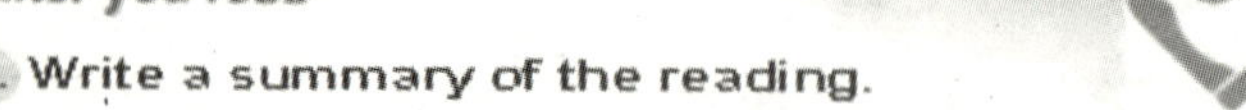

After you read

3c. Write a summary of the reading.

Yang Lei, a Peking University graduate first went to Gansu as a volunteer on a one-year program. She was one of the volunteers to teach in China's rural areas. Life in the mountains was quite difficult, but her parents agreed with her, and thought it was a good idea. The students there worked very hard. They love having the volunteer teachers there. Some of them can't go to a senior school or college, because their families are poor, but Yang said she could open up their eyes to the outside world and give them a good start in life. After finishing her study, Yang would return to the areas, and now she's a math teacher in Gansu province.

【设计说明】本环节属于高级运用阅读策略阶段。在备课时，我想让学生直接用自己的话来写概要，目的是给学生更多的空间去自由发挥，并锻炼自己总结的能力，更能提高学生的写作以及语言表达能力，同时也能让文章的总结版本多样。但实际上课时我采用的还是做填空练习。因为在实际操作时，我预设的使学生感到困难重重，因此，我临时修改预设内容，从让学生做填空练习，逐步过渡到独立写文章的概要。

(2)小结(师生共同回顾本节课所学的阅读策略)

【设计说明】本环节属于总结归纳阶段。学生在教师的引导下回忆和总结本节课中学习与应用的阅读策略。教师再次操作要领，加深学生记忆，强化学生的策略意识。

Step 4　拓展并深化主题

(1)呈现两张图片深化主题

T: Many people who are like Yang Lei volunteer to do meaningful things. They make our world warmer and more beautiful. We will never forget the Olympic Games volunteers and the earthquake volunteers. It's their love that makes the world go around.

(2)小组讨论

What should we do to show love to others now and in the future?

Discussion:

What should we do to show love to others now and in the future?

Reach out (伸出手) and help others, and you will get more than you imagine.

【设计说明】本环节属于拓展升华阶段。这个练习是对课文内容的延伸、主题的升华，是学生对所学知识灵活运用能力的实践，能充分发挥学生的主体性，主张学生独立思考、探索问题，也激发了学生的社会责任感。

五、提高阅读策略渗透有效性的实践操作与建议

1. 教师主导与学生主体，师生互动结合

阅读教学中应充分进行师生互动。首先，教师对目标策略要进行比较明确的讲解，“充分发挥支架作用”。其次，在训练前，教师要结合材料进行示范运用；在训练中，教师则应“部分拆除支架”，让学生运用策略自主阅读；在核对结果时，教师应要求学生说明原因，以便让学生回忆和评估自己使用策略的过程。在最后应用策略环节中，教师应“完全拆除支架”。选用一些与主题相关的文本，要求学生用刚学的策略进行阅读并完成任务，以拓展和巩固目标策略。

2. 突出策略教学，兼顾其他教学目标

基于策略渗透的阅读教学虽以策略渗透为主要教学内容，但在教学过程中同样不能忽视语言知识、技能、文化意识以及情感态度价值观的渗透。

3. 教师使用适当的阅读策略处理阅读文章

根据已调查到的学生阅读策略使用情况，教师应从课堂阅读策略渗透教学、利用课外文本进行阅读策略训练和加强英语阅读教学方法的研究三方面入手，对学生展开训练。

(1)课堂教学中阅读策略知识的渗透和训练

英语教材在编排上，每个单元都安排了有一定代表意义的阅读材料，针对

学生已有的阅读水平，教师应有针对性地合理运用课本阅读教学资源组织好阅读教学，在教学中探索科学有效的教学方法，培养学生良好的阅读习惯，提高学生的阅读能力。

课堂教学中阅读策略知识的渗透和训练主要是关于各种阅读技巧的应用和对应用情况的监控、评价及反思。在每一项阅读技巧的训练中，先解释、说明此项技巧的内容及操作过程，以保证他们正确使用，然后阅读文章让他们做题来体会这种技巧，并且用语言表达出做题的思维过程，最后大家对自己使用这些技巧的能力进行评定，并总结出自己的使用情况。

(2)专门的阅读策略指导课和阅读策略使用训练

在这种专门的阅读策略知识指导课上，教师要告诉他们元认知策略包括哪些具体策略，各种策略的内容和实行办法等。例如，在阅读课正式开始之前安排学生在一个周里思考自己的阅读目标、查阅阅读资料，因为课堂阅读在量和面上都非常有限，策略训练更需要在课外阅读中实践，所以选择大量课外阅读在阅读学习中十分重要。在合理利用已有课本教学资源的基础上，购买符合本校特点并具有新课程理念的阅读教材，或者广泛收集具有时代特点，内容健康、丰富的阅读资源自编阅读材料。

在课外选材上一定要根据自己的短期目标或长期目标(如为近期的考试作准备或提高阅读能力的课外阅读理解和完形填空补充材料等)和自己的实际情况来选，例如有的学生想为近期考试作准备，那他就可以选择同步的英语双语报来读，而且最好是带有试题的文章。另外在材料的难易上也应斟酌，比如学生们现在是八年级，可有的学生感到八年级的阅读材料对自己来说太难了(比如热销的开心英语和奔腾英语)，那他们在选择课外补充材料时就应该选择低于八年级水平的阅读材料，还有部分学生可能感到八年级的阅读材料对于他们来说可能太简单了，那在选择课外补充材料时就应该选择高于八年级水平的阅读材料，另外每个人的兴趣爱好不同，在选材上也应各有侧重。确定目标之后，就得开始做计划实施了，在计划上也要求学生做得切实可行，超出学生能力范围的不做，关键是能实行。为了能经常检查自己的计划和实施情况，还要求学生写学习日记，除记录阅读情况外，还写一些心得、体会，有关于目标、计划的，也有对自己阅读的评价及具体应用策略的反思，根据这些体会随时修正计划和策略应用。

(3)加强英语阅读教学方法的研究，促进教师教学能力提高

教师只有通过研究学生的认知特点和阅读策略，才能制定出切实可行的阅读教学方法。学生的年龄、性别、兴趣、认知风格、性格差异和已有的学习经

验等都会对阅读理解产生影响，因此，教师也应充分重视这些因素，并根据具体情况加强对学生的个别辅导。

4. 学生有意识地应用阅读策略去解决问题

在学习过程中，阅读策略的运用起到很大的作用，它为学习者提高阅读理解能力提供了方法。要达到准确理解，学习者必须主动地使用一定的策略，使阅读成为一个动态的过程。九年级下与中考接轨，教师应根据中考对阅读目标的要求增加一些有针对性的强化训练，要求学生使用适当的策略来提高阅读速度和答题准确率。同时，学生在学习与策略运用过程中也应对自己的学习过程不断进行反思总结，探索并选择适合自己学习方法的阅读策略。

结束语

英语阅读能力的培养是中学英语学习的一项重要任务，在阅读实践中科学使用阅读策略，必能帮助学生有效获取信息，并不断开阔视野，深化思维，提升阅读能力，并从阅读中获得乐趣，体会语言中蕴含的文化情感。如何通过策略渗透来提高初中英语阅读课教学的有效性、从而培养学生的学习能力？这一问题还需要广大英语界同仁共同探索，在教学实践中不断摸索、不断改进并加以逐步完善。以上对阅读教学策略渗透的一些探讨和思考，当然，随着学情和教情的变化，还有待于我们教师作进一步的尝试和研究。

第六节　劳动与技术课中的“领扶放创”式教学

随着素质教育的不断深入，以往“主课”、“副课”的思想观念有所改观，《劳动与技术》课程的教学越来越引起教育工作者的重视。在《劳动与技术》课程的教学中，笔者认为：“创新是宗旨，能力是关键，操作是基础”。如何达到这一目标，是教好《劳动与技术》课程的关键。我们根据学校“以人为本，成功发展”的教育宗旨为指导思想，以“教师为主导、学生为主体、发展为主线”的“三主成功”理念为核心，结合十几年劳技教学的经验，研究总结出《劳动与技术》课程的“领”、“扶”、“放”、“创”四字诀探究互动教学模式，以及在此探究互动模式基础上的一系列教学方法。将这一教学模式及系列教学方法灵活运用于教学实践，能让学生在民主、和谐、宽松的教学氛围中充分发挥自己的主体性（包括自主性、主动性、创造性等），成为学习和发展的主体，使学生得到成功发展。

一、演示规范,"领"字诀

演示法就是教师通过展示实物、直观教具、进行示范性试验或采取现代化视听手段等,指导学生获得知识或巩固知识的方法。因此,教师的示范在教学中具有举足轻重的地位,应引起教师足够的重视。① 在指导学生操作训练中,教师的操作演示,是十分关键的一步,即讲解知识要点,示范操作方法,要充分体现一个"领"字。具体做法应从以下三方面入手:

1. 要领精讲,操作规范

精讲要领就是要把整个操作过程分化为几个主要步骤,让主要内容简单明了,重点突出,强化要领。如果某一堂课的内容有教学视频,则可以先用教学视频讲解。如果没有,也可用摄像机摄录下来讲解,特别是细小的内容要用摄像机特写镜头放大,突出重点,便于学生记忆。精讲要领,语言与操作动作要协调一致。一般应先讲后做,并且使用规范、简练的专业术语。教师的每一步操作都要规范、严谨、科学,每一个动作都要娴熟、实在、真切、利索。让学生有信服感、佩服感。这样可以迅速吸引住学生,使他们产生浓厚的兴趣,产生跃跃欲试的感觉。我们在备课中,注重操作演练,虚心请教专家,在课堂上取得了理想的操作效果。

2. 突出重点,主次分明

在操作过程中,应把握好重点环节,把重点环节讲细、讲明白,让学生看清楚,但也不要全都讲清,如果每个环节都细讲,每个动作都必做,势必冲淡主题,也没有了让学生思考的空间。如笔者在《自行车内胎修补》一课教学中,认为具体操作可体现在内胎修补的方法上。其整个操作过程的重点,是黏合面的挫毛、涂胶、剪标准补块等问题。此环节的要点有三:一是把旧胎皮剪成标准补块(两个要求:①剪成一个适当大小的椭圆形;②补块边要剪成倾斜角为30°～45°)。二是涂胶水,要控制好量,不能太多也不能太少。三是一定要待胶水略干后才可黏合。所以,笔者只把以上问题交代清楚后,具体操作稍加指点。这样既节省了时间,又突出了重点。

3. 善于观察,勤于辅导

班级式授课的方式给劳动技术课中教师的演示操作带来了一定困难。因而,教师必须采取有效措施转换授课方式,才能达到目的。如在《粉笔雕刻》一

① 刘书雯.浅谈教学中的示范作用[J],山东教育,1994(5):47.

课的教学中,笔者已掌握娴熟的技术,一手持粉笔,一手执刻刀,来回走动,现场雕刻。这样每一个学生都能把每一个动作看得清清楚楚。将雕刻操制作的过程用摄像机录下,加上特写镜头,更能取得了很好的效果。另外还可进行分组演示。教师操作演示,目的是教会学生基础操作,整个操作过程可分步实施,也可一次完成。此时学生先观察思考,获得整体感知,随后再进行操作上的模仿。此步骤时间不应过长,不可超过总操作时间的四分之一。教师操作演示目的,是把学生引上路,要充分体现一个“领”字。

二、模仿指导,“扶”字诀

劳动教育是技术教育的一个分支,它具有实践性、技术性、教育性等特点。所以教师示范学生模仿的教学法,对劳动技术的教学效果也就尤为重要。[①]当课堂中的操作内容相应增多,难度相应增大时,教师操作方法演示完后,有些环节学生当时记不清,动作要领掌握不好,学生还不能独立操作,需教师再扶上一把,才能使其“走正”、“走稳”,即还需要在教师的统一指导下,让学生把整个过程练习一遍。这一过程中要突出一个“扶”字,具体做法从下面三个方面着手。

1. 师生同步,忙而有序

学生在老师的指导下,动作统一,与老师的步调保持一致。劳动技术课中,学生好奇好动,使学生忙而有序,是劳技课教学成功的保证。因而,在每个环节的指导过程中,教师可采用“请同学们看老师做”、“请同学们跟老师学”、“请大家自己动手”等组织性语言,有效地组织学生操作。同时教师要时刻把握学生操作的进度,尽量让学生做完,再进行下一个环节,这样师生同步,始终在教师的指导下进行。如《刻印章》这节课,初一学生指力小,而石头比较硬,操作起来有一定的难度。笔者在鼓励学生的基础上,采取了师生同步、忙而有序的方法。先用事先拍摄的录像简介一下刻印章的过程,接下来组织学生“跟我学”,从①磨印石、②定稿、③渡稿、④刻印开始,要求学生跟着教师一步一步地进行动手操作,特别是在刻切中,从“执刀”到“运刀”,要求学生细心认真地操作,使他们在操作中慢慢掌握执力、握刀的技能。同时在操作过程中使学生学会了“冲刀”“切刀”等运刀方法。

2. 分组进行,正确模仿

分组有利于加强学生之间的合作,通过合作,交流思想,发现自身在学习

---

① 王金贵.示范模仿法在劳技课中的作用[J],黑河教育,1995(2):26.

过程中的盲点，进而又通过交流和合作，掌握知识和技能。劳技课中涉及的操作内容以及所需工具材料比较复杂，一般操作应分组进行。分组操作时由一人持工具，其他人协助配合，然后组与组之间交换或本组同学交替轮换进行。如在《金属薄板的剪切和弯曲》一课中，以四位同学为一组，两人负责剪切，两人负责弯曲。当教师指导剪切时，负责剪切的一组一人站立，持剪刀剪切，另一人负责选料。负责弯曲的一组辅助配合。当进行弯曲时，弯曲组实施操作，最后两组再交换进行练习。

3. 小结回顾，强调要点

回顾可以帮助人们对前面完成的事进行归纳总结，找出不足之处，总结经验，以使下次操作能够更加有效率。指导模仿练习完成后，师生应和学生一起进行各环节的回顾。教师对关键的地方进行归纳、巩固，帮助学生深化记忆。同时，对于普遍存在的问题或未讲明的注意事项需要在此说明清楚。

三、独立操作，“放”字诀

让学生掌握独立实践操作的能力是包括劳动与技术课在内的所有学科都要求达到的一项教学目标。因此，怎样让学生能顺利地完成操作练习以及在练习中有所收获是教学的一个重点部分。进入这一教学环节，学生已经基本上掌握了操作方法，但是还尚不熟练，此时应大胆地让学生独立练习。这一过程要注重一个“放”字，具体做到以下三个方面。

1. 独立操作，及时纠正

让学生放开操作，并不是指教师袖手旁观，相反这时正是教师个别指导的良机。对于操作有困难或存有问题的学生，教师要手把手地进行辅导，力争使全班每个组都按时保质地完成任务。如《自行车脚蹬的拆装》这节课，笔者要求学生两人一组。每一组各发一个脚蹬，放手让学生自己操作。第一步要求学生两人一起把脚蹬全部解体，观察零部件的构造、作用和组合；第二步要求学生正确操作安装，学生很快完成了拆卸，进行安装，在安装过程中学生往往出现把脚蹬碗装反，碗内钢球过多或过少(正确是 11 粒)轴挡与脚蹬之间的间隙过大或过小造成旷动或卡死现象等问题。这时，教师对每一个出问题的小组及学生进行辅导、纠正，使全班每一个同学都基本上掌握了脚蹬拆装的劳动技术。

2. 分组练习，轮换操作

为了确保每位同学都能有机会亲自动手尝试体验，教师要进行分组练习。每组由组长组织练习、分工和轮换。做到分工合作，任务明确。保证人人都能有一次操作演练的机会。

3.注意问题，重视评价

教师在巡回辅导时，要善于发现学生操作中普遍存在的问题，及时进行讲评纠正。这样使同学们可以对比自己出错的原因，有深刻的认识，获得提升，今后遇到类似的问题就会处理得更有经验。若发现效果好、动作快的小组，给予肯定表扬、奖励等一定程度上的正强化，使这些行为得到进一步加强，从而使学生真正掌握操作的目标。因此，学生独立操作完成后，教师要进行有效的劳动成果评价。评价应以表扬为主，多鼓励少批评。对于较好的劳动成果，要向全班同学展示，作为好的典型介绍。评价方式可采用小组互评、教师点评等。通过评价可促进相互交流，同学们共同参与，起到取长补短的作用。

四、标新立异，“创”字诀

创新是一个民族进步的灵魂，没有创新就会失去生存的权利。创新人才的培养要从基础教育抓起，而中小学阶段是创新教育的关键时期，劳技教学，根据其学科的特点，在培养创造能力方面，具有得天独厚的优势。而如何培养学生的创新能力则具有重要的意义。笔者认为，具体可从下面三方面考虑如何培养。

1.创设情景，挖掘潜能

好的情境能够引起学生兴趣。兴趣是人积极认识事物或关心活动的心理倾向，是学习活动的机制。因此，我们应该重视学生兴趣的培养、开发和利用。所以在教学中，创设实际的技术活动或技术成果情景激发学生的学习兴趣，就会加大学生思维训练的力度，激发学生的创新潜能。

例如：在七年级教材中《粉笔雕刻》这节课，笔者课前花了大量时间，雕刻了一些比较别致、优美的作品（如小动物，十二生肖等）。开始上课时，先让学生欣赏这些优美的粉笔雕刻，学生欣赏完毕后，他们自会向老师提出各种问题，如怎样雕刻等。这时笔者就把雕刻的基本方法、要点向学生交代清楚，然后要求学生根据自己手中的粉笔，想象设计一个造型，而不是局限于课本中小白兔造型。同样，在学生雕刻成的小动物的上色问题上，也不作硬性规定。让学生自由发挥想象，着上自己喜爱的颜色。只有这样，学生才能学得主动、才会有信心去追求更多的成功，学生的创新能力，也会随之得到培养和提高。

2.提倡自主，发展能力

“让课堂充满生命的活力”，只有在课堂内，提倡自主学习，留给学生“自由”，努力为学生创造“自由”的情境，让学生成为学习的主人，才能发展学生的创新能力。

例如：笔者在“风筝制作”一节课的教学中，从“提倡自主学习”出发，精心设计了“了解风筝”——“放飞风筝”——“制作风筝”——“设计新风筝”的四步的教学模式，收效良好。

“了解风筝”安排在课前，作为预习任务。要求学生利用课余时间，去网上查阅有关风筝的资料，了解风筝的发展历史以及风筝文化的内涵，了解中国风筝发源地——潍坊，以及潍坊风筝的文化艺术特性。从而培养了学生查阅资料、收集信息、处理信息的能力与热爱中华民族的情感；“放飞风筝”，安排在第一节课，利用上一班（或上一年）同学制作的风筝，发给当前授课班的同学（每四人为一小组，每小组一只风筝），安排在学校大操场，让学生自由放飞风筝，使学生在回归自然中，激发兴趣。同时使学生通过放飞风筝的自我实践，掌握放飞风筝的技巧，学会调节风筝重心及拉线角度等技术；“制作风筝”安排在第二节课，教师发下材料，让学生制作风筝。通过上一节的“放飞风筝”，同学们有了一定的感知与兴趣，有了一定的基础知识与实际经验，制作起来十分投入，各种操作都比较规范。此步骤时间一般为 2/3 课时。风筝制作好后，在后 1/3 课时里，让学生去操场试飞、调整、再试飞，直到满意为止。

通过“制作风筝”，使学生学会画线、折叠、定位，扎线、剪纸、粘贴等基本手工技能，让学生感受到劳动的愉快、成功的喜悦，进而促进学生自主合作、积极探索的学习态度。“设计新风筝”，安排在课外活动或课后拓展的时间里，学生在上两节课的基础上总结提高，以小组为单位开展讨论交流，充分发挥想象力，自由设计新型风筝。在“设计新风筝”的活动中，学生的劳技、科学、美工等知识得到整合运用，学生的创新思维、创造能力得到了开拓发展。在小组讨论设计新型风筝的过程中，同学们的思维更加开放，设计出了更新颖、更先进、更科学的新型风筝。如同学们设计的气球带动风筝、滑翔风筝、遥控风筝，等等。同学们的这些想象、设计就是创新、创造。

3. 开展竞赛，促进创造

有一位科学家曾经指出：“创造源于实践。问题的提出、探索、解决需要实践，良好的思维品质的形成更需要实践。实践是认识的源泉、能力的土壤。”技术操作实践活动是劳技课的生命。各种操作的竞赛，就是最好的实践。笔者利用各种机会，经常性地开展各种竞赛活动。例如：每学期都开展一次风筝制作比赛，电子制作比赛，海、陆、空模型比赛，小制作、小发明比赛、废旧物制作比赛，等等。学校组织评比表彰，选拔出好的同学参加市、地、省各级比赛，获得优秀成绩。我校每年参加市电子制作及模型比赛，市青少年科技创新大赛，个人、团体获奖人次名列前茅。如二(7)班陈希同学的作品，获省21届青少年技创新大赛项目二等奖。陶红同学的小发明“无绳电烙铁”获省科技创新项目二等奖。特别是赵越、姚瑶、陈宇扬三位同学，发明了“振动能量转换器”，获浙江省科技创新项目一等奖，中央电视台教育科技频道摄制组专程来校采访，其事迹曾在中央电视台教育科技频道上报道。这些比赛激发学生创新思维，促进学生创造能力的发展。

总之，在《劳动与技术教育》课程的课堂教学中，“领、扶、放、创”四字诀的教学模式及其教学方法，能使学生顺利地完成由感性到理性，由理论到实践，由实践到创造的学习、提高过程，这充分符合学生的认知与发展的规律，达到了学知识、会技术、能创造的教学目的。然而，“领”“扶”“放”“创”四字并不是独自孤立，一成不变，而是相互穿插、相辅相成的。我们要根据课程内容的不同而灵活变通运用。一节课中，不一定“领”“扶”“放”“创”面面俱到，全部运用。有些课程侧重于“领”和“扶”，有些课程侧重于“放”或“创”，教师要根据内容，具体分析，灵活运用。做到“领”中有“扶”，“扶”中有“放”，“放”中有“创”。同时，也要做到“创”“放”中有“扶”“领”，“领”“扶”中有“放”“创”。只有这样，在劳动与技术课程的教学中，做到“领”“扶”“放”“创”四字的灵活的运用，才能收到事半功倍的效果，最终达到“创”字的目的。如图3.20所示。

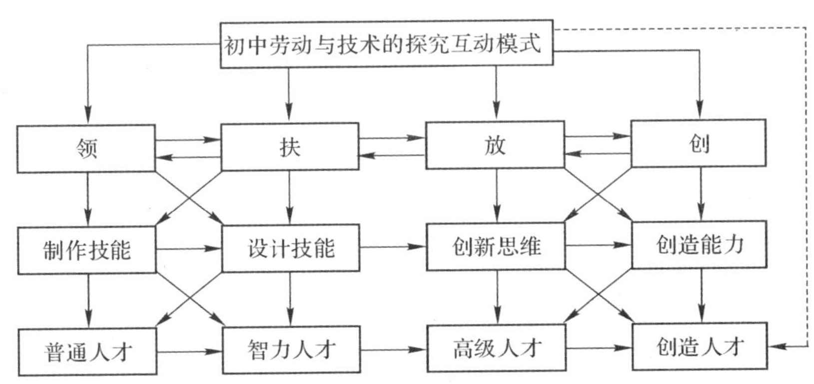

图3.20 初中劳动与技术的探究互动教学模式

最后，必须要强调的是，在《劳动与技术》课程的教学中，要求教师做到思想上重视，教学上严肃认真，操作上灵活多变，内容上落实到位。教师只有做到这些才能激发学生的学习兴趣，提高学生的操作能力，达到开发学生创新思维，培养学生创造能力的宗旨。

第四章 情境体验模式

300 多年前，捷克教育家夸美纽斯在《大教学论》中写道："一切知识都是从感官开始的。"这种论述反映了教学过程中学生认识规律：直观可以使抽象的知识具体化、形象化，有助于学生感性知识的形成；积极的情感体验有助于激发学生的学习积极性。

情境体验教学使学生身临其境或如临其境，就是通过给学生展示鲜明具体的形象（包括直接和间接形象），一则使学生从形象的感知达到抽象的理性的顿悟，二则激发学生的学习情绪和学习兴趣，使学习活动成为学生主动的、自觉的活动。应该指明的是，情境体验教学的一个本质特征是激发学生的情感，以此推动学生认知活动的进行。在教学过程中引起学生积极的、健康的情感体验，直接提高学生对学习的积极性，使学习活动成为学生主动进行的、快乐的事情。情感对认知活动的增力效能，给我们解决目前学生中普遍存在的学习动力不足的问题以新的启示。

我们认为，教学是有目的的行为，是学生求得发展的有意义的活动。教学的目的，只有通过学习者本身的积极参与、内化、吸收才能实现。教学的这一本质属性决定了学生是教学活动的主体，其能否主动地投入，成为教学成败的关键。我们提出的情境体验教学，正是针对学生蕴藏着的学习的主动性，把学生带入特定的情境，在探究的乐趣中，激发学习动机；又在连续的情境体验中，不断增强学习动机。

"情境"、"沉浸"、"体验"、"感悟"、"生成"成了在本章的关键词。"三主成功"教学，目的要使学生持久、积极、主动、快乐地学习，这就需要在学习中有积极的情境体验。因此，在教学过程中，教师要有目的地引入或创设具有一定情绪色彩的、以形象为主体的生动具体的情境，以引起学生一定的情感体验，从而帮助学生理解教材，并使学生的心理机能得到有效发展。情境体验教学的核心在于激发学生的情感，把知识与感悟深深地扎根学生的情感世界，在学中感悟道理，体验生活，激发自主建构，获得成功发展。

第一节 《科学》教学中的"体验·感悟"式教学

《科学》(7—9 年级)课程的总目标是提高每一个初中学生的科学素养,是一门体现科学本质和科学探究精神的课程。经过几年的课堂教学改革,我们的课堂有了很大改观,教师在课堂中开始注意学生科学素养和探究精神的培养。但有一些科学课堂仍存在着问题,就是由教师以前用一根粉笔和一张嘴为中心变成了以课件为中心,教师根据课件中探究的主要环节,用自己的思维代替学生的思维在那里传授"探究",对学生来说仍是被动的"探究"。对于三维目标的达成,特别是科学精神和科学态度,存在着"外部灌输"和"空洞说教"现象。为了使科学课堂的三维目标更加有效地达成,我们提出了"体验·感悟"课堂教学模式,具体介绍如下。

一、"体验·感悟"式教学的内涵辨析

体验式学习在我国基础教育阶段的研究尚处于初始阶段。1999 年,我国正式启动了基础教育课程改革,此次改革的宗旨就是要实现教师教学方式和学生学习方式的变革,改变以接受式学习为中心的单一的教学模式。2001 年,我国又颁布了义务教育各学科国家标准,各学科在课程目标上按结果目标和体验目标来进行描述。结果性目标主要用于对"知识与技能"目标领域的刻画,而体验性目标则主要用于反映"过程与方法"、"情感态度与价值观"等目标领域的要求,它分为经历(感受)、反映(认同)、领悟(内化)。同时,各学科课程标准结合本学科的特点,都强调过程性、体验性目标,要求引导学生主动参与、亲身实践、独立思考、合作探究,发展学生搜集和处理信息的能力、获取新知识的能力、分析和解决问题的能力以及交流合作的能力。

1."体验·感悟"式教学概念界定

所谓"体验",心理学上有明确的界定:体验是青少年在实践中亲身经历的一种心理活动,它更多是指情感活动,是对情感的一种体会和感受。体验还泛指亲身经历,从亲身经历中体会知识、技能的形成过程,感受真善美与假恶丑。从以上心理学上的界定我们可以得知:体验至少应包括两个层面,即行为体验和内心体验。行为体验是一种实践行为,是亲身经历的动态过程,是学生发展的重要途径;内心体验则是在行为体验的基础上所发生的内化、升华的心理过程,这是学生发展的关键因素。科学课程的教学目标提出,要求学生不仅是对科学知识的学习,而且要学习科学法和科学态度,情感和价值观。这样的要求

很显然传统的讲授式教学很难满足要求，只有让学生体验科学的探索过程才能感悟到科学态度和科学精神。

所谓“感悟”，是指人们接触外部事物后有所发现人有所感触而领悟一些道理或思想感情。初中科学课堂中的“感悟”是学生凭借对科学知识探索，获得科学本质和科学精神的意会。因而感悟不是通过教师的讲解就能获得的，只有让学生潜心思考，自己咀嚼其中科学味，去体验科学探索过程才能实现。科学课堂的许多妙处往往只能“意会”，不能“言传”。遇此情况教师如果搞繁琐分析，硬性灌输给学生一些自己或教参上的理解，一堂课下来，学生记住的只有干巴巴的科学知识，科学知识以外的科学本质等东西不见了。究其实质就是教师在以自己的思想去代替学生的思维和想象力。针对这一情况，“感悟”便显得尤为重要。

“感悟”是由感而知、而觉、而悟，这是一个由浅入深，由感性到理性，由低级到高级的认识过程。科学课的三维目标的提出，特别是科学精神体现的特点就决定了“感悟”应作为科学教学的目标和手段。

体验服务于感悟。初中科学教学如果只停留在体验过程，那么教学仍然是低效的，我之所以让学生进行体验，就是为了让学生能够有所感悟，体验是我们教学的手段，而感悟是我们教学的目标，让学生通过体验对科学知识的探索过程更好地感悟，在课堂中应该凸出感悟，留给学生感悟时间和空间。通过体验不同学生可能有不同的感悟，这也符合了我们因材施教的教学目的。

2.“体验·感悟”式内容及目标

由于教学内容比较丰富，这要求我们的教学方式也要多式多样，而我们的教学模式也不一定都适用都有效，所以我们在一课堂中可能某一片段某一知识采取这一教学模式比较有效，有时候要跟其他一些方式结合起来才能进行。例如在《电功率》教学中，关于电功率概念的形成，我们通过对机械功率的回忆构建而成，而对于额定电压的认识是通过“实验探究”进行的。那么哪些内容可以用“体验·感悟”式教学，在教学中又让学生悟些什么呢？对此我们进行了以下几方面的实践与思考：

(1)体验概念构建过程，感悟概念内涵

科学概念是组成科学知识的基本单元，是科学知识结构的基础，科学概念的教学是科学知识教学最基本、最重要的内容之一。传统教学中，通常是课前让学生预习要学的科学概念，然后在课堂中则把概念直接对学生进行讲解，再进行举例或应用。这种科学概念的教学方式使学生失去了对事物本身探索的好奇心，概念显得更为抽象，也很容易遗忘，更谈不上让学生进行科学方法的学习以及科学态度及能力的培养。美国著名心理学家巴甫洛夫说过：“任何一个新问题的解决，都要利用主体经验中已有的同类知识。"通过让学生在具体情境中体验，能让学生将已学知识迁移到课堂的新情境中。因此，为了使科学概念教学不仅仅是教师单方面的、直接的灌输，我认为对概念的教学应该把对事物的认识还原成原始状态，让学生经历对事物的分析、归纳及推理，体验概念的由来和形成过程，这样不但使学生对概念的构建主动而自然，对概念的理解更加全面深刻，而且也培养学生分析、解决问题的思维能力。

(2)体验实验设计过程，感悟科学方法和态度

在科学教学中，实验是基础。而很多实验结果如果直接告诉学生，就会出现老师"变魔术"现象或者学生亲自动手实验时根本无从下手。因此在教学中需根据学生现有知识和经验让学生参与到实验设计之中，这样学生就会明白实验目的，更重要的是让学生体验实验设计过程，感悟科学方法和科学态度，同时培养学生科学的思维方式。

(3)体验实验过程，感情科学本质

在教学中，要打破过去老师讲、学生听，只重知识讲授的传统教学方式。教师应该充分尊重学生的主观思维，力求避开教材提供的现成结论，也不要用自己思维方式干涉学生的思维，应让学生经历探索事物本质和科学规律的过程，通过体验设计与评价、想象和创造及利用证据进行分析推理等活动，从中感悟科学本质。

科学知识在很大程度上依赖于观察、实验证据、理性的论据和怀疑，但又不完全依赖于这些东西。在教学中应给学生创造一个利用证据来分析判断的机会，让学生从中感悟科学是依赖于证据的学科特征。

另外，我们还可以在条件允许的情况下体验对实验仪器的设计过程，让学生更好地掌握对仪器的使用。如关于滑动变阻器的使用，可先让学生设计变阻器，学生就会对滑动变阻的原理有更好的理解，使用起来也会更加准确、灵活，还有一些实验技能方面的学习，教师也可以让学生在一些错误的操作中更深刻地体会为什么要规范操作，从而更好地掌握这些实验技能。

4."体验·感悟"式教学的理念依托

(1)以建构主义理论为依据

"体验·感悟"式教学理念要求教师要由知识的传授者、灌输者转变为学生主动建构意义的帮助者、促进者；教师在教学过程中要采用全新的教育思想、教学方法和教学设计；要求学生要由外部刺激下的被动接受知识灌输对象转变为信息加工主体和知识意义的主动建构者。因此，全方位建构学生在初中科学教学中的学习主体地位，教师应成为学生学习伙伴，引导学生质疑问

题、大胆猜想，全身心地投入到自主探究的活动中，去体验、去感悟、去创造，才能使学生在学习过程中不断产生智慧的火花，逐步提升创新能力，这也是现代教育的发展趋势。

(2)遵循初中生学习科学的心理特征

心理学研究表明，学生对学习内容的巩固程度与学生是否动手做实验有很大关系。一般来说，学生听老师讲能记住 10%～20%的内容，如果又听又看老师演示便能记住 70%，而学生亲自动手做一做，想一想，则能记住 90%。这说明学生手脑并用，对所学的知识能记得更牢、领会更深。比如让学生根据实验目的和原理，自己设计出有别于书本上介绍过的新实验，这时学生会表现出极大的兴趣，通过思考与讨论能设计出各种方法来。有些平时成绩比较差的同学都能设计出很多的方法，这时老师加以鼓励，由此激发其学习科学的兴趣。

基于以上的认识，我们认为初中科学课堂教学中，不应该把知识和结论直接告诉学生，而是让学生通过体验知识形成的过程，这样不仅使学生对知识本身有了深刻的感悟，在此过程中培养了学生的思维能力，而且学生的情感和价值观也在体验感悟中得到提升。为了让学生在体验过程中能够积极主动的参与，课堂应该精心维护学生的好奇心，充分尊重学生思维。

二、"体验 · 感悟"式教学的流程解读

经过实践和整理，我们主要通过以下两种流程进行教学，可以是一堂课也可以是一个教学片段。

"体验 · 感悟"式教学的实施流程如图 4.1 所示。

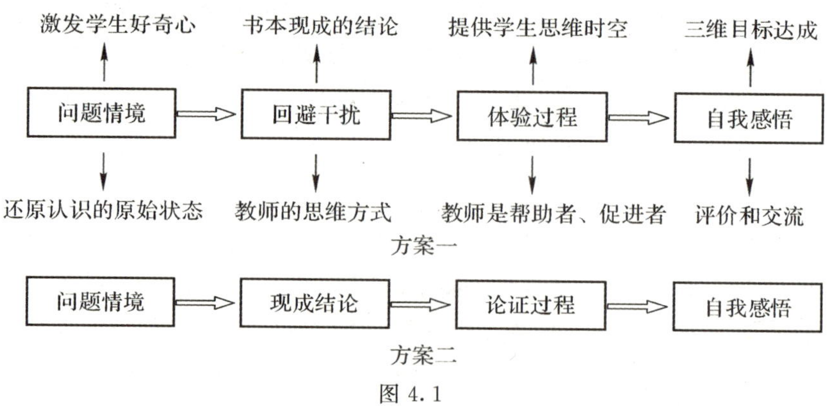

图 4.1

1.创设问题情境

问题情境的创设已在各种教学模式中达成的共识。问题情境化后，使问题还原成学生对其认知的原始状态，并建立在已学知识和生活经验基础之上，使科学知识更形象、更易理解，也有利于激发学生的兴趣和好奇心。

【案例 4.1】　八年级上册第一章第八节《物质在水中的结晶》
——关于“冷却热饱和溶液”概念教学

如图 4.2 所示。

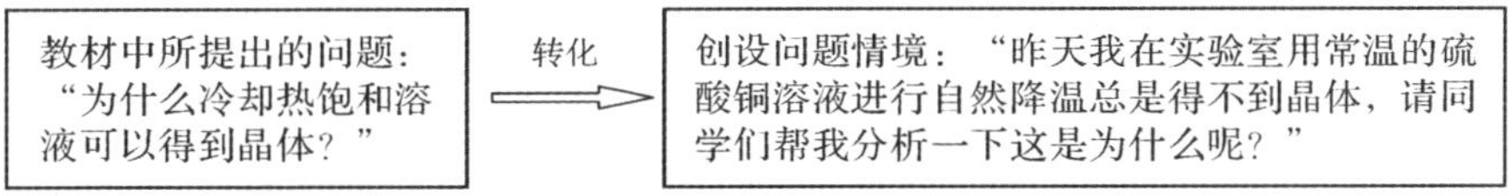

教材中所提出的问题：“为什么冷却热饱和溶液可以得到晶体？”

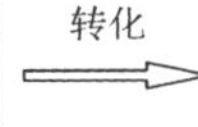

创设问题情境：“昨天我在实验室用常温的硫酸铜溶液进行自然降温总是得不到晶体，请同学们帮我分析一下这是为什么呢？”

图 4.2　关于“冷却热饱和溶液”概念

教材中所提出的问题：“为什么冷却热饱和溶液可以得到晶体？”学生由于对这个问题理解不够具体，就会很茫然，不知从何答起。而我把这个问题转化为具体的情境，并向学生提出问题：“昨天我在实验室用常温的硫酸铜溶液进行自然降温总是得不到晶体，请同学们帮我分析一下这是为什么呢？”由于是具体事情，学生比较容易理解，而且学生一听要帮老师解决问题，思维的主动性马上提上来了，“因为常温下溶液跟室温差不多，冷却的温度变化不大，当然没有晶体析出了，应该把溶液放到冰箱里，或用温度较高的溶液进行冷却才可以。”学生能作出这样回答，正是由于他们有这方面知识和生活经验。

对学生来说，我们初中科学教材中涉及讨论问题的一些表述还是很抽象，或者说是缺乏生活经验支持的，这就需要我们在备课时分析学生的潜在认识，再结合学生所处的生活环境把问题情境化，使学生对问题的理解更具体、方向更明确、探索的兴趣更浓。

2.回避干扰

在“体验·感悟”式教学中，教师把问题还原成对事物认知的原始状态，然后让学生重演科学家对事物探索的过程。而科学的探索离不开学生好奇心的驱动和主动思维的空间。因此为了维护学生的好奇心、尊重学生的思维，教师应让学生在整个教学过程中回避以下两方面的干扰：

(1)回避将要学习书本中现成实验和结论的干扰

中学生在学习科学时所表现出的好奇心有两大特点:一是兴趣点比较广泛,没有明确的方向,对任何看起来新奇的事物和现象都好奇,如各类没有接触过的实验器材和各种实验操作、现象等;二是学生的好奇心一般比较容易满足,好奇心是由于对事物的某种疑问所引起的,疑问一旦解除,好奇心理就会因此得到满足而消失。如学生对显微镜非常好奇,想知道其功能和使用方法,一旦掌握了显微镜的使用方法,学生的好奇心便消失[3]。为了使学生对将要学的内容保持较持久的好奇心,我们不建议学生进行课前的预习和课中翻阅书中现成的实验和结论。

(2)回避教师用自己思维方式对学生进行干扰

纵观科学的发展,人们对自然的认识和了解,概念、定律的建立和完善,无不包含着人们丰富的想象和创造等思维能力,而在教学中教师习惯用自己的思维方式去干扰学生,甚至用自己思考代替学生的思考,使学生失去了想象、创造、推理等思维能力培养的机会,这样也就失去了体验感悟的机会。所以在体验过程中应充分尊重学生的思维,教师只是体验过程中的引导者和促进者。

【案例 4.2】 教浙教版科学七年级上册第三章第一节《物质的构成》

可以把人们对分子的认识回到原始状态,问"分子怎样构成物质?"学生茫然,同时心里充满了好奇,接着教师就引导学生:"当人们还没有水平来认识事物本质时,靠的就是人们的想象力和创造力,就因为这样我们的科学才有了突破。"于是让学生对分子如何构成物质进行想象和创造。

接着让学生继续想象液态水变成气态水过程中水分子的变化情况,他们的想象如图 4.3 所示。

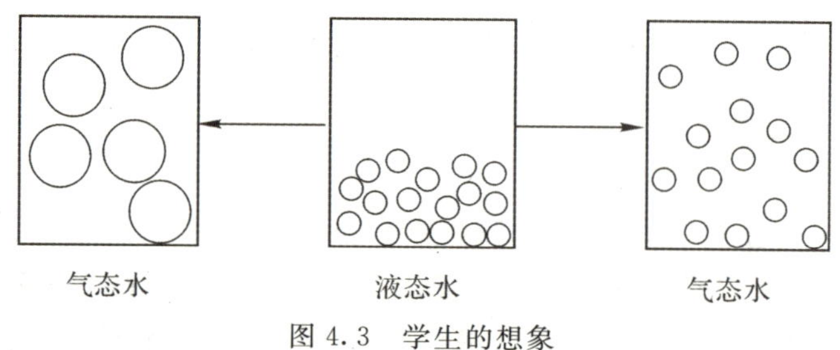

图 4.3 学生的想象

在以上教学中,如果让学生进行课前预习和在课中翻阅书中现成的结论或者教师用自己的思维方式进行干扰，学生都不会有如此丰富的想象力和创造力。正是基于这两个回避，才能使学生潜在的一些错误认识得以充分暴露，才能在体验过程中得到修正。当然回避不等于否定教师的主导地位，而是对教师提出了更高的要求，课前要充分吃透教材，对相关知识要有系统的认识，并在课前进行充分的预设。

3. 体验过程

体验科学知识的形成过程是“体验·感悟”式教学核心环节，这个过程教师应该不断深化学生的好奇心、尊重学生的思维，使学生已有的知识和经验被充分利用，同时学生一些潜在的错误概念也能够得到充分暴露，然后通过体验和感悟不断加以修正。

【案例 4.3】　教浙教版科学九年级下册第一章第一节《宇宙的起源》

关于“宇宙曾经是怎样，未来会怎样”这一问题师生展开如图 4.4 所示的对话。

提供证据：

美国天文学家爱德温·哈勃通过星系光谱分析发现了什么？
发现 1：所有的星系都在远离我们而去。
发现 2：星系离我们越远，运动的速度越快。
发现 3：星系间的距离在不断地扩大。

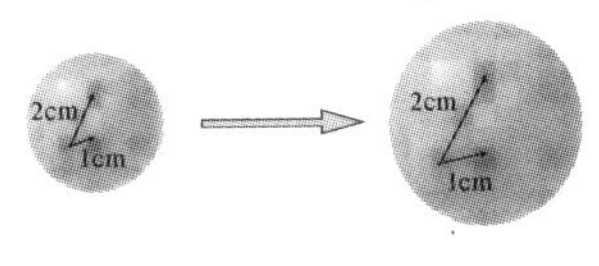

图 4.4　师生对话

师：你从这三个信息中得出什么结论？

生：说明宇宙在不断地膨胀（师生一起进行了模拟实验如图）

师：如果让时间倒退，你想宇宙曾经是怎样的？

生：可能集中在一起，一个“点”上。

师：那么怎么又会出现从“点”到现在这样不断膨胀的情况呢？

生：可能曾经发生一次爆炸

师：什么样情况下会发生爆炸？

生：能量巨大时会发生。

师：那么你认为未来的宇宙会怎样？

生：宇宙会不断扩大。对了，温度会降低。

师：为什么温度会降低呢？

生1：因为各星球在克服彼此引力而远离，相当于其机械能在增加，那内能就会降低。

生2：不对，我们宇宙很多星球不断向宇宙释放能量，整个宇宙热能不一定会降低。

生3：但是那些不断向宇宙释放能量的星球会在未来消亡。

生4：随着星球的消亡，那么宇宙也会因此消亡。

……

以上教学案例让学生经历了一个假说的构建过程，此过程中学生的知识经验被充分地利用，又为学生的思维发挥提供了时间和空间。在学生思维被尊重的同时，学生与学生之间、学生与老师又是互动的，这种互动是建立在严谨的思维基础之上，也正是这种严谨的思维主导课堂前进的方向。这就要求老师在课前要对本节课的内容相关知识及知识形成的发展史有着充分认识，并且作充分预设，只有这样教师才能机智地作出正确引导。

4. 自我感悟

在课堂中一味让学生进行体验，而没有感悟提升，这就会走向另一个极端，使教学仍处于低效状态。实际上，体验过程是除了给学生的思维提供了时间和空间外，其主要作用就是为学生自我感悟而服务的。让学生对整个体验过程进行整理、分析，使自己发自内心地感悟到自身的认识、成长和发展的不足，从中获得构建有关知识的能力和提升自己的情感及价值观，即三维目标在感悟中达成。

【案例4.4】 教浙教版科学七年级下册第一章第四节《光和颜色》
——关于光是沿怎样路径传播的教学

教学的展开过程如图4.5所示。

体验“光在同一均匀物质沿直线传播”这一规律的形成过程，使学生感悟这个规律中每个字存在的重要性，同时也把先前潜在错误认识“光沿直线传播”进行深刻修正。从教学效果来看，要比直接告诉学生这个结论更加有效。

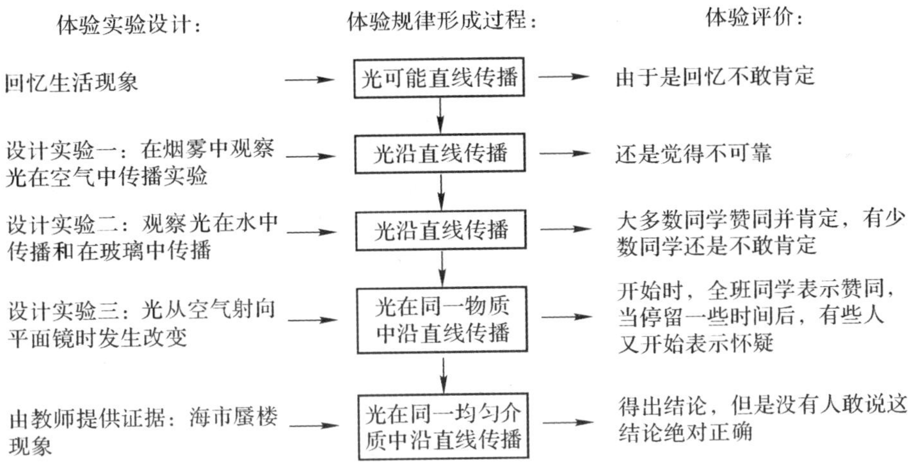

图 4.5　光是沿怎样路径传播的教学过程展开图

体验实验设计过程，让学生的想象和创造力得以较好发挥，以及科学方法得到有效渗透，同时让学生经历这样一个过程，可以感悟到人们对事物的认识都不是凭空产生的，而是在很大程度上依赖于观察、实验证据、理性的论据。只是随着证据的不断出现，结论也会不断被改变。

体验评价过程，感悟到科学研究是非常严谨的，科学又是一个不断被质疑的、不断被修正和完善的过程，需要一代一代人不断的努力，学生的社会责任感可能由此被激发。

5. 论证结论中体验

当问题情境出现时，学生难免出现寻找现成的结论现象，或者曾经已经有现成的结论，这时我们同样可以通过对现成结论的论证让学生体验过程。这样不但让学生理解现成结论的含义，还可以让学生感悟科学精神。

【案例 4.5】　科学七年级下册第二章第五节《物体为什么下落》

——关于重力的概念的教学

师：苹果为什么下落？

生：是因为地球吸引力。（现成的结论）

师：你怎么知道？

生：我从书上看的

师：你有没论证过这个结论？

生：没有？

师：今天我们一起论证这个结论，苹果下落确实受到力的作用吗？

生：是受到力的作用，因为苹果改变了运动状态。

师：为什么是“吸引”的作用，而不是“拉”、“推”的作用使苹果下落呢？

生：因为没有直接接触产生力的作用。

师：这样就可以认为是地球的吸引力吗？后来科学家们进行论证并非是地球的吸引力，但可以肯定的确是由于地球吸引而引起的。

师：科学上把这个由于地球吸引而受到的力叫重力，就是因为这个重力使苹果下落的原因。

学生对苹果为什么下落这一问题从一些课外阅读早已获知，我们在以往教学中也把重力的概念直接教给学生，学生对这个概念似懂非懂，甚至大多数学生仍把这个重力理解为吸引力。通过对重力的论证，虽然凭学生有限的知识不能彻底进行，但是比直接给予重力的概念更直观，最重要的是能培养学生敢于质疑的科学精神。

三、“体验·感悟”式教学的课堂建构

“体验·感悟”式教学维护了学生的好奇心，为学生思维的发挥提供了时间和空间，使学生意识到自己是学习的主人，在全程参与、亲身体验经历的过程中，使三维目标在感悟中得到实质性的内化。同时，在“体验感悟”式教学过程中，虽然教师不能以自己的思维方式干扰学生，但教师的主导作用仍得以充分体现，教师在教学活动中是学生获得亲身体验、完成知识意义构建的组织者、指导者、协助者和促进者。而且“体验·感悟”式教学对教师提出了更高的要求，备课时对于教材中所涉及的知识要有系统认识，能较好地进行重组设计，使本模式教学更加有效。而在课堂中，对于学生生成的结论，教师能够灵活应变，较机智地进行引导，使之成为较丰富的课堂资源，这些都需要教师在教学中不断自我提升。目前我们仅仅用有限的时间进行实践和思考，还存在很多缺陷，如在细节处还不够仔细和严谨，教师的教材处理能力还需进一步提升，本模式还需进一步挖掘和拓展。但随着我们教学理念不断提升、实践经验不断积累，我们会不断加以修正和完善。

课堂环境是科学课堂教学活动赖以发生的物理条件，是课堂活动得以进行的一个不可或缺的构成要素，并不是所有的课堂环境都有利于“体验·感

悟"式教学进行。"体验·感悟"式课堂教学让学生体验科学知识的形成过程，感悟事物的本质，学生除了做适当实验外，更重要的是要深入地去感悟和思考，这就要求我们的科学课堂教学环境既不能过于沉闷，也不能过于热闹，只有创造一个和谐有序的课堂环境，才有利于学生体验和感悟，才能让学生进行严谨的思考。此外，"体验·感悟"式课堂教学突出的是学生的主体地位，教师不能居高临下，以自己思维方式来干扰学生，而应鼓励和进行合理的评价，让学生的学习主动性得以更好地发挥。

四、"体验·感悟"式教学的实践反思

1."三主成功"课堂教学模式对教师的素质提出了更高要求

教师需不断更新自己的教学理念，在教学中逐步形成相应的教学习惯，师生关系和谐。备课前，对于教材中所涉及的知识要有系统认识，能较好地进行重组设计，使适当的教学模式在教学中更加有效；在课堂中，对于学生生成，老师能够较机智进行引导，灵活应变，使之成为较丰富的课堂资源，这些都需要教师教学中逐步提升自己的能力。

2.教学模式可以只是某一个教学片段，但仍不失教学多样化

由于教学内容比较丰富，而我们的教学模式不一定都适用都有效，这要求我们的教学方式也要多式多样，所以我们在课堂中可能只有某一片段、某一知识采取这一教学模式比较有效，也就是跟其他一些方式结合起来才能进行。例如我们在《电功率》教学中，关于电功率概念的形成，我们通过对机械功率的回忆构建而成的，而对于额定电压的认识是通过"实验探究"进行的。

3.灵活转换运用相应的教学模式，确保学生的主体性

采用哪一种教学模式一般是我们在教学设计已经作出选择的，而在课堂中可能会出现学生不同的反应，教师应该做出相应的改变。如我在关于《电功率》教学设计中，关于额定电压本来是实验探究进行预设的，但是在课堂中，学生已经对这个有了初步的认识了，并也能说出相应的概念，这时我们就要改变一下，把"实验探究"变成"实验验证"。

4."三主成功"教学模式应注重课堂教学更自然、教师引导更深入

很多教学模式在教师实际操作时过于表面化和形式化，常常把某模式化的用语挂在嘴边，如"提出问题"、"探究"等，而学生的主体地位仍然没有体现出来，这是因为教师没有真正理解这样的教学模式，教师的习惯没有真正改变。真正的教学应该是无痕的、更加有效的。

5.课堂教学模式应在实践中不断完善和修正

目前我们仅用一年的时间对教学模式进行实践和思考，还存在很多缺陷，如在细节处还不够仔细和严谨，教师的教材处理能力还需进一步提升，具体相关的模式还需进一步挖掘和拓展。但随着我们教学理念不断提升，实践经验不断积累，我们会拿出更多的成果与人分享。

第二节　综合实践活动中的“自主体验教育”

长期以来，学校德育工作的实效普遍不高，这其中当然有很多外部的因素，但就德育内部而言，仍然存在诸多自身不可小觑的问题。我们的德育，往往只注重结果，不注重过程；只注重理论知识的灌输，不注重学生的自主体验；只注重认知的获得，不注重学生的经验与实践；只注重理论知识的完整性，不注重学生品德形成的层次性，诸如此类的通病在日益强调素质教育的今天，并未得到很好的改观。学生往往道理懂得很多，但亲身体会真情实感很少，造成知行脱节、主客观背离。基于这样的思考，我们探索实施自主体验教育，重视教育的“过程”。

所谓“体验”，简而言之是指通过实践来认识事物。“自主体验教育”就是教育对象在实践中主动认知、明理和发展，简称为“体验教育”。这里的“体验”至少应包括两个层面，即行为体验和内心体验。行为体验是一种实践行为，是亲身经历的动态过程，是学生发展的重要途径。内心体验则是在行为体验的基础上所发生的内化、升华的心理过程。两者是相互作用、相互依赖的，对促进少年儿童的发展具有积极作用①。

一、自主体验教育模块的构建

根据初中学生特点，结合本校实际，构建学生体验教育模块：“三块内容”、“六种方法”、“九项活动”，简称为“三、六、九”模块。具体内容见表4.1至表4.3。

表4.1　自主体验教育模块的三块内容

体验教育三块内容	1	学校教育中的体验教育
	2	社区活动中的体验教育
	3	社会实践中的体验教育

① 体验教育. http://baike.baidu.com/view/968411.htm#2[EB/OL]

表 4.2　自主体验教育模块的六种实施方法

体验教育六种实施方法	1	德育工作中落实	4	社区活动中强化
	2	学科教学中渗透	5	社会实践中深化
	3	周边环境中挖掘	6	个人成长中升华

表 4.3　自主体验教育模块的九项具体活动

体验教育九项具体活动	1	美化校园活动	4	家乡调查活动	7	城市美容活动
	2	民族探源活动	5	社区建设活动	8	植树绿化活动
	3	自我成功活动	6	小小市民活动	9	扶贫助残活动

初中学生体验教育“三、六、九”模块中的共十八项内容并不是互相独立分割的，而是互相依托、穿插、相辅相成的，它们之间的相互关系以及各项侧重点如图 4.6 以及开展自主体验的组织机构如图 4.7 所示。

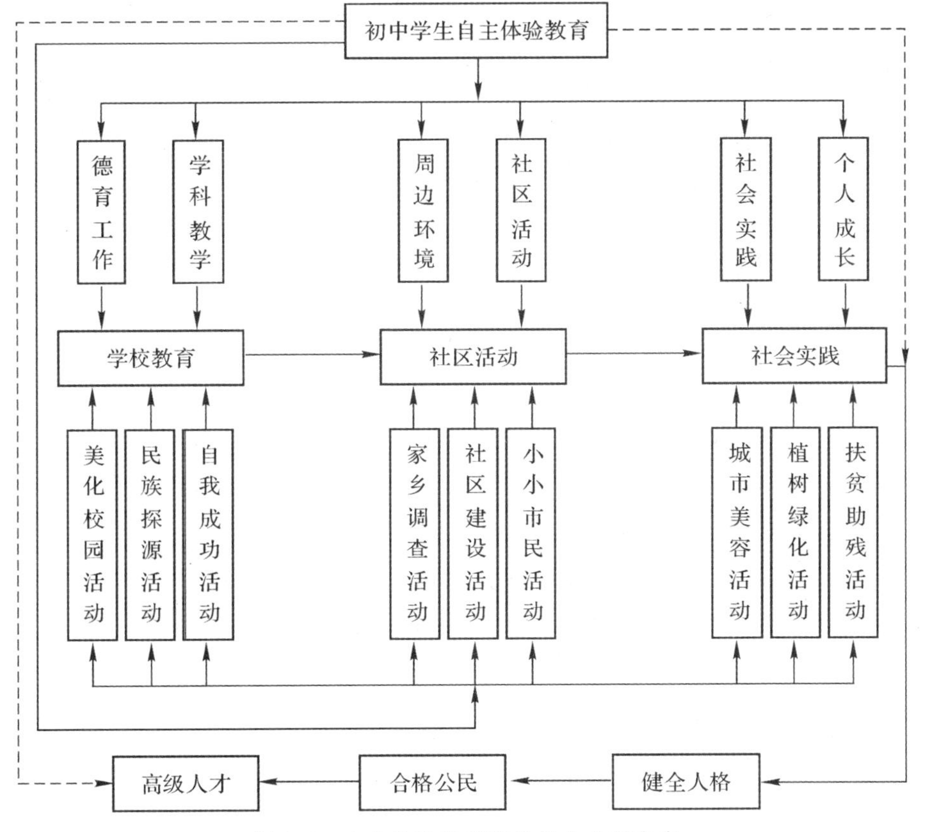

图 4.6　自主体验教育模块的十八项内容

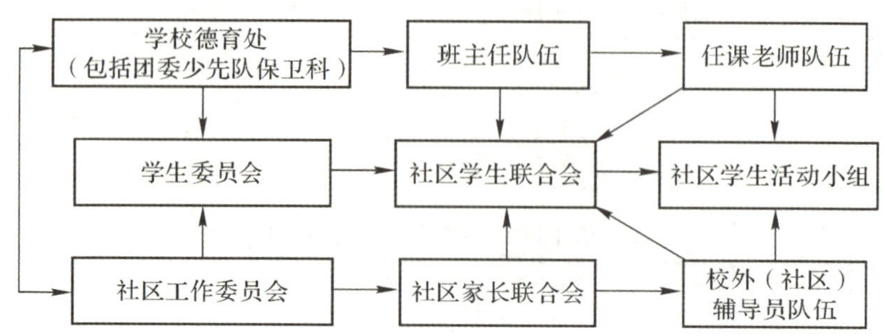

图 4.7　学生自主体验教育活动的组织机构及相互联系方块图

二、自主体验教育模块的可行性分析

1.学校德育中落实体验教育顺理成章

深化学校德育改革,切实提高德育实效,是全社会的共同要求。《中共中央国务院关于进一步加强和改进未成年人思想道德建设的若干意见》指出:"加强未成年人道德建设要坚持知与行相统一的原则。既要重视课堂教育,又要注重实践教育、体验教育、养成教育,注重自觉实践、自主参与,引导未成年人在学习道德知识的同时,自觉遵循道德规范。"因而体验教育应成为道德教育的本体。著名教授班华也指出:"德育不能没有体验,体验别人无法代替,有体验,德育才有效果。"①

把体验教育融入学校德育教育之中,比较容易操作。利用学校日常的德育工作,开展一系列富有意义的体验教育活动,把学生的言行落到实处。比如:学校开展的"扬起成功的风帆"系列教育活动。对学生进行成功教育、体验教育,让学生们能及时记录下自己的点滴成功经验,提高自己的自信心和学习积极性。发挥自己的自觉意识和能动作用,让学生体验、感受成功的快乐。

2.社区活动中渗透体验教育切实可行

(1)社区拥有比较丰富的体验教育资源。第一类为自然环境,如整洁的环境、美丽的雕塑,草坪、花坛、公园等,给人赏心悦目之感;第二类为文化、体育活动场所,宣传窗、阅报栏、广播、市民学校、活动中心等;第三类为社区内的各类教育活动;第四类为多样的社区团体活动。学生若能参与其中,将能得到无穷的体验。

① 张宝安等. 德育中的体验教育[J],课程(教师),2008(8).

(2)社区具有良好的外部条件。一是政策支持,除了国家、省有关教育的法律与法规作为政策支持之外,市委、市府专门就社区如何支持学校教育下发指导性文件,为学校在社区中进行体验教育创造良好的政策环境。二是机构保证——社区教育委员会,它们的工作是有计划、有组织、有落实、有检查、有总结反馈。三是督导权重,我市人民政府督导室在督导评估中,已有学校在社区中开展体验教育的内容权重,市委文明办在创建文明社区的检查验收中,也把社区与学校教育密切合作的情况作为重要内容。

3.社会实践中深化体验教育事半功倍

学校每年都要安排各种社会实践活动,在活动中深化体验教育能够起到事半功倍的效果。一是利用好双休日,组织学生参加各种社区活动。如建立学生志愿队,开展敬老爱幼活动、植树绿化、走访特困户、送戏到社区等活动。二是建立体验基地,开展实践活动。把社区内的一些工厂、山地作为学生劳动实践基地,把社区内的一些单位机关,如环保、电信、旅游等,作为学生社会调查基地。积极引导学生走向社会,主动融入社会,初步体验社会生活。在社会实践活动中深化体验教育。

三、自主体验教育模块的实践过程

1.学校教育中深透体验教育

如今在素质教育的大背景下和大力“减负”的前提下,“369”体验式德育以其独特的组织优势对学生进行综合素质的培养和教育。在应试教育转向素质教育之始,我们就提出了“让校园中处处呈现教育,让学生时时刻刻处于教育场中”的设想,充分利用社会环境因素和教育者的身教所创设的教育情境,对受教育者进行感染和熏陶,经过潜移默化,来达到培养学生素质和能力目的。在不断的实践中,我们明确提出建设“学生体验教育场”,即努力在校园内形成一种教育模块,能够对学生产生吸引、凝聚、辐射等多方面的“磁场”效应,建立学生实践基地,强化体验教育环节,进而培养和提高学生的综合素质。在建设“学生体验教育场”时,我们形成两条并行线的模块:一条是校园环境教育场;另一条是体验活动教育场。

(1)营造优美的校园环境教育场(美化校园活动)

①校园物质环境。校园物质环境是指校园内对学生的学习和生活产生影响的一切物质条件的综合。包括教学场合、活动场合、生活休息场合、校园绿化环境、各类设施装备等方面的状况。我校北连北山河公园,校园布局合理,

结构新颖，既端庄又活泼，广场中间是雕塑，体现了自强不息、勇攀高峰的精神；四周实验楼、办公楼、教学楼，每栋大楼错落有致，富有个性；过道、走廊的墙壁上悬挂学生的书画作品，对学生进行美的熏陶；其他自然景观、园林水池、宣传设施等体现了主体教育思想和审美情趣。它们以显性和隐性的不同功效和特征，构成一种特定的校园文化氛围。美好的校园环境对人产生持久、潜移默化的教育影响，引起人们思想情感、审美观念的变化。

②校园文化环境。校园文化环境是属于学校环境的软件建设部分，具体包括教风、学风、校风、制度、文化氛围、文化活动等。我校在校园内开辟出四块宣传阵地，办公楼、实验楼墙上分别悬贴"严谨、创新、团结、奋进"的校训与"求知求真，学会做人"的校风。除了宣传校训和校风，更重要的是真正建立优良的校风，对学生产生积极的潜移默化的影响。因为优良的校风一经形成，就会在学校构成教育心理氛围和舆论环境、影响学校的教学与教育活动、约束师生员工的言论和行为，成为建立学校荣誉、维护学校利益的强大动力。在改善学校大环境的同时，我们更立足于小环境的营造，每学期开学都要求各班进行环境布置，要求各班要有自己的特色，让教室的墙壁会说话。遇到重大节日、纪念日，学校则布插彩旗，挂灯笼，打标语，努力使学校成为文明整洁、朝气蓬勃，环境优美的育人阵地。学生在优美的校园环境氛围中，达到心灵感悟，产生环境美、言行美、心灵美的内心体验和需求。

(2)构建多层次的活动教育场

活动是学生的灵魂，建设学生教育场必须以丰富多彩的活动为载体。我们力求通过创设生动、有趣的体验情境，让广大学生置身其中，在活动过程中体验，达到自我教育、自我提高、自我发展的目的。将简单的灌输与说教，变为心灵的沟通与情感的交流；将深奥的教育内容变为无形的渗透和正面的激励。

①抓住活动教育场的主脉(民族探源活动)。体验是个循序渐进的过程，活动的开展不是一次两次的事情，而是一个有主题的系列活动，年年开展，年年不同，在不同形式的活动中，让学生反复体验，强化感悟。我们将德育的教学活动大体分成四个方面：

一是策划好阵地活动，我们以团队活动、电视站、广播台、橱窗、板报、编辑部等为阵地，学生是这些阵地的主人，是日常活动的组织者、参与者。如三中电视广播台，访、编、播、录、放都是由学生自己组织进行，老师只不过是他们的参谋，学校只不过提供给他们一个实践的场所。

二是组织好节日活动，我们结合传统节日、纪念日，设计组织了丰富多彩的活动，力求从新方法过传统节日，年年过此节，次次不相同。如 2010 年元旦，我们设计出“喜洋洋，迎新年”的系列活动，引导学生出手抄报，开展百米书画活动，举办灯笼制作评比活动。当那一盏盏形状各异、五彩缤纷的灯笼悬挂于校园时，学生那一双双童真的眼睛迸射出惊喜的光芒。“三月五日”学雷锋，让学生阅读《雷锋日记》，讲雷锋故事，评选出“雷锋式好少年”。围绕“三月十二日”植树节开展“绿色行动”，举办了“环保知识知多少”“绿色博览会”“春天的诗歌”等系列活动，评选出各班绿色小卫士。七月一日建党节、四月五日清明节我们组织学生去温岭烈士山举行扫墓活动。团员还在烈士面前举行重温入团誓词等活动。在召开班干部动员大会后，由各班根据本班特色拟出活动方案，并要求各班尽量不同，追求我有的你没有，你有的我更好，由学生干部组成审批团，讨论审批后再开展。有的班级组织学生去坞根革命老区参观，接受革命传统体验教育。十月一日国庆节，学生会干部在充分征求各班意见的基础上，设计了“爱我中华”民族探源系列活动，分年级落实活动内容，学生们有诗抄、有歌唱、有报读、有书画赛等。通过这些活动的历练，学生的组织能力大大提高，主人翁意识大大增强，创新意识迅速发展。

三是组织好主题活动，每学期开始，就由学生会根据时代的要求拟出每月活动主题，主题活动更是力求全体学生全员参与，对每月活动主题的重点也公布于告示栏，如 2009 年 9 月，为了响应“崇尚科学，反对邪教”的号召，开展主题为“科学在我身边”，我们组织学生观看科普影片，出“我爱科学”手抄报、黑板报，开展主题班会，和关工委同志一起开座谈会，进行“科学、伪科学、迷信”的大辩论。同时，由各班学生根据每月主题制订出活动方案，拟订活动形式，确定活动日期，由学生会收集打印成各班活动一览表，分发到各班，随时组织人员观摩等等，都收到了体验教育的良好效果。并鼓励学生自定主题，开展出有新意的活动。

四是利用好传统活动，体教结合是我校优良的传统，利用学生的事迹来教育学生，开展中考状元采访活动、优秀生采访活动。小天地里做出大文章，是我们一贯坚持的。每年一度的校体育节、艺术节、科技节活动及丰富多彩的课外拓展活动等。

②突出活动教育场的典型(自我成功活动)。在全面推进素质教育的进程中，“减负”是一个大的举措。学生“减负”了，空闲时间也多了。我们要好好利用，要引导他们用好属于自己的时间。此时正是培养学生创新意识、实践能力，发展学生个性，加强体验教育的最佳时机。“创新俱乐部”是我们迈出的第一步。这个俱乐部侧重于航海、航空知识的讲解，各种航模的制作，从而培养学生的动手能力，引导学生从小爱科学，学科学，用科学。这个俱乐部成员，第

一次参加台州市航模比赛就获得两个单项第一、四个单项第三、总分第三的佳绩，通过活动，俱乐部成员更热衷于小发明、小制作与撰写科技小论文等活动。近年来，学生在科学研究、科技创新等综合实践中，屡次获省、地、市各奖。我们又组织了学校文艺队、体育队，把爱好文体的学生组织起来，由专职音乐、体育教师指导点拨，让他们有机会交流、切磋、提高。随着文艺队、体育队的成功运作，我们又组织了集邮、电脑绘画等兴趣小组。我们的宗旨是成立一个，发展一个，成功一个。这些实践基地成了学生体验快乐的大本营，成了学生实现梦想的世界。

2.社区活动中开展体验教育

一个人形成良好的思想品德，获得真才实学，掌握过硬的本领，需要积极的内心体验。只有体验，思维才能产生飞跃；只有体验，获得的思想感情和知识技能才能刻骨铭心。光靠学校里的教育是远远不够的，我们在探索研究过程中认识到依托社区活动开展体验教育会收到良好的效果。于是，我们积极引导学生走向社会区、融入社区，在社会生活中体验、成长。

(1)依托社区之体验教育的途径

首先，建立社区学生联合会组织。按照学生们的家庭居住地就近成立社区学生联合会组织。我们学校通过社区委员会、家长联合会，组织了"万昌社区学生联合会"、"东辉社区学生联合会"、"五角场社区学生联合会"等，社区内学生数比较多，社区学生联合会分成多个社区学生活动小组开展活动。并且聘请社会各界人士及离退休干部担任校外辅导员，利用各种社区设施，由学生自愿组成一支支"社区学生活动小组"，自主选择一个岗位，做一件有意义的事情，接触社会，体验生活。社区的每一个地方，都成为同学们休闲娱乐、实践体验的舞台。充分发挥学生的自主性、积极性和创造性，让学生在集体体验中学会自己管理自己，自己教育自己。

其次，在开展社区学生联合会活动的同时，创建社区活动阵地。条件好的社区可专门建立活动阵地；条件差的社区则应低点起步，与社区居委会协调好关系，把阵地先建在居委会的办公地点。开展社区活动必须从实际情况出发，寻找最适合本社区的特色活动为龙头，以几个点开展内容丰富、形式多样的活动，每项活动人数不宜过多。这样做易于组织管理，有利于日后活动的进一步发展。随着活动日渐成熟，可逐步增加人数，扩大活动范围，起到以点带面的作用。比如，我们依托东辉、万昌社区开辟活动点，开展关心老人、尊敬老人，服务社区老人的活动和送报送信活动，培养学生的社会责任感。此项活动还曾在温岭电视台报道。再如，五角场社区附近有北山菜场，卫生状况十分差，五角场社区的学生联合会利用节假日，协助市场管理委员会去北山菜场搞卫生，维持秩序，改进市容市貌，受到了当地群众的一致好评，收到了体验教育的良好效果。

(2)依托社区之体验教育的类型

在学生"成长体验"的许多项目中，依托社区的角色体验活动是学生最感兴趣的。模拟角色体验活动从内容上可分为两类：本体性体验活动和角色模拟体验活动。[①] 本体性体验活动一般都可以在学校德育与各学科中完成。所谓角色模拟体验活动是指学生模拟某一社会角色而进行体验的活动，它是学生社会化进程中必经的过程。依据模拟角色的社会功能及学生在体验后的情感收获，可将模拟角色体验活动分为三种类型：

①意识类角色模拟体验活动。这种类型活动的特点，是侧重于让学生在老师创设的平凡岗位上、角色中进行体验。它能够使学生在体验实践中增强对一些平凡事物的认识。比如开展"我是城市美容师"上街清除牛皮癣活动，让学生体验清洁工的社会角色，树立热爱劳动的思想。

②技能类角色模拟体验活动。这类活动可以使学生在体验中明白道理，掌握技能。比如，开展"我是小记者"、"我是小老师"、"我是小交警"等具体活动，为学生创造模拟记者、老师、警察、主持人等角色的机会，使他们在具体实践中体验这些角色的工作内容，了解从事这些职业所应具备的素质，并在实践中掌握一些具体的工作方法和技能。

③角色调换体验活动。社会角色包罗万象，既有像工人、教师一样的职业角色，又有像做父母类的非职业角色。"角色调换"主要是针对非职业类角色而提出的。比如"假如我是妈妈"体验活动，将子女与母亲的角色换位，使学生体验父母的辛劳，实现两代人的心灵沟通；开展"假如我是残疾人"体验活动，将健康人与残疾人角色置换，体验渴望关心，得到尊重的情感；开展"假如我是落选者"体验活动，让学生去体验战胜挫折，勇于面对失败的心理感受。

总之，开展以上学生角色模拟体验活动，只有依托社区实施体验，才能收到良好的效果。我们要积极探索社区活动的内容和运作规律，建立起完善的工作体系，让学生从轻松快乐的社区实践体验活动中认识社会，体验生活，感受快乐与自豪。

3.社会实践中深化体验教育

在学校的德育和各科教学中渗透体验教育，以及在社区中开展的角色模拟的体验教育能取得很好效果。我们认为是注重了本体性的体验活动，但也

---

① 张芳.开展角色模拟体验活动应遵循的原则[J]，当代教育论坛，2004(4).

不够深入持久。只有投身社会实践开展体验活动，才能成为学生自发的、自觉的行动。在第二期课程改革中，上海市各学校把培养学生的创新精神和实践能力放在突出地位来抓。上海市有几百个青少年社会实践基地，各中小学也都把学生的社会实践内容列入课程体系来加以开发，形成了系列化的具有校本特色的社会实践课程①。我们学习上海精神，开展了丰富多彩的综合社会实践活动，使学生的思想觉悟、道德观、价值观、人生观才能发生改变，成为思想觉悟好、道德风尚高、创新意识强的学生，才能自我升华。例如：(1)学校与本市农村的横山中学、太湖中学建立长期的"手拉手"结对帮扶。在学校的牵头下，开展学生"一对一、手拉手"活动，学校只提供给学生联系方法、通信地址，接着由学生自己进行各种交流，在结对的同学之中，经常性开展通信谈心。通过这样的活动，我校许多学生自发给贫困学生自觉捐钱捐物，但是获得更多回报的是他们通过通信、交流和体验从贫困学生那里学到了吃苦耐劳、勤俭节约的精神，不畏艰险、克服困难的勇气。(2)与温岭市福利院、启智学校建立长期联系，开展多种联谊活动，把温岭市福利院、温岭市启智学校作为我校体验教育基地，轮批的去这些地方进行慰问、劳动、体验。在长期的交往活动中，培养了学生关爱别人的高尚情操。(3)利用节假日，开展"知国情，知乡情"读书体验活动，调查体验活动，开展"崇高科学，反对邪教，破除迷信"上街宣传体验活动，开展"保护母亲河"环境大调查体验活动，开展"为了那片绿荫"植树造林劳动体验活动等等，拓宽了体验教育渠道，深化了教育内容，使学生变"他律"为"自律"，从必然王国走向自然王国，促进了学生的人格完善，使他们成为一个对国家有使命感、对社会有责任心的人，达到了体验教育的最终目标。

四、自主体验教育模块实践的体会

通过几年来学校体验教育的实践，验证了我们构建的初中学生自主体验教育"三、六、九"教学模块，不仅是合理可行的，还可以在各校推广。体验教育，她不仅丰富了学校的教育内容，而且使学生通过各种体验活动，丰富了学习内容，促进能力的全面发展与自我成长。所以说，体验教育旨在让学生在参与"我与学校、我与家庭、我与社会"的综合性实践活动中去，才能使学生健康成长起来，不断走向成熟。学校教育应该"引领学生在体验中历练人格、提升素质、升华人生"②。

---

① 贾爱寿.在社会实践中体验研究性学习[J]，山西教育，2006(12).

② 贾爱寿.在社会实践中体验研究性学习[J]，山西教育，2006(12).

第三节 英语交际课堂中的“情景对话”式教学

我们现在所使用的 *Go For It* 新目标英语教材，每个单元都围绕一个特定的话题展开，七年级大部分课型都是对话课。在对这些对话课进行处理的过程中，笔者不断反思近年来英语对话课的教学实践，认识到对话课教学还没有实现真正意义上的突破。在授课时，教师往往重讲不重练，把对话当成阅读课文来教；重知识传授，轻能力培养；或者认为交际法就是表演法，重形式不重质量，教师在完成每堂课讲解后，让一两组学生表演一下对话就算了事。结果教师和学生付出了大量的时间和精力，但结果却收效甚微。为此，笔者在自己的教学中不断地对对话课教学进行探索实践，总结出了“情景对话”式教学模式。

一、情景对话式教学及其理念

情景是进行言语交际活动的必要因素。交际化的英语课堂教学需要教师充分地利用和创设情景组织课堂教学，做到教学内容情景化。英语情景对话课是指在英语教学中，创设一定的话题情景或社交活动的情景场面，通过师生互动或生生互动的语言交流活动，来实现学生语言知识的掌握、听说交际能力素质的培养及提高的目标。情景对话教学模式将情景对话与句型操练相结合，既强调情景交际，又注重学生对基本表达句型的把握。在学生掌握了一定的词汇和句型结构后，让学生在不同场景下，替换、套用所掌握的表达句型，并逐渐引导学生以此为基础创建新对话。帮助学生在情景中学习和使用语言，培养用英语思维和表达的能力。①

情景对话教学模式既强调情景交际又注重语法结构。以学生两两结对为主的互动式口语操练，为学生参与对话实践提供了机会，同时采用了“限量计时”、“限时计量”、“情景表演”等竞赛方式，激活学生的表现欲。它不仅有利于活跃课堂教学，创建生动、活泼、动态的学习环境，而且还能使学生从一开始学英语就敢于大胆开口说，帮助学生在情景中学习和使用语言，培养用英语思维和表达的能力。在对话教学的起始阶段，我们借鉴小孩习得母语的方式，引导学生从情景中理解对话的意义，在模仿操练中掌握句子结构，从整体上感知语言，获得英语语感。②

---

① 参见杨君. 中学英语情景对话教学初探[J]. 素质教育论坛(上)，2010(12)：69.

② 参见王厚平，情景—实践—主题教学模式[EB/OL]http://wenku.baidu.com/view/80fc2d41336c1eb91a375d96.html，2011-10-20.

二、情景对话式教学的实施流程及实践

情景对话式教学的实施流程如图 4.8 所示。

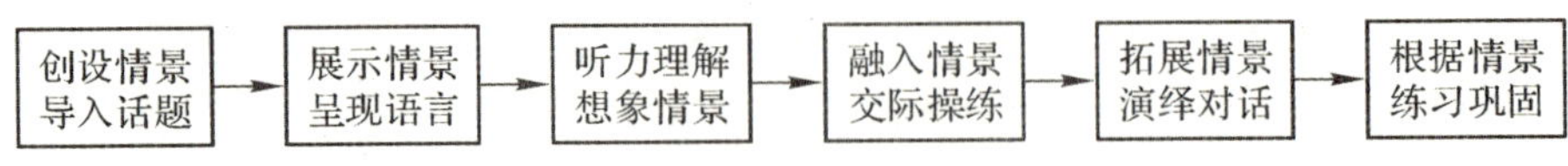

图 4.8 情景对话式教学的实施流程图

下面就每个步骤结合 2012 年版新目标八年级上"Unit 3 I'm more outgoing than my sister"作阐述。

1. 创设情景，导入话题(lead-in activity)

俗话说："良好的开端是成功的一半。"有效的导入新课方式对教学有积极的影响。导入是教师在开始讲授新课之前，引导学生迅速进入学习状态的行为方式。英语对话课的导入方式有很多，根据对话课教学的任务和目标以及其理论基础，常见的有以下几种：①

(1)复习导入法。即学习迁移，就是一种学习对另一种学习的影响，学生已获得的知识经验、认知结构、动作技能、学习态度、策略和方法等，与新知识、新技能的学习之间所发生的影响。有关学习迁移的一种代表理论——共同要素说，其代表人物桑代克和伍德沃斯以刺激—反应的联结理论为基础，认为只有当两个机能的因素中有相同的要素时，一个机能的变化才会改变另一个机能的习得，也就是说，只有当学习情境和迁移情境存在共同成分时，才能产生学习迁移。在讲授新课之前，教师应挖掘新旧知识的相互关系，通过有针对性的复习为学生学习新知识做好铺垫，以旧带新，创造传授新知识的契机。如在教授新目标九年级"Unit 2 I used to be afraid of the dark"第一课时，就可以通过复习以前学过的描写面貌(appearance)和性格(personality)的形容词来导入新课。谈论 5 年前的自己和现在的自己，引出"I used to have short hair.""I used to be shy."等句型。

(2)情景导入法。情景是语言发挥其交际功能的场合，对对话课来说，情景的作用尤为重要，情景的设置能使学生更真切地理解语言材料。《英语课程标准》的基本理念就包括"采用活动途径，倡导体验参与"。在设置情景、导入新课的过程中，教师可以结合教学内容，将新课中出现的语言结构、语言功能和语言情景有机地结合起来，使学生在一定的语境中感知、理解新课语言材料

① 卢世娟. 初中英语课堂教学的导入艺术[J]. 中学教学参考，2011(25)：114—115.

的意义、用法、功能和作用。*Go For It* 教材的英语课堂教学活动，可以说几乎每节课都是在一定的情境中进行的。在教学中，教师应尽可能地为学生创设教学相关的情景，让学生在与现实环境类似的情景中学习英语，激发他们最大的热情去主动学习。例如七年级上"Unit 8　When is your birthday?"就是一个与学生现实生活紧密相连的问题。我在新课导入时，选择班级中一位学生的生日照片，插在 PPT 课件里。随着悠扬的生日歌，带动着全班唱起 *Happy Birthday*，然后让该学生询问班级中每一个成员的生日日期和如何过生日。由于和日常生活关系密切，学生抱有很大的热情，一节课下来，教师感到轻松，学生也将该掌握的句型理解了，连较难掌握的序数词也基本掌握了。

(3)背景导入法。在英语学习过程中，背景知识和常识的欠缺以及文化的差异，常常使学生不能理解语言材料所表达的意义，形成思维障碍。在对话课的教学中，这种影响尤其突出。由于中西方文化和思维方式的不同，人们的表达方式和习惯也会不同。恰当的背景知识的导入不仅有助于学生感知思路的正确和畅通，而且给英语教学赋予了文化内涵，提高了学生的文化素养，实现了"教人，教文化，教语言"一体化。这种方法多用于阅读课。例如八年级下"Unit 9 3a　Have you ever been to Disneyland?"我下载了迪斯尼乐园的导图，用英文将它们一一标注，然后简要介绍了主题、卡通人物、活动等信息。这种导入法不仅对理解掌握课文很有帮助，而且还能拓展课本知识，学生饶有兴致，一举多得。

(4)设疑导入法。设疑导入法的理论依据是认知失调理论。它是由法利昂·费思廷格提出，他认为认知失调会引起人们心理上的紧张，并产生不愉快的体验和特定的心理压力，这会驱使人们想方设法消除认知矛盾，减少失调，求得协调。"疑"是学习的起点，有"疑"才有问，有"究"才有所得。通过教师的设疑，会导致学生认知失调，以激发学生的学习动机。因此，在导入新课时，应向学生巧妙地设置悬念，有意使学生暂时处于困惑状态，使学生投入到积极的揭开"谜底"中来。关键的一点就是疑问的内容和难度，应根据学生的实际情况和新课的材料提出不同的疑问。从而产生教学需要的"愤、悱"状态，萌发破疑愿望，然后再使学生的思维得到启发并活跃起来。如八年级上"Unit 7 How do you make a banana milk shake?"该单元介绍了奶昔、沙拉、爆米花、汉堡包等的制作方法。这些食品学生很熟悉，也很喜爱。在介绍爆米花制作前，先设疑：What do we need? 在制作方法的讲解中，将几个单词留白让他们自己去解决，学习就更主动了。

(5)直观导入法。直观导入法是指在教学中通过学生观察所学事物，或教师的形象描述，引导学生形成所学事物、过程的清晰表象，丰富他们的感性认识，从而使他们能够正确理解书本知识和发展认识能力。比如图片、挂图、简笔画、照片、幻灯片、录音、录像等具体实物，来导入教学，使抽象的内容变得更加简单、具体、生动，从而引起学生的兴趣和注意，营造良好的课堂氛围。因此我们教师应充分利用现有的教学设备条件，利用课本教材，在尽可能的情况下创设一种有利于语言学习的环境，让学生学得主动、轻松、生动、活泼。例如九年级“Unit 9　Reading：Do you know when basketball was invented?”导入时先观看一段视频“麦迪时刻”，很多学生热衷于篮球，也乐于了解它的历史。自然地过渡到 popularity，inventor，the equipment，the games，etc. 与此同时，我们需要将直观与讲解相结合，重视运用语言直观。

(6)讨论导入法。讨论导入法是通过师生交流、生生交流的方式，围绕一个话题共同商讨而导入课文的一种方法。这种导入课文的过程也是师生互动的过程。不仅增加学生使用英语进行交际的机会，使教学信息得到多向交流，而且还能培养学生的合作精神，获得对知识全面和深入的认识。因此，教师要选择学生熟悉的话题，启发学生积极思维并展开激烈的讨论，做到“形散而神不散”，把主题由远拉近，使学生不知不觉进入新课的主题。但需要注意的是，教师在选择讨论的问题时要具有吸引力，要善于在讨论中引导学生，启发学生，并做好讨论小结。例八年级上“Unit 12　What's the best radio station?”首先让学生进行小组讨论，其话题是：What's important for you when you choose a movie theater?

看电影是每个学生亲身经历的事情，大家七嘴八舌地开始议论。经过讨论，出现如下答案：①comfortable seats　②big screens　③friendly service　④close to home　⑤new and popular …根据自身的标准，将这些要素归为 Important & Not Important. 然后进入下一步 Listen and match the statements with the movie theaters.

(7)广告导入法。“兴趣是最好的老师”，它是推动学生求知的一种力量。如今广告已渗透到我们生活的每一个角落，成为了我们生活中的一部分。如果从生活中收集一些广为流传的英文广告语来导入新课，会极大地提高学生学习英语的兴趣。例如九年级“Unit 15　We're trying to save the manatees?”就可由广告视频自然导入。

(8)音乐导入法。音乐是与人们的情感最为接近的艺术，也是人类表达情感的重要手段。在学习八年级下“Unit 2 What should I do?”这一单元，我首先为学生播放一段美妙的英文歌曲 *Trouble is a friend*。学生听着欢快的音符，情绪也受到了感染。学习的烦恼似乎没那么沉重了，学生们轻松愉快地投入到课文的学习中去。

英语对话课教学的导入方式多种多样，教师应根据学生的情况和新课所呈现的语言特点选择有效的导入方式。在导入过程中，教师可以根据课文内容同时进行相应的词汇教学和语法教学，使词汇和语法教学摆脱讲解规则、举例说明、练习验证的刻板教学模式，增强教学的趣味性。通过创设语言情景，将思维训练和语言训练相结合，增强学生对新的词汇和语法的理解。

学生只有在真正理解某个语言形式使用的情景时，才能真正掌握好该语言形式的用法。因此，在引入对话之前，得先创设情景。由于情景会直接唤起学生的兴趣，可以将学生的注意力引向语言形式所表达的意义，因此，情景设置是对话教学中非常重要的一环。同时，在情景设计时应遵循以下三个原则：①

（1）适切性原则。适切即适时适度。适时是在最需要时选用。适度既指量的适度也指难易程度适中。情景设计应尽量做到精、简、易。“精”能加深印象；“简”能增进学生主动学习的愿望，要求教师在设计的过程中，力求通过这种辅助手段，将教学内容“由繁到简”，使学生思维“由浅入深”；“易”能帮助学生完成主要的文本学习内容。

（2）基础性原则。设计的情景一定要建立在学生原有的认知水平上。课堂情景设计是将新的内容纳入学生原有的情意结构，形成新的情意体系。因此，在处理这个教学环节时，要充分考虑学生的接受心理，针对学生对不同文本的“兴奋点”、“困惑点”、“触发点”以及文本本身的重难点，在两者兼顾的基础上机智地应用和处理。

（3）生成性原则。课堂教学是师生围绕某个教学内容、某个话题展开的多维互动的对话交流活动。教师在情景设计的过程中，要考虑是否有利于生成知识、情感、体验等新的课程资源，是否有利于生成新的英语学习能力。情景设计应体现开放性、多元化。

【案例 4.6】

Unit 6 Section A 第二课时是对话课，主要目的是学会用形容词比较级来介绍，对比两个人。上课一开始，学生欣赏了一首 Twins 演唱的英文歌曲。

---

① 参见沈君．高中英语课堂有效情境设计实例评析[J]．考试周刊，2009(12)．

T:"Who sings it?"

S:The Twins.

用歌曲 *Melody Fair* 导入了 Twins 这个音乐组合，并介绍音乐组合的成员:Gillian & Charlene。

2.展示情景，呈现语言(present the structures)

经过导入部分后，学生已经对新课的材料有了一定的心理准备。在这一步骤中，主要是通过听语言材料使学生对课文有大概的了解，并培养学生的听的语言技能。因为在听、说、读、写四项语言技能中，听与说的关系最为密切。说的心理机制表明:听是说的准备，听的阶段是一个积极的沉默期。所以在对话课教学过程中，教师要重视由听到说的客观规律。以听带说，以听促说，听说结合。

听语言材料之前，教师要向学生提出几个与该对话有关的问题，要求学生能在听完对话以后回答。听之前设置问题是非常有必要的。同时，提问还可以锻炼学生运用语言的能力，教师可以从学生的回答中得到教与学的信息反馈。在设置问题时，教师要注意问题的难度和内容。由于学生第一次听该对话，问题的难度要适中，内容要有针对性;提问的角度要新颖，量度适宜，有助于学生对对话内容的理解。在教师提出问题和学生回答问题的过程中，教师可以根据课文内容进行相应的词汇教学和语法教学，使学生在实际运用语言的过程中掌握新词汇和语法规则。所以教师应该精心设置每一个问题，使每一个问题都有一定的针对性，都能从不同角度帮助学生对课文的理解。

该环节中教师通过各种形式展示情景，呈现对话内容，让学生听或视听，教师结合对话情景讲授新的语言点，以各种方法帮助学生理解。

【案例 4.7】

导入 Gillian & Charlene 后，接着就让学生来比较 Gillian & Charlene:

"Gillian is tall. But Charlene is taller than her ."边比较边呈现一些比较级形式，如:more beautiful, more outgoing, more serious, funnier 等。接着让学生用已学过的句型编对话(见图 4.9):

A: Is that Gillian?

B: No, it isn't. It's Charlene. Charlene is more beautiful than

Gillian.

图 4.9

Who do you like better? Why? 复现所学知识。

Then play a personality game:(见图 4.10)

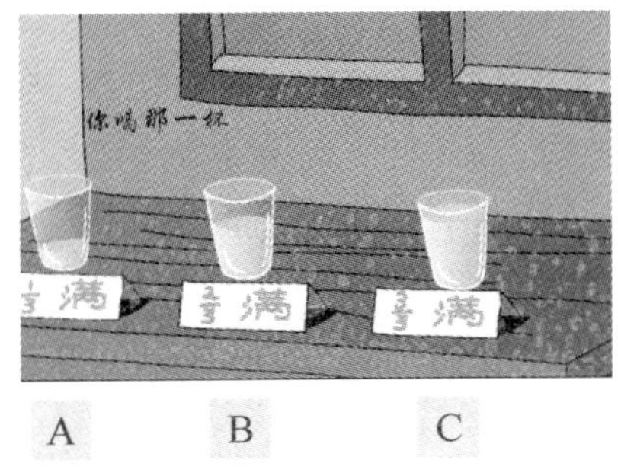

图 4.10

一个科学小游戏,来猜测一个人的性格。引起了学生的兴趣。然后结合游戏内容,提出问题进入课本知识:Do you want to know which glass will Tina and Tara choose?

3. 听力理解,想象情景(listen and imagine)

通过第二个教学过程,学生已经对对话内容有了大致了解,并初步掌握了对话中一些语言结构和语言功能。在这一步骤中,通过再次听对话材料,学生会对对话内容的理解进一步加深。值得一提,教师可以在"听"之前,提醒学生注意某些较重要或较难掌握的语言结构和语言功能,并在听完之后对这些语言点做更多的讲解。

新的语言点呈现并操练后,学生对对话内容的理解障碍已经排除,此时可以进入第二阶段:放录音,整体听对话。在听对话的同时,要求学生边注意听对话内容、边想象对话所表现的情景。

【案例 4. 8】

由于已经掌握了形容词比较级的特点，所以听力部分要求学生根据图片中的人物特点搭配形容词，学生做起来就得心应手了。听力部分一般情况是听三次，第一次听完之后，对答案有个初步的选择，第二次就可以比较有把握地选择填下答案了，第三次一般是跟着录音机重复所听到的句子。这样做的目的不但可以让学生听到，听懂，还可以通过模仿标准的语音语调，提高自己的口语能力。完成课文中的 2a & 2b。

Tina is：funnier，more outgoing，more athletic

Tara is：more serious，smarter，quieter

What glass would Tina and Tara choose?

Answer：Tina-Glass A　　Tara　　Glass B

4. 融入情景，交际操练(communicating drilling)

这一步骤和下一步骤是整个对话课教学中的重点。因为这两个步骤更注重于学生对语言的实际运用，更能直接地培养学生说的能力。教师要根据对话的不同功能项目指导学生进行各种各样的实践活动，如小组活动，讨论与辩论，模拟与角色扮演等。我们的对话课教学中在这一阶段主要采用模拟与角色扮演的方式。在这一过程中，练习和表演的还是课文上的对话内容和角色，即我们上面讲述过的模仿性说的训练，通过模仿课文对话中的人物角色，练熟发音动作和课文要求的语言项目(包括功能和结构)，为下一阶段创造性的说做好准备。教师可以先与某一位学生进行示范对话，为其他学生提供一个模型，再要求学生与同伴进行练习和表演。

在掌握了对话内容的重点难点后，学生通过机械性的模仿操练后，再在教师延伸情景中充分利用对话内容，进行交际操练。交际操练的合作者可以是老师，也可以是同学。听完之后，让学生打开书本读对话。读的时间要充分，让学生读熟对话内容，为后面仿照对话情景模仿对话打下基础。可以让学生以小组为单位分角色仿照对话所要求的情景读对话或表演对话。引导学生进入情景角色中，去掌握语言知识，并进行必要的机械操练。先由教师引导学生读，再分角色读，从而体会不同角色、不同语境的语音、语调以及语言表达习惯，为下一步实际交际操练奠定基础。然后可将对话中某些词替换，让学生将新的对话进行反复练习。最后教师可指导学生分角色朗读、扮演对话。

【案例 4.9】

为了充分利用听力材料，接着谈论 Tina &Tara 的不同点。“How are Tina and Tara different?”

Tina：I'm very different from Tara. I'm more outgoing…

Tara：I'm very different from Tara. I'm …

You are the interviewer, tell us the differences between them, like：

They're very different. Tina is….

5. 拓展情景，演绎对话(situational dialogue)

这一步骤是实现对话课教学目标和任务的关键阶段。在之前的教学中，我们的教学重点还是放在学习语言知识上，说的训练也只是停留在模仿性的说上。这一阶段就是实现学生从模仿性地说过渡到创造性地说。我们在对话课的社会语言学基础上已经提到说的目的是出于交际的需要，对话课教学的目标是培养学生实际运用语言的能力。而语言的运用离不开一定的语境，教师需要根据课文学过的内容设置一定的情景，并引导学生运用学过的语言知识根据特定的情景进行创造性地说。情景设计可以通过图片渲染，创造假定性情景和想象情景等方式。在这一过程中，学生是主要参与者，教师则是组织者、观察员、咨询人及鼓励者。在情景对话之前，教师应该向学生提供一些相关的语言功能项目，以及该情景中语言的特点等知识。

该环节中老师拓展交际对话情景，努力创造接近生活的轻松课堂环境，让师生互动、生生互动的对话演绎得以实现，从而激发学生学习兴趣，增强学习英语的信心，进一步强化学生的英语交际能力。学生学习语言形式是为了在交际中正确地运用该语言形式；学生学习对话是为了在理解对话功能的基础上在交际中更好地使用该功能。这一阶段则属于交际性操练或准交际性操练。

【案例 4.10】

Do 2c. First ask and answer about Sam and Tom.

Then make a report.

	Sam	Tom
smart	* * *	*
tall	* * *	*
run fast	*	* * *
get up early	*	* * *
thin	*	* * *
funny	* * *	*

Report: Sam and Tom are twins. But they are very different. Sam is smarter than Tom.

And he is taller than Tom. But Tom is…

6. 根据情景,练习巩固

通过以上四个环节的教学,学生的听、说、读等方面的技能都得到了训练;但是,学生所学对话中的语言形式却应该在笔头得到进一步的练习与巩固。因此又必要根据对话内容精心设计一些练习。为此,教师可以设计一些能表示一定情景的练习(如补全对话、对话逻辑排序等)来巩固所学对话。

学生光会说是不够的。因此,在听说读都巩固的前提下,可以考虑培养学生的写作技能。作文可以是课堂作文,亦可以是作业的形式,根据已教授的内容进行描写,比如这节课可安排学生写自己和最喜爱的人,通过对比的方式,让我们了解他/她是怎么样一个人。这样的作文要求简单,又切合实际,所以学生写起来就比较顺手,学生写的能力就自然而然地得到了加强和提高。

【案例 4.11】

(1)Making a survey:

Sam and Tom are different. What about you and your friend.

Fill in the chart about"I"and"your friend",then report.

	I	my friend
thin		
tall		
hard-working		
funny		
hard-working		

My friend is ______. We are very different. I am ______ than her / him, but she/he is ______ than me ______________________________

____

(2) Fill in the blanks and check the answers.

比较家庭成员，对于刚接触比较级的学生来说，有一定的难度。所以选用了填空的形式，降低了难度。

In my family, my father is ______ (tall) than my mother. He's very ______ (quiet). But when he talks with us, he's very ______ (funny). Mother is ______ (thin) than father and has ______ (long) hair than me. Mother is ______ (smart) than father. She is a very ______ (kind) woman. She often helps others. I'm a little ______ (tall) and ______ (heavy) than father. And I'm ______ (athletic) than him. I'm ______ (outgoing) than father and mother. I'm the most popular (最欢迎的) person in my family.

(3) Get the Ss to analyze the meanings of the proverbs. (搜集了一些学生熟悉的，容易理解的谚语，结合刚学过的句型，对比较级稍做了拓展)。

1. Two heads are better than one.

   三个臭皮匠，顶个诸葛亮。

2. Enough is better than too much.

   知足常乐。

3. Friend is easier lost than found.

   朋友易失不易得。

4. An eye finds more truth than two ears.

   百闻不如一见。/眼见为实，耳听为虚。

5. Facts(事实) speaks louder than words.

事实胜于雄辩。

6. Blood(血)is thicker(稠,浓)than water.
血浓于水。

三、情景对话式教学中的互动策略

(1)教的策略与方法。在情景对话式教学过程中,必须精心设计"导入新课"这一步骤。在这一步骤里,要教学新的词汇及句子结构。为了能让学生掌握新知识,教师要通过各种方法,利用各种教具,创设一定的情景,提高学生的积极性,增强教学的直观效果。讲解要精炼,操练要准确到位。讲解新知识时应尽量通俗易懂,操作时要照顾到各层次的学生。

(2)学的策略与方法。在情景对话式教学中,教学过程交际化。学英语的目的是为了能够用英语进行熟练地交流,切忌怕出错而不敢开口。因此,在情景对话式教学模式下,学生应在学习中多说、多练。

(3)师生互动策略。对话课英语教学实质上是交际活动,是人与人之间进行思想、信息、情感交流的过程。所以作为教师要准确定位,充分发挥主导作用。教师在课堂教学中应定位为:

①组织者(organizer):为学生的语言学习精心创设情景,组织教学活动。

②控制者(controller):控制课堂交际活动,尽量让更多的学生参与对话。

③交际合作者(communication cooperator):参与学生的交际操练或角色演绎,师生在和谐气氛中进行交际,能使学生体验到英语交际的成就感。

④帮助者(helper):当学生出现表达困难时,教师及时给予适当的语言铺垫的帮助。

总之,教师在教学的过程要遵循教师的主导作用和学生的主体作用相统一的规律。合理转变教师角色,达到与学生互动的良好的效果。

(4)生生互动策略。生生互动策略主要可以采用 pairwork,groupwork,discussion 和 interview 等形式以促进生生互动交流。课堂上学生之间的语言交流活动,学生们在教师创设的语言环境中学习对话语言知识,模仿对话,操练对话,开展角色演绎对话,进行轻松自主地交流活动。

四、情景对话式教学的原则

我们在确定英语课堂教学模式时,认真研究分析了学生、学校及教师的实际情况,强调从"做中学"、"教中学"、"研中学",在常规教学中改革,在改革中建立新的教学常规，从而达到优化教学、提高质量的目的。同时，在确立英语课堂教学模式时，还遵循了以下基本原则：

(1)方向性原则。学生口语交际能力的发展一般都要经历机械背诵→替换套用→灵活应用三个层次。第一层次是机械性的模仿和背诵。第二层次是替换套用、重组对话，这属于情景行为层次上的交际模式。第三层次是启发引导学生根据课文的语段、语篇自编对话或进行命题对话，这属于主题交际模式的层次。三个层次虽然要求不同、活动不同，却又相互渗透、相互交融，教师应坚持操练，切勿操之过急。

(2)整体性原则。组成课堂教学系统的各个要素、各个环节是相互联系、相互作用的有机整体。因此在开展对话竞赛要面向全体，顾及不同层次学生，注意机会均等。对话竞赛主要以小组为单位，这样有利于学生通过互动、合作，相互促进、共同提高。

(3)实践性原则。在确立教学模式时，必须以课堂教学的实践为基础，以教学理论为指导，从实际条件出发来进行研究，无论教学目标、结构、策略、评价，任何一个环节在设计时，都必须充分考虑它的可操作性，并在实践中进行检验、完善和发展。在训练初期要求学生模仿录音磁带时，不要对学生的语音提出太高的要求，以免挫伤学生的积极性，只要学生大胆开口，并积极参与口语交际活动即可。教师可通过每天布置一定的听录音、朗读作业，促进学生的语音、语调尽快向规范语言转化。

“情景需要语言，语言应当从情景教起。”在英语教学过程中，引入或创设情景主要是由教师以教学内容为中心，根据学生的水平来进行的，其目的不仅要激发学生学习兴趣，调动其积极性，而且还要使学生在轻松、愉快的气氛中学习，正确牢固地掌握知识并提高语言技能。运用好情景对话式教学模式，在实践中还需注意以下事项：①教师应钻研教材，发掘教材中的情景因素，根据不同的教学要求和教学目的，设计合理的教学情景，从而达到理想的教学效果。②教学仍然是情景教学中的“灵魂”。要避免只将情景简单赋予学生，在情景教学中，教师要示范表演，以此来激发学生的热情，同时在学生表演中，教师要全身心地投入，了解每一个学生从单词到句子，乃至整体的英语水平，以便发现问题，及时总结。③六个基本环节理论上有如上的先后顺序，但在具体教学中，往往是交叉进行或同时进行。

总之，情境对话式教学是一种双向的教学模式。只有教师和学生双方进行有效的合作才能完成教学任务。从中也可以看出，教师与学生是一种平等民主的新型的师生关系，且这种教学模式也有利于培养学生的创新能力。

第四节　音乐与诗词相融合的“沉浸”式教学

我国是一个诗的国度，是享誉世界的“神州诗国”、“诗文之邦”。千百年来追求完美和谐的国人们在任何领域都不放过诗意的表现，就连印象中与诗意风马牛不相及的“奥林匹克”，在张艺谋的操刀下也变得那么的富有诗情画意。那美轮美奂的奥运会开幕式，提炼了多少中国元素与古典诗歌的意境，给人以多少诗意的想象！

音乐是人类最古老的艺术形式之一，反映了人类的各种情感，震撼着人们的灵魂。温婉的旋律平和了人们的心情，激昂的曲调催人奋进。千百年来，人类就是在音乐的陪伴下不断前进。诗词与音乐不仅仅是感情的传达，更是情绪的宣泄，二者互为补充。所谓语言的尽头就是音乐的登场，语言表达不了的就让音乐来表达，音乐的理性鉴赏又靠文字(特别是诗词)得以深入。所以，自古以来，诗乐双剑合璧，互为载体，兴盛几千年。为了进一步提高音乐课堂教学的有效性，我们提出“诗乐沉浸”式的教学。

一、“诗乐沉浸”式教学的内涵解读

“沉浸式”教学原是国外双语教学领域的一种教学方法，指师生在课堂中共同沉浸在某种学习情境中，完全投入，获得学习的最佳体验，促使学生主动、自觉地进行学习。而“诗乐沉浸”式教学是指音乐课堂中引入诗词，使学生走入诗词意境，走进音乐情境，利用中国悠久的诗词文化为音乐课堂提供宝贵的课程资源，帮助学生在诗般的意境中理解音乐，获得审美感受，沉浸在诗中、音乐中。

其实，音乐与诗词本来就有着源远流长的相互交融的关系。从先秦到两汉，诗歌基本都是要和乐演唱或者以舞相伴的。《墨子·公孟》中记载：“颂诗三百，弦诗三百，歌诗三百，舞诗三百。”意思就是《诗三百》均可诵咏、用乐器演奏、歌唱、伴舞。诗歌具有音乐性，而音乐也具有诗歌的意境，《诗经·毛诗序》中说“情动于中而形于言，言之不足故嗟叹之，嗟叹之不足故咏歌之，咏歌之不足，不知手之舞之足之蹈之也。”可见，诗歌与音乐不但同源且诗歌舞本是一体，诗在最初阶段是作为歌词而呈现的。正如有研究者指出：“文学与音乐本是同根生成，正如书画同源。世界艺术史表明，音乐离不开文学，文学也离不开音乐。文学应该是具有音乐性的文学，音乐也应该是具有文学性的音乐，二者分离便都不是艺术。”

盛况空前绝后的唐诗中音乐与文学的关系就是密不可分的。注重声律音韵的诗人写的诗更是为后人所反复吟诵而经久不衰。《集异记》中王昌龄、高适、王之涣三人的“旗亭画壁”听歌伎唱诗分高低的故事，就是唐代唱诗的佐证，也说明了唐诗注重与音乐的结合。

宋代更是音乐与文学结合的鼎盛时期。词之所以又称“曲子词”，就是因为它的音乐部分称曲子，歌词部分称曲子词，简称词，又称乐府、乐章、长短句、琴趣等。每一首词都有词牌，表示不同的音乐性调名。当时的词是依声填词，是专为乐人而作。北京大学著名古典文学专家袁行霈先生在《唐宋词精华分卷・序》中说“唐宋词在当时是配合着流行音乐演唱的，可以说就是当时的流行歌曲。”宋词“豪放”与“婉约”的不同风格，是“音乐表现上的慷慨激昂与委婉细腻两类基本情绪的概括。”

从我国古代各个时期兴盛的艺术形式中可以很明显地看出音乐与诗词是相互交融的，你中有我，我中有你。二者都促进了对方的发展，也只有当二者结合在一起时音乐与诗词才能朝着人们认可的方向发展。

语文课堂常见音乐的引入，而音乐课堂甚少诗歌常态化的结合，研究音乐课堂教学中如何开发古诗词这一丰富而又珍贵的课程资源，是很有实践意义的。

二、“诗乐沉浸”式教学的实施策略

通过以上介绍，可以看出音乐课堂中适当融入古诗词文字的优美与它在表达内容时所产生的意境对学生理解音乐是非常有帮助的，而音乐也正可以借助文字使乐声更能打动人心，二者相辅相成，缺了谁都会使效果大打折扣。音乐教学不能只靠教师的讲授，也需要学生通过学习活动自己去体验和感悟。但学生的阅历尚不够深，音乐中细微的情感无法单纯通过自身的经历准确理解，借助语言文字所描绘的情境可以帮助学生理解音乐的内涵。我们自己在欣赏乐曲的过程中往往也会碰到这样的情况：当我们欣赏一首乐曲时，旋律给予我们的直观感受可能就是抒情、热闹、悲伤等，但到底抒的是一种怎样的情，悲伤的程度如何，曲子的背景与作者写作时的处境等都是我们难以从曲子中听得出来的，必须要经过文字的了解，再结合曲子的创作手法及旋律走向、调性的使用等才会对这首曲子有深入的理解。教师在音乐课堂教学中可以用富有诗意的语言，用诗词营造音乐的意境促进学生自主学习，真正体现出语言尽头响起的音乐是如此的扣人心弦，一切尽在不言中，唯有音乐声声入耳直击心田的情境。

在音乐教学中添入诗词元素，可以使学生沉浸在诗词与音乐相交融的意境中，既体会到古诗词的音乐美，也体会到音乐中的诗意美。当然不同的音乐教学主题，有不同的处理方法，本文依据古诗词类歌曲教学、非诗词类歌曲教学、民族乐曲欣赏、古曲欣赏四个类型展开讨论：

1. 在古诗词歌唱教学中传承民族文化，享受歌曲中的诗意美

放眼当今歌坛，越来越多的歌手喜欢演唱古典诗词，可以说，演唱古诗词为歌坛增添了一道亮丽的风景线。

比如《诗经·秦风》中有一篇《蒹葭》，写的是思慕者追求伊人而未得的情况，情景交融，意境绵远。台湾女作家琼瑶20世纪80年代写了一部小说名为《在水一方》，小说不但化用了《诗经》的诗名，而且根据该小说拍摄的电视剧的主题歌《在水一方》歌词也完全是这首古诗的现代翻版，再加上当时台湾歌星邓丽君的倾情演唱，使这首具有古典意境和古典韵味的歌曲不胫而走。可以说诗经的魅力在今天的歌坛仍然不减。类似的歌曲还有很多，如李白的《静夜思》被词作家李修安改编为流行歌曲《床前明月光》，并且被歌坛百变皇后梅艳芳唱得如痴如醉。还有陈小奇作词，吴涤清演唱的《烟花三月》，歌曲明显地化用了李白的《黄鹤楼送孟浩然之广陵》的意境。再如曾经红极一时歌曲《涛声依旧》，歌词也是化用了张继的《枫桥夜泊》……

古诗词本身就有一种音乐美，读起来妙趣横生，唱起来和谐悦耳，诵读的方法有三种：一为朗诵，朗诵者如同话剧演员，充满了激情，抑扬顿挫，这种方法适合于语文课堂教学；二为吟咏（吟唱），大多数的诗歌都是遵循平仄规律而写的，它有一定的曲调规律，但高低音的起伏不大，吟唱者大多是大学中文系及研究古诗词诵读的学者；三为歌唱，一般由古代或现代的音乐家正式写出曲谱供人传唱，在艺术上比前二者更趋完美，具有更大的感染力，这种歌唱的方法适合音乐课堂教学。古诗词歌曲的教学过程就是传唱过程，也是继承和发扬优秀传统文化的过程，通过歌唱的方式最能表现诗词所蕴含的意境与韵味，也是古诗词诵读的最高境界。

下面就以《水调歌头·明月几时有》的教学为例进行详细说明。

【案例4.12】

教师在教学的前一节课就布置给学生任务：回去查找有关古人描写明月的诗。正式上课时，学生在诵读各自收集的诗词过程中，能感受到“月亮”在不同朝代诗人笔下情感的变迁与传承。在对这些咏

月诗惊鸿一瞥后教师导入苏轼咏月绝唱《明月几时有》。

由于学生对这首歌曲是比较熟悉的，教师可以先请个别学生演唱。演唱学生的最大不足之处在于歌曲情感表达的不够到位，甚至根本没有情感的表达，他们对歌曲的喜爱只是因为音乐的旋律美，及这首歌的演唱者——王菲。所以教师这时必须对作者一生的经历进行简介并重点指出："苏轼经历了这么多的风风雨雨，他都没有因为自己辛苦付出，却换回降职和发配而心生怨恨，此时依然写出'人有悲欢离合，月有阴晴圆缺，此事古难全。'这要多大的心胸才能做到。不但如此，他还劝慰天下人'但愿人长久，千里共婵娟'。王国维在其《人间词话》中评价苏轼的词，说'东坡之词旷'。这个'旷'指旷达，这旷达的不仅仅是他的诗词，更是他整个人生、信仰的写照……"

任何歌曲必须要在深刻理解歌词的基础上才能唱好，情感的把握才能到位，歌曲的演唱必须在感动自己的基础上才能感染听众。教师选择其中的几句用相对夸张的语气有感情地朗读，朗读后马上用同样的情感演唱，再请学生模唱，在学生模唱时教师表情相对夸张地进行表演，学生的演唱情感马上就提升了，实现了从教师"引动"到学生"自动"的转变。最后可以请学生选择另一首自己喜爱的咏月诗，结合诗所创作的时代大环境和作者写作时的心态，根据诗的句读和情感的走向，即兴演唱。整个教学过程，不仅使学生对咏月诗歌进行了一遍梳理，"月"这一意象在历朝历代中所表达的情感寄托，在学生的心中有了一个非常明确的概念，而且苏轼的"旷"的精神也会在一些学生中得到传承。

2. 在非诗词类歌曲教学中借用古诗词，营造诗歌意境

随着时代的发展，诗歌中的"文"与"乐"逐渐分离，而且民族传统韵文发展的高度和深度，远胜于音乐——这是我国与外国譬如欧洲诸国很不相同的历史实际。歌唱是"文、乐"的结合，在我国是把其中的"乐"遗弃了而成为流传千古的"文"——骚、赋、乐府、诗、词、(南北)曲等；而欧洲诸国则可以将歌唱中的"文"丢在一边而把其中的"乐"独立出来成为器乐曲(这种情形只出现于我国的"琴")。《诗论》中把诗词与音乐之间的发展关系分为四个时期：即有音无意时期，音重于意时期，音意分化时期和音意合一时期。语言长于描述形象事物及阐述理性思维，音乐则长于传达微妙的，难以言喻的，发自心灵深处的情感。

既然"文"与"乐"的分离已成事实，我们也不必感慨，我们同样可以把具有非常高度与深度的诗文有意识地融入到音乐课堂中，在许多非诗词类但非常

富有诗情画意的歌曲教学中，展示诗歌的美，不但可以帮助学生更好地理解音乐，更会使学生对古诗词产生兴趣，而对古诗词了解的增多更能提高他们的文学艺术修养，丰富他们的情感体验，从而对音乐的理解会更深入。

“未成曲调先有情”，美妙的歌词就是一首诗，文字描述的意境可以使人联想到富有诗意的画面，唤起学生学习的兴趣，使他们自发地在情境中明理，在意境中导行。

【案例 4.13】

如《踏雪寻梅》，在上课之初，大屏幕显示一幅雪景图，一枝梅花独自盛开，远处一个披着红斗篷的女子往这边奔过来。就这幅图请学生给它起名或吟咏与图相对应的诗歌，学生举出了许许多多关于梅花的诗歌，如“踏雪寻梅梅未开，伫立雪中默等待。”“墙角数枝梅，凌寒独自开。遥知不是雪，为有暗香来。”“梅雪争春未肯降，骚人搁笔费评章。梅须逊雪三分白，雪却输梅一段香。”在这一过程中，教师不断地点击不同的梅图，引起学生无数的赞叹，最后一张图片定格在一个孩子雪地里骑驴经过一片有梅林的灞桥，此时音乐响起“雪霁天晴朗，腊梅处处香，骑驴灞桥过……伴我书声琴韵，共度好时光。”再引导学生：“你觉得歌曲的情绪和歌词的创作贴切吗？请说出理由。”由于前面的铺垫很有效果，大部分学生都能感受到这种诗情画意，有些学生对这种情景甚至很是向往。音乐与语言文字所产生的共振使学生在想象中完成了这节课的身临其境，这种想象中的意境远比身处其中更富有诗情画意。

3. 在民族乐曲欣赏中融合诗词元素，加深对作品的理解

中国古典诗歌与中国民族音乐既存在节奏、声律、高低平仄、诗琴相随等方面的融合，又交织出诗乐两者在创作方法、形式结构、板眼律动、诗吟内涵的相互渗透。许多中国民族音乐是诗化的，这不仅在于中国的音乐常为诗而配乐，更重要的是中国的许多音乐追求的是诗的意境。诗词意境中的“境”是有“情”之“境”，通过诗词来传“情”，有效促进学生的自我发现、自我提高。在中国音乐宝库中有这样一批作品，如《阳关三叠》、《春江花月夜》、《梅花三弄》等，它们的意韵来源于中国的古诗词，引用原词或在原词的基础上加以填充和变化，使古诗词与所创作的音乐完美结合，从而使得乐曲更具有表现力，在我

国音乐史发展上具有较大的影响。广泛流传于古今中外的《阳关三叠》可以说是其中的代表，自从这首琴歌诞生一千多年来，人们就常常用它来抒发各种离别情绪，“阳关”在中华民族文学的词汇中，实际已成了“别离”的同义语。古往今来，众多文人墨客为离别而赋诗填词，“伤离别”演绎出了一段段美丽的人间佳话，“伤离别”已演变成了中华民族的一种文化现象，这与歌曲《阳关三叠》的广泛传唱极其深远的影响是分不开的。再比如《春江花月夜》，此曲单是题目就已具有十足的诗情画意，欣赏此曲人们马上就会想到张若虚的《春江花月夜》。一轮明月，伤情者看到的是顾影自怜，恋爱者看到的是花前月下，离乡者看到的是月之故乡，迷茫者则在月下徘徊……以下是乐曲《春江花月夜》的教学案例：

【案例 4.14】

大屏幕显示一张古人凭栏图（朦胧景象），江水点点，一轮明月占据显要位置，整个画面以蓝色调为主。教师双手背在背后，学画中古人神情吟诵李白的《静夜思》，并直接导入与月有关的内容。请学生说说自己知道的咏月诗词，以及诗词表达什么情感，教师再对学生的表述进行总结：“只要还有月亮和中国人，借月抒怀的文章和音乐就永远不会消失，在我们中国人看来，月圆月缺都是有感情的，‘天若有情天亦老，月如无恨月常圆。’‘月有阴晴圆缺，人有悲欢离合。’月与人生在本质上是多么的相似，正因为月与人的灵犀相通，月成为人热衷赞美与歌颂的意象就不足为奇了。”

当宁静优美的主题响起，水灵朦胧的课件画面顷刻就有了“烟笼寒水月笼沙”的意境。在主题学唱过程中，教师流水般的琴声和富有诗意的歌词“江楼上独凭栏，听钟鼓声传，袅袅娜娜洒入那晚霞斑斓……”直接将学生带入了音乐与诗歌构成的意境中。在接下来的分段欣赏中，以月统领全曲，以咏月诗为载体，表现出了月下之花、月下之舟（江上明月升，江畔花如景，春潮随波千万里，夜色沁人心）；月下之江、月下之人（落霞与孤鹜齐飞，秋水共长天一色，渔舟唱晚，响彻彭蠡之滨）的场景，构成朦胧、深邃、奇妙的艺术境界。

“月在中国人心中是一个非常重要的意象，思念家乡时的明月是‘举头望明月，低头思故乡’，孤独寂寞时的明月是‘举杯邀明月，对影成三人’，良辰美景下的明月是‘花前月下’，幸福美满的明月是‘花好月圆’，宁静安逸的明月是‘春江花月夜’……”教师的课堂结语更是升华了本节课之“眼”，学生在诗歌中享受诗意的音乐，在诗意的音乐中升华自己的审美。

完整的课程资源，包括显性课程资源和隐性课程资源，这是按其存在与起作用的方式不同而划分的。如果说显性课程资源的存在和作用方式是外显的、直观的、孤立的，那么隐性课程资源则是内隐的、间接的、内在联系的。有时，无论教师如何卖力，就是难以唤起学生对音乐旋律和情感的共鸣，这很可能就是缺乏适宜的教学情境和学习气氛等隐性课程资源造成的。如果有了适宜的情境，那么人们往往会比较容易地被带到情境中。例如张晓峰、朱晓谷两位音乐家，从杜甫的《新婚别》诗中境界获得巨大创作灵感，根据杜甫同名诗创作的二胡协奏曲《新婚别》，把“诗”变成“乐”，把诗的内容以乐的形式表现出来，把文字表述变成用音符来表述，把文字描述想象空间变成朦胧而又真切的音乐形象。当你聆听了演奏家闵惠芬用二胡演奏的《新婚别》，二胡特有的感染力和穿透力，使凄美的旋律、悲剧性的人物形象羽化幻化，使诗与乐糅合、交融、升华，成为诗化的音乐，音乐化了的诗，对听众心灵产生巨大冲击力，引起千千万万听众深切同情。

音乐直接呈示出来的只是一种声音形象，只有通过欣赏者的想象和联想，才能在欣赏者的头脑中把这种声像转化为客观世界的形象和意境。因而在音乐教学中，适当融入诗词的元素，更有助于加深学生对作者和作品的理解，真正感悟音乐所要表现的意境，从而提高学生的审美能力。

意境，就像面对一个盛有半杯茶水的杯子，我们要细品的，不是看得见、触得到的茶水，而是盛装在杯中的半杯清香之气，我们用手无法触摸它，用眼睛也无法去识别，但是淡淡的清香总环绕在自己的身旁。音乐直接呈示出来的只是一种声响，只有通过欣赏者的想象和联想，才能在欣赏者的头脑中把这种声响转化为客观世界的形象，即诗歌的言外之意，感悟音乐所要表现的意境，即音乐的弦外之音。

4.汲取历史长河中的诗词典故，畅游在诗意的古曲音乐海洋中

几千年的灿烂音乐史与文化史使中国流传着许多美丽的传说或故事，这些传说或故事以诗词歌赋的形式流传于后世，无论当时之人创作的音乐或是后世之人根据这个历史故事创作的音乐，都做到了以文写乐，以乐衬文。了解这些故事情节会使学生对这些乐曲产生向往之情，有一种非常想了解这个时代的音乐及与这些音乐有关人物的愿望。比如《霓裳羽衣曲》、《十面埋伏》、《高山流水》、《汉宫秋月》、《胡笳十八拍》等。

以《霓裳羽衣曲》的教学为例：

【案例 4.15】

由于学生基本都未听过这首乐曲，因此教师以讲故事导入：这首曲子与唐朝的一位著名皇帝有关，说起音乐歌舞，历朝历代的皇帝中没有人比他更内行了，他是谁？学生回答，教师再通过讲唐玄宗上朝时还在偷偷创作音乐的故事来说明作者对音乐的痴迷和创作水平的高超。（语言文字所描述的内容已经深深吸引了学生，学生都迫不及待地想听一听了。）

初步聆听部分音乐。师问："这首曲子带给你的第一感觉是什么，你能够进入怎样的意境中？"

简介乐曲：

为什么这首乐曲会成为唐玄宗的代表作？因为它把外来文化和本土文化有机地融合在一首曲子里。印度的婆罗门曲融入唐朝清商调，形成了乐曲的中国风，这也正是唐朝多元开放的一个具体体现。（教师具体上课的讲解比这要详细）

聆听全曲：学生在听乐曲的过程中观看有关于盛唐气象的景观与人物。

简介《霓裳羽衣舞》：这首曲子妙的不仅是唐玄宗为它作出的贡献，杨贵妃也为它作出了贡献，大家猜猜看，杨贵妃作出的是什么贡献？因为杨贵妃是一个舞蹈家，是她把这首曲子编成了舞蹈，据说杨贵妃第一次在宫廷宴会上跳这支舞蹈时，全场的人看得眼睛都直了，舞者个个都是仙女下凡呀。自从《霓裳羽衣舞》出现后，它就成了华清宫宫廷宴会的一个保留节目。大家都知道"在天愿为比翼鸟，在地愿为连理枝。""后宫佳丽三千人，三千宠爱在一身。""回眸一笑百媚生，六宫粉黛无颜色。"等等这些千古名句，都是出自唐朝大诗人白居易描写玄宗与贵妃爱情的《长恨歌》中。这是一个令人无限向往的时代，最高统治者唐玄宗与杨贵妃的爱情千古流传，他们合作创作的歌舞更让后世之人见证了他们的珠联璧合。今天，我们也来当一回唐玄宗，看看这霓裳羽衣舞。

观看《霓裳羽衣舞》。

……

课堂小结："一篇《长恨歌》让我们了解多情的唐玄宗原来也是个

专一的情圣，一首飘飘的仙乐《霓裳羽衣》让我们体会到李隆基与杨玉环那高超的艺术才能，而‘大唐’、‘盛唐’的称呼更让我们佩服唐玄宗的政治才能。有情、有才加国力强盛造就了辉煌的唐王朝，这节课我们管中窥豹，初步了解了这首《霓裳羽衣》，如果你了解了整个唐王朝，把这首曲子放在整个唐朝的背景下来欣赏，你一定会有许多的感慨与感想，那时再把你的感想告诉我。”

下课后，学生出教室时还在议论这个话题，还有些学生留下来问我“老师，我看哪本书能快速了解唐朝？学校图书馆有没有？”此时，到底是音乐的作用还是文字的作用，谁也说不清，我想，这应该是音乐与文字共同产生的作用，让人忍不住想要了解那个时代，了解那个时代之人、之乐、之诗、之事，并对它产生向往之情，恨不能长在那个时代亲眼一睹其人，亲耳一闻其声，美不胜收是当时的真切感受。如果能举一反三，中国几千年的文学艺术史在不知不觉中就会在有心人的心中播下美丽的种子，有朝一日条件成熟就会生根发芽。音乐课堂将成为传承中国古典文化的一个载体。

三、“诗乐沉浸”式教学的原则

音乐与诗词相融合“沉浸式”教学有一定的适用范围和操作特点，要求遵循以下两个原则。

1.突出音乐学科特点，把握音乐与诗词之间的度

音乐教育的目的不仅是知识的传授，更是为了开发学生的自主鉴赏能力，丰富学生的情感体验等，显然音乐与诗词相融合的教学，目的也不仅在于诗词的教学，更在于丰富学生的历史和文学积淀，使学生的自主参与和体验成为可能。音乐是动听的，那是因为它是有思想的，如果教师不顾音乐作品的特点以及学生的学习基础，不尊重学生的主体性，把有思想的音乐教成了僵化的、抽象的，任何人都会失去学习兴趣。

任何两个相联系的事物之间都存在着一个“度”。只有事物之间的度是和谐的，事物才能顺利地存在与发展。如果打破了这种事物之间的平衡，那么事物之间的联系就会遭到破坏，事物的性质也会发生改变，有时一些原本符合规律的联系会朝着相反的方向发展。情境营造是为了给学生的思绪翱翔提供空间，音乐与诗词相融合只是一种教学处理方式，让学生沉浸在诗词意境中显然不是教学的终极目标，如果为了“情境”而情境，一味地挖掘音乐作品中的诗词元素，长篇大论地描述历史典故，则一定会喧宾夺主，把音乐课上成了语文课、

历史课，看似丰富而又轻松的一节课，实际上音乐学科教学目标根本没有达成。另一方面，让学生沉浸在诗词意境中，是为了促进的学生自主学习，但过度渲染的教学情境，以及过多的诗一乐整合，这完全违背了以学生为主体的教育理念，仍是把教师等对作品的理解分析强加给学生。

2.教师需真情投入，营造逼真的诗词意境

情境不仅包含场景，而且内含情感。缺乏真情实感的情境犹如华丽的外表下却没有一丝的精神内涵。教师与学生都是学习活动的参与者，若教师只把自己定位在知识的提供者，教学媒体的播放者，课堂纪律的监督者，面无表情，置身事外，要想在课堂上产生逼真的古诗词意境，是非常不现实的。学生对于这种教师机械营造的场景，感受到的只能是教师的强势地位及自己重重的学习压力，课堂教学也根本不会达到预期的效果。

任何情境如果没有教师的感情投入，都会丧失其教学功能，师生之间的情感也无法达到共鸣，反之则会取得好的效果。比如教师在教学李之仪的《卜算子——君住长江头》这首歌时，教师先请学生自己有感情地朗读，圈出你认为是高潮的句子，达成共识后请学生代表再次朗读。在学生朗读后，教师也很有感情地朗读，并且在高潮句"此水几时休，此恨何时已"处反复读三遍，一遍比一遍高昂，激起学生情感上的共鸣。接着顺势播放歌曲，此曲在写作上与朗读有着异曲同工之妙，经过了以上的铺垫，简直是唱到了学生的心里，在唱到高潮句时，教师很自然地在黑板上画出了旋律线，一句比一句高昂，情感一句比一句深厚，此时无论是词还是曲，以及它表达出的情感得到学生高度认同，在演唱歌曲时原本驮着的背此刻都自动变直了，效果显而易见。

诗乐相濡以沫地发展到今天，两者间有许多共通之处。对于古诗词类的歌曲教学，在享受诗意美的过程中可以引导学生更好地理解音乐，传承民族文化；对于非诗词类歌曲与乐曲，我们同样可以借用诗词，营造诗歌意境，丰富学生的文学艺术修养与情感体验；中国民族音乐与中国古典诗歌存在节奏、声律、平仄等方面的融合，许多音乐作品追求的就是诗的意韵。在音乐教学中，适当融入诗词的元素，更有助于学生对作者和作品的理解，真正感悟诗歌的言外之意，音乐的弦外之音，同时更可以体会到中国五千年的文化底蕴与艺术的博大精深。

第五节 英语课堂中的"活动相辅"式教学

语言是表达、储存、传递和加工信息的载体，是人们进行思想交流的工具。

随着经济的全球化，世界成为一个地球村。在这样一个时代，英语作为当今社会最为重要的信息载体和世界上使用最广泛的语言，英语教学必然处于突出地位。同时网络时代的出现、世界距离的缩小、社会需求和时代的发展使我们充分认识到利用英语进行交流的必要性和重要性。

一、英语课堂教学中利用“活动相辅”式教学的必要性

1. 新课程改革的需要

随着新课程改革的不断深入，传统的课堂教学模式受到了极大的挑战。以教师灌输为主、学生被动接受知识的教学方式已适应不了课程改革的发展需求，无法达到《英语课程标准》所设置的教学目标。初中英语的语言教育理念是：知识用于行动，强调“语言应用”，培养“创新、实践能力”，发展“学习策略”。英语教学的实质就是交际。口语交际作为一种语言活动，它源于生活，因而应为生活所用。*Go For It* 这套教材内容涉及面广、信息量大、任务设计形式多样、载体丰富多彩，并融知识性，趣味性和实用性为一体，取材贴近学生的生活。教材中每单元都设计一个或几个与该单元话题有关的任务，让学生在完成任务的过程中，用英语获取信息、进行交流，培养运用英语解决实际问题的能力。语言交际是运用语言接收对方信息，同时把自己的思想传递给对方的过程，它具有及时性、现场性、综合性等特点。因此整个教学过程中教学活动尽可能贴近学生实际，让学生在良好的环境中自主、愉悦地学习。

《英语课程标准》(以下简称为《标准》)强调英语教学的重点就是改变英语课程过分重视语法和词汇的讲解与传授、忽视对学生实际语言运用能力的培养的倾向，强调课程从学生的学习兴趣、生活经验和认知水平出发，提高学生的语言综合运用能力，使语言学习的过程成为学生形成积极情感态度、主动思维和大胆实践、提高文化意识和形成自主学习能力的过程。以往的英语教学除了死记硬背、解题训练就是繁琐的分析。由于英语教学中缺乏了应有的交际性，导致课堂气氛沉闷、缺乏活力，因此英语课中以“活动相辅”教学这样一种新的课堂教学模式也就应运而生了。在这样的教学中，教师能给全体学生创造一个真正放手让学生使用语言的环境，特别对于农村的学生来说，英语语言环境的缺乏也是语言学习中的一大障碍。于是设计不同的课堂教学模式，在形式多样的英语活动中让学生参与其中，让学生真正成为语言的主导者，主动开口讲英语。这种以语言为中心的英语课堂不仅能为学生创造语言环境，而且能尽快地培养学生运用英语思维表达思想的能力。

新课程改革更加注重听、说、读、写等能力的培养，这就要求教师和学生在

教学活动中，将原来以教师为中心的教学模式转化为以学生为中心、以生活为基础、以学生的综合能力为准则，创设更好的语言环境，采用更适合学生的教学形式，追求更丰硕的教学成果，使每一个学生在打好坚实口语的基础上，学好英语文化知识，以增强学生的综合素质。《标准》提出的"学用结合"，就是让英语教学与生活实践融为一体，用生活理念构建英语教学大课堂，把创新精神与实践能力有机结合起来，真正发挥英语的交流作用。《标准》要求教师"创造性地设计贴近学生实际的教学活动，吸引和组织他们积极参与"。《标准》还要求教师"要能够使学生获取处理信息和使用信息，用英语与他人进行交流，用英语解决实际问题的能力"。这就要求教师打破陈旧的教学模式，给学生一个施展灵性的空间，营造一个有效的语言环境，引导学生"在用中学，在学中用"，以此达到有效课堂教学的真正目的。

2. 学生心理成长的需要

以"活动相辅"课堂教学的基本出发点是学生的兴趣和动机。因此在设计活动时要找准学生的兴趣点，激发学生的学习兴趣。教学的主体是学生，只有在学生有一定兴趣的基础上形成自觉学习的动机，才能真正达到教学目的。根据初中学生有好动及对未知东西渴求等心理特点，这种课程可以打破课堂教学只能在教室里中规中矩上课的传统，课桌位置的编排可以有很大的随意性。老师可以与学生同在一组，同学与同学的组合可以自由选择，在活动中激发学生的潜在好奇心理。有了好奇心，学生就能对知识产生浓厚的兴趣；有了浓厚的兴趣，学生才会有愉悦的学习情绪；有了愉悦的学习情绪，学生的学习才会有主动性。其主要特点在于学生通过动手、动眼、动口、动脑以及一系列的活动进行学习，脱离书本而亲身体验现实生活，掌握解决实际问题的知识，培养更浓厚的兴趣和更强的学习能力。教师可以通过活动把握学生的情绪变化，让新事物、新信息不断地丰富学生的英语知识，保持学生学习英语的兴趣，同时调动他们的学习积极性。

初中生的心理活动往往处于矛盾状态，其心理水平特征呈现出半成熟、半幼稚性。其成熟性主要表现在他们产生对成熟的强烈追求和感受，在这种感受的作用下，他们对人、对事的态度、情绪情感的表达方式以及行为的内容和方向等都发生了明显的变化，同时也渴望社会、老师、家长和同龄人能给予他们成人式的信任和尊重。通过活动，他们体会成功的喜悦，增加自信心，其创新精神、组织能力也可以得到很好的培养。

一个良好的语言环境对于语言的学习来说是相当重要的。孩子从呱呱落地到能说会道，所运用的语言并不都是从课本中学到的，更多的是从语言环境中潜移默化而来的。因此，提供良好的语言环境的是学好英语至关重要的一点。创设良好的语言环境，使学生身临其境。营造一种自由、和谐的氛围，让学生有自我表现的机会，提供学生张扬个性的空间。英语课堂教学中以"活动"相辅就是给学生提供合作交流的时间和空间，就是提供一个让学生展现灵性的空间。

二、英语课堂教学中的"活动相辅"式教学的组织方式

1.适度利用多媒体

随着科学的快速发展，教学手段也在不断地更新，逐步走向现代化。现代化的教学手段可以帮助教师在课堂上给学生提供大量的语言信息，并能在单位时间内提高信息活动强度，促使学生更好地把握和运用所学知识，有利于创设良好的语言环境。多媒体能将录像、图片、动画、声音、文字等鲜活地展现出来，使原本陌生枯燥的书本知识变得生动，以此调动学生的各种感官参与到学习中来。在教学中运用现代化教学手段，能使教学过程变得形象生动，从而更好地吸引学生的注意力。当然，在教学过程中，多媒体只是一种辅助工具，不能一味为了给予学生视觉和听觉上的冲击而盲目依赖于多媒体。

2.故事接龙或续讲比赛

故事接龙或续讲比赛是种很有效地运用语言的方法。结合教学内容，组织一些竞赛来诱发学生说的热情，促使他们开动脑筋，张开嘴巴。

【案例 4.16】

八年级上册第八单元是讲述自己的经历，但是很多同学的经历不是很丰富，于是一种天马行空的故事接龙就让学生在每人一句中展开。情景是"我去加利福尼亚去看望我的姑姑"开始：

I went to visit my aunt's house. She lived in California. The weather was very beautiful. 接龙开始：So we decided to go to the beach because I felt very tired these days and I wanted to relax myself. We went there by boat, you know my aunt's house is near the sea.

刚开始学生还放不开，只是局限于一种很实在的思维；When we arrived at the beach, it was so crowded. But luckily, I could swim and then I jumped into the sea and began to swim. While I was enjoying in the sea, suddenly I found something following me.

这时候有些学生开始开动脑筋，打开想象的翅膀。Oh, my god. It was a very scary shark. You know, many sharks were very dangerous for people because they could eat you in a few minutes. So I swam and swam, I felt that I would be eaten by the shark. 每一个学生都开始跃跃欲试，课堂气氛开始活跃起来；So I closed my eyes and waited for the death. But to my surprise, I saw a big ship near me and the superman was on the ship. He was calling me. Thank goodness, I could be saved 这样即使玩笑式的语言也出现了，学生的戒备心理也慢慢消失。But at the very time, the superman was so careless that he could not hold me and carry me to the ship.

But maybe I was a kind man, and the god wanted to save me, then a dolphin swam to me and told me he could save me. 后面的想象还更加丰富 So I rode the dolphin to the beach...

在接龙过程中，为了把故事接得更精彩，学生们三三两两地边接边讨论，即使英语基础不是很好的学生也都跃跃欲试，一节课就在学生丰富的想象和精彩的语言中度过了。这样的学习活动为学生提供了展现自我的机会，结局如何已不再重要，学生们陶醉于自己续编的故事中，为了让故事更精彩，个个开动脑筋、情绪高涨。此时此刻，对学生来说，学习不再是一种负担，而是一种强烈的内心需要、一种有意义的创造活动、一种愉悦的情感体验；说英语不再是羞涩，而成为一种他们要积极主动传递思想的载体。

3. 猜谜语

谜语是人们在实践活动中创造、总结出来的影射事物或文字的隐语。猜谜实际上是人们之间的一种交际形式，英语猜谜活动可以提高学生的兴趣、吸引学生的注意力，通过猜谜活动培养学生直接运用英语思维的习惯。

【案例 4.17】

七年级第四单元是关于职业的教学，通过不同的职业所做的事情，让学生猜父亲的职业。My father is very busy on weekends. When he comes back home , he always feels tired. He has to meet many people every day. But he is good to everyone who comes to have dinners. 教师每读出一句的时候，学生开始猜测，刚开始的时候猜 reporter，policeman，bank clerk 的都有，到最后一句出来的时候，才恍然大悟。整个过程中，学生始终是情绪高涨，积极参与。这样，在陈述和猜测的过程中把本单元中的所有重点和难点都巩固了。即使没有参与的同学在听的过程中也明白了，哪一种职业做什么，用英语如何表达。课前课后做一些猜谜游戏，如：

What letter is a drink? (T/tea)

What is the smallest bridge in the world? (Nose bridge)

等等都是深受学生的欢迎，也大大提高学生学习英语的主动性和积极性。有些谜语是需要学生直接用英语来思考的，如：What is it if you cut the head of the bear? 答案是 ear。在思考的过程中，学生可以越过通过中文翻译的干扰，养成直接运用英语思维的习惯。

4. 情景交际及角色表演

现实生活离不开语言、离不开交际。教材中的许多内容都是由课堂、家庭逐渐向社会各方面展开的，与我们的日常生活息息相关，是我们进行真实语言交际的现成素材。如何才能帮助学生达到“学以致用”的学习效果、引导学生大胆开口甚至出口成章呢？教师要给他们一个环境——一个能刺激学生情不自禁地讲的交流环境。一个初中刚毕业的学生在美国生活了三个月，她跟美国人的基本交流已经没有问题，这是因为当学习者身处一个使用纯英语语言的环境中时，环境会逼着他们讲。刚开始学习者会尽量避免讲英语，但久而久之就会主动用英语去表达，用英语的思维去思考，讲英语也慢慢成了一种习惯。因此创设一种语言环境、创造一种说语言的氛围，让英语成为一种习惯，对英语学习者至关重要

传统教学中的日常对话可以说是“情境教学”的一种形式。一方面，日常对话渗透着许多异域文化背景知识，有一定的情境性；同时学生在你问我答中增强了交际的意识。

【案例 4.18】

在学习八年级 What's the matter 之后，教师在教室的角落里设一张桌子作为一个诊所，一医生坐诊，“病人”排队 see the doctor。在此过程中，两个情景可以同时进行：

1. At the doctor's waiting room，“病人们”扮演各种各样的病情，并时时发出疼痛的哎哟声和埋怨声；

2. 在医生面前，医生询问“病人”的情况，给出一些建议和药方给“病人”服用。

在情景中进行语言交际活动，不仅使学生快速掌握了知识，培养了运用知识的能力，而且也掌握了学习方法。因此教师应千方百计地启发学生积极思考，让学生想象、设计新的语言交际情景，并在新的情景中培养学生独立、创造性地运用所学语言材料进行语言交际活动的能力。

5. 手工制作

手工活动的目的在于培养学生的动手能力，在做事的过程中使用英语，一般在学习过相关的课后进行。

【案例 4.19】

在教授八年级 How do you make a banana milk shake? 一课时，教师可以准备搅拌器、牛奶、酸奶、蜂蜜、各种水果等材料，分组制作 milk shake 和 fruit salad。学生在制作过程中，边做边说边品尝，边夸奖这些东西的美味可口，把所学的句型贯穿于一个个新情景中，学生在真实的情景中灵活运用，把死的知识转换成活的语言，从而增强理解程度和交际运用的能力，减少学生学习语言的困难，使学生带着愉快的心情积极参与语言实践活动。在七年级学了电影海报之后，发动学生为自己喜欢的或熟悉的影片制作一份海报(见图 4.11)。

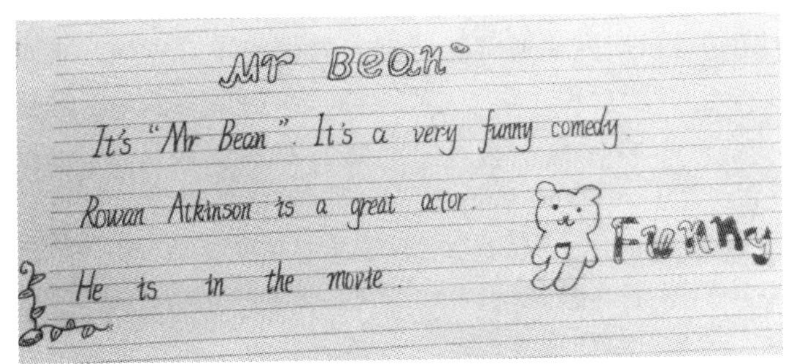

图 4.11

九年级第二次在做电影海报的时候，学生就更加卖力，有的在课前查阅电脑资料，有的还进行了“实地考察”去电影院看最新的电影海报设计。一些学生喜欢的影片海报如：The promise（无极），Aftershock（唐山大地震），Kungfu Panda 2，等等，也就出炉了。

在班级的 show your talent 中“书法展”、“优秀作文展”“英语手抄报”等等一系列活动中，学生也积极投入其中。图 4.12 是一学生的 my ideal food 手抄报。

图 4.12

6. 每周一歌

音乐是人类情感的一种表达形式。自然界作用于人的心理活动，形成超越现实的意境，创造了环境与人的心理协调和共振。用美的旋律、美的意境去配合英语教学，可以使学生形成积极向上的精神和好学的品质。每周一歌，日积月累，既锻炼了口语，又扩大了词汇量。以音乐为依托，为学生创造一种轻松、和谐的学习环境。唱歌能使学生感到松弛、愉快、满足，产生兴奋情绪。课前的几分钟唱歌就相当于一种 warming-up，让学生能以更快、更好的状态进入到课堂中来。而且有些学生因害羞或在说英语时缺乏自信不喜欢被指定在全班同学面前说英语，而歌曲通常能对害羞的学生或者在他人面前讲话、表演时不够自信的学生有所帮助。学生们在唱歌时，不会太多地考虑歌曲的细节，而会更多地注意音乐和节奏。歌曲中可能会包含很难的语法结构和一些习语，如 wanna go，rain cats and dogs，等等，而学生可能会无意识地使用它们，这时歌曲可以成为一种潜意识的语言教学方式，在潜移默化中给学生展示语言和语法。九年级学生的歌曲量已积累到一定的程度，这时可以在课堂上开展一些诸如模仿浙江台的“我爱记歌词”、英语歌曲大联唱等活动，为学生提供展示英语水平的舞台，通过组织一系列富有英语特色的学习活动，让学生在浓厚的英语氛围中，轻松自如地学习、交流、增长知识、开阔眼界，探求原汁原味的英语感觉，快速提高实际应用能力。

当然学生有自己的喜好，教师们喜欢的歌曲学生不一定喜欢，因此，教师要投其所好，让学生自己在网络上找，而且制作出 ppt，便于同学们学唱。

一个学期下来，学到的英文歌曲比音乐课上学得还多，Michael Jackson 的 *Dangerous*，*Heal the world*，*Earth song*，*Thriller*，*Smooth Criminal*，还有 Justin Bieber 的 *Baby*，Backstreet boy 的 *As Long As You Love Me* 等都是非常好的活动素材，在此过程中不仅培养了学生学英语的兴趣，而且在轻松的氛围中给予他们练习口语的机会，何乐而不为呢？

7. 辩论赛

辩论(debate)就是彼此用一定的理由来说明自己对事物或问题的见解，揭露对方的矛盾，以便最后得到正确的认识或共同的意见。在英语辩论中，每位学生都把自己置身于赛场中，积极参与活动，超越了一般单纯的“问与答”的课堂教学模式，而是以“辩手”的身份参与。这种活动形式容易活跃课堂气氛，达到“学”与“用”的有机结合。课本里出现的话题很多都可以用作辩题，比如：Is money everything? What is important in a friendship? Should a friend be the same or different? Should we eat junk food? Can we be volunteers in old people's home? 等等。通过辩论，学生除了透彻领悟作者的写作意图，更从深层上理解课文所体现的观点，并在此基础上形成自己对相关话题的看法，教学效果甚佳。

8. 英语电影欣赏

英文电影融文本字幕、语音、图像等多种信息传播介质于一体，具有集自然与社会、文化与历史，融语言、音乐等艺术形式为一体，交际环境真实、自然、生动，语言丰富地道且拥有大量的文化信息。通过观看英文电影，学生仿佛置身于生动的语境和相关的文化环境中，不仅能学到标准、地道的语言，更激发了学生跨文化交际能力。英文电影也是“活动”中一种有效的教学手段，有助于在一个非英语环境中营造一种语言的氛围。

七年级第三单元是有关动物以及对动物的一些最基本的描述，如 shy，quiet，scary，sleepy，happy 等，之后给学生播放《白雪公主》。让学生用这些词汇来对小矮人进行描述，在看的过程中出现很多的小动物，这个过程中也达到了温故而知新的目的。《蓝精灵》、《动物总动员》、《小鹿斑比》等都可以在学习这个单元时观看。

三、英语课堂教学中“活动相辅”式教学应遵循的原则

1.以学生的自主发展为前提,充分发挥学生的主观能动性

《标准》提出“采用活动途径,倡导体验参与”的理念,提出要“鼓励学生通过体验、讨论、合作、探究等方式,发展听、说、读、写的综合语言技能”。《基础教育课程改革纲要》也作出了明确的规定:改变课程实施过于强调被动学习、死记硬背、机械练习的现状,倡导学生主动参与、乐于探究、勤于动手,培养学生收集和处理信息的能力、获取新知识的能力、分析和解决问题的能力以及交流与合作的能力。那么如何才能真正发挥学生的主观能动性?英语课堂活动为学生提供了更大的空间来激发学生的主观能动性。在活动中,学生是学习活动的主体,以学生的自主性发展为目的。学生的自主性表现在学生可以根据自己的兴趣和爱好来选择参加活动,在活动中通过自我组织、自我管理、自我评价,充分满足学生个人个性健康发展的需要。这种课堂教学模式最主要的特点就是“以学生为本”,学生始终处于动态之中,居于教学的主体地位。无论课程的内容是什么,进程怎么安排,都可以要求学生积极参与、主动学习,在活动中不断地培养和发展学生的兴趣爱好和特长,同时教师的主导作用贯穿课堂的全过程。在活动的准备阶段,教师应根据活动的不同形式对不同水平的学生提出不同的准备要求,要从各个方面进行宏观调控。在活动开始时,教师要适当地进行示范引导;在活动课的进行过程中,教师要适时进行点拨和答疑,以免学生在活动过程中无法用英语交流时又回归母语交流。这样的课堂活动有别于“放养式”的教学,在教师的正确引导下,学生的活动才不会偏离于原来的设计;在教师的合理安排下,学生的活动才可以有条不紊;在教师的及时指导下,学生的语言交流才可以顺利进行。因此,教师在课堂中始终是一个引导者的角色。在活动结束时,教师可以引导学生参与评价,发挥学生的主观能动性。这正是给学生提供了发现、研究、探索的空间,为学生的发展创造了条件。人人都有机会参与评价,说出自己的看法和想法,在这样一个和谐民主的氛围里,学生学习的主观能动性被充分调动起来,当然教师要及时、认真地进行恰当、中肯的总体评价。

2.以规范的课程为前提,以灵活的方式开发拓展课堂教学

根据课程设置的目的与内容,课程计划应有所规范,以确保课堂活动作用的充分发挥。但是这种课堂教学模式并不仅仅局限于在书本上,还应引导学生从书本走向生活、从课堂走向社会,实行灵活的开放式教学。在保持课堂内

容相对稳定的同时，要随着形势的发展和需要，经常改进和丰富活动内容，并要把集体和个人、课内和课外、校内和校外等多种活动形式结合起来，让学生有一个学以致用的空间。

【案例 4.20】

今年我校的初一学生去韩国的文化交流活动，给予学生一个学以致用且边学边用的空间。对于这两个国家来说，英语都是作为第二语言来学习，作为初一的学生，语言和词汇的积累并不是很多，当他们要表达自己的思想时，迫使自己运用在课堂上学到的东西。在韩国买东西的时候，学生们用上“How much is it? What's the price of this? It's very nice. I want to take it. But it's too expensive. Can it be cheaper? I only have a note of 10000…”当他们向韩国学生介绍温岭、及学校遇到词汇障碍时，有的同学边上网查阅边介绍，为了介绍温岭的 culture of stones 的特点，他们查阅了如何说“石屋、石桥、石阶、石窗、石狮子、长屿洞天的石洞”，等等，在石塘的曙光公园，他们也忙于把曙光碑以及一些雕刻在石柱上的故事——后羿射日等，边查边学边介绍给韩国学生。这样的环境为学生提供了更大的“在用中学，在学中用”的空间，并能激励学生课后进一步的学习。

3. 以实践为基础、以交际为目的深化课堂教学

初中英语课堂活动是学生的一种语言实践，教师在安排教学内容和设计课时时，要围绕“实践”二字，注意密度、深度和广度；要以学生的语言实践活动为主，让学生通过亲身体验来感悟和获得知识，巩固和运用知识，提高口头表达水平。交际是英语教学的目的，也是英语教学的手段之一。因此要求教师在教学过程中，努力创造学习英语的环境，创设英语学习的氛围，模拟交际情景，力求在相对真实的交际环境中培养学生运用英语交际的能力。学生只有在较为真实、自然的环境中进行表演，才能真正达到交际目的。另一方面，平时应引导学生模仿英文原声影片中的语音、语调和语气，鼓励学生表演时神态符合语言的交际性。语言的真正目的是交际，只有学会自如地用英语进行表演或交际，以“活动相辅”的教学模式才会真正成为动态模式。但是，多年的教学实践证实：学生用英语表达思想和交际的能力较差。学生要传达某种信息或者和别人进行思想交流时，一般总是先用母语思维，然后再逐个翻译出来，

这样表达出来的语言常常是"中国式的英语"。因此，在课型设计时，教师应更多地考虑给全体学生创设一个只讲英语而忘却母语的氛围。在形式多样的英语活动中，每位学生都是活动的参与者或组织者，初中生的好胜心理和强烈的学习动力驱使每个学生开口讲英语。以口语为中心的英语课堂教学能使学生较快地培养用英语思维表达思想和交际的能力，这是因为口语是在非正式场合、无预备的情况下使用的无拘束的言语。口语的无预备性让参与者没有时间翻译表达思想和理解对方的话语，所以就需要学生在平时的学习、生活中养成直接运用英语思维的习惯，学生只有通过不断实践、反复操练，才能提高用英语表达思想和交际的能力。

这种英语教学模式在吸收了传统教学的优点的同时，融入了以知识的应用为主，强调多样性、主动性、自主性的优点，同时活动能够调动全体学生主动参与课堂的积极性，整个活动的过程就是学生对知识反馈和整理的过程。教师在活动过程中促使学生的学习态度变消极为主动，同时也激发了他们的成功感。学生在参与活动的过程中，在课堂上得到的也不仅仅是知识，还有交往、协调合作的个性品质的培养。这种教学方式充分体现了"以学生为本"的教学理念，使英语学科课堂教学更充分的体现学生学习的主体性和创造性以及教师的引导作用，同时也融入了新课程的理念，使英语课教学更具有时代的气息。

第六节　信息技术课堂中的"体验生成"式教学

信息技术课程具有整体性、实践性、开放性、生成性、自主性等特征。其中本质特征是生成性。通常，在信息技术课程中关注较多的是实践性、开放性和自主性，生成性却鲜有关注。信息技术课堂教学中如何体现"体验生成"教学，使得信息技术教育能切实关注学生信息素养的培养以及提高信息技术和信息意识。本节主要从体验"生成"这一概念入手，阐述"体验生成"教学在信息技术课堂中的影响和运用。

一、中小学信息技术课堂教学现状分析

1.信息技术课的认知现状

信息技术教育很大程度上是以计算机技术为支撑的，有些人把信息技术教育视为原有计算机教育的扩充，甚至只是等同于计算机教育。许多学生也认为信息技术课只是玩玩电脑、学习软件而已。面对如此多元的信息世界，学生没有好奇心、求知欲，很少想过依靠上网便可解决现实生活中遇到的问题。

这些都是因为学生很少有自主学习的意识，习惯于被老师牵着鼻子走，接受老师所传授的有限的知识，这样的教育着实令人担忧！

《中小学信息技术课程标准》明确提出信息技术教育要以培养学生的信息素养和信息技术操作能力为主要目标。学生的信息素养表现在：对信息的获取、加工、管理、表达与交流的能力；对信息及信息活动的过程、方法、结果进行评价的能力；发表观点、交流思想、开展合作并解决学习和生活中实际问题的能力；遵守相关的伦理道德与法律法规，形成与信息社会相适应的价值观和责任感。按照这个培养目标，大部分信息技术课堂教学效果达不到这个要求。可见，教师在课堂中时刻注意引导学生信息素养的培养是多么的重要！

2. 现有信息技术课的教学形式

"以任务为主线，学生为主体，教师为主导"的教学方式是目前较为普遍认同的授课形式。围绕这一基本特征，并结合探究性教学模式、分层教学模式、自主合作学习等多方式的教学尝试已经取得了初步的教学成效，但也容易进入到一个极端。例如探究性教学中诸如无效探究会使课堂效率非常低下，自主合作学习经常导致水平较好的学生有忙不完的任务，水平较弱的学生却闲得无所事事。最后，仍旧回到学生不停地为"完成任务"而手忙脚乱，教师总会不失时机的布置一个又一个任务，生怕学生没事干，学生的信息素养培养只能纸上谈兵了。追根溯源，是教师缺乏"课堂教学是一个动态生成的过程"的意识，更缺乏对学生个体生命成长应负的责任和应有的态度。

二、生成性教学的涵义及提出

1. 生成性教学的涵义

"生成性教学"是在师生互动过程中，通过教育者对学生需要和感兴趣的事物的价值判断不断调整的过程，从而促进学生更加有效的自主建构学习，最终达到师生体验生成性思维的养成，体验生成教学的快乐。

2. 生成性教学在信息技术课堂中运用的必要性

《新课标》强调信息技术课堂教学过程中"要鼓励更自主技术实践与更开放的科技探究与技术创新"，并要"适度引导学生思考、探究、理解适合其年龄的信息技术核心概念。"在面临生资良莠不齐的情况下，教师更要擅长进行生成性教学，而不是照本宣科或者按部就班地完成教学任务。

例如，浙教版七年级下册的教学内容是 office 软件之"word"，整本教材以通过完成电子杂志制作达到最终学习的目标；八年级上册的教学内容是 office

下的“frontpage”网页设计，整本教材也几乎都是围绕设计制作网站达成教学目标；八年级下册则是关于 powerpoint 制作和 excel 的学习。教材的整体设计相当完整，基本上都是在完成大主题任务的前提下，再分步骤完成各个小主题任务达成整个技能知识点的学习，是以典型的任务驱动学习法为主线的。但每节课的内容仍旧是一个独立的章节。学生也仍旧是按部就班地完成指定章节任务，最后自己独立完成成品仍旧很困难。

针对上述情况，一个恰当的改进方式就是运用生成性教学。教师首先要给学生大量时间观赏成品电子报刊，激发学生的学习兴趣，让学生自主发现电子报刊的构成要素、需要完成这些所支持的计算机技术等等，再进行相应的授课。这样学生的学习就更有的放矢，而相应的操作技能的难点反而会更容易有效解决。在这其中也要有分工、合作、讨论、评价，在完成整个作品过程中，教师充当的都只是引导者的角色，对于学生的疑问、盲点进行引导式解答，引导学生发现问题、自主解决问题的能力。

信息技术课程本身生长性非常快，但学习内容常常滞后于现今的软硬件环境，因此更需要教师随时把握时机，在学习基本知识的同时还要引入更多高科技时讯，以供应学生的学习需求。

三、生成性教学在信息技术课堂教学中的实践诉求

师生都习惯了进行预设性和学生接受性为主的教学之前提下，如何突破自身束缚开展生成性教学，又有哪些实践诉求？笔者从横向（教学对象）和纵向（教学过程）进行研究探讨。横向方面即从师生关系、学生素养、教师自身素质三方面着手；纵向方面则从教学设计与教学过程中的动态生成两方面展开。

1. 生成性教学所依赖的前提

生成性也具有生命性。叶澜教授站到生命的角度来看待教学的，她认为课堂教学要“从更高的层次——生命的层次，用动态生成的观念，重新全面地认识课堂教学，构建新的课堂教学观，她所期望的实践效应就是：让课堂焕发出生命活力。”①真正的课堂教学必须树立“师生共同参与、相互作用、创造性的实现教学目标过程的新观念”，要将信息技术课堂看作是生命的课堂、创新发展的课堂。

因此，作为课堂的主体和主导，学生与教师之间不仅要有良好的师生关系，其自身还需要明白各自生命成长需负的责任和相应的代价。

---

① 叶澜. 让课堂焕发出生命活力[J]. 教育研究，1997(9)：5，7.

(1)教师教学智慧的提升

课堂教学智慧是一种实践性智慧,是教师在教学实践中,自觉运用教育学知识、创造性地解决教学问题的教学技能,体现着教学活动的机智性、创造性等特征,是教师教育文化素质和教学技能水平的综合体现。它使教师能感知、辨别、判断各种教学情境并能够做出及时而正确的决策,合理恰当地处理课堂教学问题。

课堂教学智慧也是教师思维哲学高度的总括。教育哲理其实也是在不断的实践中摸索出来的规律。课堂教学智慧的提升主要依赖于以下几点:

首先,教师思维方式的变革。教师要转变思维方式,一方面应尽量减少主观方面的评价,而要用客观性科学性来评价,因为教师的主观性太容易影响学生的发展,而这些影响可能更多的是负面的;另一方面,教师思维方式的变革,还需要善于承担责任,而不是把责任推给学生。笔者听过一个非常谦虚的教授上课,他总是习惯性问学生:"我讲得清楚吗?"反思自己的授课,我们总是高高在上地问:"你们懂了吗?"相同的目的,却是完全相反的效果。前面的责任在老师那里,学生敢于说不;而后面的责任在于学生,他们通常不敢说不懂。

其次,教师专业素养的培养。信息技术教师需要比其他学科老师具有更好的学习能力以提高自身专业素养。高科技日新月异的时代,教师的知识要与时俱进,学习更多先进的教学方法此外还应不断进行教学反思,在不断的自省和实践中将其转化为教学智慧。这些也是生成性教学的多元化、动态生成性的需要和根基。

最后,教师良好心理素质的养成。具有丰厚的专业素养,是构成教师自信的前提。自信才会有较好的心理素质去调控课堂的动态生成而不至于手忙脚乱。作为教师也要诚实面对自己的缺陷,即承认自己不是无所不知的人。当有学生问及自己不甚明白的地方教师应该坦然面对,再在课后帮助其解决。

(2)学生学习方式的变革

教学其实是师生互动的过程。然而,教学研究一般都基于教师层面的研究,很少针对学生进行论述。学生作为课堂教学的主体,他们的态度极大地影响整个过程的实施。当他们习惯被动接受知识时,是非常不乐意去自主学习的。在我自己的课堂教学中也经常出现这样的状况,我非常有兴致地问他们:"你能思考一下,这怎么做出来的?"学生的回答是:"老师,你还是直接告诉我们吧!"学生已经非常习惯满堂灌的课堂教学。他们不喜欢思考,不喜欢静下心来慢慢想,尤其在所谓的"不相关"的课程当中。那这样就无计可施了吗?也并非如此,学生的可塑性非常强。此时,教师需要不断地教导、扭转学生学习的价值观、思维方式，引导学生发挥自己的主观能动性，只要坚持下来，学生很快就能适应。著名教育专家魏书生就是这样教导他的学生，以至于学生毕业多年后仍旧深受其影响。因此，教师有责任去教导他们如何科学地学习、有效地学习，灌输他们正确的价值观和学习理念。教育学家苏霍姆林斯基曾说过："在人们的心灵深处，都有一种根深蒂固的需要，这就是希望自己是一个发现者、研究者、探索者。"可见，教师应留给学生更多的空间，让学生发挥自己的主体性，去发现、去研究、去探索，使课堂更生动、更有趣味性，更能凸显培养学生信息素养的主线。

(3)师生关系的和谐

和谐的师生关系是构建生成性教学的最佳环境。我们的学生经常对老师有敌意或者顶撞情绪，教师要学会接纳并且真诚地关心他，这样才能构建出良好的教学氛围。在著名信息技术教育专家李冬梅老师的课堂中，她从来不会批评学生。在她的教育心得中总能看到对学生的赏识。魏书生老师的赏识教育也帮助教师们不断重塑今日师生关系。教师需要充分尊重、理解、保护、关心学生，接纳任何一个学生就是对学生最大的爱。教师和学生的关系不是过去的支配与被支配、灌输与被灌输的关系，而是，教师和学生建立"生成共同体"①，我中有你、你中有我，相互交流、相互合作，共同建构、共历生成。

2.教学设计与教学过程的动态生成

当下关于生成性教学研究基本都侧重于课堂教学组织。然而，教师前期的教学设计和准备工作同样重要，正所谓"台下十年功，台上一分钟"。课堂教学没有前期的设计、准备，就谈不上如何进行生成性教学。教育是艺术，所有的艺术都需要前期的精力心血的极大倾注，善于把握课堂教学的教师也必然懂得如何去精心设计课堂教学。

(1)教学设计不能轻视

预设教学与生成性教学并不对立。教学设计关注的不仅围绕三维教学目标所需展开的一系列教学预设过程，而且关注如何设计教学内容，从而更大程度激发学生的学习兴趣，易产生"生长元"②或叫"生长点"，成为推动课堂教学动态生成的有力支柱。

第一，分析教学对象，完成弹性教学目标设置。生成性教学目标的设置需要对学生群体进行深入分析，因为每个学生发展都不一样，教师对学生发展的

---

① 周红娟.信息化环境下的生成性教学研究[D].曲阜师范大学，2008(6).

② 叶澜.重建课堂教学过程观[J].教育研究，2002(10):30.

期望值也有差异。教师需要对受教群体进行归类分析，以学生年龄心理特征为前提进行设置目标。例如：

浙教版八年级上册第十二课的内容——《制订建站计划》。这节课是关于确立网站主题、分版块主题以及给网站分栏目配色（即教学目的），可以说它是决定后续课程的重要前提。有美学基础、文学功底的学生总是很容易配搭好，但大部分中小学生因为课堂资源的局限性、自身专业知识的狭隘，完成质量不高。此时，教师就要准备大量的阅读资料，例如颜色的搭配知识、网站栏目版块的确定技巧等，还要给学生较多的时间（包括允许课余的引导补充修改），使学生知道前期的规划虽然很难但很重要，不能疏忽。

第二，分析教学内容，寻找“生长元”。预见生长点其实很难，需要教师仔细分析教学内容，迁移出相关知识点，再进行二次分析设计，以防出现生长点却无以应对的尴尬。喜欢看访谈节目的人都知道，为什么有些采访能打开受访人的心，有些采访却只是一问一答，这除了受访者本身个性之外，与记者的提问技巧和对受访者本身的了解是息息相关的。充分的准备、周全的思考、积极地调动才是成功生成课堂教学的保障。例如：

浙教版八年级下册第十七课《合纵连横》的教学内容之一，即学会在 Excel 中对单元格进行插入、复制、删除、移动等操作。有一名教师在一次公开课上，非常“成功”地用其高超的计算机技术设计了一个“转动魔方”动画，使学生在不知不觉中熟练地掌握插入、复制、删除、移动等操作方法，赢得了众听课老师的一致好评。

然而，站在生成性教学的角度上看，课堂的生命性体现在哪里？学生的主体性体现在何处？课堂是教师展示的舞台还是隐藏教师的智慧、体现学生的智慧呢？

笔者也经历过同样的课堂。考虑到复制、移动、删除的操作学生已经非常娴熟，因此将此处内容作为生长点，让学生自主探究发现。于是，笔者抛出教材中的一道题目：请你以最快速度完成各个省份的排序，即按照省份的首字母顺序进行排序（见表 4.4）。学生竟用了六七种方法，有些同学甚至利用了七年级所教的剪贴板的作用，实现快速的剪切、粘贴，让我大为惊喜。若不是 Excel 中有特殊的“插入已复制（剪切）单元格”，这个方法是最好的。由此可见，学生的潜力实在是无可限量！

表 4.4　按照省份的首字母顺序进行排序

年份	北京	上海	天津	重 庆	江苏	浙江	广东	福 建
1997	36%	8%	1.60%	0.70%	5.90%	3.70%	8.30%	2.80%
1998	25.30%	7.80%	2.40%	0.60%	6.10%	3.90%	11.50%	3.10%
1999	21.02%	8.71%	2.05%	1.45%	6.76%	5.97%	11.77%	3.72%
2000	18.72%	10.79%	2.79%	1.84%	6.76%	4.92%	12.82%	1.94%
2001	12.39%	8.97%	2.53%	2.03%	5.43%	6.62%	9.69%	3.59%

第三，设置开放性任务，成就生成性资源。大部分教师为了更好地吸引学生的注意力，想方设法设置开放性情境，让学生更容易进入到学习状态。的确，良好的开端是成功的一半，但是，这是只能在平时的一两节公开课上才愿意投入的资本，日常的课堂教学几乎很少有精力花心思去创设特有的情境。然而有一位著名的教师却很轻松地解决了这个问题。她的方式不是设置开放式情境，而是布置开放性任务。在学生完成的一系列作品中找到学生的亮点（这些亮点恰巧是下节课要学习的知识点或者是有待改进、只有通过本节课的学习才能更好地完善的内容），成为下节课的引入。这样不仅激发了学生的兴趣，更有效保护了学生的成就感，真可谓一箭多雕！

开放性任务的设置就是让学生通过自己的思考，结合所学完成设计一件作品或一个程序。这样不仅能杜绝学生抄袭作业，而且还能捕捉到学生灵动的闪光点，最后形成可贵的生成性教学资源。这需要老师在课前非常精心的批改学生的作业，透过作业来弥补课堂中对学生生成资源的流失，也由此看出学生的知识点掌握情况，为下次的课堂动态生成提供一丝契机。

(2)课堂教学中的动态生成

让我们先看一则经典案例，看教师的课程是如何生成的。

【案例 4.21】　“让对象动起来”教学课例①

这是以 VB 为载体的《算法与程序设计》第四周课（每周 2 课时）。前三周学习了程序的顺序、选择结构；按钮、时钟、文本框、标签、图片框等控件；引入了变量；学生具有编写倒计数、进度条等程序的经验。

本课主要目的是通过编程实现动画效果，了解控件对象的位置

① 引自继续教育培训网中李冬梅老师的课堂实录.

属性,认识形状控件,在程序中应用变量,进一步体验程序设计的过程和思想。

教学开始,教师在窗体中放了一个小球(Shape1),用鼠标拖着小球向左、右、上、下移动,学生通过观察了解到位置属性 Left、Top 的作用和特点。在以前编程的经验下学生很快写出如下程序:

```
Private Sub Timer1_Timer()
Shape1. Left=Shape1. Left+100
End Sub
```

运行后,小球从窗体的左侧向右侧移去,跑出右边框不见了。

"如何让小球弹回来?"

"加一个判断,如果小球碰到窗体右边框,就做 Shape1. Left=Shape1. Left-100 "

"怎么知道小球碰到窗体右边框?"

一位学生把小球移至窗体右侧查看小球的 Left 值 5040,添加代码:

```
IF Shape1. Left=5040 Then Shape1. Left=Shape1. Left-100
```

可是,运行后,小球还是跑出了窗体右边框。

这时,全体学生陷入了沉思。

老师说:"我现在迈着均匀的步伐从讲台向教室后面走去,一定能踩到最后一块方砖的边线吗?"马上有学生提出"应该把判断中的等号改为大于等于号"。

这次,小球没有跑出右边框,但却停在右边框处不动了。

"老师,减的数太小,减 200"。小球到达右边框后依然不动。

"减 1000"又一位学生喊。

小球终于回来了,但是直接跳到窗体中间又向右移去,不是回弹。

"为什么?"师生共同分析代码,找到了原因。

"怎么办呢?"

教室静极了,同学们一片沉默,老师静静地期待着,期待着……

约 2~3 分钟后一位学生说话了"再加一个时钟"。当 Shape1. Left≥5040 时让第一个时钟停下来,启动第二个时钟,在第二个时钟的 Timer 过程里做 Shape1. Left=Shape1. Left-100。

小球碰到窗体右边框终于回弹了!教室里响起了一片欢呼声……

这是师生互动、共同参与完成的一个教学过程。整个过程具有开放性、动态性，更有生成性。教师完全是引导者的角色：在学生进入盲点的时候，适时启发；在学生陷入沉思的时候，果断地等候学生并且给予他们足够的信任，最后终于捕捉到学生智慧的火花，让他们享受到成功的喜悦！

如何把握课堂的动态生成，笔者认为有以下几点可以参考：

首先，教师交出主权，引导学生发现。课堂的主权一定要交给学生。这里是学生们展示的舞台，不是教师自导自演的话剧。看似简单的道理，实践起来却甚是艰难。课堂上老师总像一只勤劳的蜜蜂忙不迭地在唠唠叨叨，生怕学生这个没记住，那个没理解，硬是把学生该注意、不该注意的点全都教给学生。当学生没有经历过犯错，他们的接受点其实是很低的。有些老师总抱怨：明明把一些容易出错的地方特意拿出来讲解，可学生仍旧照犯不误。事实上，与其让学生去听不曾发现的错还不如巧妙设置环节让他们经历错(甚至需要一错再错)，这样他们才会有所领悟。课堂就是允许出错的地方。

如同案例三所描述的整个过程，按照学生理解的程度，教师没有急于将答案公布出来，而是不断地引导、启发，尤其是当学生在思考中陷入盲点的时候，教师的一句“我现在迈着均匀的步伐从讲台向教室后面走去，一定能踩到最后一块方砖的边线吗?”的简单情境语句马上再次激发了学生的思考、观察，在这个过程中去感受学生的思维变化过程，与他们一起经历成功、失败，这样，才能让学生真正体会生命的成长、学习的快乐。

其次，教师捕捉生成元素，形成动态生成。课堂没有彩排，每一节课都是“现场直播”。在直播的过程中，教师需要有敏锐的观察力，捕捉课堂中真正的生长点，这些生长点来自于学生翘首企盼的眼神或者学生耳语般的嘀咕声，更来自于学生无声胜有声的沉默深思中。在案例三中，教师如何捕捉生长点?就是通过默默地等待，给他们沉思的空间，然后聆听到最微小的声音。有思考才有生成，有觉悟才会有新发现。课堂的组织生成就在那微妙的互动关系中不断产生。苏霍姆林斯基也论到在他的课堂中，总是根据学生的表情反馈随时调整教学目标。

在信息技术课堂中，其实更容易捕捉到这些生成元素。因为学生大部分时间都是在实践中获得知识的认知和掌握，实践中一旦遇到问题，就可及时得到反馈，这一点相比较于其他学科就更占优势。这些问题对于个体学生的成长来说，就是有效的生成元素。有些共性的问题教师可以单独拿出来，再与学生之间进行讨论交流，形成最佳的解决方案。动态生成的过程可以通过图4.13来表示。

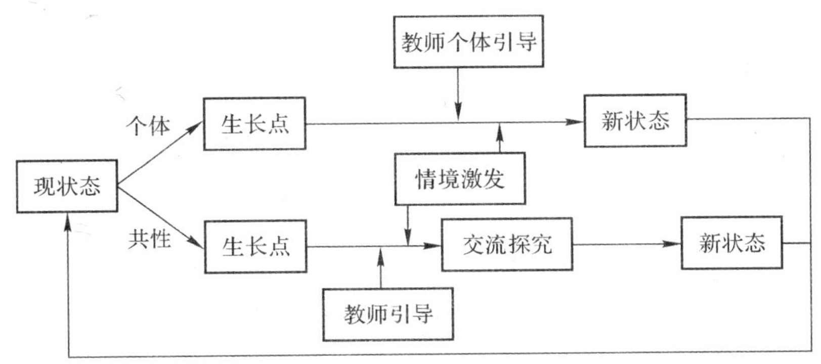

图 4.13　信息技术课堂动态生成过程图

第三，重视生成性评价，为生成性课堂教学润色

在课堂教学中不容忽视的一个因素就是教学评价。在这里，笔者要论述的不是以甄别、选拔、奖赏或惩罚为目的的评价，而是指给生成性课堂教学起到润色作用的生成性评价。它区别于一般的评价，主要体现在生成性、机智性和不确定性三个方面。生成性所注重的是给学生带来积极的意义，避免消极的意义，从而更好地激发保护他们自主学习的构建。

在案例 2.3 中，似乎看不到教师在当中的评价，但事实上，教师的一种无声的等待同样起到评价的作用，在隐隐的期待中让我们看到教师对学生的信任。最后，“教室里响起了一片欢呼声”，更传递出这种评价所带出来的影响已经超出了言语所能表达的。相比较现今课堂当中出现的，诸如“你真聪明”，“很好”，“很棒”等无意义评价来说，生成性评价更要注重评价的多元性。有时候教师的一个微笑、眼神、握手或者轻抚、等待都是对学生的鼓励。若有学生的奇思妙想令人赞不绝口，教师反而应在夸赞的时候给该生留有余地，让他知道还有进步的空间，而不应骄傲自满。

此外，应建立学生自评、互评机制，让学生通过学习做出自我评价，从而更了解自己的学习情况，对自己所学负责；和同学互相评价，客观地对待同学的学习成果，并以此互相督促、共同进步。

基于信息技术课堂生成性的实践研究探讨并不是一个阶段、一个时刻所能完成的，笔者也是在大量的文献调查实践之后，发表自己的一些观点，收获颇多。课堂教学其实就是与生命对话的过程。教师作为生命成长的见证人，确实有着重大的责任和使命，希望每个从教者都能在教育的领域中开疆扩土，还生命以美好的姿态！

第五章　自主建构模式

建构主义认为，学习不是教师把知识简单地传递给学生，而是学生自己建构知识的过程；学生不是简单被动地接收信息，而是主动地建构知识的意义。这种建构是无法由他人来代替的。学习过程同时包含两方面的建构：一方面是对新信息的意义的建构，同时又包含对原有经验的改造和重组，只是建构主义者更重视后一种建构。

学习意义的获得，是每个学习者以自己原有的知识经验为基础，对新信息重新认识和编码，建构自己的理解。在这一过程中，学习者原有的知识经验因为新知识经验的进入而发生调整和改变。所以，建构主义者关注如何以原有的经验、心理结构和信念为基础来建构知识。在学习过程中帮助学生建构意义就是要帮助学生对当前学习内容所反映的事物的性质、规律以及该事物与其他事物之间的内在联系达到较深刻的理解。这种理解在大脑中的长期存储形式——“图式”，也就是认知结构。

由以上所述的“学习”的含义可知，学习的质量是学习者建构意义能力的函数，而不是学习者重现教师思维过程能力的函数。换句话说，获得知识的多少取决于学习者根据自身经验去建构有关知识意义的能力，而不取决于学习者记忆和背诵教师讲授内容的能力。

基于上述认识，我们认为：学习是学生自主建构的过程，是走向成功发展的主线，在这个过程中实现了主导与主体的实践生成。在“三主成功”教学中，我们提倡在教师指导下的、以学生为主体的学习，也就是说，教学中既强调学习者的认知主体作用，又不忽视教师的指导作用。教师是意义建构的帮助者、促进者，而不是知识的传授者与灌输者；学生是信息加工的主体、是意义的主动建构者，而不是外部刺激的被动接受者和被灌输的对象。

本章的“自主评点”、“自主学习”、“自主建构”、“自主尝试”以及“自学辅导”等教学，无一不是以教师自己的实践在生动地诠释着“学习是学生自主建构的过程”这一朴素而深邃的教育哲理。

第一节　语文阅读课中的“自主评点”式教学

阅读在语文教学中占据着重要的地位。《语文课程标准》指出：要让学生“具有独立阅读的能力……学会运用多种阅读的方法。能初步理解、鉴赏文学作品……发展个性，丰富自己的精神世界”。《阅读学原理》中说：阅读是由阅读客体（文本）、阅读主体（阅读者）和阅读本体（读者阅读书本的实践活动）三者组成的。今天很多的阅读教学却以老师或专家的阅读代替了学生的阅读。

基于对上述现象的反思，我们尝试在“三主成功”课堂教学思想指导下的“自主评点”阅读教学。

一、语文课“自主评点”式阅读教学的构建及其理念

评点阅读法是一种传统的读书方法，是中国文人传统的鉴赏方式之一。语文课“自主评点”式阅读教学，就是在老师的引导下，以学生自主评点为基础，通过交流合作和整理拓展，实现教育目的的教学。评点教学法是传统评点阅读法与现代教育理念结合、符合中国教育教学实践的语文教学方法。

1. 语文课“自主评点”式阅读教学的概念及本土特征

评点批注，是我国传统的读书方法。评点批注是学生在自主状态下用恰当的文字与文本进行的一种创造性对话。所谓“评”，就是在文章的字里行间、正文顶端和旁边及边缘空隙处，对文章的某一部分用简短的文字作扼要的评价或提示；“注”就是指对文章中的疑难字、词或典故出处进行必要的注释或加以补充说明。

古往今来，一些学者、伟人在读书时，都运用过批注这种方法。著名教育家叶圣陶先生曾经指出：“旧时有所谓‘评点一派’做得好的，对于读者很有帮助。今时语文教师若能继承这个传统运用在教学过程之中，要言不烦，启发几句，让学生自己去体会领略，自必使学生大有受益。”

2. 语文课“自主评点”式阅读教学过程与西方教育理论的比较

语文课“自主评点”式阅读教学与罗杰斯为代表的人本主义观点相似。人本主义观点认为，自主学习是在良好的学习情境中，由个体主动发起的对认知、情感、行为、个性等多方面发生作用从而实现创造性的自我发展的学习活动过程。评点阅读在阅读文本的基础上，对其内容和写作方法进行评论，从而深入理解文章内容，就是一种自主学习。

另外，它与杜威的教学过程五阶段说也不谋而合。语文课“自主评点”式阅读教学与西方教育理论理念的比较如表 5.1 所示。

表 5.1　两种教学理念的比较

对象过程	杜威	评点阅读
第一	学生要有一个真实的情境	提供阅读文本
第二	在这个情境内部产生一个真实的问题，作为思维的刺激物	通过文本阅读，引发主体的思考
第三	学生要占有资料，从事必要的观察，对付这个问题	依据已有经验，发现问题
第四	负责展开他所想出的解决问题的方法	及时表达
第五	通过应用检验他的观念，使这个观念意义明确，并让他自己发现它们是否有效	相互交流

“自主评点”式阅读教学的第五个过程，是一个交流反馈提高的过程，作为学校教育的一个补充，与个体的一般评点学习不同，从而也使之作为教学方法之一种而形成一个完整的过程。并且，这一过程有效地解决了个别教学与班级教学的矛盾。前四个过程以自学为主，利于主体的自由发展，后一过程的交流则利于集体的活动。由此可以看出，“自主评点”式阅读教学是从中国传统文化中诞生的科学的方法。

二、语文课“自主评点”式阅读教学的实施流程

自主评点教学的操作分三个步骤：自主评点—交流合作—整理拓展。

“自主评点”课堂教学的流程如图 5.1 所示。

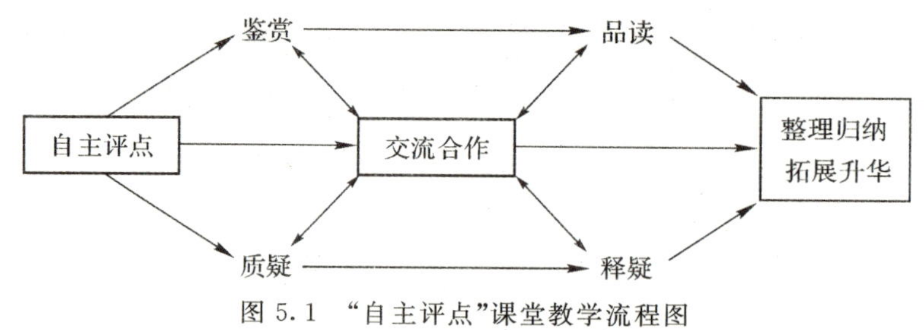

图 5.1　“自主评点”课堂教学流程图

1. 自主评点

一个人如果用了心去读文章，一定会就某处有或深或浅的想法，这是触发。在触发处作评点，能对自己说出通常在公众场合不会说出来的话，这就是

鉴赏。而就自己不懂的地方提出疑问,即是质疑。自主评点从形式上大致可以分为鉴赏式评点和质疑式评点,下面就这两种评点方式详细说明。

(1)鉴赏

鉴赏是对作品的鉴定和欣赏,是人们运用自己的感知、已经有的生活经验和文化知识对作品进行感受、体验、联想、分析和判断,获得审美享受,并理解作品的活动。

首先可评内容,评点字、词、句、段、文章主旨。以《智取生辰纲》为例:

字:一生评"何争在这百十个枣子上?"的"争"字:"反正等一下都是我们的,当然不争。"几个好汉内心的窃笑跃然纸上。与金圣叹评点的"只争十一担金珠耳"相映成趣。

一生评"没半碗饭时,只见远远地一个汉子,挑着一副担桶,唱上冈子来。"的"唱"字:"前文说此冈人烟稀少,强盗出没,此时却有人唱着过冈,杨志的戒心呢?"另一学生同评此处的"唱"字,评的却是:"从杨志一方看来,此人为第二拨人,至此,黄泥岗无贼的假设成立。杨志一方不当疑,反倒可以放松警惕。"

词:一生评"先兜两瓢,叫老都管吃一瓢,杨提辖吃一瓢。杨志哪里肯吃"的"哪里"一词:"杨志英雄精细,超过众人万倍。然千万小心付之东流,实是遇上了强中手,若那时已有《三国演义》杨志又恰巧读过,当仰天长叹'既生吴用,何生杨志!'"该学生实在是读懂了杨志的精明更衬得吴用的"智"。

一生评"那挑酒的汉子看着杨志冷笑"中的"冷笑"一词:"冷笑写出杨志的不得人心被看在眼里,动生辰纲有戏。面上冷笑,心里乐翻。"

一生评"那七个客人从松树林里推出这七辆江州车儿,把车子上枣子都丢在地上,将这十一担金珠宝贝都装在车子内,遮盖好了,叫声'聒噪'"中的"聒噪"一词:"那聒噪简直就是胜利宣言!"

句:一生评"杨志口里只叫苦,软了身体,挣扎不起,眼睁睁……"一句:"无奈!其实杨志也挺英雄的。只是找错了主人,找错了地方,在一个适合他的地方,或许他可以干得很好。"对杨志的形象把握到位,甚至有些英雄惺惺相惜之意。

段:一生评老都管教训杨志一段:"比起老都管的世故,我还是更欣赏杨志的简单。不知杨志算不算得英雄,但大凡英雄好汉都应是大气的，决非世故圆滑之辈。”其中更加入了自己对英雄的评价。

其次可评形式，评语法、修辞、写作手法、篇章结构。仍以《智取生辰纲》为例：

好多学生注意到写“天热”的文字特别丰富，处处伏笔，层层渲染。

一生评“杨志道：‘都管，你不知。这里正是强人出没的去处，地名叫做黄泥冈，闲常太平时节，白日里兀自出来劫人，休道是这般光景。谁敢在这里停脚！’”为“杨志聪明，衬吴用智谋”。

一生评“杨志拿起藤条，劈头劈脑打去。打得这个起来，那个睡倒”为“侧面写天热，写杨志不得人心”。

涉及内容和形式写作手法的评点都是鉴赏的一部分。也许平常课上老师也会说一些，但学生自己发现的意义完全不同。

(2)质疑

质疑即提出疑问，请人解答。“学贵有疑，小疑则小进，大疑则大进。”学生质疑的质量高低折射出阅读所花工夫，所用心思。

首先可于矛盾处生疑。以《香菱学诗》为例：

一生质疑“黛玉见香菱也进园来住，自是欢喜。”黛玉与香菱并无多少瓜葛，为什么“自是欢喜”？

一生质疑香菱“诸事不顾，只向灯下一首一首读起来。”——香菱不是个丫头吗？怎么可以“诸事不顾”？

以《爸爸的花儿落了》为例：

一生质疑：“为什么我们是多么喜欢长高了变成大人，我们又是多么怕呢？”

其次可于平淡处生疑。

仍以《香菱学诗》为例：

一生问：“我们成日叹说可惜他怎么个人竟俗了，谁知到底有今日”中的“我们”指宝玉和谁？

以《爸爸的花儿落了》为例：

一生问“当我问爸爸为什么不也硬着头皮从床上起来到我们学校去时，爸爸为什么不说话了？为什么把脸转向墙那边，为什么举起他的手，看那上面的指甲？”

以前学生预习，顶多通读课文。现在要自己点评，每个人都尽可能深入理解文章。因为要“评”，就需要“发现”，不然，就无话可评。这就是“有发现”，就是“自己提出问题”，发现是评点的内核，对于一个习惯了单纯接受老师分析的学生来说，当他能把他注意到的东西圈画出来的时候，已经前进了一大步。他其实已经摆脱了传统的授受教育的窠臼，从一个知识的接受者还原为知识的探究者、创造者。

先进行个人独立评点，既能充分发挥学生的“主体性”（包括自主性、主动性、创造性等），也为后面的交流合作提供条件，并避免某些学生产生依赖的思想，真正实现“自己提出问题”。

2. 交流合作

学生的性格、爱好、知识结构不同，对文本的评点差异大，所以当学生完成评点后，需要有一个交流的机会。交流的形式多样，可以学生和学生个别交流，可以组内的交流，可以班内交流，可以师生交流，也可与名人曾作的评点交流，如金圣叹评点的《水浒》。以学生为主，教师起组织、帮助的作用。交流的内容为品读与释疑。

（1）品读

品是品味和赏析，读是阅读思考。品读即仔细阅读品味，思考赏析。

一是于课文关键处品读：

关键处是指在文中起重要作用，“牵一发而动全身”之处。主旨句、文眼句等都属全文关键句，品读这些句子，有助于学生迅速准确地把握课文的中心，理解课文的思想内容。

如《杨修之死》一文，只要抓住了“原来杨修为人恃才放旷，数犯曹操之忌”一句，全文内容与主旨都迎刃而解。

如《社戏》一文，只要抓住了“一直到现在，我实在再没有吃到那夜似的好豆，——也不再看到那夜似的好戏了。”一句，文章的思路，作者的情感都有迹可循了。

如《孔乙己》一文，只要抓住了“孔乙己是站着喝酒而穿长衫的唯一的人”，孔乙己的性格矛盾之处便全然凸显出来了。

如《从百草园到三味书屋》，只要抓住了课文承上启下的第9节："我不知道为什么家里的人要将我送进书塾里去了，而且还是全城中称为最严厉的书塾。也许是因为拔何首乌毁了泥墙吧……"作者对百草园和三味书屋的情感特征也就找得准确了。

二是于语言含蓄处品读：

语言含蓄处是指那些本意没有直白说出，需要读者琢磨、解读的语句，即具有"言外之意""弦外之音"的语句。由于内涵丰富，意在言外，常常会造成理解上的困难或干脆忽略过去，所以要对其进行品读。

如《台阶》一课中，父亲坐在辛苦了半辈子终于造好的台阶上，有人跟他打招呼了，问他饭吃过了吗。父亲意料中的"你们家的台阶好高啊"（意即地位高）这句等了大半辈子的话，在最该出现的时候却没有出现，也许憨厚的他都想好谦虚的回答了，所以这一刻惊慌失措地答错话了。支撑他劳作的精神支柱轰然倒去，以致后来他找不到自己的位置了。

三是于手法特殊处品读：

手法特殊处是指运用了特殊的修辞手法、表现方法之处，对这些地方的品读主要是揭示作文方法，领悟为文之道。

如《我的叔叔于勒》一课中"我"的作用。"我"是线索，因为有"我"的存在，文章得以以"我"的所见所闻来组织材料，把那么多人，那么多年的故事理清楚；"我"被塑造成有同情心，有正义感，纯真善良的少年形象，有利于衬托"父母"虚伪贪婪的拜金相，在见证这个丑陋世界的同时也被作者寄予美好的期望，因为"孩子是未来的希望"；再联系在选编教材时被删去的故事开头，在原作中因为有"我"的存在、"我"的讲述而显得这个故事更真实。

四是于文笔精彩处品读：

精彩词句在绘景写人、抒情说理时有独到的功力，常常会令读者看后拍案叫绝。

如《范进中举》一文中张乡绅和新贵人套近乎的丑态："我和你是亲切的世弟兄。""亲切"二字，尤其传神，照此说法，天下一家！

（2）释疑

释疑即解释疑问，消除疑难。针对学生提出的问题，引导学生释疑，能引导学生更深入地理解作品内涵。

一是引导学生联系上下文：

一般而言，行文的逻辑性预示着上下文的紧密联系，通过通读上下文，一些疑惑便可自然解开。

如解决上文一生质疑香菱"诸事不顾,只向灯下一首一首读起来。"——香菱不是个丫头吗?怎么可以"诸事不顾"的问题,联系上文"我这一进来,也得了空儿"(说明以前是不得空的)以及后来夏金桂夜间故意要茶要水七八次对她的折磨,可见宝钗对她还是相当照顾的。

二是引导学生考虑人物的身世背景:

联系人物的身世背景可以为理解文意提供支撑。

如解决上文一生质疑"黛玉见香菱也进园来住,自是欢喜。"黛玉与香菱并无多少瓜葛,为什么"自是欢喜"的问题,联系黛玉与香菱的身世,便知孤苦的两人同病相怜,待对方又与别人不同。香菱敬宝钗而亲黛玉,所以师从黛玉。

三是引导学生辨析专家视线或其他观点:

学者们对文意的剖析为我们的理解提供了视角,批判地吸收,大胆地质疑会给阅读带来无限乐趣。

如辨析张美杰在《浅析〈香菱学诗〉中的笑》中把宝钗的笑看作是对香菱的讽刺挖苦鄙视的观点。从上面这两处分析看来(当然文中还有很多类似的地方)实在是冤枉了宝钗,也曲解了曹雪芹对"山中高士晶莹雪"宝钗这一人物的肯定态度倾向。其实在《红楼梦》前八十回中,"笑道"比比皆是。从某种程度上说,中国古典小说中的"笑道"只是小说人物语言中的一种程式、一种默认的符号而已,与"道"没多大差别。

四是引导学生参考自己的人生体验或老师的阅读体验:

教育的主要目的是培养人如何在他们的日常生活、相互对待和社会交往活动中发展一种积极健康的心理。这种健康心理的获得需要一种深度的体验。引导学生把所学和人生体验结合起来,无疑可以活化知识,开启思想,引发共鸣。

如解决上文一生问"我们成日叹说可惜他怎么个人竟俗了,谁知到底有今日"中的"我们"指宝玉和谁的问题。我认为当香菱苦志学诗,宝玉在发出"老天生人再不虚赋情性"的感慨时,宝钗不忘趁机"点化"这块"顽石":"你能够像他这苦心就好了,学什么有个不成的。"这话极有意思。在宝钗看来,香菱在学诗过程中最可取的便是用功。"宝玉不答"四字妙极!因为他想的根本是另外一回事。他看重的是这诗性女子至纯至真、美好善良的情愫在她长久沉寂的心中瞬间复苏时的灿烂与华美——是为不俗!而细细想去,能想到一块的,怕只有黛玉了,因为林妹妹从来不说那些劝他"上进"的"混账话"。至此,三人之间的亲疏向背一目了然。

在"交流合作"过程中,有些同学可能只找出了他觉得有意思的地方,但不知怎么表达，看到了别人在相同地方的评点，觉得说出了自己心里的话；有些同学发现了在相同地方两人类似的表达，会有英雄所见略同的会心一笑；有些同学发现在相同地方不同的评点，会自觉地比比对错，较较高下；更多的同学会发现别人在他没注意到的地方作评点，会停下自己匆忙的“脚步”，流连徘徊、细细琢磨，下次在类似的地方就会有了感觉。

这就是“自动”、“引动”与“互动”。在这个“自己分析问题”的过程中一定会“有争论，有发现，有创新”。

3. 整理拓展

(1)整理归纳

由于学生评点阅读的交流往往没有一定的章法与顺序，前后跳跃性会很大，故整理归纳很重要。对合作与交流环节的内容进行整理，使之系统化。可以整理归纳“自主评点”的方法，也可以整理归纳课文的内容。

整理归纳评点方法：

一是总体式评点。读了一篇文章，会有总体的感觉。如写了什么事，表达了作者怎样的思想感情，对文中的人物如何评价等。有了总体印象后，再深入到局部，才能更好地领会中心。

如《变色龙》一文，有学生评点道“主人公变来变去，不变的是奴性性格。”

如《木兰诗》一文，有学生评点道“好一个巾帼英雄！也有英雄气概，也有女儿情怀！”

二是评价式评点。可评人物、环境、情节等。

如《杨修之死》中不同人物选用一字评杨修：______，杨修！（哼\啊\嘿\唉\吔\呸……），课堂精彩纷呈。

如《雷电颂》一文中，对于风、雷、电的描写，《云南的歌会》中对赶马女孩子唱歌环境的描写，《皇帝的新装》中充满戏剧性的情节描写，都可以用评价式评点方法来进行评点。

三是感触式评点。文章不是无情物，一词一句动人心。评点要将自己与作者有共鸣或有异议处点出来，并能联系自己的生活经验与知识积累。

如《孤独之旅》中与学生同龄的杜小康在经历了暴风雨的洗礼后看到了“月亮是那么明亮”，学生评“更明亮的是他的心。”

如《从百草园到三味书屋》一文，有学生评点第9节道：“我很佩服作者，这么大年纪了（指回忆写作时），还能写出这充满童真的文字，使人们眼前骤然出现了一个迷茫而伤感、童真而淘气的小男孩。人人都拥有一个童年，这些文字也总能引起人们对旧时的回忆，并情不自禁地拿自己来和文中的鲁迅比。”这就联系自己的生活经验道出了真切的感触。

四是质疑式评点。质疑应是阅读中极其重要的一环。能快速地让教师了解学生的需求,发现有价值的问题,在课堂上有的放矢。

如《喂——出来》中"庙"的作用。"庙"代表着传统文化的信仰,当这样的"庙"轰然倒塌而又没能有新的信仰取代时,文章的种种危机状况必然发生。

整理归纳课文内容:

就小说来说,最后的总结整理围绕三要素(人物、情节、环境)进行效率会较高。

(2)拓展升华

评点阅读如果只停留在学生自主个性阅读的层面上,学生很容易只在"细枝末节"上打转,故拓展延伸也很重要,在文本材料学习结束之后,再进行同类材料评点、社会生活评点,以深入对文本的探究。还是以《香菱学诗》为例:这个为精华灵秀所钟爱的薄命女子是值得同情和惋惜的,但她在大观园中瞬间绽放的诗情却是绚烂华美的。联系"《红楼梦》既是女性的悲歌,又是女性的赞歌"的说法,那么,大观园内一定有一种美好存在,它远离权力、金钱、世俗与利益,它代表着"人"的最高贵与最纯洁。在香菱心里那份美好所在,就是诗。香菱因诗拥有了独立而自由的灵魂。在人生的凄风苦雨中,有诗为伴,香菱何幸! 正印证了作者的一句话:"使闺阁昭传"!

整理拓展可以由学生以小组报告的形式进行,也可以由教师帮助,学生个人进行。在这一过程中学生最终"自己解决问题",并在民主、和谐、宽松和催人奋进的氛围和环境中,体验到"成功"的快乐。

三、语文课"自主评点"式阅读教学的实施意义与条件

1.语文课"自主评点"式阅读教学的意义

(1)语文课"自主评点"式阅读教学有利于提高学生的审美鉴赏能力与创造能力

学生必须用心去读文章才可能有所评点,并且在圈画点勾关键词、写出简短评语的过程中锻炼审美鉴赏能力,在贴近文本阐述文句的意思,写出其中蕴含的深意和延伸写出自己的想法的过程中锻炼创造能力。

(2)语文课"自主评点"式阅读教学有利于养成学生独立思考的习惯

每个人的评点都是经过独立思考才给出的。疑点解答的过程就是学生独立思考的过程和提高自身分析问题能力的过程。长此以往,学生就更容易养成独立思考的习惯。

(3)语文课“自主评点”式阅读教学有利于提高学生的语言感受力

学习语言的过程是语言不断内化的过程,也是语感经验不断积淀的过程。语文课本中所选的课文都是文质兼美的文章,学生在对这些文章进行评点时都需要读熟甚至读透。所以读书时是字字入眼、句句入心,内化为了自己的语言,提高了语言感受力。

2.语文课“自主评点”式阅读教学的实施条件

(1)综合开放的教师素质

在教学过程中实施评点法,学生的自主阅读、个性品位、独特感悟,其所发现、所获取、所疑惑的,再也不是教师所早早预设、全然明了、准备妥当的东西。在这种情况下,要求教师要有较强的语文教学综合能力,如丰厚的文化底蕴、创新的教育理念、灵活敏捷的思维能力、精密生动的表达能力和一定的创新能力等。

(2)广博宏大的学生视野

厚积薄发从来就不是应景之言。学生要能对文本作出自己的评价,并能有所发展,这就要求学生广泛阅读课外书籍,拓宽知识面,还要关心社会、感受生活。

(3)持之以恒的精神态度

检验一种新的教学法是否行之有效,需要一定的时间。教师、学生和家长不能急功近利,追求短期内出成果。教师切不可因一时的效果不理想而丢弃此法。学生不仅要在课堂上运用此法,课外的阅读也要多用。常用才能巧用。教育的成果是隐形的家长要支持老师的教法。

(4)民主平等的课堂氛围

在课堂中教师只是“平等中的首席”,是情景创设者、探究促进者和合作者、教材开发者、教学研究者和精神引领者。师生一起营造和谐、轻松的课堂氛围。教师在课堂上可以指点江山,激扬文字,学生可以大胆质疑,独抒己见。

评点是自由的,没有事先规定的模式或标准,它为学生留置了广阔的非预期的创造空间。自主评点阅读教学利于学生主体性的发挥,利于想象和思维,利于培养学生多角度、有创意的个性阅读能力,使阅读主体的经验随着评点的深入而逐渐“生长”,从而获得一种“成功感”,同时大大提高课堂的容量与效率,值得尝试。

第二节 历史与社会课堂中的“自主性学习法”教学

学法指导是新课程改革实施的一个突破口，要让学生真正能够自主、合作、探究地进行学习，需要学生掌握必要的学习方法。历史与社会自主性学习法指导教学就是基于新课改的要求，通过学法指导，帮助学生养成良好的学习习惯，在预习、听课、复习、练习等方面掌握自主学习的基本方法，不断培养学生的自主学习能力，以利于学生步出校门后，在社会实践中更好地适应未来社会发展的需要，使学生终身受益。教育家吕叔湘说：“教学的主要任务，不是把现有的知识教给学生，而是把学习的方法交给学生。”古人也云：“授人以鱼，不如授人以渔。”著名教育家陶行知先生说：“好的先生不是教书，不是教学生，乃是教学生学。”美国未来学家阿布文·托夫勒曾说过“未来的文盲不再是不识字的人，而是没有学会学习的人。”由此可见，指导学生的学习方法，培养学生的学习素质才是教学的精髓。

一、自主性学习法教学的必要性与可行性

1. 自主性学习是新课标的题中之义

《历史与社会》课程标准（二）指出：承担《历史与社会》课程教学的教师，必须树立适应素质教育需要的教育观，树立开放的、综合的课程观和促进学生自主学习、主动建构知识的教学观。① 其中非常重要的一个环节就是需要教师培养学生自主学习的习惯，为此，《历史与社会》课程标准（二）指出，教学不仅要关注学生学习的结果，更要关注他们学习的过程和方法。帮助学生通过自主的、合作的和反思性的学习过程，逐步掌握学习和认识社会的基本技能和方法。②

2. 自主性学习法指导教学是提高学习效率的重要举措

长期以来，中国传统教育受应试教育观念的影响，教师包办过度，学生依赖过度，违背教与学的双边活动规律，此种状况，至少出现以下弊端：教师满足于“教师讲得清清楚楚，学生听得明明白白”的教学现状，学生缺失应有的学习过程，从而导致学生课堂自主活动整体缺失——学习内容的强制性、认知活动

① 历史与社会课程标准（二）[M]. 北京：北京师范大学出版社，2001：33.

② 历史与社会课程标准（二）[M]. 北京：北京师范大学出版社，2001：35.

的被动性、思维过程的依赖性、课堂交往的单向性。建构主义理论认为，学习是学生认知结构的建立、改造和重组的过程。学生的理解、积累不能只靠教师的讲解分析得到，学生运用的技能也不能只靠教师“教”出来。著名的教育学家郭沫若曾经说过：“教学的目的是培养学生自己学习、自己研究，用自己的头脑来想，用自己的眼睛来看，用自己的手来做的这种精神。”①但不少老师提出：《新课标》提倡学生自主学习，那么，怎样让学生自主学习？在放开学生手脚的同时，我们教师该做些什么？该怎么做？我们在学习方法上该做怎样的指导……怎样回答这些问题，不仅是我们教师共同的心声，也是现实的迫切要求。实践证明，学生在历史与社会学习过程中暴露出较多的是历史与社会学习方法的问题。相当多的学生学习不甚得法。其主要表现有：①不会预习。平时一般不做预习，只有在老师布置预习时才走马观花地看一遍；当堂预习阅读速度过慢，抓不住要点；预习时没有查阅相关资料的习惯，只有部分学生会作一些笔记。②不会听课。课堂上往往表现为被动地、无精打采地听，机械地、不假思索地抄。③不会思考。回答问题习惯于“以读代答”，满足于书本上找现成答案，不作任何思维加工；不会利用自己的语言概括学习内容；不会独立思考，更提不出有创意的见解或问题。④不会复习。复习就是机械式地翻翻课本，缺少整体计划和复习方法；平时写作业也习惯于拿来就做，而不是先复习当天学过的内容，再独立完成作业……诸如此类的问题，不胜枚举。一句话，就是不会自主学习。为此，我们应在教学中大力开展自主性学习法指导。从教育的功能看，自主性学习法指导是弘扬人的主体精神、促进人的社会化发展的重要途径，也是学校教育由应试教育向素质教育转变的有机组成部分；从课堂教学活动最优化组织的角度看，自主性学习法指导是课堂教学充满活力的不竭源泉，是师生互动、教学相长不可或缺的一翼。

3. 自主性学习法指导教学是实现学生主体地位和推进教学改革的着力点

教育是艺术，也是科学，从事教育的人要循序教育的基本规律。违反教育规律的行为可能带来短期的效果，却留下长久的遗憾。我们现实的教育多是以知识为本的教育，强调知识的系统性和完整性，重教而轻学，学生的主体地位没有得到尊重。美国心理学家西鲁那认为：学习的最好的动机是对所学教材本身的兴趣。让学生了解所学知识的意义和价值，对学习兴趣的形成具有重要的作用。兴趣是最好的老师，根据笔者多年的教学经验，真正浓厚兴趣的

① 周霖. 培养学生自主学习，提高历史教学的有效性[J]. 桂林师范高等专科学校学报，2010(3)：213.

培养，不是依靠老师，而源自学生自己主动学习的过程。《历史与社会》这门课程紧扣时代脉搏，贴近社会生活，在老师引导下，学生极有可能形成浓厚的学习兴趣，从而形成本门课程自主性学习的良好习惯。

自主性学习法指导是教学改革的突破口。自主性学习不仅需要学生学会主动学习，也要求老师改变观念，转变做法。比如，在讲授"中国近代不平等条约"时，以前我们就是先回顾这些条约的内容，然后再列出表格进行比较分析，再得出结论。这一过程看似遵循了教学规律，显得十分紧凑，但是忽视了学生的参与，教学效果不佳。自主性学习要求学生自己完成这一过程，并与老师和同学进行交流，这样得出的结果是让学生难忘的，而且在这一过程中，锻炼了学生搜集信息，归纳总结和口头表达的能力，养成了批判的意识。

4. 重视自主性学习法指导有着悠久的历史

古往今来的学者们都注重学法尤其是自主性学习法的指导。早在春秋战国时期，孔子就强调"温故而知新"、"学而不思则罔，思而不学则怠"。荀子还有名篇《劝学》。在近代，徐特立撰写了《我们怎样学习》。上世纪 80 年代以来，学法指导研究和探索更加深入地展开，取得了丰硕的成果。国外的教育家和政府对学法指导也给予了很大的重视。赞可夫在《学习与发展》中提出一条著名原则：让学生理解学习过程。苏霍姆林斯基认为"在小学面临的许多任务中，首要任务是教会儿童学习"。巴班斯提出了最优化教学理论，许多发达国家政府把"学会学习"作为 21 世纪的战略口号，并以国家力量来推行。日本在 1986 年的教改文件上提出"要养成自觉学习的能力""培养选择、利用、处理信息的能力"。美国在 1991 年制定的《美国 2000 年教育战略》中指出，"美国每所学校将保证所有的学生学会用脑子，以便使他们将来成为负责的公民，具备继续学习的能力"①。进入新世纪新阶段，美国政府反思基础教育中的问题，更加注重学法的指导。我国提出要培养创新性人才，建设创新型国家，强调要教会学生学会学习。

二、自主性学习法教学的实施策略

1. 自主性学习法指导在"教"环节的要求

课堂教学是进行学法指导的最佳时机，教师的教学能力及知识的提高是培养学生自主学习的前提。

---

① 陈穗芳. 如何在课堂中提升学生的自主学习的能力[J]. 文学教育，2010(7)：134.

有的教师认为，既然倡导学生的自主性学习，教师应该是轻松多了。其实不然，相反，教师的专业知识的提高和驾驭课堂的能力比常规的教学更要技高一筹，对教学内容及课外知识更要熟知深入，掌握更加丰富全面。如在中国古代史《春秋战国的文化》教学中，对于百家思想的讲述，让学生对这些思想进行讨论，谈谈看法，认为哪些思想对自身感悟和影响最大？突然有位学生提问："老师，孔子所编订的《春秋》是如何定名的？是不是春秋就因为此书而得名。"这位学生平时就很喜欢历史，所以有时所提的问题就比较有深度，课堂马上静下来，同学们的目光全投向老师，期待老师的答案。作为老师，这时应表扬和肯定他的问题，与此同时，也在心里迅速组织答案："春秋确实是以此命名的，那春秋代表什么呢？为什么叫《春秋》而不叫《冬夏》呢？这个是有道理的。中国的传统文化中古人特别重视春、秋两季。中国古代的农业很发达，从上至下对农业都重视，春天播种，秋天收割，所以就用春秋来形容时间的流逝。就好像我们去买东西，没有人说买南北的，因为在五行学说中，东西对应的是金木，南北对应的则是水火，过去买东西拿个篮子，金属木头可以拎回，而水火不能。"这样所起的效果非常显著，不仅能解答了学生的问题，也能引起学生对中国传统文化的兴趣，特别是五行学说。所以要当一名优秀的历史与社会老师，自身所具有的知识要很多，所要摄取的知识要很广很广。其实历史与社会学科是知识层面要求很高的学科，否则课就不会上的很精彩，这是笔者从教以来最大的感悟，总觉得学无止境。①

2. 自主性学习法指导在"学"环节的策略运用

针对学生在学习过程中存在的问题，笔者认为，自主性学习法指导在教学中应着重从以下四个方面进行：

(1)强化"预习指导"，促进自主学习

预习是指学生在听课前对教师所要讲的内容先行自学，"预习指导"主要是指导学生根据教师设计的预习提纲，掌握预习的方法和要求，如通读即将学习的教材内容，弄通内容阐述的思路和方法，明白其表达的意思和知识要点，自觉尝试运用已有的知识经验与教材内容的相关知识、方法去应用实践，解决有关问题。预习的过程中，有哪些收获、认识和发现，有哪些疑问、困难和问题，要动脑动笔，明确下来，以便在课堂学习时提出来进行交流、讨论、探究。教师可根据课程标准，结合课文具体内容，精要地设计几道预习问题，引导学生通过预习，围绕这些问题去进行思考与学习，更好地达到课程要求。美国人

① 齐力书. 学法指导的研究与实验[J]. 教育改革，1995(4)：40

文主义心理学家罗杰斯也认为:若要使人全身心投入到学习中去,活动必须让学生面临他们个人有意义的有关问题。自主学习正是一种基于问题的学习。有感染力的真实事件或问题情境的创设,能够充实整个教学内容和自我探索的教学过程。面对事件或问题情境,学生会产生一种怀疑、困惑、焦虑的心理状态,并运用协作、交流的方式去体会、去感受、去完成对新知识的建构。所以,要促进学生自主发展,就必须最大可能地创设让学生参与到自主学习中来的情境与氛围。具体要抓好以下三个要点:一是教师应激发学生对学习内容的兴趣。教师要适当创设情景,激发学生学习兴趣,促使学生产生自主学习的强烈愿望。这样就要求教师要用心分析学生,了解他们的所思、所想、所感,抓住学生的心理,使其对学习产生兴趣。兴趣是最好的老师,由学生的内在需要和兴趣激起的学习自然是自主学习。二是明确方法。方法指导具体得当,可以让学生少走弯路,迅速地走上自学的"快车道",收到事半功倍之效。所以教师应指导学生在预习中,懂得运用工具书和有关方法,收集信息,自觉学习、掌握教材内容中有关的基础知识,培养基本技能,逐步达到课程标准的要求。三是教师应引导学生主动发现、获取新知识,明确所碰到的困难和问题,作好提出问题、讨论研究的有关准备。它是教学的重要环节,是在诱发学生学习兴趣的基础上,使其对知识的渴求成为学生学习知识的原动力,从而进行自主学习,在此过程中学生能体验到成功的乐趣。漫无目的的预习势必造成低效率,预习要求做到" 四明确":一明确时间进度。预习时间长短根据预习内容的多少与难易程度而定,原则是预习的时间要紧张,不要太宽裕,要让学生有紧张感,像是有人在后面拿着棍子赶。二明确内容与范围。指向明确,可以减少无谓的消耗,确保预习的有效性。三明确要求。在预习时要思考和解决哪些问题,准备老师检查 ,给学生压力,让学生带着问题与压力预习,学生才有紧张感,看书就像看试题,才能保证预习的高效。如在学习《应对资源危机》一课时,可创设以下系列性问题情境:① 感受危机——列举身边浪费现象;②应对危机——国家采取了哪些措施;③共同行动——节约资源我们一起做点什么,然后引导学生认真预习教材。这些问题情境的创设,能使学生对问题进行积极的思考、分析,并完成对相关知识的建构。同时,也引发了学生的主体意识,激发了探究动机,实现了自我探索。

(2)强化"听课指导",促进自主学习

听课是历史与社会课课堂学习乃至整个学习过程的中心环节。"听课指导"主要是指导听课时的一些具体要求、注意事项。听课并不是被动地接受信息,而是情、想、问、记等相结合,主动地探求知识。情,就是要求学生上课时要精神饱满，充满热情，具有强烈的求知欲。想，即思考，就是要求学生集中精力，全神贯注跟着教师的思路走，务必把教师讲的内容思考清楚，最好能产生个人的一些想法。学生思考分析、消化能力的高低很大程度上影响着课堂的效率。问，就要求学生对于没有听明白的或产生不同看法的地方，提出质疑，敢于提出与教师不同的观点。记，就是要求学生做标记、记笔记等。教师若能指导学生处理好这几个问题，必然会提高学生的听课能力和水平。下面就情、想、问、记中的“想”来谈谈笔者的一些做法，大致有以下几点：

第一，培养学生在想的过程中将课本知识形成具体的画面或图表，使学生对知识体系有真切的理解，例如对唐太宗的主要活动就可以形成如图 5.2 所示的具体示意图。

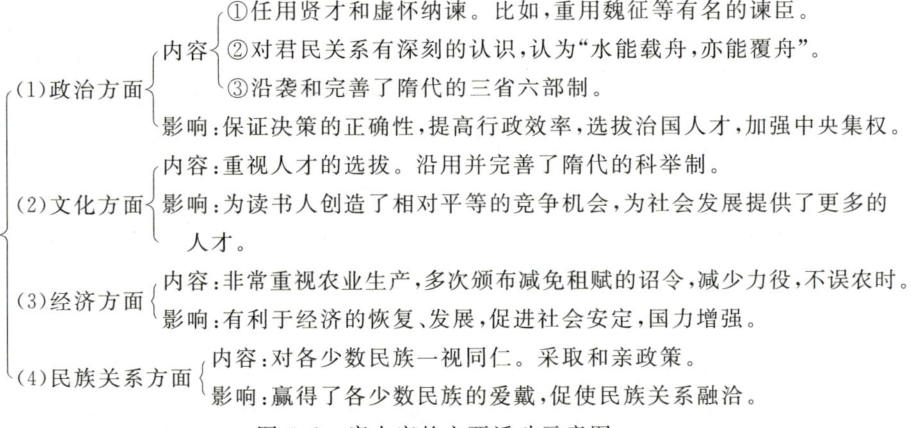

图 5.2　唐太宗的主要活动示意图

第二，教会学生在想的过程中进行分析、综合，从而引导学生把从课本中学到的具体知识上升到本质的认识。比如，通过对新航路开辟后全球联系的加强的学习，让学生分析出新航路开辟给世界带来的正面影响；同时通过对黑人是怎样来到美洲的学习，让学生分析出新航路开辟给世界带来的负面影响。从而引导学生认识到任何事物都有两面性，要辩证和一分为二地认识问题。

第三，帮助学生在想的过程中学会知识的迁移和运用，注意知识的纵横向联系。正如马克思指出的：“极为相似的事情，但在不同的历史环境中出现就引起了完全不同的结果。如果把这些发展过程中的每一个都分别加以研究，然后加以比较，我们就会很容易地找到理解这种现象的钥匙。”[①]比如，在讲述

① 马克思，恩格斯．马克思恩格斯全集：第十九卷[M]．北京：人民出版社，1979：131.

《辛丑条约》时，可以让学生联系《南京条约》、《马关条约》，对这三个条约以表格的形式进行对比、分析，有助于学生加深对这些事件的理解和认识，从而更好地把握历史发展的本质和规律。近代史上三个主要不平等条约比较情况如表 5.2 所示。

表 5.2　近代史上三个主要不平等条约比较

条约	《南京条约》	《马关条约》	《辛丑条约》
签订时间	1842 年	1895 年	1901 年
战争	鸦片战争	甲午战争	八国联军侵华战争
割地	香港	辽东半岛、台湾、澎湖列岛及附属岛屿	
赔款	2100 万银元	白银 2 亿两	白银 4.5 亿两
开放通商口岸	广州、厦门、福州宁波、上海	沙市、重庆、苏州、杭州	
其他特权	协定关税	允许日本在中国开设工厂	(1)在北京划定使馆界，允许各国驻兵保护，不许中国人居住。(2)拆毁北京至大沽的炮台，允许帝国主义国家派兵驻扎在北京到山海关铁路沿线的重要地区。(3)清政府保证严禁中国人民参加反对列强的活动
特点	第一个不平等条约		赔款数额最多的条约
共同点	(1)都是不平等条约，是民族的耻辱。(2)都是由于清政府腐败无能，都是由外国资本主义强迫清政府签订的。(3)都在侵略战争之后，是侵略战争的结果。(4)都严重损害了中国的主权，便利了资本主义列强侵略中国。(5)对中国的危害巨大，使中国一步步沦为半殖民地半封建社会。		

第四，指导学生在听课的过程中注意思考教师讲课的语调和节奏的变化。教师在讲授时，根据不同的内容可能采取不同语气和节奏，重点知识可能加重语气，或重复叙述；对某些内容可以采取质疑的口气，引导学生生疑、思考；对某些理论可以有目的地讲半句，留半句，让学生去推导或总结。

(3)强化“复习指导”，促进自主学习

复习是对学过的内容进行再学习，其目的在于巩固和加深所学的知识，其中最主要的是指导学生学会归纳、整理的复习方法。当一个人掌握了大量的知识之后，如果不整理，则不利于记忆贮存，相近的知识概念还很容易混淆，不利于形成系统的知识结构。因此，在进行完一个单元、一个章节、一个月、一个学期的学习之后，应该学会自己总结、梳理、归纳知识的方法。根据本学科的特点，教师提供基本思路，指导学生根据课堂笔记自主编写复习提纲，增强学生梳理知识的能力，就显得尤为重要。如对八年级《历史与社会》部分内容可按历史五要素（时间、地点、人物、经过、影响）和历史事件发展的三部曲（背景、经过、结果）构建复习提纲；对九年级《历史与社会》人口、资源、环境部分内容学习后，可按照现状、措施、青少年做法的思路构建复习提纲。教师可提供一个样本，学生参照整理，以此指导自学，在理解的基础上，将教材相关内容加工浓缩，整理记录，从而构建知识体系，达到巩固掌握知识的效果。如资源问题可提供如图 5.3 所示的示意图（人口、环境让学生自己去构建）。

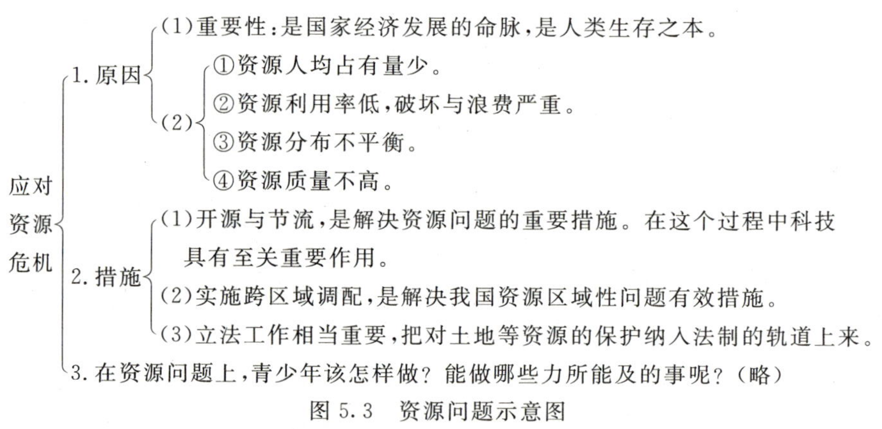

图 5.3　资源问题示意图

(4)强化“练习指导”，促进自主学习

练习，又叫独立作业，它是复习的延伸，应用的初步尝试。教师在练习指导时要着重对学生在历史与社会学科的题目类型、解题技巧和方法及错题的反馈与整理上进行指导。如历史与社会的学业考试试题题目类型可以划分为两大类：选择题与非选择题。如何让学生掌握这两类题型的解题技巧和方法，就需要教师下一番功夫，在平时不断进行强化指导，让学生掌握基本的规律与方法，促进自主学习。下面分别就这两种题型的方法指导作简单介绍：

选择题属于基础题，学业考试选择题都是单项选择题，学生较易得分。但是，切不可掉以轻心。一方面，由于选择题分数比例较大，通常是 20 道题总共 40 分，占总分值的 40%，因此，做好选择题，是保证中考获取较高分数的基础；另一方面，选择题的作答由于表面上比较简单，往往容易被学生忽视，失分比较常见，正因为这样，必须重视对选择题的题型方法指导。解答历史与社会选择题应遵循"先审题干、后审题肢、肢干相连、以干求肢"的原则。要贯彻这一原则,在解题时必须做到"三审"和"三排"。

三审:审题是答题的第一步,审题的快慢及正确与否将直接关系到答题的效果。具体而言,需要审题型、审题意、审题肢。

(1)审题型:要确定好思维方向。明确哪些是正向选择题,哪些是逆向选择题。逆向选择题要求考生选择错误的选项,正确的选项不能入选。

(2)审题干的规定性:审题干就是要弄清题意,明确题干的规定性,这是做好选择题的关键。如何确定题干的规定性呢?可从以下两方面入手:

首先,要明确题意。绝大部分选择题的题干都以材料的形式出现,这一段材料主要讲什么意思,必须读懂、弄通。同时,要明确材料后面的要求,规定我们解决哪些问题。从近年来的中考试题来看,主要用"表明"、"说明"、"启示"、"体现"、"原因"等五种规定性来限定答题的思路。

其次,要着重弄清题干在时空、内容、逻辑三方面的规定性,以便确定题干规定性的知识范围。如时空范围的规定性是"现阶段"还是"历史上"。又如内容范围的规定性是"历史"还是"地理"或"国情方面"。再如逻辑方面的规定性是以果寻因,还是以因求果等等。

(3)审题肢:遵循以干求肢的原则。大家在审题肢时要注意确定三种不同的题肢:第一、确定哪些是正确的题肢,即符合题干规定性要求的题肢。第二、确定哪些是错误题肢,即存在明显知识性错误的题肢。第三、确定哪些是干扰性题肢,即题肢本身的知识内容正确,但与题干的要求不符。做到正确题肢入选,错误题肢、干扰题肢不选。

三排:选择题一般由题干和四个题肢组成,选择一个或几个题肢的过程也是排除几个或一个题肢的过程,选择与排除是一个问题的两个方面。解选择题方法可以笼统地称之为排除法,具体而言,有以下几种方法:

(1)排错项。题肢的观点本身错误或包含着部分错误的要排除,但逆向选择题除外。

(2)排异项。题肢的观点虽然正确,但与题干的规定性无关,这样的选项应排除。

(3)排大于或小于项。题肢的知识内容大于或小于题干规定性的要求,这样的选项也应排除。

而非选择题是一种主观性的试题,由材料和设问两部分构成,根据题目提供的材料不同,我们要指导学生对非选择题进行分类,可以划分为:活动探究型、案例型、图表型、漫画型、文字型和混合型等。同时根据不同的题型对解题的技巧和方法进行指导。比如解答图表型分析说明题,必须从图表中获取相关信息。分析和掌握表格所提供的信息应注意以下四方面问题:一是审清表格的标题。标题是图表的题眼,是主题。即首先要知道这是一张以什么内容为主的表格,这样才能抓住中心。二是注意图表的内容。即认真分析表格中数据的变化情况,通过比较挖掘有效信息。因为图表型分析说明题的设问往往是隐性的,真正的问题隐含在图表材料中,只有分析图表的内容,才能真正达到答题的目的。三是注意图表的附注。全面答题。四是注意图表之间的内在联系。试题所提供的一组图表一般是围绕一个中心或主题从不同侧面和角度提供相关信息,几个图表之间所反映的问题有一定的内在联系。

笔者认为,自主性学习法指导还需要关注学生的情感。用一些在历史与社会领域做出巨大贡献的人来给予学生更多的激励。学生取得的进步我们要及时发现并鼓励,赏识性教育在我们的教学中有着不可或缺的意义。我们还需要给学生提供良好的学习场所以及必备的资料,重要的一条是要营造自由探讨的氛围。

三、自主性学习法教学的意义

在自主性学习法指导下对教师本身素质及能力提高的要求,还有在学生学习过程中四个方面的具体指导,有助于教师走出自主性学习教学的误区,有助于学生良好学习方法和习惯的养成,这对学生全面扎实地掌握知识,发展学习能力,提高学习效率,能收到意想不到的效果。具体表现为:

1.在实践中,自主性学习法指导模式能对课改实施起一定的导向作用

自主性学习法指导模式创造性地对传统教学思想、内容、方法等做了有益的探索和改革,对新课程实施具有一定的指导意义。

(1)形成了实用、开放的以学生为主体的自主性学习法指导模式。

这种模式就是历史与社会学科“指导——自主学习”的学习方法指导模式,它提高了教师的教学水平和教学艺术,从而达到了提高教学质量的目的。灌输式的指导往往凭借教师的经验,便于操作,很少关注学生的个体感受。自主性学习法指导要求教师开动脑筋,激发学生的兴趣,使学生乐学。另外,还要关注学生的学习方法与习惯,发现不良的学习方法与习惯还要进行必要的引导。其实在这一过程中,教师要花费比以往更多的精力。但是给予我们回报的将是更丰硕的教学成果。

(2)实现了教法的改进

针对传统教学中以讲为主的弊端,自主性学习法指导提出了以学生自学

为基点的教学思想，不是简单地从课堂活动中的以讲为主向以学为主的延伸或扩展，而是首先对教学的载体进行了改革，为培养、训练、提高学生敏锐的观察力，高度的概括力，严谨的抽象思维能力提供了一个别开生面的“蓝本”，为发掘学生的潜能和发展学生的能力，特别是思维能力，创造了良好的条件。在教学实践上，他推动了广大教师更新观念，提高教学效率，为教学改革闯出了一条新路。同时，它也大大丰富了教育学、教学论等教育理论。

(3)为因材施教找到了一条较为切实可行的途径

传统教学中的集体教学是整齐划一的统一性教学，是以学生具有相同的起点行为为基础的，它只能为学生的发展提供一个必要的条件，但并不是充分必要条件，因为它没有顾及到学生的个别差异。如何使学生在统一教学的基础上，尽可能使学生得到全面发展，必须做到个别教学与集体教学相结合。在“自主性学习法指导”教学中，教师针对教材只向全班学生作启发性的讲解和小结，其余的时间由学生自己掌握，学生针对自己的学习类型自定步调，动手、动脑，按照自己的能力和速度循序渐进地掌握知识，做到读、想、写的结合。学生在自学过程中，教师则对自学中有困难或存有问题的学生进行个别辅导，使学生能及时把握自己的学习进程，调动学习的积极性。

2.有利于培养学生较强的学习能力

究事物之理，在于深刻理解和准确地掌握知识，“自主性学习法”指导教学注重在教师指导、辅导下学生的主动学习，它充分地调动了学生学习的主动性，将学习主动权还给了学生。因此，它可以培养学生的自主学习能力，更好地掌握学科基础知识。由于知识主要是通过自学获得的，是一种牢固的自我知识，它能较快地迁移到其他学科的学习情境中去。所以此种学法指导在一定程度上培养了学生的自主学习能力。具体包括：

(1)主动阅读能力，即具备强烈的求知欲，懂得自主学习的意义，具备科学地组织自我学习的能力。它是学生在心理上从被动的思维转向主动的思维过程。

(2)独立思考能力，即学生对课堂上所学的知识进行复习巩固的能力，对将要学习的内容进行预习的能力，从阅读中抽象概括规律的能力等。

(3)善于自练自检能力，即自我练习、自我检查的能力，它是学生了解自己学习系统的一种能力(元认知能力)。它能促使学生计划下一步的学习行动，监控各种学习行动的效用以及检验、修正和评价自己的学习方法等。

3.有利于培养学生自主创新能力

新世纪对人才素质的基本要求是“学会生存，学会学习，学会关心，学会做事，学会生活”。因此新课改突出了“过程与方法”，注重引导学生掌握、积累和总结、改进学习的方式方法，面对学生的疑惑绝不宜直接给出答案。在新课改背景下教师应该把获得知识的方法和途径作为教学的一项重要内容，而自主性学习法指导正是基于上述目标进行的一种教学探索。它允许和鼓励学生大胆生疑质疑，敢于标新立异，敢于挑战权威，从而使课堂出现观点的交锋、智慧的碰撞，进而迸发出创新的火花，形成具有个性特征的学习方式和分析问题解决问题的方法。爱因斯坦说过：“提出一个问题往往比解决一个问题更重要。”要培养学生自主学习的能力，教师就要提倡、鼓励学生从不敢提问题到敢于提问题，并逐步做到善于提问题，并尝试寻找解决问题的方法与途径。鼓励学生生疑质疑，教会学生生疑质疑的方法，培养学生生疑质疑的精神，从而有效地激发学生的思维，增强学生的自主创新能力，使学生真正成为学习的主人。①

4.有利于学生养成良好的自学习惯

“自主性学习法”的指导教学注重学生在课前进行自学和预习，在上课时进行积极的思考和深刻地领会教材，在课后进行系统的复习和演练以及独立完成作业，同时在自学过程中做好读书笔记等。这一系列措施促使学生在自学能力得到增长的同时，也养成了良好的自学习惯，为今后的自学打下较为牢固的心理基础。

教育之路漫漫，教学中新的问题不断凸显。但是教学实践证明：自主性学习法指导对于实现学生的主体地位，让学生主动发现和探索问题，挖掘学生的潜能，帮助学生树立自信心，培养学生的学习能力，养成良好的学习习惯，最大可能地提高我们的课堂教学效果，起到了较大的作用。我们将坚定不移地实施自主性学习法指导。当然，在实施过程中，需要我们教师不断学习教学理论和专业知识，拓宽教师的知识面，不断反思教学行为，灵活运用自主性学习法指导的教学策略，增强课堂驾驭的能力，使我们的课堂教学真正成为学生在参与中掌握知识、在体验中培养情感、在探究中学会思考、在交流中展现个性的平台，为我们的历史与社会教学带来福音。

第三节　初中综合实践活动课程中的“1345”式教学

当今社会，是一个知识总量急剧增加的信息化时代。新课改不仅要求教师的观念更新，而且要求教师角色转变。这种转变，是让教师改变原来知识权

① 姚彩容.高中历史“自主性学习”教学模式初探[J].珠江教育论坛，2011(4)：23.

威者形象，侧重于对学习过程的组织、引导、交流，并对自己的教学实践进行及时反思研究，为以后取得更好的教学效果作铺垫。它要求教师转变自身形象，成为学习的组织者，知识的传授者，关注学生主体，发挥学生的主动性，为学生的自主学习创造条件。[①] 一个学生不能只被动地接受教师传授的结果性知识，而是应该对各种知识进行主体性的意义建构和内容整合。只有将自己获得的间接经验知识具体地应用于综合实践，才能使自己获得主体性发展。目前，学生的学习方式也在发生变化，他们不仅从书本中学习，更应在各种实践中学习。知识的掌握、能力的形成，需要实践的参与才会逐步明确化、清晰化，所以综合实践活动是统一整合各种知识和能力的方法与工具。

课程教学改革日趋深入，随之形成的三级课程体制，为学校发挥课程自主决策权提供了空间。因此，综合实践课程活动的教学，在课程与教学改革的背景下应运而生。

综合实践活动，一般是指在教师指导下，由学生以个人或小组为单位，通过提出问题、材料收集、信息处理、解决问题等形式，体验设计的过程，获得初步的探究能力，统整各种知识和能力，从中培养创新精神和创造能力的一种实践活动。但在现阶段，综合实践活动的教学规程较为缺乏。为此，我与从事综合实践教学的老师一起，研究初中综合实践活动课程教学模式，并进行有效的实践，收到了良好的效果。

一、综合实践活动中"1345"式教学的构建

针对初中学生特点，构建"一个宗旨""三块内容"、"四种方法"、"五项活动"的综合实践活动教学模式，简称为"1345"活动模式。

活动模式具体内涵如下：

一个宗旨：以"教师为主导、学生为主体、发展为主线"的基本教育思想。

三块内容：1. 社区体验　2. 人与自然　3. 发明制作

四种方法：1. 社会实践中落实　2. 学科教学中渗透
　　　　　3. 周边环境中挖掘　4. 技能训练中强化

五项活动：1. 自然探源活动　2. 城乡调查活动　3. 网上搜索活动
　　　　　4. 课题研究活动　5. 制作竞赛活动

以上综合实践活动课程活动模式中的十二项内容并不是互相独立分割，而是互相依托、穿插、相辅相成的，它们之间的相互关系以及各项内容的侧重

---

① 杨锐全. 国培计划体验与感受[J]. 现代教育教研，2012(7).

点如图 5.4 所示的方块图。

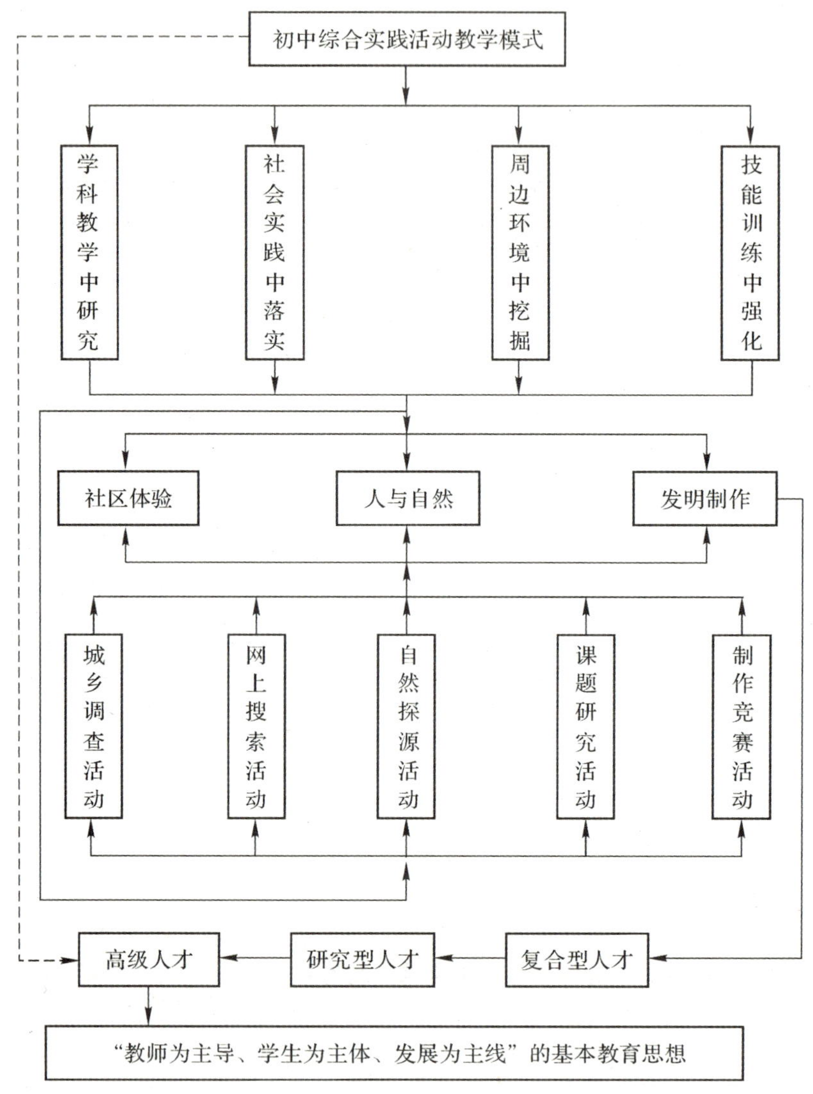

图 5.4 综合实践活动教学模式图

二、综合实践活动中“1345”式教学的实践过程

1. 依托社区，开展城乡调查活动

(1)建立稳固的社区学生联合会组织。为了确保学生顺利地开展城乡调查的综合实践项目设计活动。首先要建立“社区学生联合会”组织。按照学生

的家庭居住地就近成立社区学生联合会。例如我校通过社区委员会、家长联合会，组织成立了“万昌社区学生联合会”、“东辉社区学生联合会”、“五角场社区学生联合会”等，学生数比较多的社区，“学生联合会”可分成多个“社区学生活动小组”，即“社区综合实践活动小组”。聘请社会各界人士及离退休干部担任“社区学生联合会”辅导员，长期地开展调查研究等综合实践活动。如：去年我们就利用“10·1”国庆节日，设计了“民族精神代代传”的综合实践活动项目。学生通过“联合会”，走访了社区中的有关人士，开展“民族精神”的调查研究活动，收到较好的效果。

(2)开发社区教育资源。校外辅导员队伍的组建，仅依靠学校综合实践教师这支队伍，来组织学生开展社区综合实践活动是远远不够的，必须把部分学生家长、居委会干部以及社区中离、退休干部等，发动组织起来，进行适当的培训，组建一支庞大的校外综合实践辅导员队伍，指导社区学生联合会工作。同时，要开展相互学习，及时总结经验，提高这支队伍的素质。开辟活动场地，除了已有的少年宫、图书馆、公园、学生科技活动站等校外教育阵地外，学校还要与街道联动，充分利用一些公共场所和富有特色的地方，如敬老院、福利院、启智学校等资源，为“社区学生联合会”开辟综合实践活动基地。拓宽学生的综合实践活动场所，如我校与温岭市福利院、温岭市启智学校建立长期关系，开展“爱心工程”的综合实践系列活动。

(3)与社区文明建设结合。社区综合实践活动要与“文明社区”的创建结合，让学生参与社区建设，开展长期持久的综合实践活动。比如，给每个“社区学生联合会”(或活动小组)，划定区域，让学生自己负责植绿、护绿工作；指导学生对社区居民房子装修材料的污染问题开展小课题研究，向社区提出有益于环境保护的设想建议。提高学生的综合实践活动与科学研究能力。

2.借助信息技术，开展网上搜索活动

(1)学校校园网络，为综合实践活动课提供了技术支持平台。我校现有机房三个，多媒体进入每个教室，教师人手一台联网电脑。服务器已发挥了WEB功能和FTP服务功能，教师们在网络上创建综合实践活动的主题网站，便于学生随时了解学校综合实践活动的计划与进度，学生可以及时查阅有关综合实践活动的资料，同时，开辟了师生、学生之间的交流互访园地，为综合实践活动提供了良好的服务。

(2)国际互联网资源的共享性，以国际互联网为代表的高科技信息革命为环境教育提供了一个巨大的信息资源及现代的教育思想、方法与手段。[1] 同样也为综合实践活动课提供了广阔的视野。国际互联网带给我们的不仅是计算机的联网，更是人类知识的联网。许多网站给学生在综合实践活动中提供了丰富的资源（如中国科普、中国环境保护网、中国科普博览等）。给学生提供了多方位、多层次、多角度解决问题的思路方法（如小哥白尼网、少儿信息港、浙江新星网等）。例如，我校开展以"白色污染，你了解多少?"为主题的综合实践项目设计活动时，教师带着学生到学校机房上网，查阅相关资料，比如：现在平均每天消费多少个塑料袋？这些塑料袋垃圾流往何处？造成多大环境污染？要求各小组同学用不同方法搜索，找到多种结论，下载保存，然后要求学生开展各种课题研究活动。

(3)现代教育网络为师生提供了交流与协作的平台。综合实践活动的过程，也是人际沟通与合作的过程。学生为了完成探究任务，一般都离不开组内的交流合作，教师要及时了解学生在探究活动中遇到的困难，给予正确的指导和适当的鼓励。如在七年级上学期，我们开展了一次《家乡水资源状况知多少?》的综合实践课题项目调查活动，学生通过上网收集资料，了解水资源利用、水资源浪费的状况，并利用网络，与老师同学进行交流，从而引发思想共鸣，完成有关水资源方面的探究课题。

3.利用周边资源，开展课题研究活动

培养学生发现问题、提出问题、探究问题、解决问题的能力是培养学生创新能力的一条有效途径[2]。虽然引导学生"提出问题、探究问题、解决问题"可以从多种渠道来进行，但是开展课题研究活动可谓是有效的途径之一。限于目前学校各种实际情况，应从以下几个方面来考虑更加合适。

(1)从生活和周边环境中发现。学生对现实环境、生活中的一些问题熟视无睹，不善于有意识地去发现问题，因此，教师在平时的教学中，应不断地启发学生去发现问题，学会关心环境，做生活中的有心人。如我校南、北校区隔着植物繁茂的北山公园与臭气熏天北山河，学生每天穿梭于南、北校园，我就利用这有利机会，指导学生开展课题研究，如《银杏树的研究》、《北山河河水污染原因的研究》等课题，学生通过活动开阔了视野，树立起环保意识和可持续发展观念。又如我校一位老师在一节综合实践活动课中讲道：夜晚起来，开灯感到刺眼，而不开灯又不方便，应怎样解决这个问题呢？引导同学们一起讨论分

---

① 钱黎明.郑燕玲.国际互联网与环境教育信息资源[J]，广州师院学报.1998(1):107.

② 季亚珍.学会探究问题 实施创新教育小学时代(教师)[J]，2010(7):44.

析，最后给出《创设室内小“月亮”》的项目设计方案。通过这样有序的引导，学生感到课题研究并不“玄”，从而使学生树立了研究问题“我能行”的信心。

(2)从课本和教师那里获得。课本中有许多问题还需要去进一步探索研究，教师在课堂里，应有意识地留下一些“悬念”，让学生进一步去钻研，如在讲到摩擦力一节时，教师完成教学任务后，可提出：“拔河比赛是比力气的吗？推铅球时为什么要滑步？”等一些问题，引导学生去思考。《科学》课本上每节都有一些学生探究任务，要好好利用这些探究任务引导学生进行研究。

(3)从各种信息媒体中获得。随着社会的进步，科技的发展，媒体信息的广泛传播，教师应该引导学生从各种媒体信息中发现可研究的问题，这样学生的思维、科研能力将会提高一个新层次。因为信息媒体中，课题研究的内容随处可得，重要的是教师应培养学生养成从信息媒体中获取课题内容，并努力去进行研究的习惯。

4.结合劳技教学，开展项目制作活动

结合初中《劳动与技术》课程的教学工作，积极开展动手操作方面的项目制作活动，培养学生的创新思维和创造能力。

(1)配备足量的制作材料。劳技课是一门必修课，课堂教学中，学生需要足够的动手练习机会与时间保证，才能达到提高操作技能的目的。学生在掌握有关劳技知识的同时，利用制作材料进行操作练习，在劳动实践中培养他们的创造意识和动手能力。如八、九年级使用的《电子电工》教材，第二章《电子控制电路及应用》里要求的，各种电子元件及印刷线路板材料，我们设法满足学生人手一份。这样更有利于学生动手操作，培养学生实际动手制作水平及创造力。

(2)在课堂上以培养技能为主。学生通过动手操作、制作，亲自体验解决问题的过程，感受获得成功的乐趣。为此，我们把整个教学过程变成由学生分组自主学习，教师只起了一个组织者和“顾问”的作用，引导学生亲自观察，动手操作。在试探性的操作中获得直接体验，通过“发现问题、分析问题、讨论问题，解决问题”，提高自己的动手制作能力。

(3)经常开展小制作、小发明竞赛活动。初中学生有很强的创造潜力，《劳动与技术》课程，正好给学生表现并发展这种能力提供了机会。所以教师必须认真研究创新教学方法，教学中要鼓励学生想到教材之外，想到教师所讲之外，努力激励学生敢于质疑。同时要经常性开展小制作、小发明竞赛活动，来激励学生开动脑筋，大胆进行项目设计，用新的方法探索、制作、发明、创造出新的作品。从而激发学生的创新意识、创新精神，促进学生创造力的发展。学生开展综合实践活动机构及相互联系如图 5.5 所示。

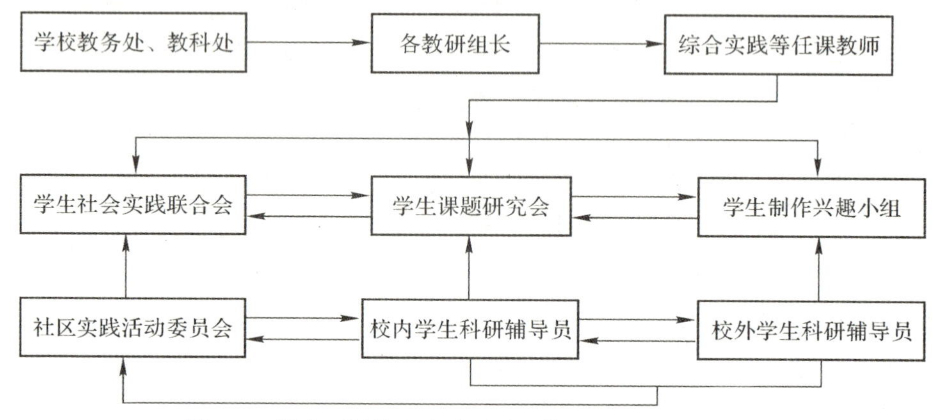

图 5.5　学生开展综合实践活动机构及相互联系方块图

三、综合实践活动中"1345"式教学的成效与建议

近几年我校通过教学改革，综合实践学科教育质量有明显提高，学校整体水平上了一个新台阶。学校被评为浙江省示范学校；台州市校本教研先进学校；台州市综合实践活动基地；05 年、06 年学校获得全国青少年爱国主义读书活动优秀组织奖。两年来学生在各级各类比赛中成绩优秀，获奖人次，全国级 23 人、省级 31 人、地级 45 人、温岭市级 200 多人。学生在科学研究、科技创新等综合实践活动方面成绩优秀，学生研究课题《太平街道北山河污染的调查与研究》获台州市、浙江省一等奖，制作、发明成果（DV 制作、"振动能量转换器"）获国家、省市级大奖。其成功事迹在台州晚报、浙江科技报刊登，在中央电视台教育科技频道播放。我们在实施研究综合实践活动教育中发现，要更好地开展综合实践活动，对教育部门和学校建出三点建议：

1. 重视综合实践活动的教学

综合实践活动课程是一门新兴的学科，教学上没有一套完整的方法。所以，学校要成立综合实践教研组，根据本校的实际情况，从初中学生的认识规律入手，制订出初中综合实践活动教学三年规划，制订出学年学期计划，使综合实践活动的教学工作有序进行。同时制订出学生综合实践成绩考核细则，提高学生的学习积极性、自觉性。从而开发学生的创新思维，培养学生的创造能力。

2. 重视综合实践教师的工作

学校要配好配足理论水平高、业务能力强的综合实践教师，制订出比较合理的综合实践教师考核标准，对《综合实践活动》教学工作做得好的教师给予奖励。在晋级评优方面，综合实践教师与其他学科教师要一视同仁，只有这样，才能提高广大综合实践教师的工作积极性。

3. 加强综合实践教师队伍的建设

目前学校综合实践教师比较紧缺。有的学校没有专职的综合实践教师，也就没有综合实践课，取而代之的是其他的课程。综合实践活动课程名存实亡。笔者建议上级教育部门和进修学校，每学年度起码开设两期综合实践老师培训活动，提高各学校综合实践老师的理论知识水平和实际操作能力。同时，教学行政部门要责成各学校对综合实践教师在评优晋级以及待遇方面与其他学科老师一样，充分调动综合实践老师的工作积极性，确保综合实践教师素质的提高和队伍稳定。

第四节　思品课堂中的“五环节自学辅导”式教学

思想品德课作为一门“学科”，具有“学科”的各种要素和特点，但又同别的学科有明显的区别。在初中思想品德课教学实践过程中，常常看到学生对思想品德课学习兴趣不高、学习动机不强，这是思想品德课老师常感到头痛与焦虑的事情。青少年是祖国的未来，思想品德课教学影响着青少年人生观、世界观和价值观的形成，社会的道德滑坡深刻影响着学生的思想，从中央到地方各级教育行政主管部门较为重视《思想品德》学科，这从新课标和地方教育部门的文件中可窥一斑。但现实教学中，思想品德课却往往得不到学校和家长的重视，学生也不喜欢。思想品德课的教学如何从丰富多彩的社会生活中开发和利用学生已有的生活经验，培养学生的学习兴趣，点燃学生的求知欲，引导学生自主学习，主动参与社会实践与自我成长是摆在我们面前的重大课题。“我们面临的任务不止是改变实践，同时，还需要对已有理论进行批判性反思的基础上，通过课堂教学的深入研究，通过整合与创造，形成既能揭示课堂教学实质，又能指导课堂教学实践的心得理论，这同样是一项艰巨的任务”①

一、学生思想品德课学习动机与归因分析

我们结合教学实践，通过问卷调查、文献研究、专家访谈等方式，从影响中学生思想品德课学习动机的因素入手进行理论和实践研究，对初中学生思想

---

① 叶澜. 让课堂焕发出生命活力[J]. 教师之友：，2004(01)：49.

品德课学习动机的激发和培养进行了初步的探讨，认为影响学生思想政治课学习动机的原因有下面六个方面。①

1. 社会转型和人们价值观念的变化使思想品德课地位下降

人的意识不能脱离现实而存在，相反，它受到现实的影响，并反映着现实。伴随着改革开放步伐的加快，开放的环境对青少年学生的影响是巨大的，社会上一些领域道德沦丧：如诚信缺失、贪污腐败、赌博成风等；不健康影视书刊充斥市场；拜金主义、享乐主义、实用主义的价值观甚嚣尘上；网络中腐朽的文化和有害信息在一定程度上腐蚀着青少年的心灵，课堂所学与现实的落差巨大，当理论难以解释和解决现实问题时，思想品德课教学便显得苍白无力。这使得学生对思想品德课传授的理论产生怀疑、动摇甚至抵触的情绪，主要表现为对政治知识的可信度产生怀疑，对社会主义信念产生动摇。这些变化，给学生思想品德课的学习动机带来严峻挑战。思想品德课是一门时代性很强的学科，在初中各门具体学科中，它与现实的联系最为密切。学生在思想品德课堂上接受的世界观、人生观、价值观教育以及对社会本质及发展规律的认识与现实之间存在着巨大的反差。我国社会主义现代化的不断推进为青少年的全面发展创造了更加广阔的空间，与社会进步相适应的新思想新观念正在丰富着青少年的精神世界。

【案例 5.1】

学生学习了九年级《思想品德》第三单元第七课“造福人民的经济制度”的理论，学生会与社会成员间收入差距逐步扩大这一现实相联系；学习了“集体主义是正确的价值取向及人生的真正价值在于对社会的奉献”理论，就会联想到现实生活中自私自利、个人主义的泛滥；学生学习了九年级《思想品德》第三课中国特色社会主义理论体系，就会与现实生活中少数党员干部漠视群众利益，贪赃枉法行为相比照。社会生活中的积极与消极、美好与丑恶、文明与愚昧、传统与现代、先进与落后等等矛盾冲突，必然使学生的思想及价值体系产生裂痕，产生困惑，如果不加以正确的引导，学生极易被消极的思想所俘获。这样就抵消了思想品德课的正面教育，也使得许多有独立思

① 参见董云涛. 初中学生对思想品德课不感兴趣原因的探讨[OL] http://www.xxjy.gov.cnjxjl2012-03-30/399.html 2012-01-28.

考能力的学生开始对思想品德课的内容的正确性产生怀疑，从而逐渐丧失对这门学科的兴趣，更为严重的是可能产生消极的人生态度。

2. 家长对思想品德课的认识偏差对孩子们的学习产生消极影响

现代教育研究表明，父母是孩子最好的老师，父母对事物的态度深深地影响着子女。有相当一部分父母对孩子学习思想品德课的态度是消极的，认为中考是开卷考无非就是“抄书、翻书”，思想品德课是副课，不如语数外等课程重要。这种消极态度直接影响着学生学习思想品德课的动机。子女在学习上表现出“平时不重视，学不学无所谓”的态度。没有端正的学习态度，很难想象会有较好的学习成绩，思想品德课教学的育人目标也无从实现。

3. 思想品德课教师的素质直接影响初中生思想品德课的学习动机

教师是学生学业上的引领者，对学生的学习产生直接的影响。我国已故的著名科学家钱学森回忆北京师大附中的老师时充满了感激之情，他说这些老师优秀的教学为他奠定了较好的基础。现在的思想品德课教师总体上是能够胜任教学工作的，但也存在一些问题。由于部分教师是兼职或是语数外科教师落聘人员，加之教学任务过多，根本无精力去精心准备每一节课，只能仓促完成教学任务。教师除了在上公开课时用一些现代化教学手段外，其余教学时间里基本上是“粉笔＋黑板、一张嘴＋教科书”。在教学效果上，老师讲解生搬硬套，理论联系实际不深，不能引发学生进一步的思考，学生对理论灌输深感厌恶，思想品德课教学只能“看上去很美”。新课程改革要求改变封闭、单一的教学方式，改进教学方法。不少思想品德课教师机械地变过去的“满堂灌”为现在的“满堂问”，不是满堂问一些没有思考力度的问题，就是满堂地开展竞争对抗，与新课标要求的开放、多样的教学方式有不小的差距，不能适应现代教育的发展，不能满足学生的要求，导致学生失望、兴趣不高、动机欠缺，这实为教师的责任。对于学生来说，有一个好的教师比什么都重要，学生对于教师本人的素质的重视程度相对于课堂形式来说更大得多，一堂内容丰富的多媒体教学课远远比不上课讲的好的教师有魅力。学生呼唤好的老师，而思想品德课教师的素质难以令人满意。这样就容易形成恶性循环。

4. 学生自身因素是影响学生思想品德课学习动机的内因

学生是思想品德课学习的主体。学生的年龄特点、性格特点、个人抱负、价值观以及兴趣等都直接成为影响学生思想品德课学习动机的内因。刚刚升入初中的学生，自我意识增强，更加关注外界的评价，他们学习思想品德课的动机是获得长辈和老师的认可、重视排名、周围同学的评价。个性开朗、活跃、富有好奇心的学生大多兴趣广泛，学习热情较高，上思想品德课回答问题积极、善于思考，但他们的学习持久性不容易保持。如果思想品德课教学缺乏吸引力，教材、教师、课堂氛围不能引发学生的兴趣，学生就可能受其他事物的吸引。学生的抱负、理想高远，学生认识到思想品德课在自己成长过程中奠定发展基础的重要性，就会发自内心地认真上课，否则，只能是为了考试成绩，或者是因为学校设置了这门课而被迫被动地接受学习。

5.课程设置的滞后性影响着学生思想品德课学习动机

思想品德课教材是学校实现德育作用的主要载体，教材内容是影响思想品德课实效性的基础性因素。新教材与学生的生活实际仍有较大的差距。如不尊重学生已有的知识和经验，不从学生的角度去看问题，较少关注贴近学生生活的社会热点问题。如此现实生活中学生的活动探究、社会实践课便难以开展。思想品德课最大的特点是理论联系实际，重在学生德行的培养和学生良好行为习惯的养成，但是学校出于安全考虑，重理论轻实践，学生缺乏德育的情感体验，缺乏对社会问题的考察、探究，有些学校即使开展了一些活动课，学生也没有选择的余地。

6.单一的评价体系抹杀了德育“知、情、意、行”的有机统一

毋庸讳言，学校仍存在着片面追求升学率的倾向，不少教师只重视向学生传授知识，提升应试能力，忽视学生其他方面的需求。把考试作为促进学习的第一手段，把考出好成绩看成是至高无上的目标，这就是一种方向性的错误。对学生的评价应该多元化，如果仅凭一张卷子的分数就定学生思想品德课学习的好坏，忽视思想品德课最为重要的德性培养，那绝不是教育的真义。在长期的分数压力下，学生会减少学习活动中积极的情感体验，逐步“懂得”分数才是硬道理。教师就要求学生一味认真听讲、机械回答问题、认真做好课堂笔记等。但是学生的搜索处理信息资料的能力、探索新知识的能力、分析和解决实际问题的能力以及交流合作的能力得不到培养，教学过程中学生的个体需求和个人尊严得不到尊重，学生的个体差异得不到关注，严重影响了学生的个性发展。传统教学模式过分注重教师的知识霸权，教师的观点是不容置疑的“绝对真理”，这与培养学生科学精神的宗旨也是相违背的。

总之，当前的思想品德课教材内容较为抽象，学生学习兴趣不浓，再加上一直以来，应试教育对学校和教师施加压力。教育行政主管部门用升学率评估学校的办学水平，基层教师背负着巨大的心理压力。教师总是担心学生的

考试成绩，往往在教学中就会采用保姆式的教学模式，把知识细细嚼烂“喂”给学生，根本无暇顾及教学模式的改变，这样教出来的学生，无论是知识的掌握还是能力的培养都会受到严重影响。

为此只有进一步改进思想品德课的教法和学法，切实提高思想品德课教师的自身素质，增强思想品德课有效性，才能把学生拉回思想品德课课堂，才能使思想品德课从“低效”和“边缘化”的泥沼中走出来，才能赢得属于这门课程的应有的地位和尊严。

二、“五环节自学辅导”式教学的基本理路

教育学家布鲁姆的“掌握学习理论”主张以目标为中心，来组织教学活动，重视反馈矫正。通过诊断性评价、形成性评价、终结性评价等教学评价形式，使教学本身形成一个自我反馈矫正系统。“五环节自学辅导型”教学模式运用了这种理论，使这种理论较好地体现在教学过程中。“五环节自学辅导型”教学模式的五环节中，关键部分是正确地提出课堂教学目标，整个课堂教学都围绕着目标而开展。

五环节目标基本要求——“目标铺垫、目标展示、依标学习、目标矫正、目标达成，目标衔接”，环环相扣，在民主和谐教学生态环境下，凸显学生学习的主动性、积极性，使学生在知识、能力等方面尽可能多地得到发展，最终每节课“目标”的达成并保证整体教学目标的高达成度。

1. 目标铺垫

教育学认为，任何知识的学习都是在学习者已经具有的学习经验和认知结构已获得的动作技能和习得的态度等的基础上进行的。这种原有的结构对新的学习的影响就形成了知识的迁移。“目标铺垫”就是为知识的迁移做准备的。① 所谓“目标铺垫”，即在学习新知识之前，为使学生具备学习新知识的“认知前提能力”和“情感的前提特性”，针对本课时的教学目标，进行必要的前置教学，对相关的旧知识进行复习，查漏补缺。这是学习新知识前十分重要的一环。

绝大多数知识具有衔接性，有的还具有因果关系。如果前面的知识掌握不牢，后继知识就难以学好。因此，教授新知识之前，必须对有关旧知识掌握情况进行诊断补救，为达到新目标搭桥，为接受新知识铺路，使学生进入探索

---

① 百度百科. 知识迁移. [OL]. http://baike.baidu.com/view/2116924.htm?pid=baike.box

新知识的最佳状态。要搞好这一环节教学,教师必须认真钻研教材,分析学生对知识的掌握情况。要事先设置好诊断性测试题,采用复习提问、小测验等方法,了解学生对前置知识的掌握情况,然后教师根据获取的反馈信息确立教学的目标和任务再进行针对性的教学。

2. 目标展示

所谓"目标展示",即教师确立教学目标后把渗透教学目标的自学提纲提供给学生,为学生自学提供依据。这是进行"五环节自学辅导型"教学的前提条件。

自学提纲的内容要体现教学目标,不仅要有认知领域的教学目标,也要有情感领域和技能领域的目标;既要突出教材的重点和难点,又要照顾到教材的知识体系;还要能够引起学生的学习兴趣,启发学生的思维,激发学生的学习热情。

自学提纲的质量,直接影响到教学目标的实现。因此,教师必须认真对待自学提纲的拟定,要舍得下力气、花工夫,并要认真地备大纲,备教材,备学生。在此基础上,将教材内容按序列转化为具有启发性的目标要求,为进行下一步程序起导向作用。

提出目标的形式和方法,可根据教材特点和学生的年龄特点灵活多样,或口头阐述,或发放书面学习提纲。无论采用何种形式,都要较好地使学生明确教学目标和要求,便于掌握和遵循。

3. 依标学习

目标确定后便是如何实现的问题了。所谓"依标学习",是学生根据自学提纲要求自学教材的过程,这是进行"五环节自学辅导型"教学的中心环节。

在这一环节中,教师要在学生自学过程中巡回指导。一方面,随时了解和掌握学生的自学情况,发现学生自学中出现的问题,及时给予提示和启发;另一方面,通过巡回指导,发现共性问题和症结,为下一步有针对性地"点拨矫正"创造条件。

问题设计时我注意做到以下两点:一是问题设计应有层次、梯度。应根据学生对问题的认识逐渐加深,由易到难,做到循序渐进,使学生意识到,要解决问题必须仔细阅读、深入思考。这样才能让学生真正从教师设计的问题中找到解决问题的方法,学会看书、学会自学。二是问题的设计应满足不同层次学生的需求。要使优秀生从问题中感到挑战,一般学生受到激励,学习困难的学生也能尝到成功的喜悦,让每个学生都学有所得,最大限度地调动学生的学习积极性，提高学生学习的自信心。

【案例 5.2】　　　　在教授七年级上册《自我新形象》

教学中设计了以下问题：

〔知识目标〕(1)怎样认识新自我？(2)为什么要用发展的观点认识自我？

(3)怎样用全面的观点认识自我？(4)认识自我的途径有哪些？

〔能力目标〕(1)小刚在日记里写道：我小学时经常不认真听课，作业没有按时完成，还和同学们吵架等等，所以，在同学们眼中我是一个坏孩子。到了七年级，我想重新开始，因为我也想做个大家都喜爱的孩子，于是，我改正了一些毛病，我和同学们相处得很好，我的学习成绩也进步了。我好开心啊！可是，小学同学小忆经常跟我现在的同学谈论我以前不好的表现，所以同学们又开始疏远我了。难道一个人以前犯了错误，就永远都不能变好了吗？我真的还是人人讨厌的坏孩子吗？请你用学过的知识开导小刚。

(2)橄榄树与无花果：橄榄树笑无花果随着季节变化而换叶。一阵大雪下来，无花果因为落尽了叶子，雪无法落在它身上。而橄榄树满树都是叶，雪就落在它的枝丫上，压断了枝丫，夺去了它的美丽和生命。思考：这则故事告诉我们什么道理？①

进行这一环节教学，要求学生认真阅读教材，积极思考，努力完成自学提纲中的要求。在学习方法方面，以自学为主，个人解决不了的问题，允许讨论。

4. 目标矫正

所谓“目标矫正”，是教师在学生自学讨论的基础上，针对教材内容的重点、难点及学生在自学中争论不休的问题，进行重点启发、解惑的过程。“点拨”，是教师通过对教材的精讲，扫除学生掌握新知识的障碍，如同拨云见日，使学生对所学知识印象鲜明、清晰，理解准确、系统。“矫正”，是教师通过集中答难释疑，纠正学生自学中认识和理解上的偏差。这一环节，是进行“五环节自学辅导型”教学的关键一环。

---

① 赵荣群.“自学辅导教学法”在思想品德课中的运用[J]. 基础教育研究，2009(4).

在这一环节教学中，教师要做到点得正，拨得明。具体来说应该做到：

(1)讲解要做到精、深、新。“精”就是要有的放矢，对重难点着重讲解；“深”就是要有一定的深度，剖析问题背后的蕴意，满足学生的求知欲和高层次学生的要求；“新”就是要讲解新颖，不落俗套。富有创新的课堂一般都会受到学生的欢迎。

(2)讲解方式要生动活泼，注意激发学生的学习兴趣。思想品德课教学一个很大的问题就是老师讲解枯燥，课堂气氛沉寂。为了改变这一现状，教师要在保证教学质量的前提下进行形式上的创新，比如多媒体教学和黑板教学相结合；教师主导下的集体讨论；与课堂紧密联系的社会实践等。

(3)讲的起点应立足于学生的实际水平，要主次分明，真正做到“讲其当讲”。思想品德教学应该以学生的实际接受能力为前提。以九年级的“我国的经济制度”为例，混合所有制经济虽然是我国经济制度的一部分，却由于其成分的复杂性而不易为学生所理解，还可能导致混淆对其他知识的理解，我在教学的时候便舍弃了这部分知识展开，点到就可。

5.目标达成

信息反馈是教学的重要环节，对“目标达成”的检查便是反馈。所谓“目标达成”，即教师在课堂上把与教学目标对应的当堂达标检测题发给学生，让学生在规定的时间内完成，然后公布答案，学生自批或同桌换批，计算出每个学生的达成度，准确获取反馈信息，这是有效完成教学目标的重要保证。

达标检测应注意的问题是达标检测题的拟定要符合学科教学的目标要求，达标检测题的难易适度；题量适宜，要注意时间和学生的能力；更重要的是教师要结合当堂检测中出现的问题，及时采取补救措施。这样就可以找到知识的盲点，再进行一轮五环节自学，直到弄清问题为止。

“五环节自学辅导型”教学模式的研究的核心可以说就是主张师生用最少的时间和精力达到最佳效果。一堂课，在限定的45分钟内，要切实落实课堂教学的目标就要求教师对教材认真分析、对学情准确把握、提出合适的目标、教会学生运用正确的学习方法、进行精致恰当的点拨矫正、充分调动学生学习的积极性、培养学生强烈的问题意识和主动探究的精神。这种模式注重教学过程中教师的“最优化”和学生的“最优化”两个方面的有机结合，以求达到思想品德课教学的最优化，也就是目标优化、内容优化、方法优化、教学组织形式优化、学生学习过程优化，最终达到“达成度”优化——教学任务的完成。

三、"五环节自学辅导"式教学的体会与反思

1. 实施"五环节自学辅导型"的课改价值

(1)建立了以学生自学辅导为中心的课堂教学新格局

课堂教学是学校教学的中心环节和最基本的组织形式。传统的课堂教学存在着"划线——做题——检查"这一思维定势。针对这种情况,我们在采用"五环节自学辅导型"模式时,坚持"启发诱导,循序渐进"的教学原则。在教学过程中,根据学生和教材的具体情况,在开始阶段,采取一些生动有趣的引导形式,激发学生的学习兴趣,以提纲的形式把重、难点介绍给学生。当然,开始的时候还要加上一定的解释说明。经过一段时间的磨合,主动回答问题的人数和次数明显增多,就连平时那些后进生、胆小的学生也大胆发表了自己的见解。虽然这些回答有对有错,但他们毕竟都进行了思考,在学习上表现出令人欣喜的主动性,这一点是应该肯定的,而且这也是该教学模式所要达到的目的。

【案例 5.3】

在学习"一国两制"中"新形势下解决台湾问题的方针和政策"这一课时,我们就运用了自学辅导这一模式,学生根据所列的提纲,看完课本后对"和平统一,一国两制"和"不承诺使用武力"进行了讨论,并且联系当前台湾一些局势,进一步掌握了"一国"和"两制"的真正内涵和现实意义。这样既掌握了课本内容,又联系了实际,既活跃了课堂气氛,又提高了学生学习思想品德课的兴趣。

(2)建立了新型的师生关系

以往的师生关系是简单的教与学,教师主导,学生听从。在运用"五环节自主辅导型"教学模式后,同学们的自学能力有了很大提高,思想品德课不再是副课,而是能激发他们学习热情,获得求知的满足感和能提供看问题的独特视野的良师益友,这就无形中提高了学生学习思想品德课的兴趣。通过学习,学生养成了独立分析和思考问题的习惯,敢于发表自己的见解,同时摆正了教师与学生的相互关系,充分体现了"教师为主导,学生为主体,练习为主线"的教学思想,确立师生互动,共同探究的新型师生关系。这源于这种教学模式对教与学双方都提出了恰当的要求,我们教师能够熟练地驾驭教材,充分利用课

堂时间，并且设计好问题的难易程度，培养了学生学好思想品德课的信心，创建了民主和谐的新型师生关系，而大部分学生在课堂中心情愉悦、思维活跃、视野开阔，乐于参与，他们的主动性和积极性得到了充分的发挥，从而更好地进行“自主学习”。

(3)正确运用和充分体现了科学的教育理论及教育原则

成功的教学实践往往有科学的教育理论作支撑，20世纪苏联教育学家巴班斯基的“教学过程最优化”理论是我们课题组实施“五环节自学辅导型”教学模式的理论借鉴。“最优化”理论的核心就是主张师生用最少的时间和精力达到最佳效果。而“自学辅导型”教学模式的精髓也恰恰在于此。“自学辅导型”的全部实施过程应该说都注意和强调了“最优化”。一堂课，在限定的45分钟内，要切实落实课堂教学目标，离不开教师对教材的认真分析、学情的准确把握、目标的适度提出，学生学习积极性的充分调动和思维活动的高度集中，研究问题的全心投入等。总之，没有课堂五环节的处处“最佳化”，课堂教学目标就难以完成，提高教学质量就是一句空话。

其一，落实了“教师主导，学生主体”的教学思想。长期以来，初中思想品德课教学中存在着课堂教学结构不合理的现象，课堂上往往是教师讲的时间太长，学生活动的时间太少，学生的主体地位没有很好地体现。学生由于长时期处于被动地位，他们的主动性和创造精神被扼杀，学生对思想品德课失去学习兴趣，教学效率长期得不到提高。我们运用的“自学辅导型”教学模式落实了“教师为主导，学生为主体”的原则，防止了教师包办的问题，强调学生主动性、创造性的培养和发展。所以，我们在教学中一改过去那种“教师讲得天花乱坠，学生听得昏昏欲睡；教师写得背酸手累，学生抄得顾此失彼；教师反复强调要背，学生却死记不会”的局面，出现了一派积极主动、生机勃勃的喜人景象。

其二，学生的学习能力有了很大的提升。两年来我们课题组坚持使用“自学辅导型”教学模式，学生的自学能力、发现问题的能力、认识问题和分析问题的能力逐步得到了提高和发展。在“自学辅导型”教学模式的五环节中，关键抓住了课堂教学目标，整个课堂教学都围绕着目标而开展：目标铺垫、目标展示、目标学习、目标矫正、目标达成，相互衔接，环环相扣。我们知道，初中思想品德课的知识与其他学科一样，也是相互联系、前后衔接的。学生如果对前面的知识掌握得不好，就要影响后续知识的学习。作为一节课，没有对本节“目标知识”的迁移，“提出目标”往往会成为“沙漠绿洲”，“依标自学”就难以调动学生学习的积极性，会影响他们能力的培养和素质的提高。没有“点拨矫正”，不发挥出教师“导”的作用，学生自学也容易走入误区，形成错误概念，而达不到“目标”。五环节中的最后一环——目标检测，是教学过程中不可缺少的组成部分。只有通过目标检测，才能准确地获取反馈信息，进一步为教师的“导”——矫正、修补提供信息和依据。

这样，就使初中思想品德课的教学形成了一个完整的有机的自我反馈矫正系统。每节课“目标”的达成度最终保证了整体教学目标的高达成度——教学任务的完成。

(4)“自学辅导型”教学模式可操作性强

马克思主义的方法论指出，任何一种方法的提出，一种措施的制定，都应该考虑其环境、条件和可能性，这三点可称之为三要素。“自学辅导型”作为一种教学模式其目的在于运用和实践，而要使其在实践中发挥作用必须具备以上三要素。“自学辅导型”教学模式对三要素都包含得很充分。“自学辅导型”教学模式的出现，是顺应我国改革开放和教育战线不断深化改革的形势的结果，同时它的实践也具备相当充分的条件，只要能够发挥好教学中师生两个方面的积极性，“自学辅导型”教学模式就可得以顺利实行。而且“自学辅导型”教学模式要求具体、明确，便于理解和运用，操作过程中没有不可逾越的障碍。实践充分说明该模式即可行又可靠。虽然成型时间不很长，但经得住考验，是对初中思想品德课新授课的一次成功改革和创新。

2.实施“五环节自学辅导型”的应注意的问题

(1)与相关学科相互渗透

由于现实的原因，我们学校大部分思想品德老师是《思想品德》和《历史与社会》合科教学，在研究和运用思想品德新的教学模式的同时，不自觉将其运用到《历史与社会》的课堂教学中，也取得了较好的成绩，这是对这种教学模式的巨大肯定。“五环节自学辅导型”教学模式注重知识的迁移，而文科相关专业的紧密联系为我们的学科融合渗透创造了条件。

(2)教育理念仍需与时俱进更新转型

21世纪最宝贵的是人才，人才的竞争靠教育。落后的教育理念和教学方式培养不出优秀的人才。教师教学观念、教学角色、教学方法、教学过程的转变和优化，已成为当务之急。变革教育观念，改进教学方法的呼声越来越高。实行“五环节自学辅导型”教学，提高学生自主意识，提升学生竞争能力，是全面推进素质教育的一部分，是体现“以人为本，全面发展”的一个方面，因而需要进一步加大教学科研的力度，学习教科理论，学习现代教育技术，全面提高教师自身素质，构筑教育可持续发展的新优势。现在，我们完全有理由告诉那些曾经对自学辅导法持怀疑甚至否定态度的人，自学辅导法已改变了学生的学习方式，有益于提高思想品德课的教学质量，有益于培养中学生的综合素质，具有强大的生命力。

第五节 大语文观视野下语文课程资源的“自主建构”式教学

随着语文教学改革的不断深化，要想切实提高学生的语文能力，光靠一本教材，一本练习册已经远远不行了。作为一个语文教师，应该有大语文观。因为语文的教与学不仅仅局限于一般意义上的课堂教学。一方面，社会是大课堂，生活是活的教科书，对学习语文来说，时时能学，处处能学；另一方面，语文教学较其他学科具有更多更大的教书育人的功能，在素质教育方面有特殊的意义。由于语文教育内容、功能的特殊性，我们需要营造一种大语文的学习氛围。努力让语文教学与社会生活接轨，让学生发展个性。

《语文课程标准》在关于“课程资源的开发与利用”中明确要求：语文教师应高度重视课程资源的开发与利用，创造性地开展各类活动，增强学生在各种场合学语文、用语文的意识，多方面提高学生的语文能力。

因此，我们尝试在大语文观视野下的语文课程资源自主建构，着力开发课程资源，以不同的主题开展各类语文活动。

一、语文课程资源自主建构的理论及实施必要性

传统的语文教学模式只要是在课堂上教学，把教学的空间缩小了。不仅如此，教的内容也主要围绕着考试进行，大大遮蔽了学生的视野。这样的语文可以想见是难以提升学生的语文素养的。近年来，中学语文教育界进行“大语文”教学改革，力图突破传统的语文教育模式，实现在人文领域更大范围的“大语文教育”。

1. 大语文观视野下的语文课程资源自主建构的理论与发展

最早提出“大语文教育”的是已故河北特级教师张孝纯，起初只是确定了“联系社会生活、着眼整体教育、坚持完整结构、重视训练效率”等原则。经过反复琢磨和研究，在 1985 年 1 月的全国中语会上，张孝纯先生发表了题为《“大语文教育”索绪》的报告，这是“大语文教育”的名称第一次向外发布。后来，张孝纯先生以此为基础，发表文章《“大语文教育”刍议》，成为了“大语文教育”的开山之作。此后，“大语文教育”之名逐渐为教育界所知。大语文主张要“跳出课堂教语文”，宣扬“生活世界就是教材”的理念。总而言之，所谓“大语

文”是语文教学领域、范畴的广泛化、扩大化、社会化。用张孝纯先生的话说，语文教学应该是“一体两翼”。“一体”是指语文课堂教学主题，“两翼”是指语文课外学习、社会语文教育。

大语文涉及的语文资源内容广泛，《语文课程标准》对于语文课程资源作了这样的阐述：语文课程资源包括课堂教学资源和课外学习资源，例如：教科书、教学挂图、工具书、其他图书、报刊，电影、电视、广播、网络，报告会、演讲会、辩论会、研讨会、戏剧表演，图书馆、博物馆、纪念馆、展览馆、布告栏、报廊、各种标牌广告，等等。自然风光、文物古迹、风俗民情，国内外和地方的重要事件，以及日常生活话题等也都可以成为语文课程的资源。

而从功能特点看，课程资源又可以分为素材性资源和条件性资源。条件性课程资源是实施课程最基本的保证，如场地、物资、设施、设备等，没有这些基本条件，课程是无法展开的。我们主要研究素材性课程资源，尤其是动态的素材性课程资源。但是万紫千红的生活，本就纷繁复杂、泥沙俱下，学生要从功利社会的日常生活中寻找学习的材料实现语文素养的提高和人文精神的涵养并不容易，教学内容的选择是重中之重，它深深地影响着学生的终极发展，必须认真对待。为了便于操作，也为了行之有效，我们在认真分析本校特点的基础上，充分利用已有的资源，在实践中明确了主题，在方向和范围上进行了限制。

2. 大语文观视野下的语文课程资源自主建构实施的必要性

大语文观视野下的语文课程资源自主建构是提升学生人文素养的需要。当今，教育日益功利化，人文精神消减，社会、家庭甚至学校对人的终极关怀比较淡漠。反思现在的教育，不容否认有些功利至上的“新科举”教学的影子。这些抽离了理想、情感、价值观的“压缩饼干”式的教学，虽然让学生的知识丰富了，但缺少精神的脊梁。语文教学如果消解着青春少年的激情、浪漫、理想，必然导致人的功利化、平庸，培养出文化贫血与人格缺钙的“新科举”学子。这样造就的“人才”缺乏理想主义精神，不懂得知行合一，无法适应现实社会的需要。缺乏了人文素养的人不能称之为人才。语文教学肩负着提升学生人文素养的重任。

这是发展学生精神，完善个人品格的需要。“大语文”教学试图打破“三中心”（教材中心、教师中心、课堂中心）课程观造就的狭隘，扎根于经典文化中，摒弃短视的世故虚荣，引领远大壮美的理想以及强烈的社会责任感，让学生获得精神上的满足和发展的内在力量。因为教育要帮助被教育者，要给他能发展自己的能力，完善他的人格。这是落实新课标的现实要求。《语文课程标准》在课程建设上，也倡导要有大视野，要树立大语文观。不少专家和学者都这么认为。如王锋的《深入领会〈语文课程标准〉的精神内涵》一文说，课程标准尤其强调要营造大语文教育的氛围，无论是“前言”部分，还是“课程目标”和“实施建议”部分，都分别从不同角度阐述了这个问题——努力构建与现代社会发展相适应的大语文教育体系。持相同观点的还有山东师范大学教育科学院周慧霞、华中师范大学杨再隋等。

语文教育必须与生活相联系，从生活中汲取养分，来构建自己的资源。活学活用是巩固学习成果的良方。生活中处处有语文：读书、看报、上网、聊天、街上的一块广告牌，朋友的一封信、困难中的一句问候。生活中的语文资源是课堂教林所无法比拟的。况且，尽管教材不断更新，但是生活不断变化，传统的语文教学难以全面及时地反映现实生活。著名语言学家吕叔湘先生曾说：“少数语文水平较好的学生，你问他的经验，异口同声地说是得益于课外”。基于生活中大语文资源的丰富性和提供的及时性，我们更要坚定大语文学习的信念。

二、语文课程资源自主建构的实施流程

语文教学没有统一的风格和样式，一味地强调统一不仅限制了人们的思想，束缚了手脚，而且有悖于教育的规律。但是笔者认为，语文教学中一定有一些共同点。抓住这些共同点进行阐述就使得我们在进行大语文观视野下的语文课程资源自主建构时思路清晰。图 5.6 便是笔者概括的实施流程，并以自己的教学为例略作说明。

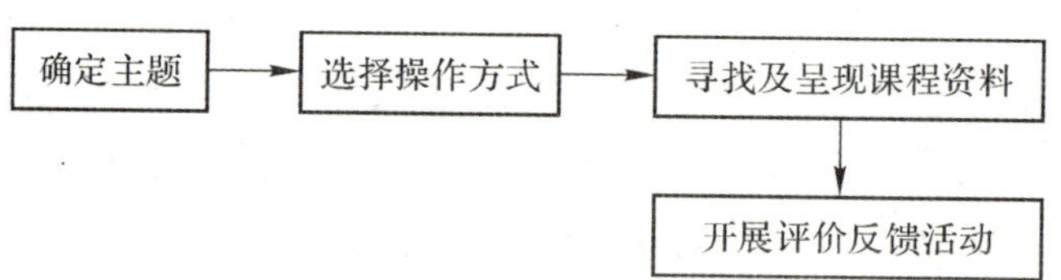

图 5.6　语文自主建构实施流程

1. 确定主题

题好一半文，写作是如此，开展语文教学活动也是如此。主题方向的确定在大语文主题教学中起很重要的作用。我们在实践探索过程中确定了以下主题：

(1)农历游记与二十四节气古诗词诵读

二十四节气起源于黄河流域。远在春秋时代，就定出仲春、仲夏、仲秋和仲冬等四个节气。以后不断地改进与完善，到秦汉年间，二十四节气已完全确

立。公元前104年，由邓平等制定的《太初历》，正式把二十四节气订于历法，明确了二十四节气的天文位置。二十四节气反映了太阳的周年视运动，所以节气在现行的公历中日期基本固定，上半年在6日、21日，下半年在8日、23日，前后不差1～2天。

我们的古人日出而作，日落而息，过着一种贴近心灵与自然的淳朴生活，在风花雪月的四季轮回中，触摸物候的节奏聆听自然的心语，为我们吟出了一首首古韵悠然的诗歌。这些灿若星辰的诗歌，是专属于我们中国人的情感心灵和生活方式的。

而现在的我们生活在城市钢筋水泥的丛林中，在逐年加快的城市化进程中丧失了许多与自然亲近的机会；又因城市的夜的繁华，生活的丰富而改变着沿袭了千年的作息时间，我们正在离自然越来越远，离古人的生活方式越来越远。我们应该用什么样的方式来学习，才能带着千年前诗人的呼吸和脉搏跳动，过一种心灵与自然交融、洋溢着古典气息的生活？

基于这样的思考，为了弘扬和培育民族精神，我们开启了题为“在农历的天空下”的二十四节气古诗词诵读活动。通过诵读活动，引领学生们虔诚地行走在农历的天空下，用心亲近一首又一首经典的古诗词，让诗词古韵浸润学生的生命，从而使学生的心灵沐浴着阳光和雨露，向着自然和诗歌敞开。

(2)电影欣赏与影评写作

经典电影制作的价值起点应该是人文关照。观看人文意味浓厚的经典电影，无异于阅读一部小说，它们无一例外的内容丰富，寓意深刻，而对于学生来说，这当然要比真的去看一本小说更有趣了。当师生一起看了相同的几部影片时，那些人文意味浓厚的故事和情节深刻地印在老师和学生心中时，这将成为老师教育学生的一个例子。因为故事中拥有的丰富元素阐述了对与错、互助互爱、勇敢、牺牲、真诚、团结等概念，帮助学生更好地学会与人相处，养成良好的品性。

因为综合运用了各种手段，好电影所带来的震撼的力量可以在内心激荡许久，当世界变得越来越现实，这激荡变得弥足珍贵。

2.选择操作方式

光有一个好的主题方向还不够，还需要有便于操作的方式，这样大语文主题教学活动才能开展起来。每一个不同的主题活动都有它们独特的适合自己的操作方式。因此，我们要根据不同的活动进行选择。

(1)“农历游记与二十四节气古诗词诵读”的操作方式

农历课程是以农历时间为线索，根据四季的变化，以24节气为线索，学习诗歌，以诵读四季、景物诗歌为主体，同时结合诗配画创作、民间故事讲述、汉字听写比赛、书法欣赏、对联擂台、民俗调查等，观察月亮与星辰及其他自然景物，深入学习与理解农历二十四节气古典诗词与传统文化等。完成这一课程的时间是一年。每位同学从课程第一天起，要专门用一个本子记录“农历游记”，尽量做到图文并茂。

古诗词诵读的时间确定为周一至周五的下午第一节上课开始前十分钟。

(2)“电影欣赏与影评写作”的操作方式

一般以一个月为一个单位时间，选择班会课的时间或语文的综合实践活动时间，在教室观看教师选择的影片。然后学生讨论一周，写出微型影评(不拘字数，要求言之有理、言之有物即可，内容可涉及剧情、人物、主题、动情点、音乐、画面等)师生一起花一节课时间讨论。最后出示网络上的相关优秀影评一起欣赏。

3.寻找及呈现课程资料

确定了主题方向和操作方式后，寻找课程资料是一个需要大量时间和精力的工作。寻找、筛选、确定呈现的顺序，以符合学生的认知规律以及事物本身的客观规律。

(1)“农历游记与二十四节气古诗词诵读”课程资料的寻找及呈现

图文配合，激起学生的诵读兴趣：

为了激起学生的诵读兴趣，在活动启动时，我们以 ppt 的形式在学校的大屏幕上配合富有意境的美图滚动呈现新教育实验课程的介绍词：

> 农历天空下的诗词之旅，是一年漫长的穿越，在涉及唐诗宋词、农历绘画、书法、民风习俗等一个浩大的综合性学习的过程中，穿越中国古代的传统文化，穿越华夏民族的历史。
>
> 在穿越的过程中，我们会慢慢了解，先人是怎样憩息劳作的，是怎样与世界联系在一起的，以及，一个个伟大的灵魂是怎样发出自己的声音的，这声音为什么直到今天，还响彻在我们的头顶，敲击着我们的心灵。这是一个奇妙的课程……
>
> 一年中，我们将一起穿越二十四个节气，穿越四季：秋天是最富有诗意的季节，我们从“移舟泊烟渚，日暮客愁新”与“自古逢秋悲寂寥，我言秋日胜春朝”中，领悟诗人不同的人生态度；冬天，我们将走进雪的世界，品味“晚来天欲雪，能饮一杯无”的思念和质朴，感受“柴门闻犬吠，风雪夜归人”的恬静和温暖，体会“北国风光，千里冰封，万里雪飘”的壮美和豪迈；春天，我们将在杏雨柳风中欣赏梅花的高洁、

桃花和杏花的娇艳，从一朵朵、一树树的花中领略古诗的美妙；夏天，我们将和荷花一起开放一起枯萎，我们的诗词也从“小荷才露尖尖角”到“江南可采莲，莲叶何田田”，从“接天莲叶无穷碧”到“留得残荷听雨声”，感受一个生命的轮回。

同时，我们将走进李白，感受他的浪漫主义风格；我们跟着苏轼——这位在中国历史上少有的文学和艺术天才，在诗、文、词、书、画等方面均取得了登峰造极成就的伟人，我们要在他的一首又一首的诗歌的吟诵中，触摸这一伟大诗人的伟大灵魂；同时，我们也要去看看“致君尧舜上，再使风俗淳”的杜甫，体会范仲淹的“先天下之忧而忧”的强烈责任心……

提纲挈领，呈现二十四节气歌诀：

为了便于学生提纲挈领，整体把握二十四节气，也为了便于学生记忆，我们先呈现了二十四节气歌诀：

二十四节气歌

春雨惊春清谷天，夏满芒夏暑相连，
秋处露秋寒霜降，冬雪雪冬小大寒。

精心制作 ppt，开启季节的诵读：

在每一个季节开始的第一个节气里，我们都会以一份 ppt 开启一个季节的诵读。比如冬至，ppt 名称为“冬天快乐”，有李宇春的歌曲《冬天快乐》，有温暖的字幕“情暖冬至”，有优美的季节画面配字“静静地聆听大地的耳语……”

在每一个节气的资料中，我们都有“节气小知识、相关谚语、相关诗词”相关栏目。比如“白露”的节气小知识：

白露(white dews)是 24 节气之一，此时气温开始下降，天气转凉，早晨草木上有了露水。每年公历的 9 月 7 日前后是白露。我国古代将白露分为三候：“一候鸿雁来；二候玄鸟归；三候群鸟养羞。”说此节气正是鸿雁与燕子等候鸟南飞避寒，百鸟开始贮存干果粮食以备过冬。可见白露实际上是天气转凉的象征。

相关谚语：

白露秋分夜，一夜凉一夜。　　草上露水凝，天气一定晴。

草上露水大，当日准不下。　　露水见晴天，霜重见晴天

夜晚露水狂，来日毒太阳。　　喝了白露水，蚊子闭了嘴。

当然最重要的是相关诗词，有《月夜忆舍弟》(唐 杜甫)、《悟南柯》(元 丘处机)等。

在一些中国古代很重要的节气比如“中秋”的诗词诵读时，不光诗词的量大大增加，还增加了一些新的栏目。像民俗介绍“八月十六才是台州的中秋节”；像诗人专栏“一蓑烟雨任平生——走进苏轼”；像人物故事“苏轼的故事”；像歌曲介绍“菊花台及其鉴赏”。

(2)“电影欣赏与影评写作”课程资料的寻找及呈现

经典电影的资源寻找以语文教科书上的单元编排为主要线索。因为每个单元都有一个鲜明的主题，在课文学习之余，给学生观看同类的影片会有更深的感触，有更大的收获。

比如八年级上册第一单元是以“战争”为主题的单元，讲述人类历史上屡屡发生的血与火的战争，目的是让学生通过阅读了解历史，了解正义战争的威力和非正义战争的罪恶，认识真善美和假丑恶两个极端，以及人类意志力、智能、体能最大限度地表现，如课文《芦花荡》等。

我们在这个单元结束的时候给学生放映了日本电影《再见萤火虫》，通过第二次世界大战结束前后日本神户的一对父母双亡的兄妹清太和节子艰难求生的悲伤故事，反映了战争给交战各国平民带来的伤害。即便是战火不在日本本土燃烧，平民所受的伤害依然触目惊心。影片情节催人泪下，具有鲜明的反战意义。电影从另一个侧面给了学生对于战争的理解。

比如八年级上册第二单元是以“爱”为主题的单元，目的是让学生关注普通人，尤其关注底层百姓艰辛的生活，如课文《老王》等。

我们在上这个单元的时候给学生观看了伊朗电影《小鞋子》。

影片讲述一对兄妹与一双小鞋子的故事。贫穷的小阿里取回为妹妹修理的小鞋子时，不慎把这双妹妹仅有的鞋子丢失了，为了免除父母的惩罚，他央求妹妹与他达成协议：每天妹妹上学时穿他的鞋子，然后下学后再换给他去上学。于是兄妹仅有的这双鞋子每天就在两个人的脚上交换着，两人同时拥有一双鞋子的渴望与努力在两个稚嫩的心中与日俱增地堆积着……

影片摄影风格平实，让人难以忘怀，是作品中所弥漫的浓浓温情，贫穷生活中的单纯、天真、善良和快乐，孩子百折不挠的追求以及导演对社会底层的人文关怀，学生被影片最核心的部分感动，尤其在影片末尾金鱼亲吻孩子双脚

的画面，震撼了每一个学生。

比如八年级下册第一单元是以“一段人生轨迹”为主题的单元，目的是让学生通过阅读体悟人生奋斗的意义，感受人间的关爱与温情，课文有《藤野先生》等。

我们在上完《藤野先生》一课后，给学生观看了法国电影《放牛班的春天》。

影片讲述了世界著名指挥家皮埃尔·莫安琦重回法国故地出席母亲的葬礼，他的旧友送给他一本陈旧的日记，看着这本当年音乐启蒙老师克莱门特遗下的日记，皮埃尔慢慢体味着老师当年的心境，一幕幕童年的回忆也浮出自己记忆的深潭。克莱门特是一个才华横溢的音乐家，因没有发展自己才华的机会，最终成为了一所问题少年学校的助理教师。他满腔热情，却被这个烂摊子重重打击。但他是一个仁爱，友善，亲切，正直的人，从来没有放弃过自己的理想，他以音乐的方式渐渐走近这些几乎被人遗忘的少年，打开学生们封闭的心灵。

50 年从青涩少年到年岁渐老，皮埃尔最终明白：上帝赐他好天赋，却不知有一双手在一直地向前推着他，一双眼睛一直在注视着他，有个人在他人生最关键的时候，用自己并不高大的身躯，将他向上托起。这是一部关于师生关系的电影，也是关于心灵与爱的电影，特别适合师生一起观看。

比如八年级下册第四单元是以“民俗”为主题的单元，目的是让学生通过阅读课文了解民生和民间文化，课文有萧乾的《吆喝》等。这些民俗、民风无一不在加速消逝中。

在上这一单元前，为了引起学生对这些已经不再熟悉的事物的兴趣，营造一种对陈旧的被时代的发展所遗弃的美好事物的怀念情绪，我们给学生观看了法国电影《魔术师》。

影片讲述 20 世纪 50 年代末期，曾经风靡一时的剧场风云变幻，人们迷恋电视、迷恋摇滚，对于曾经伴随他们长大的各种杂耍则不再关注。他是一个经验丰富的魔术师，舞台上得体从容，现实中却不得不为了可怜的生活费而流转于各个表演场所，上至华贵的音乐厅，下至破落偏僻的小酒馆，不变的是他对魔术的执著。在苏格兰某个乡间逗留时，魔术师结识了一个小女孩，她感叹于那些神奇的魔法，于是偷偷离开故乡，转而追随魔术师的脚步。他们辗转来至爱丁堡，生活变得愈加艰辛，而为了满足女孩对魔法的信任和对繁华世界的向往，魔术师不得不想各种办法去赚钱……

当魔术、杂技等旧有的舞台表演逐渐被新兴的摇滚取代时，电影也并未给出一个假大空的励志故事来对抗不可逆的时代趋势。那些被赶下舞台的艺人们唯有另谋生路，残酷的情节虽然令人异常沉重，但却悄无声息地将观众带入了导演的怀旧轨道。整部电影的手法是被遗弃的，因为它基本上是默片没有人物对白，手绘动画，也已经逐渐被大多数人抛弃。影片的主人公魔术师的职业是被遗弃的，每次上台，他的观众都会显得越来越寥寥无几，他的报酬也越来越少，他越来越难以找到工作糊口。影片的配角，那个小丑是被遗弃的，没有人再想看他的表演，他变成了一个不快乐的小丑，他变得穷困潦倒，甚至在街上会被小孩子当做流浪汉殴打。另一个配角腹语师也被遗弃的，他和小丑与魔术师一样，成为了新时代不需要的角色，他也无法通过工作而生存，只好卖掉了像自己亲人一样可以和自己对桌而坐的人偶，最终流落街头。即便如此，也没有人愿意向他施舍，只有同为时代弃儿的魔术师丢给他一枚硬币。但影片中这些被遗弃的东西呈现的美好却让人心碎。无论是魔术师对小女孩的呵护，还是魔术师与小丑、腹语师之间的互助，甚至是只有音乐没有对白的电影本身，都让人感动。

4. 开展评价反馈活动

开展评价反馈活动监控学生的学习效果，是为了使教师能较好地把握教学进度。更为重要的是它能能极大地调动学生的学习热情，积极引导学生参与大语文主题教学活动。以《再见萤火虫》为例，教师的评价反馈活动可以是让学生谈谈你的观后感，口头和语言表达都可以。通过多位学生的表述，教师就可以知道他们对剧情的掌握情况，以决定是进一步讨论以增加对剧情的了解还是选取一些学生不明白的片段进行观看。在这一过程中，教师的鼓励与支持将发挥重要的作用。

(1)“农历游记与二十四节气古诗词诵读”的评价反馈

为了检测学生二十四节气古诗词诵读的成效，我们开展以下几项评价反馈活动：

在平时的考试中穿插对诗词内容的检测，如语文学科中相关古诗词的默写填空，如科学学科中的物候知识渗透。

进行“在农历的天空下”二十四节气古诗词绘画作品比赛，要求诗配画，诗歌选自二十四节气古诗词。

进行“在农历的天空下”二十四节气古诗词朗诵比赛。

进行“农历游记”的互相交流展示活动。

(2)“电影欣赏与影评写作”的评价反馈

为了了解学生电影欣赏与影评的效果，我们开展以下几项评价反馈活动：

观看影片之后进行微型影评的撰写、课堂上微型影评的交流展示、微型影评或观后感的全校评比及集结成册。

三、语文课程资源自主建构的实施意义

诸葛亮在《诫子书》中说:“才须学也,非学无以广才。”大语文主题教学的实施过程就是开发信息知识的过程。大语文主题教学涉及的材料越多,获得的信息知识就越丰富,学习也就越有价值。大语文主题教学的实施意义如下:

1.培养自由独立的精神,增强校园人文气息

教育的目的是什么?古往今来不少大教育家以及对教育深切关注过的人都曾经探讨过这个问题。无论结果如何,都绕不过接受教育的主体——“人”。“人”不仅是一个生物学上的概念,更是某种有思想、能独立思考,承载一定文化象征的形象。《说文解字》释“人”:天地之性最贵者也。禽兽草木皆天地所生,而不得为天地之心,唯人为天地之心。人之区别于世间万物,在于人的思维,智慧对自我精神的构建及对文明的传承和发展。

在大语文观视野下的语文课程资源自主建构的实施过程中,我们眼里始终关注的都是“一撇一捺”的人,关注的都是学生心灵的放飞和思想的自由。我们希望通过对“人”的关照让日渐稀薄的人文气息在校园里变得浓厚起来,让学生的灵魂更柔软更高贵更自由更独立。让学生尽量向着钱理群教授所说的靠近:“想大事,立大志,说大话,自有一种大气度,一股沛然之气……”

2.培养扎实敦厚的语文底气,进行丰富多彩的文化熏陶

语文学科是“工具性”与“人文性”的统一,假使不以良好扎实的语文基础作后盾而大谈“人文”,那无异于“无源之水,无本之木”。“褚小不可怀大,绠短焉能汲深。底气不足,捉襟见肘,腹笥充盈,光彩照人。”只有以充盈的知识作支撑,才能读出“文化的底气”。

在大语文观视野下的语文课程资源自主建构的实施过程中,我们除了提供无数的诗歌外,还兼顾诗歌的赏析。丰富的材料让学生视野上更加开阔,精神上得到砥砺,有用的赏析手段则让学生在知识上得到积累,在能力上得到提升。而其他各种栏目如“节气小知识、相关谚语、相关民俗介绍、诗人专栏、人物故事、歌曲鉴赏”等更是从不同的文化层面对学生进行着丰富多彩的文化熏陶。

3.体验知行合一的学旅,开拓学生的国际视野

俗语说:“读万卷书,行万里路”。大语文观视野下的语文课程资源自主建构的特点是不局限于课堂,这不是一般性地做做课外作业,查查网上资料,写写公园见闻,而是随着节气物候的变化,真正让学生走进语文,走进文化,走进

天地自然间。

大语文观视野下的语文课程资源自主建构的材料纵横古今，横贯中外，浩如烟海。“农历游记与二十四节气古诗词诵读”关注中国古代文化，“电影欣赏与影评写作”关注西方现代价值倾向。活动进行得多了，就能使学生广泛地接触自然科学、社会科学，这就自然开阔了他们的视野，拓宽了他们的知识领域。

总之，大语文观视野下的语文课程资源自主建构对学生心灵的成长、性情的陶冶、精神气质和审美情趣的形成有着潜移默化的作用，其影响是多范围、多方位、多层次的。

第六节　科学课堂中的“自主·尝试”式教学

科学课旨在培养学生的科学素养，传统的科学课教学普遍存在这样的现象：教师讲学生听、教师问学生答，教师以“满堂灌”的形式将知识和技能传授给学生。长此以往，学生只是被动、机械的学习，参与学习的积极性不高，个性得不到发挥，能力也得不到发展。因此，为了增强学生自主学习科学的能力、实践创新能力和终身学习的能力，我们在课堂上进行尝试教学，让学生自主尝试学习，积极主动地参与科学学习活动。亚里士多德曾说过：“求知是人的本性。”尝试教学法就是要求教师挖掘学生创新的潜在能量、学习的欲望和激情，激发出学生求知的本性。

一、科学“自主·尝试”式教学模式内涵辨析

有一则故事叫《小马过河》，讲的是小马要过河但是不知道河的深浅，松鼠对他说：“水很深，会淹死你的。”老牛对它说：“水很浅，能趟过去。”小马不知所措，回去问妈妈。妈妈对它说：“光听别人说，自己不动脑筋、不去试试，是不行的。你去试一试，就会明白了。”小马听了妈妈的话后试了试，发现河水既不像老牛说得那样浅，也不像松鼠说得那样深。这个故事告诉我们很多时候我们缺乏对客观世界的实践感知，所以我们试图寻找一条捷径来得到真相，但是不同的人对待同一个事物或事件往往有着不同的认识和感觉，因此遇事不能一味的听别人的见解，而要自己勇于尝试，才能找到解决问题的方法。这一点迁移到我们的课堂教学中，不也是如此吗？

1.“自主·尝试”教学模式本质思考

(1)“自主·尝试”教学模式的涵义

尝试是一个复合词，由“尝”和“试”组成。“尝”即探测问题的难易；“试”即

探测解决问题的方法的有效性。所以尝试就是对问题的一种探测活动，其目的是获得关于问题的难易及解决问题的方法的有效性的信息，最终达到解决问题的目的。[①] 现实生活中一般有三种尝试：生活中的尝试、科学研究中的尝试、教学中的尝试。教学中的尝试是指学校中的尝试教学，一般是指学习知识性的。因此，尝试教学是一种特殊的尝试活动。它既是尝试活动又是教学活动。[②] 尝试教学理论是对中国教学思想的逻辑发展和教学实验的高度概括。《易经》中的"蒙"卦有"匪我求蒙童，童蒙求我"，意思是"世间只有学生求教于老师，而没有老师求学生读书的"。因此，学生自己发现问题在前，教师起引导作用。《礼记·学记》明确提出"教学相长"的原则，即可视为尝试教学理论"先试后导、先练后讲"的渊源。孟子是中国教育史上第一个提出"尝试"的教育家，他最欣赏的教学原则乃是"自求自得"，即强调教学上要鼓励学生积极思考，主动学习，自求自得。

当代著名教学专家邱学华创立的尝试教学理论对"尝试教学"做出了如下界定：尝试教学不是先由教师讲解，而是在尝试练习中让学生大胆的试一试，做得对或错都无妨。在练习的过程中教师引导学生自学课本，相互讨论，之后教师再根据学生在尝试中存在的问题进行针对性的讲解。这是一种教育新理念，它充分相信学生、尊重学生。相信"学生能尝试，尝试能成功，成功能创新"；相信大脑智能是巨大的，学生思维发展空间是广阔的。[③]

(2)"自主·尝试"教学模式的特征

传统的课堂大多以教师讲解为主，教师是课堂的中心，学生只需听教师讲解，之后做练习加以验证和巩固。在这种教学中，学生有没有听懂刚才教师的讲解，当然处于次要地位，因此教师才是课堂的主宰者。而尝试教学理论的鲜明特征是："先试后导，先练后讲"。[④] 这与传统教学截然相反，见表5.3。

表5.3　尝试教学与传统教学的比较

传统教学	尝试教学
先教后学	先试后导
先讲后练	先练后讲

① 邱学华. 尝试教学论[M]. 北京：教育科学出版社，2005：8

② 邱学华. 尝试教学论[M]. 北京：教育科学出版社，2005：8

③ 邱学华. 尝试教学论[M]. 北京：教育科学出版社，2005：33

④ 邱学华. 尝试教学论[M]. 北京：教育科学出版社，2005：9

这种“先试后导”引起教学过程的深刻变化：

①学生的地位变了，从被动地位转化为主体地位。

②教师的角色变了，从主宰者转化为引导者。

③课本的作用变了，从练习本转化为自学本。

④学生之间的关系变了，从独善一身到合作交流。①

上述变化，都是新课程改革的主要教育理念。这给我们一个很大的启示：实施新课程改革的新理念必须抓根本，抓住教学模式这个根本，从“先讲后练”到“先练后讲”。一步走对，全盘皆活。

2.“自主·尝试”教学模式的理论依据

(1)哲学认识论

哲学认识论认为认识过程包括“实践和认识”两个方面，尝试教学理论按照辩证唯物主义认识论的观点，认为教学过程实质上是一种实践与认识相统一的过程。尝试教学法重视学生以问题解决为核心的实践活动。尝试教学法的“提出问题—学生尝试—教师指导—学生再尝试—解决问题”的五步教学程序表明，学生的学习过程是在教师不断指导下以及学生不断地尝试中逐步完成的。这个过程也反映了“实践—认识—再实践—再认识”的认识顺序。

(2)建构主义学习理论

建构主义认为：知识的获得即学习不是把“真理的金子”移交给个体，而是由个体自己去建构的。学习者不是被看成知识的被动接受者，而是主动建构者。② 建构主义学习理论强调以学生为中心，要求学生由外部刺激的被动接受者变为知识意义的主动建构者；学习是以学习者已有的知识、观念为生长点，形成对事物或现象的理解和解释，找到尝试问题的解决途径，由此建构起新知识的体系，同时原有的知识经验又因为新知识经验的进入而主动地建构信息的意义，从而使学习带上了尝试的色彩。

(3)最近发展区理论

维果茨基的“最近发展区”理论也为尝试教学提供了心理学理论依据。与旧的观点不同，最近发展区理论使我们能提出一个与之相对应的公式，这个公式宣布：“只有走在发展前面的教学才是良好的教学。”尝试教学理论强调学生在教师指导下自己先尝试，正是为学生创造最近发展区，正是为了走在学生发展的前面。维果茨基的理论证明，学生的尝试活动不但是必要的，也是有可能

---

① 邱学华.尝试教学论[M].北京：教育科学出版社，2005：9—11

② 张大均.教育心理学[M].北京：人民教育出版社，2006：70

的。正由于学生存在两种发展水平(现有发展水平和最近发展区),且这两种发展水平可以互相转化,因此学生的尝试活动是能够成功。①

因此我们认为在初中科学教学中进行尝试教学,一方面可以避免科学课中不注意教学方法的一贯做法;另一方面可以面向全体学生设计活动,改变以往只注重全班教学、只以教师为主导、部分学生参与课堂活动这一局面,调动所有学生尤其是学习困难学生的学习积极性,让他们也积极参与到课堂教学活动中来。

二、科学"自主·尝试"式教学模式流程解读

在尝试教学中,学习是尝试的过程,在一定的问题情境下,个体的尝试意识推动个体将已有的知识经验与面临的实际问题联系起来,当不能直接运用已有的知识经验解决疑难时,个体需要针对问题的特点和要求,对已有的知识加以整合,做出一定的调整和改变,使原有的知识经验顺应于当前的问题情境,产生新的结果,丰富和完善认知结构。一个完整的尝试教学过程一般包括以下六个步骤:②

①尝试准备——为尝试做好心理和知识上的准备;

②尝试问题——尝试教学的起步,引路点,以疑引思;

③尝试指导——有指导的尝试,对尝试问题在师生间和生生间进行讨论;

④尝试练习——学生尝试的关键一步,检验前面几步的效果;

⑤尝试评价——对学生尝试过程和尝试结果进行评价,包括教师评价和学生自评;

⑥再次尝试——给学生"再射一箭"的机会,提高尝试水平。

以上是按照尝试过程安排教学程序,可称为通用模式,是基本模式的一种。

我们根据尝试教学的"先试后导,先练后讲"的精神,通过分析初中科学课的学科特点和初中学生的心理特征,把尝试和科学学习有机结合,充分发挥教师的主导作用和学生的主体作用,并把两者辩证地统一起来,在教学程序上体现学科特点,除了运用尝试教学的一般模式外,我们还确定了科学尝试教学的特定模式。特定模式主要是针对实验型知识和复习型知识设定的。

---

① 邱学华.尝试教学论[M].北京:教育科学出版社,2005:161

② 邱学华.尝试教学论[M].北京:教育科学出版社,2005:77

1.实验型知识的“自主·尝试”式教学模式

尝试准备——尝试问题——尝试自学——尝试实验——尝试讨论——教师讲解——再次尝试(注:尝试自学和尝试操作这两步可以调换)。

(1)尝试准备

为了使学生有可能通过自己的努力解决尝试问题,必须要为学生创设尝试条件,先进行准备练习,然后以旧引新,为解决尝试题铺路架桥。一般在科学教学中,我们从生活中的现象出发,学生有尝试的动机,并做好尝试的准备。

例如:在讲“惯性”时,从生活中的“乘客乘车,汽车紧急刹车时,人为什么会向后倾倒?汽车加速时,人又为什么会向前倾倒?”的现象出发,使学生在心理上能有所准备,接下来再做“静止的物体保持静止”的实验,这样学生就不知不觉地想一探究竟了。

(2)尝试问题

这一步是提出问题,即为学生的尝试活动提出任务,也是确定尝试的目标,让学生进入问题的情境之中。尝试问题的提出一定要有目的性,并能有效激活学生的思维。

例如:在学习“压强与流速的关系”时,可提出:“为什么当列车驶过时不允许旅客站在这条线内?从两张纸中间向下方吹气,两张纸为什么会合起来?”这些问题使学生感到用以前的知识已经不能解答了,可以使学生产生一种心理上的期待感,形成对问题探索的强烈欲望,这是培养学生创造性思维能力的重要条件。

这个过程中教师要注意提出的尝试题要让学生“试”有方向、“试”有目标、“试”有所获。因此尝试题的难度必须要注意把握好度,既不能太简单,也不能太突然,事先必须做好准备铺垫工作,为解决尝试题服务,以减缓尝试过程的坡度,使大多数学生通过自学课本后,能举一反三自己解决尝试题。

这里值得一提的是,尝试题出示后,还要注意创设尝试的气氛,激发学生尝试的兴趣,让学生有跃跃欲试的愿望。如运用一些启发性、激励性的语言:“看谁能动脑筋,自己来解决这道题”“谁有勇气把这道题解出来?”“这个问题有一定的难度,如果谁能准确回答出来,并解释清楚的话,你就是高手。”“你们可以在课本里找到答案。”“对于这个问题,如果有困难可以和同学讨论,也可以请教老师。”“可以说这几道题浓缩了这堂课要学习的几个主要知识点,看谁会做这些题目?”尝试过程中,教师应营造轻松和谐的氛围,让学生主动求知,对于学生的进步要及时鼓励,并针对不同水平的学生制定不同的标准,发掘他们的闪光点,让各层次水平的学生都在自身基础上得到提高,从而提高学生学习的积极性。

(3)尝试自学

出示尝试题是诱导学生自学课本的手段,起着引起学习动机、激发创新思维的作用。学生通过自学课本,自己带着问题去翻看课本找到答案,这是培养学生独立获取知识和能力的重要一步。当然自学时教师可作一些适当的指导,以尝试题引路,让学生自学课本,这是尝试教学法的一大特点。事实上,这一步是"尝试教学"的第一次尝试,为了掌握好这一步,必须注意以下几个问题①:

①"尝试自学"在时间安排上要有保证

这一步的时间不能一刀切,要根据教材、年级以及学生自学能力而定,一般安排3～5分钟为宜。

②"尝试自学"前要诱发学生的兴趣

爱因斯坦说过:"兴趣是最好的教师。"为了提高学生的学习兴趣,教师应同强磁场一样,把学生很快"磁化"并紧紧吸引住。因此在科学教学中可以运用科学实验、学生意想不到的错误、科学史实、现象的叙述、精心策划的课堂讨论等手段来营造一种能使学生产生认知困惑和冲突的氛围和情境,从而有效地激发学生的尝试欲望。

(4)尝试实验

科学教学中尝试实验是必不可少的。学生通过自学只是对所学的知识有一个初步了解,对解决尝试题也有初步的方法,但结论是否可靠必须用实验验证,这是极重要的科学学习方法。学生可以用课本中介绍的实验方法或教师的要求进行实验操作、实验验证,以加深对知识的理解。在操作中教师要引导学生进行规范操作,及时纠正学生中不规范的操作方法,同时还要培养学生良好的实验习惯和实事求是的科学态度。

例如:在教授"质量守恒定律"时,我首先出示尝试问题:反应物的质量同生成物的质量间之间有什么关系?接着引导学生对反应物与生成物间质量关系提出尽可能多的猜想假设后引导学生设计实验、进行尝试实验。每一大组提供的仪器、药品各不相同,分别是:白磷燃烧前后,质量测定;$CuSO_4$ 溶液与NaOH溶液反应前后质量测定;Na_2CO_3 溶液与稀盐酸反应前后质量测定;铁钉与 $CuSO_4$ 溶液反应前后质量测定。在学生实验过程中,教师指导学生分组实验,并检查纠正实验操作中的问题。

---

① 邱学华.尝试教学论[M].北京:教育科学出版社,2005:82—83.

(5)尝试讨论

这一步教师要引导学生讨论,可先进行学生间讨论,对尝试实验中出现的不同现象发表各自看法,再对尝试问题的答案作进一步分析讨论。其实,在讨论过程中,学生已经在尝试讲道理了。此时,教师可以倾听,也可以参与到学生的讨论中去,讨论后再由师生共同总结:

例如:在教授"长度的测量"时,可先让学生对刻度尺有了直观的了解,然后学生两人一组,选择合适的刻度尺测量《科学》书的宽度后,教师组织学生讨论:

讨论1:你为什么要测量多次?你又为什么只测量一次就够了?

讨论2:请你们谈谈他选择这些刻度尺的原因。

讨论3:选择分别使用分米和厘米作单位记录了测量结果的两张表格,显示在大屏幕上进行比较(如18.3和1.84),对相同的《科学》书的宽度为什么数值近10倍?

讨论4:为什么同一物体,同一位同学五次测量结果都不一致?

讨论5:在"讨论4"中,错误的测量结果是怎样产生的呢?

学生在小组合作的讨论中不仅达到了教学目标的要求,而且通过讨论使彼此的配合更加默契,相互信任程度加深,合作意识加强,同时个人的能力也有所提高。此外在交流过程中,学生的语言表达能力、归纳总结能力、心理素质等方面也得到加强,通过合作获得成功,每个人在分享成功喜悦的同时,也意识到集体力量的强大,增强了自信心。

(6)教师讲解

这一步是教师进一步把知识系统化、深刻化的过程,是学生全面正确掌握知识的重要环节。教师在讲解中应把握分寸,不要从头讲起、条条过堂,也不要三言两语、草草了事,应围绕尝试题归纳总结。因此这一步教师要把重点、难点,进行针对性地讲解,也就是给学生质疑解难,让学生走出迷津。

(7)再次尝试

经过尝试实验后,学生对问题已经有了正确的认识,此时进行有针对性的练习,可趁热打铁,掌握并巩固新知识。教师也可根据实际需要延伸到课外,布置进一步调整和观察的任务。

2.复习型知识的"自主·尝试"式教学模式

复习课是新课的延伸和拓展,具有回顾、总结和提高的功能。在复习课中采用尝试教学可以避免只由教师带领学生进行复习时,只在知识框架内的"绕圈",不能照顾到学生个体等问题。通过尝试练习学生可以很直接的认清自己的不足之处，在复习过程中有所侧重，尝试教学在复习课中无疑能起到事半功倍的效果。我们确定的科学尝试复习的教学程序如下：尝试问题——尝试练习——尝试讨论——展示结论——教师讲解——再次尝试。

(1)尝试问题

这一步是教师创设情境，提出要复习解决的问题。

【案例 5.4】 **在复习“固体压强”**

因为“压强”概念是初中科学复习的重点，也是难点，涉及的知识也较多，学生往往难于理解。它主要考查学生知识的形成过程与方法，实验探究能力，渗透理论联系生产生活实际的意义，为达成以上目标，我出示了第一轮尝试题：

尝试题目：有一个 80kg 的大力士在表演时，站在 1 个鸡蛋上，而鸡蛋没有破，你相信吗？

思考：

a. 此时鸡蛋受到了几个力？画出鸡蛋所受力的图示，哪几个力是一对平衡力？

b. 此时，大力士对鸡蛋产生的压强是多少？如果鸡蛋不破，鸡蛋所能承受的最大压强与大力士对鸡蛋产生的压强大小有什么关系？

教师出示第二轮尝试题

思考：

c. 想一想在什么情况下鸡蛋会破(实验器材足够)，如果要验证的话，通过哪两个量来判断？

d. 要知道这两个量，需要测出哪些量？你会用什么方法(工具)来测量？

e. 能用简要文字写出其中一个量的测量步骤吗？总的实验步骤会写吗？

教师出示第三轮尝试题

f. 如果你是大力士的话，表演时有什么方法来保证演出的成功？

题目从一大(大力士)一小(鸡蛋)设计，引出问题。学生根据生活经验，觉得这不可能，这样就会产生认知上的矛盾，就能激发学习兴趣，注意力也就马上集中到探究其原因上来了。

(2)尝试练习

这一步是检验学生自己复习课本的结果，在尝试教学法的程序中，起着承上启下的作用，它既能检验前一步的结果，又能为后面几步做好准备。搞好“尝试练习”这一步的关键是，一方面学生开始练习的同时，教师通过巡视等手段及时了解学生的解题情况，掌握反馈信息；另一方面及时辅导学习有困难的学生，可以让学生在适当的指导下尝试解决问题。苏霍姆林斯基曾这样告诫老师：“请记住：成功的欢乐是一种巨大的情绪力量，它可以促进儿童时时学习的愿望。[①] 因此课堂教学中应积极创设各种条件，让学生的尝试学习尽可能成功。

【案例 5.5】

尝试题：[08 黄冈]（实验操作题）用指示剂鉴别盐酸、氢氧化钠溶液和蒸馏水。A、B、C 三个瓶中盛有稀盐酸、氢氧化钠溶液和蒸馏水，请根据所给仪器，利用石蕊、酚酞试液进行鉴别。

1. 用三个试管分别取待鉴别的三种液体少许。

2. 选择恰当的指示剂进行实验（石蕊、酚酞试液均要求使用），根据实验现象作出判断：

A 是__________　B 是__________　C 是__________。

第一次尝试结果：我说恭喜大家都错了（生笑）。

教师引导：同学们重新审题，问题的规定性是什么？

学生重新审题，注意到题目中规定了石蕊、酚酞试液均要求使用，再重新思考此题。

第二次尝试结果：85%的同学都能写出正确答案。因此在做题时注意题干中规定的内容，是提高答题效率的很重要方法。

(3)尝试讨论

这一步是小组内部交流答案，探讨最佳方案，教师巡视情况。尝试练习中会出现不同答案，这时要引导学生讨论，发表不同看法。这一环节不仅使学生在讨论过程中对尝试练习后的结果找出错误的原因所在和如何改进解题的思维方式，达到正确的解题，更重要的是体现了学生互教互学，学生之间互助互补的作用，充分突出新课程中“合作”性学习的教学理念。

---

① 苏霍姆林斯基. 给教师的建议[M]. 北京：教育科学出版社，1984：40.

(4)展示结论

这一步以小组为单位抽样展示尝试结论,学生自由发言评价,展开讨论,可以适时运用激励语言,如"请你当评委:谁的方法更胜一筹?"等。学生展示结论时,要求学生说出解题思路,以验证自我尝试的正确性。通过这一步,能培养学生的语言表达能力,提高学生思维能力,加深学生对教材知识的理解,同时也会暴露出复习中存在的缺陷,为教师有针对性地重点讲解提供信息。但这一步若是处理不好,容易出现无话可讲,讨论不起来的情况,这就要求教师要及时引导,且要时刻调控,让学生有话可讲。针对学生的回答情况适时提出有讨论价值的问题,从而把讨论引向深入。

(5)教师讲解

这一步教师应简要小结、强调重点,并进行相应的奖励及批评。这一步是保证学生系统掌握知识的重要一步,因此,在这个过程中教师也可以将复习的知识用巧妙的语言归纳。教师的讲解也要做到"练在刀口上,讲在困难处"。

例如:在"酸碱"复习时,可以通过风趣的语言来归纳酸和碱的性质,比如用一只手的手指来比喻酸的五个性质,一张桌子四条腿来比喻碱的四个性质。

又如:复习"植物的呼吸作用"时,我们是用"蜡烛的熄灭或燃烧程度"来验证呼吸作用消耗氧气,但大多数同学误认为蜡烛熄灭或燃烧不旺是因为呼吸作用产生了二氧化碳导所致。因此在实际的讲解中我们可以从两个方面纠正学生的错误想法:一是空气中含有78%的氮气,而氮气也不能支持燃烧,为什么蜡烛在外界空气中能正常燃烧呢?二是从燃烧的条件考虑:燃烧需要氧气,而蜡烛熄灭或燃烧不旺说明放置绿豆芽的袋内氧气少了,通过讲解不但能让学生走出误区,还能加深对燃烧条件的理解。

(6)再次尝试

经过学生讨论和教师讲解后,大部分学生会有所领悟。为了再了解一下学生掌握知识的情况,将学生的认识水平进一步提高,必须进行再次尝试练习,再一次进行信息反馈。这一步对学习有困难的学生有所帮助,也可以说是为学习有困难的学生专门安排的,是每一个学生都得到发展的一条有力措施,能够保证他们尝试成功,也就是给学生一个"再射一箭"的机会。再次尝试题可以在原来的尝试题的基础上,略加大难度,再次尝试练习后,教师同样要组织学生讨论,评价尝试结果。同时也要根据学生再次尝试练习的情况,及时进行补充讲解。

以上两种模式的各个步骤是一个有机整体,一环套一环。除此之外,还可以增加一个"尝试评价"环节,教师对学生的尝试过程和尝试结果进行评价,让每一位学生对自己有一个正确的认识。尝试教学这几个阶段也不是一成不变的，而应该按照教学要求和班级实际情况灵活应用，千万不能生搬硬套。但不管怎么变，以学生为主体“先练后讲”的精神不能变。

三、科学“自主·尝试”式教学模式实践反思

1.重视尝试成功的因素

在尝试教学活动中，既有教师的指导又有课本可以自学，尝试就会成功。学生达到尝试成功的因素很多，主要有如下七项①：①学生的主体作用不例外；②教师的指导作用；③课本的示范作用；④旧知识的迁移作用；⑤学生之间的互补作用；⑥师生多向的情意作用；⑦教学手段的辅助作用。以上7项达到尝试成功的因素相互联系、相互影响、相互制约，各因素有其独特的功能和价值，共同组成一个整体结构。其中充分发挥学生的主体作用，是保证尝试成功的基础；充分发挥教师指导作用，是保证尝试成功的关键。在尝试活动中，如果学生不愿或不积极尝试，尝试就不可能成功；同时，学生主体作用的发挥，也要依赖于教师的指导。

2.尝试教学要注意的问题

通过教学实践，我们发现尝试教学能提高学生学习科学的兴趣，激发学生学习科学的热情，使学生真正成为学习的主人，学生的能力得到培养、素质得到提高。但任何一种教学法都不可能是十全十美的，它都是在一定条件下才起作用的；它更不是灵丹妙药，可以到处使用。根据本人的教学实践，在应用尝试教学时要注意以下几个问题：

(1)要不断培养学生的自学能力。尝试教学法的核心，是学生在教师指导下自学课本，让学生先学后讲，依靠自己的力量去探索，掌握知识，因此，学生必须具有一定的自学能力。但学生的自学能力不是与生俱来的，教师要善于引导，让学生主动的参与，亲身学会学习的方法，不断提高自学能力。教师应引导学生制定具体的学习目标、计划，对自主学习过程的进展也要及时反馈，并进行总结评价，同学之间互相交流自学心得，互相督促、共同进步。

(2)教师要不断提高教学能力。实施尝试教学法对教师提出更高的要求，教师不能照本宣科，需要设计准备题、尝试题、再次尝试题等。教师要根据学生尝试的结果进行有针对性的讲解，讲解不可能预先准备好，必须根据课堂教

① 邱学华著.尝试教学论[M].北京：教育科学出版社，2005：34.

学当场反馈的实际情况，随机应变。因此，课前的备课一定要充分，还应有较强的应变能力和驾驭能力。这就促使教师不断提高自身的教学能力，树立“以学生为本”的理念，充分认识到学生的主体地位，要不断激发学生对新知识的探求欲望，创设探究式的情景，激发学生学习欲望，提高其学习能力。

(3)要创设学生创新思维的和谐环境。现在的学生思想活跃，求知欲强，勇于发表自己的见解，这就要求教师积极建立起一种平等、信任、理解和互相尊重的和谐的师生关系，创造民主和谐的课堂教学环境，让学生愿意去尝试，在交流、争论、探讨的气氛中，轻松愉快地掌握知识，水到渠成地培养学生的创新思维能力。教师应在教学中向学生展示思维过程，把教材知识背后的思维方法展现出来，使学生更好地理解和掌握学习的思维方法，从而激发自己的潜能，培养自己独特的思维方式，进一步提高自主学习能力。

(4)要处理好“主体”与“主导”之间的关系。在运用尝试教学法时，教师要清楚教师的作用不仅仅是顺利地完成自己的教学任务，更是为了提高学生的学习兴趣，激发学生的潜能，促进学生的发展，提高课堂教学的效益。在教学活动中，学生是学习的主体，教师只起到引导作用，而不是控制作用，更不要为了完成教学任务硬性规定学生的尝试结果。在教学中教师要把握好主导者的尺度，有效引导学生，做到让学生自己发现问题、提出问题、分析问题、解决问题，放心让学生去尝试。

(5)要重视尝试结果的归纳。尝试教学中虽然极大的突出了学生的主体作用，但是尝试结果的归纳还是应由教师来强调完成。对于尝试习题与尝试实验都完成的学生来说，似乎已经完成了自己的学习任务，但是学习是一个循序渐进的过程，知识也是逐渐积累起来的。教师不仅要引导学生对尝试结果进行归纳，而且要对尝试结果进行严谨的科学表述。

尝试教学要求学生要有一定的知识基础、自学能力，因此，并不是每堂课都能用，在实际教学中要扬长避短，灵活应用，把各种教学法结合起来使用，组成一个符合当前教学实际情况的教学体系。总之，尝试教学既是教学的基本手段，也是教育的重要任务。教学有法，教无定法。如果在尝试中让学生“学会尝试”，相信新课标定能得到有效落实。

结　语

经过十几年的探索与实践，“三主成功”的教学理念和教学模式取得了较好的实效。学生的主体性更加凸显，学习的积极性和主观能动性得到提高，学习动机和兴趣进一步增强，学习成功得到体现；教师教育理念得到提升，教学经验得到凝练，促进了教师教学风格的形成，促进了学校教师队伍的建设；学校的办学品质得到提升，学校获得“台州市首批教科示范学校”、“浙江省示范性初中”等。此外，我们对学校的管理、课堂教学和教师培养进行了全面的改革和研究，提高了学校管理水平和课堂教学效益，使学生、教师和学校得到了可持续发展。

1. 教师的教育理念得到提升

思想和观念的更新是实施“三主成功”教育的根本。随着研究与实践的深入，我校教师的教育理念和办学理念发生了深刻的变化：逐渐形成了“以人为本，成功发展”的教育思想；逐渐形成了“理想的教育是为了每一位学生的成功发展，理想的学校应该为每一位教师的专业成长与发展提供广阔的平台”的办学理念；逐渐形成了“教师为主导，学生为主体，成功发展为主线”的教学理念；逐步形成全面发展的质量观、以人为本的学生主体观、民主平等的教学观、优质高效的综合效益观和先学后教的教学方法观。

2. 教师的角色发生转变

“三主成功”教学模式，转变了角色定位：教师是教学活动中的主导者。十几年来，教师的角色悄然发生了转变：教师不再是至高无上的权威，而是知识的传授者，学生成长和发展的引导者、指导者、帮助者、合作者、激励者和促进者；教师由学生的权威变为学生的伙伴，在与学生的心灵的碰撞、情感的交流中完成“三主成功”教学模式的建立与发展。微笑多了，训斥少了；沟通多了，对抗少了；互动多了，一言堂少了。民主、平等、互动、合作成为我校新的师生关系，师生关系更融洽和谐。

3. 学生的主体地位得以凸显

过去的课堂教学由于受到不合理的地方性的评价机制的影响，学生的地位是受老师的掌控的，带有强烈的被动性。教师要学生学什么，学生就应该学什么，教师要学生怎么学，学生就得怎么学。这种现状制约着学生学习主体地位的形成，若不改变，学生就不可能成为学习的主体，不可能发展个性，不可能有学生的自主性，进而，教学模式的更新也是不可能的。

"三主成功"教学模式，强调"学生为主体"，凸显了学生在学习活动中的主体性。这十几年来，在我校的课堂上，学生从被动听讲的从属的知识接受者的地位，转变为积极主动参与的学习主体地位，体现在学生学习活动中发挥的自主性、主动性、创造性上。

4.课堂的教学过程正在嬗变

传统教学观认为教学过程主要是教师教的过程，而忽视学生学的过程，因而对教学原则的探讨多局限于对教师做规定，而没有学生对学的指导。在"三主成功"教学模式建构中，我们深刻认识到并身体力行：教学过程是教与学双边的活动，其中学生是主体，教学过程中学生不应再是服从，而是调动其个性化的学习方式，教学原则的研究趋向于与学习策略的研究相结合，充分发挥学生的学习主体的作用，激发学生独立探索的意识。

在"三主成功"理念指导下，我校的课堂教学过程正由传授型嬗变为引导型：教师从讲授知识的过程转变为在教师的主导下，学生通过主动探究去获得知识，发展能力的过程。在这个过程中，教师从知识的直接传授者变为学生学习活动的引导者、组织者。教师的主导作用，不再体现在讲授上，也不再体现在对知识的"讲深讲透"的直接形式上，而是体现在进行周密、科学的教学设计和精心组织学生学习活动的更高层次的间接形式上，或是体现在帮学生将无序的知识整理为有序的知识上，体现在帮助学生将错误的知识修正为正确的知识上。这种转变是教师的教学责任，也是模式构建发展的必要条件。

5.课堂教学效益不断提高

通过改革课堂教学，构建"三主成功"课堂教学模式，改变了学生学习方式，凸现了主体参与。不仅解决了当前素质教育实施中的一些难点和热点问题，找到了以"提高学生实践能力和创新能力"为核心的素质教育的有效途径，实现了教学的人本化；而且激活了各要素，拓展了课堂教学功能，取得了良好的课堂教学效益。我校教师课堂教学水平不断提高，在各类各级教学比赛中频频获奖：温岭市教学大比武一等奖以上达 50 余人，其中两人获全国大比武一等奖。

6.学生素质和综合能力明显增强

在“成功发展”教育实践的几年里，学生的素质和综合能力明显增强。我校学生不仅具有“良好的国际文化素养、身心健康、智能卓越、品格高尚、会学习、会思考、会创新、会生活、会管理、会生存”，而且综合能力较强。

学校重视学生的全面发展和特长生的培养，开发学生的潜能，让学生充分展示自己的才华，使学生获得成功体验。我校除开设针对学科优秀生的学科竞赛辅导班外，着重开设了科学写作、声乐、舞蹈、鼓号、书法、绘画、体育、电脑等俱乐部活动，做到定时、定人、定地点、定内容，学校举办一年一次的体育节、艺术节和科技活动节活动，培养了大批的人才。我校的学生成为学习上的尖子、舞台上的歌手、运动场上的健将、美术室中的画家，大显身手，他们在各级各类比赛中的表现卓越，充分展示了各自的风采。仅以2009学年度为例，我校教师获得大奖：全国级13人次、省级10人次、地级25人次、温岭市级200多人次。

7.教师的专业素质不断提高

在“三主成功”教育模式的建构过程中，不仅学生得到成功发展，同时也促进了我校教师由教学型向教学科研型转变，教师素质同样得到成功发展。我校教师教育观念明显转变，形成了“以人为本，成功发展”的教育思想。他们不仅关注升学率，更关注学生的全面发展，教师素质不断提高。

几年来，学校先后涌现出全国优秀(先进)教师2人，省优秀教师3人，台州市名校长1人，台州市名师7人，温岭市名师2人，台州市教学能手23人，温岭市骨干教师26人。我校学习与研究的气氛更浓，教育教学研究的参与面和质量显著提高，科研成果频频获奖。以2009学年为例，我校完成各级规划课题结题共32项，其中浙江省1项、台州市4项(3项优秀结题)、温岭市6项(2项优秀结题)、校级21项(15项优秀)，在“温岭市第五届教育科学优秀研究成果”评比中，我校获一等奖3项，二等奖3项。据初步统计，2009学年我校教师获温岭市一、二、三等奖20项，获台州市一、二、三等奖13项，获浙江省一等奖1项。2009学年我校教师撰写的教学论文发表在全国省级刊物上27篇。

8.研究的成果得到推广与应用

“三主成功”教学模式的建构，提高了课堂教学效率，提升了学校教育品位，同时为其他老师提供了教学模式，使教学质量获得了大面积的丰收。课题研究以来，受到学生、家长、社会各界的好评，对其他学校起到示范和辐射作用。几年来我校有百余人次到台州市内各地上示范课，百多人次被邀请到市各地开展讲座，先后建立名师名校长工作室 4 个，接受台州学院的领雁工程所有学科的教师培训、台州学院等高校实习生上千人。我校还与名校联盟、与薄弱学校结对。我校与韩国西区中学每年暑期进行“Homestay”形式的中韩青少年国际文化交流活动；与丽水景宁民族中学、四川木鱼中学、山西阳高三中进行名校联盟活动；与本市的市九中、横山中学、高龙中学、坞根中学等结对帮扶，实行共同发展。教师的示范和辐射作用日益显现。

2010 年 10 月，我校在教研区举行“三主成功”课堂教学模式展示和研讨会，本次活动由我校省规课题六个子课题的成员执教，他们以各自的教学模式诠释了“三主成功”、人本互动的课堂生态以及有效教学，赢得专家与同行的好评。我校的课堂教学改革与“三主成功”课堂教学模式建构，引起台州温岭教育行政部门和同行的关注与肯定。2010 年 10 月浙江省教育厅直属新媒体“浙江教育在线”和温岭教育局“温岭教育信息网”都给予报道。

2010 年 12 月，台州市教育局教科所赵凌云所长、张国荣先生等一行专程到温岭，对温岭三中 2009 年省规课题《“三主成功”教学模式的建构与实践》以及 8 项台州市级子课题进行专项结题活动。专家们认真听取我校省规及 8 项子课题研究过程及成果汇报，逐一进行质询与精彩点评。专家充分肯定温岭三中课堂教学研究与改革成果，认为以省规为抓手，利用学校子课题群，形成合力，通过“三主成功”课堂教学模式建构，推动了教育科研进课堂，提高了课堂教学的有效性，促进了学校教学特色的形成。台州教科所赵凌云所长最后总结，他对我校课堂教学研究取得的成绩高度评价，要求进一步总结提升成果推广辐射全市。温岭教育局教科规划办副主任包育彬先生陪同并参与课题点评，同时对温岭三中成果汇编与推广进行策划。

总体上看，我们认为本研究较好地达到了预定的目标，体现了在理论与实践两个层面探索校本教学模式的实践价值与理论意义。然而，随着课堂教学模式研究的深入推进以及改革试点工作的全面铺开，“三主成功”的教学模式也必然会产生一系列新的问题与困惑。例如，有些老师在运用教学模式时，并没有真正领会模式的本质，不会根据自身情况加以自主变通。追求形似而难于体现在神似，教学效果并不理想，久而久之也会陷入模式化的窠臼之中；再如，要使学生得到成功发展，让个性得以充分张扬，还牵涉到常规教育教学、现有体制机制、深层次教学矛盾的突破与超越问题。这些都有待于我们在后续的深入研究中解决、提高与完善。

十几年教改，我们“摸着石头过河”。十几年的探索，我们始终践行“以人为本，成功发展”的教育思想，坚持“让每一位学生成功发展”的办学理念，实践

“教师为主导，学生为主体，成功发展为主线”的教学理念。本书与《自主学习 分层教学——中学科学课程“超市式教学”的探索》的相继付梓，是“三主成功”的课堂教学探索成果的积累，是三中集体智慧的结晶。我们相信在以后条件成熟时，“三主成功”的学校管理、学生教育管理以及名校发展共同体等系列丛书会陆续面世。

“路漫漫其修远兮，吾将上下而求索。”目标已定，“没有最好，只有更好”，三中人将继续在教改的道路上，一步一个脚印，继续奋力前行。

参考文献

[1] 查有梁. 教育建模[M]. 南宁:广西教育出版社,1998.

[2] 乔伊斯(Joyce B.),韦尔(Weil M.),卡尔霍恩(Calhoun E.). 教学模式[M]. 荆建华等译. 北京:中国轻工业出版社,2009.

[3] 靳希斌. 教师教育模式研究[M]. 北京:北京师范大学出版社,2009.

[4] 布鲁克斯. 建构主义课堂教学案例——基础教育改革发展译丛·教学模式与方法系列[M]. 范玮译. 北京:中国轻工业出版社,2005.

[5] 贝兰卡,查普曼,斯沃茨. 多元智能与多元评价——运用评价促进学生发展[M]. 夏慧贤等译. 北京:中国轻工业出版社,2004.

[6] 刘京海. 成功教育的基本模式[J]. 上海教育科研,2002(7).

[7] 蔡明. 关于"主体"与"主导"的问题[J]. 教育研究,1988(2).

[8] 周保山,金生弘. 影响中学生成就动机的因素分析[J]. 心理科学,1997(2).

[9] 张庆林. 元认知发展与主体教育[M]. 重庆:西南师范大学出版社,1997.

[10] 邵瑞珍. 教育心理学[M]. 上海:上海人民教育出版社. 1983.

[11] 杜威,王承绪译. 民主主义与教育[M]. 北京:人民教育出版社,2001.

[12] 冯忠良等. 教育心理学[M]. 北京:人民教育出版社,2010.

[13] 靳玉乐. 探究教学论[M]. 重庆:西南师范大学出版社,2001.

[14] 邵瑞珍. 学与教的心理学[M]. 上海:华东师范大学出版社,1990.

[15] 斯滕伯格. 认知心理学[M]. 北京:中国轻工业出版社,2006.

[16] 杨鑫辉. 西方心理学名著提要[M]. 南昌:江西人民出版社. 1998.

[17] 王策三. 论教师的主导作用和学生的主体作用[J]. 北京师范大学学报,1983(6).

[18] 邱学华. 尝试教学论[M]. 北京:教育科学出版社,2005.

[19] 莱斯利·P. 斯特弗,杰里. 盖尔. 教育中的建构主义[M]. 上海:华东师范大学出版社,2004.

[20] 布朗,科林斯,杜吉穗. 情境认知与学习文化[J]. 教育研究者,1989(8).

[21] 布鲁纳. 布鲁纳教育论著选[M]. 邵瑞珍译. 北京:人民教育出版

社,1989.
[22] 钱军著.教育沉思录[M].杭州:浙江大学出版社,2011.
[23] 苏霍姆林斯基.给教师的建议[M].北京:教育科学出版社,1984.
[24] 张大均.教育心理学[M].北京:人民教育出版社,2006.
[25] 叶澜.让课堂焕发出生命活力[J].教育研究,1997(9).
[26] 叶澜.重建课堂教学过程观[J].教育研究,2002(10).
[27] 袁振国.教育新理念[D].北京:教育科学出版社,2002.
[28] 张克勤著.教师科研理论与方法[M].杭州:浙江大学出版社,2010.
[29] 张建伟,陈琦.建构主义学习观要义评析[J].华东师范大学学报(教育科学版),1998(1).
[30] 边玉芳著.学与教的新评价[M].杭州:浙江人民出版社,2010.
[31] 李小融.多元化学校教育评价[M].杭州:浙江大学出版社,2009.
[32] 陈爱苾.课程改革与问题解决教学[M].北京:首都师范大学出版社,2006.
[33] 蔡慧琴.有效课堂教学策略[M].重庆:重庆大学出版社,2008.
[34] 程俊.对学生主体参与教学的思考[J].教育探索,2003(2).
[35] 柳思俭等.实用中学学科课堂教学模式[M].济南:山东教育出版社,2001.
[36] 马小平.一个中学教师的"教育家梦"[N].人民日报海外版.
[37] 么秀岐.树立大语文观,培养合格学生[J].教育实践与研究(中学版),2008(2).
[38] 孟庆男.基于自主学习的课堂教学[J].辽宁教育研究,2007(12).
[39] 陈妹娟.人本主义学习观与当代教学观之比较研究[J].甘肃教育学院学报(社科版),2003(1).
[40] 华建新.自主性学习的特征与学习方法[J].中国远程教育,2001(4).
[41] 姜小存.抛锚式教学的性质讨论[J].科技创新导报,2012(6).
[42] [美]国家研究理事会:美国国家科学教育标准[M].戢守志等译.北京:科学技术文献出版社,1999.
[43] 曾祥芹、韩雪屏.阅读学原理[M].郑州:河南教育出版社,1992.

后　　记

《走向成功发展：教师主导与学生主体的实践生成》是学校先后两项浙江省规划课题《“成功发展”教育的研究与实践》和《“三主成功”教学模式的构建与实践研究》历时近十年的主要研究成果，同时也是我校十几年来一如既往潜心教改实践探索与研究的集体智慧结晶之一。

基于学校层面的教改实践，我们结合学校的自主发展性规划，以省规课题研究为抓手，依托骨干老师，将研究引入课堂，形成亦教亦研的机制，逐级推进。当时研究框架大致确定后，我们按学科从学校征集若干“能上”（课上得好）、“善写”（善于总结）、“勤思”（勤于思考）的老师作为研究骨干，然后以研究课题的形式带动本学科骨干教师进行“三主成功”教学模式的探索，然后再辐射至全校，这些课题后来都被立为台州市规划课题。读者可从本书第 2 章至 5 章以课例阐述的“三主成功”教学中领略到：如何以自己的教学实践，诠释“以人为本，成功发展”教育思想；如何引导学生“走向成功发展”，实现“教师主导与学生主体的实践生成”；如何以“问题”、“探究”、“体验”和“自主”四大要素，构建起富有三中特色的“三主成功”教学模式。如果这些来自一线教师的教改实验给您一些感悟和参考，那是我们莫大的荣幸和对我们的鼓励。

“三主成功”教学的探索实践，是依据范建华“以人为本”的教育管理理念、倡导的“三主成功”教育思想和办学理念进行教改设计策划并付诸实践，本书的撰写也是根据范建华提出的宏观思路进行。陈凌钧、蒋辉炳提出本书撰写的基本框架、设计写作提纲，提炼丰富教育思想与办学理念，具体策划并组织落实研究成果的撰写。

《走向成功发展：教师主导与学生主体的实践生成》写作分工如下：

第一章由蒋辉炳撰写；第二章按每节出现的顺序（下同），分别由陈海波、周美霞、杜君娇、黄蘋、陈晶、赵友国撰写；第三章分别由蒋辉炳、蔡建刚、郭丽芳、林抗、应春红、叶德夫撰写；第四章分别由张正辉、叶德夫、陈静、江君芳、童淑芹、江巧玲撰写；第五章分别由林抗、郑香夫、叶德夫、瞿君明、江国平、张凌芬撰写。

江国平、潘纯平、阮庆元、蒋国炎等参加了本学科部分内容的修改，全书由蒋辉炳统稿，最后由陈凌钧、蒋辉炳修改、定稿。

在“三主成功”教学的实践研究过程中，得到了台州市教科所赵凌云所长大力支持、肯定和指导，并与教科所张国荣先生一起专程到我校对“三主成功”教学系列课题结题，进行逐一点评，并提出宝贵的修改建议。温岭市教育局陈聪富与包育彬两位先生对本成果的推广与成果提炼提出了有益的建议。在此，我们表示衷心的感谢！

本书的撰写过程中，得到杭州电子科技大学贺武华教授的指导，贺教授对本书提出了建设性的修改意见与建议。在此，我们表示深深的谢意！

感谢浙江大学出版社对本书出版的辛勤付出，尤其李玲如老师一丝不苟的敬业精神和对我们的精心指导。

最后，我们对浙江省教育科学研究院院长、博士生导师方展画教授在百忙之中为本书作序，深表感谢！这是方院长对我们“三主成功”教学的肯定和支持，同时也是对我校教改实践的鼓励与鞭策。

由于我们成稿时间仓促，理论水平有限，书中提出的“三主成功”教育相关思想、核心理念与观点有待于进一步完善，构建的教学模式需要进一步实践检验与提炼，恳请各位同仁对书中不甚成熟的观点和做法批评指正，以推动我校“三主成功”教学的深入研究与健康发展。